安徽省矿产资源潜力评价成果系列丛书之三

安徽省矿产资源潜力评价重磁资料应用研究

ANHUISHENG KUANGCHAN ZIYUAN QIANLI PINGJIA
ZHONGCI ZILIAO YINGYONG YANJIU

兰学毅　陶　龙　安　明　等编著

中国地质大学出版社
ZHONGGUO DIZHI DAXUE CHUBANSHE

内 容 简 介

　　对安徽省域重力、航磁异常特征进行了详细分析与研究,系统总结了利用重磁组合异常判别铁矿异常评价方法,建立了玢岩型、矽卡岩型、斑岩型、沉积型、沉积变质型等不同成因类型矿产资源量重磁预测方法;建立了安徽省铁、铜、铅锌、钼、菱镁矿5个矿种的地质-地球物理找矿模型;总结出了一套完整的资源潜力评价重磁资料应用工作流程;重新修编了安徽省大地构造图,划分了安徽省主要构造单元,对安徽省不同大地构造单元基底结构特征及其演化、郯庐断裂带南延、长江断裂带、大别推覆体等一系列重大地质问题,给出了重磁方面的重要证据;为安徽省矿产资源潜力评价提供了有力支撑。

图书在版编目(CIP)数据

安徽省矿产资源潜力评价重磁资料应用研究/兰学毅,陶龙,安明等编著.—武汉:中国地质大学出版社,2017.12

(安徽省矿产资源潜力评价成果系列丛书)

ISBN 978-7-5625-4108-0

Ⅰ.①安…

Ⅱ.①兰…②陶…③安…

Ⅲ.①重磁勘探-应用-矿产资源-资源潜力-资源评价-研究-安徽

Ⅳ.①F426.1

中国版本图书馆 CIP 数据核字(2017)第 246263 号

安徽省矿产资源潜力评价重磁资料应用研究	兰学毅　陶　龙　安　明　等编著
责任编辑:马　严　　　　　选题策划:毕克成　刘桂涛　　　　　责任校对:徐蕾蕾	
出版发行:中国地质大学出版社(武汉市洪山区鲁磨路388号)	邮编:430074
电　　　话:(027)67883511　　　传　　真:(027)67883580	E-mail:cbb@cug.edu.cn
经　　　销:全国新华书店	http://cugp.cug.edu.cn
开本:880毫米×1230毫米　1/16	字数:520千字　　印张:16.25
版次:2017年12月第1版	印次:2017年12月第1次印刷
印刷:武汉市籍缘印刷厂	印数:1—800册
ISBN 978-7-5625-4108-0	定价:258.00元

如有印装质量问题请与印刷厂联系调换

《安徽省矿产资源潜力评价成果系列丛书》
编辑委员会

主　　任：孙爱民

副 主 任：潘海滨　施申轶　章云生　王　彪

委　　员：储国正　龚健勇　魏宏雨　李益湘　陈丽民
　　　　　李建设　姜　波　陈礼纪　程　霞　钟华明
　　　　　许传建　张文永　郑曙东

技术指导：常印佛　袁　亮　唐永成　盛中烈

主　　编：杜建国

副 主 编：许　卫　吴礼彬　胡海风　兰学毅　朱文伟

《安徽省矿产资源潜力评价重磁资料应用研究》

编 著 者：兰学毅　陶　龙　安　明　汤正江　廖梦奇
　　　　　张启燕　张莎莎　徐善修　李　涛　李玉洁
　　　　　赵建华　赵振荣　朱红俊

序

"全国矿产资源潜力评价"是国土资源部进一步贯彻落实《国务院关于加强地质工作的决定》中提出的"积极开展矿产远景调查和综合研究,科学评估我国矿产资源潜力,为科学部署矿产资源调查提供依据"精神的重要举措,也是我国矿产资源方面的一次重要的国情调查,其目的是通过系统总结地质调查和矿产勘查工作成果,全面掌握矿产资源的现状,科学评价未查明的矿产资源潜力,建立真实、准确的矿产资源数据库,满足矿产资源规划、管理、保护和合理利用的需要。

"安徽省矿产资源潜力评价"是"全国矿产资源潜力评价"的重要组成部分之一,是安徽省内迄今为止对60多年来所取得的各类地质成果资料一次最为全面、系统的综合研究工作。工作中选择了省内煤、铁、铜、金、铅锌、钨钼等18个重要矿种开展矿产资源潜力预测研究。该项工作在我国的矿床成矿系列理论指导下,应用新创立的综合地质信息矿产预测理论和方法体系,通过区域成矿地质背景、典型矿床、综合找矿信息、成矿规律综合研究,重新划分了全省成矿单元,系统地建立了省内18个矿种的116个典型矿床成矿模式、97个预测工作区区域成矿模式和找矿模型,预测了全省18个重要矿种的资源潜力。这也是20世纪70年代末至80年代初期第一轮成矿区划和资源总量预测工作所开拓的新领域在新的基础上更大规模的发展和创新。

"安徽省矿产资源潜力评价"工作,在按照全国的统一技术要求完成任务外,也具有自身的创新之处,取得了一系列特色成果。在国内率先开展了陆相火山岩型铁矿典型示范工作,开创了国内该类铁矿潜力评价和预测的先例,预测罗河铁矿深部存在"第二个罗河铁矿"得到了证实;首次系统地对安徽省煤炭聚煤规律、禀赋规律进行了深入研究,建立了典型煤田成煤模式,圈定了找矿预测区,成果直接应用产生了重大找矿成效;首次应用大地构造相理论开展了全省区域成矿构造背景、构造演化与成矿过程等综合研究,进一步提高了本省区域地质研究程度,为区域成矿地质作用研究和矿产预测提供了新的地质基础;将重、磁等综合物探方法应用于陆相火山岩型铁矿等金属矿预测在国内具有领先水平;建立了省内目前最为系统的地学数据库,为安徽省矿产资源管护和数字国土、国土资源"一张图"工程打下了良好基础;等等。

在"安徽省矿产资源潜力评价"工作完成后,为了使成果得到推广应用,项目主要完成人员杜建国、许卫、吴礼彬、胡海风、兰学毅、朱文伟、周存亭等,进一步就成果开展了深化研究,编纂了《安徽省矿产资源潜力评价成果系列丛书》(以下简称《丛书》),主要由《安徽省重要矿产资源潜力预测研究与应用》《安徽省大地构造相与成矿地质背景研究》《安徽省矿产资源潜力评价重磁资料应用研究》《安徽省重要成矿区带与邻区成矿地质条件对比研究》四部专著组成。《丛书》主要涉及区域成矿地质背景、典型矿床与区域成矿规律、综合物探在潜力评价中应用、成矿区带对比研究等,其内容广泛,具有一定的研究深度,《丛书》分别对中华人民共和国成立以来的基础地质,矿床地质与区域成矿规律,物探、化探与遥感等勘查技术方法等方面的资料进行了总结分析,是一项理论与实际紧密结合的成果,更重要的是指出了省内18个重要矿种的资源潜力和下一步勘查方向,具有较强的理论性和实用性。

此次完成的"安徽省矿产资源潜力评价"工作,我感到既是对新中国成立以来地质矿产成果资料的一次系统总结提升,也是安徽省矿产资源潜力评价理论方法研究的一次重要创新发展,其成果为安徽省矿产资源规划、管理、保护和合理开发利用,矿产资源勘查、开发布局,宏观经济结构调整,提供了科学依据,具有里程碑的意义。

值此《安徽省矿产资源潜力评价成果系列丛书》编纂完成之际,我虽未阅读原稿,但从"全国矿产资源潜力评价"总项目对安徽子项目的评价来看,我对《丛书》的出版表示祝贺,希望《丛书》能够在安徽省地质找矿中发挥重要作用,更希望安徽省矿产资源勘查工作,在寻找"新地区、新类型、新矿种、新深度"矿床中取得新突破,也祝《丛书》的著者在安徽省地质勘查研究中创造新的业绩。

常印佛

2017 年 6 月 30 日

前　言

国土资源部于 2007 年发出《关于开展全国矿产资源潜力评价工作的通知》,部署开展全国矿产资源潜力评价工作,目的是通过全面系统总结我国地质调查和矿产勘查工作成果,全面系统掌握矿产资源现状,科学评价矿产资源潜力,建立真实准确的矿产资源数据,为实现找矿重大突破提供科学依据。"安徽省矿产资源潜力评价"是"全国矿产资源潜力评价"计划项目的下设工作项目,项目负责单位为安徽省地质调查院,而"安徽省矿产资源潜力评价重力、磁法资料应用研究"是"安徽省矿产资源潜力评价"项目的课题之一。课题承担单位为安徽省勘查技术院,项目起止年限为 2007—2013 年。

《安徽省矿产资源潜力评价重磁资料应用研究》是"安徽省矿产资源潜力评价"项目工作的重要成果的一部分。其主要任务目标是,通过对全省已有的综合物探资料(前人实证资料)进行全面系统的收集整理,综合利用区域地质、矿产地质、成矿规律等成果,以重力、航(地)磁资料为主体,在完成安徽省铁、铜、铅锌、金、钨、锑、磷、稀土、锰、锡、钼、银、硫、萤石、菱镁矿、重晶石等矿产重磁资料重新处理解释工作的基础上,以安徽省岩矿石密度、磁性参数为依据,对省域重力、航磁异常特征进行详细分析与研究,重新修编安徽省大地构造图,划分安徽省主要构造单元,其中:一级构造单元 3 个、二级构造单元 7 个、三级构造单元 13 个,特别是对华北陆块南缘三级单元及Ⅲ级成矿带中钦杭成矿带(安徽段)北界进行重大修改;重新划分安徽省Ⅳ、Ⅴ级成矿单元;对安徽省前寒武纪地层、盆地、断裂构造格架、岩浆岩分布、火山机构、变质岩地层分布等基础地质问题进行系统的解释与推断;系统总结安徽省铁、铜、铅锌、钼、菱镁矿 5 个矿种典型矿床地质地球物理特征,建立各自的地质-地球物理找矿模型;对全省航(地)磁局部异常进行系统的提取、分析、重新归类,使用磁法体积法计算铁矿资源量;探讨"安徽省矿产资源潜力评价重力、磁法资料应用研究"子课题中基础地质研究重大问题,并提供重磁方面的证据;系统总结利用重磁组合异常判别铁矿异常评价方法,建立玢岩型、矽卡岩型、斑岩型、沉积型、沉积变质型等不同成因类型矿产资源量重磁预测方法;最后以国家、省级整装勘查区为引领,潜力评价重力、航磁研究成果阐明的重点找矿区(带)为目标,科学部署安徽省重力、航(地)磁测量工作,总结出一套完整的资源潜力评价重磁资料应用工作流程,为安徽省矿产资源潜力评价提供有力支撑。

本书共分 11 章,由安徽省勘查技术院主持完成,主编为兰学毅、陶龙、安明;编写人员为汤正江、廖梦奇、张启燕、张莎莎、徐善修、李涛、李玉洁、赵建华、赵振荣、朱红俊。兰学毅负责统稿与校核本书全稿。

项目开展过程中,安徽省地质调查院总工程师杜建国作为项目负责人,始终领导和指导了本课题的研究,物探界前辈孙文柯、刘士毅、雷受旻教授,全国物探项目组专家张明华、乔计花、范正国、黄旭钊,南京地质调查中心袁平教授级高级工程师,均给予了悉心指导与帮助,并就许多技术问题以多种方式进行研讨和交流,使编者受益匪浅;安徽省地学专家姚仲伯、王永敏、周存亭教授级高工始终指导并参加了本课题的基础地质研究工作,在此一并表示感谢。在成书的过程中,得到了《安徽省矿产资源潜力评价成果系列丛书》编委的关心与支持,在此深表感谢。

本书引用了省内外很多专家、学者的研究资料,编写过程中也引用了安徽省地质调查院等兄弟单位的最新资料,在主要参考文献中已尽量给予全部标注,如有遗漏,请有关单位与作者谅解。

本书可供从事物探、地质、化探等相关专业的生产、教学、研究人员参考。由于编者经验不足,水平有限,书中的不足之处在所难免,望读者批评指正。

编　者

2017 年 5 月

目 录

第一章 工作概况 (1)
第一节 工作任务 (1)
一、总体目标任务 (1)
二、重力、磁测课题工作任务 (1)
第二节 任务完成情况 (2)
一、组织准备 (2)
二、资料准备 (2)
三、技术准备 (2)
四、主要工作 (3)
五、项目完成的主要工作量 (3)
六、质量控制 (6)

第二章 资料评述 (8)
第一节 工作程度 (8)
一、重力工作程度 (8)
二、磁测工作程度 (8)
第二节 原始资料质量评价 (14)
一、重力资料 (14)
二、磁测资料 (17)
第三节 以往资料解释成果评估利用 (18)
一、以往重力资料解释成果评估及利用 (18)
二、以往磁法资料解释成果评估及利用 (19)

第三章 区域地质地球物理特征 (20)
第一节 区域地质与构造 (20)
一、构造单元与构造相 (20)
二、华北陆块 (21)
三、秦岭-大别造山带 (22)
四、扬子陆块 (23)
第二节 岩石物性特征 (25)

一、密度特征 …………………………………………………………………………（25）
　　二、磁性特征 …………………………………………………………………………（28）
　第三节　区域重磁异常特征与区域构造格架 ……………………………………………（33）
　　一、安徽省区域重磁异常特征 ………………………………………………………（33）
　　二、区域构造格架 ……………………………………………………………………（38）

第四章　数据处理解释与成果图件编制方法 …………………………………………………（39）
　第一节　数据处理方法 ……………………………………………………………………（39）
　　一、数字化 ……………………………………………………………………………（39）
　　二、矢量化 ……………………………………………………………………………（39）
　　三、重力原始数据"五统一" …………………………………………………………（39）
　　四、网格化 ……………………………………………………………………………（39）
　　五、位场转换方法 ……………………………………………………………………（40）
　第二节　数据解释方法 ……………………………………………………………………（42）
　　一、定性解释 …………………………………………………………………………（42）
　　二、半定量解释 ………………………………………………………………………（43）
　　三、定量解释方法 ……………………………………………………………………（43）
　　四、地质解释方法 ……………………………………………………………………（43）
　第三节　成果图件编制方法 ………………………………………………………………（44）
　　一、省级成果图件编制 ………………………………………………………………（44）
　　二、预测级成果图件编制 ……………………………………………………………（45）
　　三、典型矿床成果图件编制 …………………………………………………………（46）
　第四节　应用软件 …………………………………………………………………………（47）

第五章　省级资料地质解释成果 ………………………………………………………………（48）
　第一节　地质构造单元划分 ………………………………………………………………（48）
　　一、安徽省地质构造单元划分的主要依据 …………………………………………（48）
　　二、安徽省重磁异常特征分区及其解释 ……………………………………………（48）
　　三、构造单元要素确定 ………………………………………………………………（56）
　第二节　前寒武纪地层 ……………………………………………………………………（59）
　　一、地质特征 …………………………………………………………………………（59）
　　二、圈定依据 …………………………………………………………………………（59）
　　三、地层空间形态确定 ………………………………………………………………（59）
　　四、圈定结果及其找矿意义 …………………………………………………………（60）
　第三节　盆　地 ……………………………………………………………………………（61）
　　一、盆地构造的地质特征 ……………………………………………………………（61）

二、盆地构造的重力场特征 …………………………………………………………………………（62）
三、盆地构造范围与盆地性质的确定 ……………………………………………………………（62）
四、盆地基底性质与找矿 …………………………………………………………………………（64）

第四节 断 裂 ……………………………………………………………………………………（70）
一、断裂构造识别依据 ……………………………………………………………………………（70）
二、断裂构造的划分和定位 ………………………………………………………………………（76）
三、安徽省断裂构造体系 …………………………………………………………………………（76）
四、重要断裂构造 …………………………………………………………………………………（78）

第五节 推覆构造 …………………………………………………………………………………（82）
一、推覆构造识别 …………………………………………………………………………………（82）
二、推覆构造要素确定 ……………………………………………………………………………（82）
三、典型推覆 ………………………………………………………………………………………（82）

第六节 岩浆岩与岩带 ……………………………………………………………………………（84）
一、岩浆岩圈定原则 ………………………………………………………………………………（84）
二、岩浆岩分布特征 ………………………………………………………………………………（85）
三、岩浆岩带识别与圈定 …………………………………………………………………………（87）
四、重要岩浆岩带的特征 …………………………………………………………………………（87）

第七节 火山岩与火山构造 ………………………………………………………………………（91）
一、地质特征 ………………………………………………………………………………………（91）
二、圈定原则 ………………………………………………………………………………………（92）
三、火山岩地层分布 ………………………………………………………………………………（94）
四、火山构造 ………………………………………………………………………………………（95）
五、重要火山岩盆地探讨 …………………………………………………………………………（97）

第八节 变质岩地层分布特征 ……………………………………………………………………（101）
一、变质岩圈定原则 ………………………………………………………………………………（101）
二、变质岩分布特征 ………………………………………………………………………………（101）
三、重要变质岩 ……………………………………………………………………………………（101）

第六章 典型矿床地质地球物理特征及找矿模型 …………………………………………（104）

第一节 铁 矿 ……………………………………………………………………………………（104）
一、罗河铁矿 ………………………………………………………………………………………（105）
二、张庄铁矿 ………………………………………………………………………………………（108）

第二节 铜 矿 ……………………………………………………………………………………（112）
一、铜官山铜矿 ……………………………………………………………………………………（113）
二、西狮子山铜矿 …………………………………………………………………………………（117）
三、冬瓜山铜矿 ……………………………………………………………………………………（119）

  四、凤凰山铜矿 ·· (123)

  五、新桥铜矿 ·· (125)

  六、庐江沙溪铜矿 ·· (127)

 第三节 铅锌矿 ··· (131)

 第四节 钼 矿 ··· (138)

  一、矽卡岩型钼矿 ·· (140)

  二、热液型钼矿 ·· (143)

  三、斑岩型钼矿 ·· (148)

 第五节 菱镁矿 ··· (155)

第七章 磁异常研究及磁性矿产资源量预测 ·· (158)

 第一节 磁异常分类及其分布特征 ··· (158)

  一、航磁异常圈定 ·· (158)

  二、磁异常分类原则 ·· (159)

  三、磁异常分类结果及其分布特征 ··· (159)

 第二节 磁异常范围分布特征 ··· (160)

  一、磁异常范围圈定原则 ·· (160)

  二、磁异常范围圈定结果与分布特征 ··· (161)

 第三节 磁性矿产资源量预测 ··· (161)

  一、磁性矿产资源量预测方法与参数 ··· (162)

  二、已知矿产地磁性矿产资源量预测 ··· (166)

  三、预测工作区磁性矿产资源量预测 ··· (172)

  四、磁性矿产资源量预测结果 ·· (179)

 第四节 最小预测工作区圈定与物探异常 ··· (181)

  一、地质特征 ·· (181)

  二、物探异常特征 ·· (182)

  三、典型矿床与控矿要素 ·· (183)

  四、已知矿产与重磁异常关系 ·· (184)

  五、物探资料解释推断 ·· (184)

  六、最小预测工作区圈定与物探异常 ··· (185)

  七、结论 ··· (186)

第八章 基础地质研究重大成果 ·· (187)

 第一节 基础研究重大成果 ··· (187)

  一、大地构造单元边界厘定 ·· (187)

  二、Ⅲ级成矿带边界修订 ·· (191)

三、大型变形构造 ………………………………………………………………………………（194）
　　四、大型推覆构造 ………………………………………………………………………………（200）
　　五、基底性质 ……………………………………………………………………………………（207）
　第二节　重力方法在资源潜力评价中的应用创新 …………………………………………………（212）
　　一、重磁组合识别铁矿异常的方法 ……………………………………………………………（212）
　　二、矿产资源量估算方法 ………………………………………………………………………（213）
　　三、迭代延拓剩余异常计算 ……………………………………………………………………（217）

第九章　勘查部署建议 …………………………………………………………………………………（218）
　一、部署原则 ………………………………………………………………………………………（218）
　二、技术路线 ………………………………………………………………………………………（218）
　三、具体工作部署建议 ……………………………………………………………………………（219）

第十章　数据库建设 ……………………………………………………………………………………（230）
　第一节　重力基础数据库 ……………………………………………………………………………（230）
　　一、基础数据库更新 ……………………………………………………………………………（230）
　　二、预测工作区成果数据库建设 ………………………………………………………………（232）
　　三、全省成果数据库建设 ………………………………………………………………………（233）
　第二节　磁法数据库建设 ……………………………………………………………………………（233）
　　一、基础数据库维护 ……………………………………………………………………………（233）
　　二、预测工作区成果数据库建设 ………………………………………………………………（236）
　　三、省级成果数据库建设 ………………………………………………………………………（237）

第十一章　结束语 ………………………………………………………………………………………（238）
　第一节　结　论 ………………………………………………………………………………………（238）
　第二节　存在的问题 …………………………………………………………………………………（239）
　第三节　建　议 ………………………………………………………………………………………（241）
　　一、加快物化探基础资料的数据更新 …………………………………………………………（241）
　　二、加强物探异常查证工作 ……………………………………………………………………（241）
　　三、优化深部隐伏矿找矿勘查技术系列 ………………………………………………………（241）
　　四、加强火山岩地区的研究工作 ………………………………………………………………（242）
　第四节　体　会 ………………………………………………………………………………………（242）

主要参考文献 ……………………………………………………………………………………………（243）

第一章 工作概况

项目名称：安徽省矿产资源潜力评价
工作项目编号：1212010813011、1212010881616、1212011121009
任务书编号：资〔2008〕02-01-12号、资〔2009〕增16-11号、资〔2010〕增22-11号、资〔2011〕02-39-11号、资〔2012〕02-001-011号、资〔2013〕01-033-004号
课题名称：安徽省矿产资源潜力评价重力、磁法资料应用研究
承担单位：安徽省地质调查院
具体工作单位：安徽省勘查技术院
项目起止年限：2007—2013年

第一节 工作任务

一、总体目标任务

根据中国地质调查局下达的地质调查工作项目任务书，项目的总体目标任务如下。

全面开展安徽省矿产资源潜力预测评价，在现有工作程度的基础上基本摸清本省重要矿产资源"家底"，为矿产资源保障能力和勘查部署决策提供依据。

(1)在现有地质工作程度的基础上，充分利用我国基础地质调查和矿产勘查工作成果及资料，充分应用现代矿产资源评价理论方法和GIS评价技术，开展本省煤炭、铁、铜、铅锌、金、钨、锑、磷、稀土、锰、锡、钼、银、硫、萤石、菱镁矿、重晶石等的资源潜力预测评价，基本摸清矿产资源潜力及其空间分布。

(2)开展本省成矿地质背景、成矿规律、物探、化探、遥感、自然重砂、矿产预测等项工作的研究，编制各项工作的基础和成果图件，建立本省矿产资源潜力评价相关的地质、矿产、物探、化探、遥感、自然重砂数据库。

(3)培养一批综合型地质矿产人才。

二、重力、磁测课题工作任务

在完成安徽省铁、铜、铅锌、金、钨、锑、磷、稀土、锰、锡、钼、银、硫、萤石、菱镁矿、重晶石等矿产重磁资料收集和预处理工作的基础上开展以下工作。

(1)开展安徽省铁、铜、铅锌、金、钨、锑、稀土、磷、锰、锡、钼、银、硫、萤石、菱镁矿、重晶石资源量定量预测相关计算工作。

(2)配合总项目全面开展安徽省铁、铜、铅锌、金、钨、锑、稀土、磷、锰、锡、钼、银、硫、萤石、菱镁矿、重晶石等矿产资源潜力评价。

（3）完成安徽省重力、磁测资料的处理和地质解释工作，完成铁、铜、铅锌、金、钨、锑、稀土、磷、锰、锡、钼、银、硫、萤石、菱镁矿、重晶石等矿产预测类型工作区磁测资料的处理和地质解释工作。

（4）完成铁、铜、铅锌、金、钨、锑、稀土、磷、锰、锡、钼、银、硫、萤石、菱镁矿、重晶石等矿产典型矿床建模工作。

（5）继续开展重磁基础数据库的维护工作。

第二节 任务完成情况

一、组织准备

本项目在国土资源部统一部署下，由安徽省国土资源厅具体组织实施，并落实项目承担单位。

安徽省国土资源厅成立以张庆军厅长为组长的项目领导组，下设项目领导组办公室，挂靠地质勘查处，由前处长黄步旺和现任处长夏炎兼任办公室主任，成员由主要参加项目单位负责人及地勘处项目管理人员组成。同时聘请省内知名专家成立项目技术指导组，常印佛院士担任组长。

根据部国土资源厅发〔2009〕40号文和本次全国项目工作会议要求，调整了安徽省矿产资源潜力评价工作的组织管理机构，成立了安徽省矿产资源潜力评价项目办公室，明确项目办公室负责项目的日常管理和统筹协调，负责解决项目中人员配备、经费落实、资料使用中出现的问题，建立项目通报制度，及时跟踪项目进展，按照全国项目办对省级项目阶段目标任务的要求，定期考核省级项目绩效，推进项目进展，对承担项目进展滞后单位，视情况进行处理，并每月向全国项目办汇报项目工作进展。省级项目组全面负责项目具体工作，按照全国项目办"五统一"要求，保证阶段工作目标任务的完成，项目组将任务目标进行分解落实到课题和具体人员，按照工作安排进度每月进行定量考核，各课题组建立月报制度，及时向省项目办通报进展情况，对于重大问题则实现专报。项目总工程师对项目全程进行技术监督，确保项目成果质量。

项目承担单位为安徽省地质调查院，重力、磁法课题由安徽省勘查技术院承担。

项目承担单位在国土资源部和国土资源厅统一部署、领导下开展工作。因本项目技术要求高，难度大，牵涉专业广，技术方法多，所以，项目承担单位根据部地勘司提出的"组织管理机构必须落实到位、工作任务必须落实到位、行业资料必须共享、专项经费必须管好用好、成果质量必须优秀"（"五个必须"）中提出的要求，具体落实到固定人员，成立了相应课题组，明确任务、目标。

二、资料准备

物探课题承担单位安徽省勘查技术院根据项目的总体技术要求，开展了必要的资料准备工作，包括全省以往的工作程度、区域物探、基础地质等各方面的资料，以及典型矿床大比例尺地面物探资料，近年来安徽省地质找矿工作的新进展、新发现资料等。累计收集了各类报告538份，编制了《安徽省重力工作程度图》《安徽省航磁工作程度图》《安徽省地磁工作程度图》。

三、技术准备

为完成本项目，课题组在总项目组的领导下，做了较充分的技术准备。

组织参加了中国地质调查局安排的全员培训，总计16次，70多人次。

参加项目协调会、技术培训或交流会，共计17次。

参加了省级项目组召开的由各课题组人员参加的技术培训或交流会,共计16次;物探课题组召集专门的技术讨论会12次。

以上技术准备工作为项目的顺利实施打下了坚实的基础。

四、主要工作

根据安徽省矿产资源潜力评价项目2012—2013年及以往各年度任务书的要求,课题组开展了以下主要工作。

(1)组织参加了中国地质调查局、大区所及省级项目组安排的物探专业全部培训,总计70余人次,并参加各类工作会议、交流会。

(2)资料准备和设计编写工作。共收集了各类地质、矿产、科研等报告538份。

2007年11月完成了安徽省矿产资源潜力评价项目物探、化探、遥感、自然重砂、综合信息评价课题设计,并在南京通过了全国项目办组织的审查。2008—2009年度工作方案已通过了由南京地质调查中心组织的审查,2010年度工作方案已通过了由全国项目组组织的物探专业审查,2011—2012年度安徽省矿产资源潜力评价物探课题工作方案(含2013年度重力、磁法成果汇总)已通过了由全国项目组组织的物探专业审查。

(3)物探资料综合研究工作。物探课题已完成重磁资料的省级异常综合编图;完成与铁矿有关的22个典型矿床研究及22个预测工作区编图和研究工作,与金、铜、铅锌、钨、锑、稀土、磷矿有关的61个典型矿床研究及74个预测工作区编图和研究工作,与锰、钼、萤石、硫铁矿、重晶石、银、锡、菱镁矿有关的31个典型矿床研究及32个预测工作区编图和研究工作;完成7个Ⅲ级、14个Ⅳ级成矿带编图及研究工作。

(4)庐枞典型示范区工作。该区为全国7个典型示范区之一,作为陆相火山岩型铁矿的典型示范工作已全部完成,编写了《庐枞典型示范区磁法工作报告》《庐枞典型示范区重力工作报告》两份专题报告。2009年3月初,全国项目办对示范工作进行了最终成果验收,两份报告均被评为优秀成果。

(5)铁矿资源量预测及复核。安徽省磁性矿产资源潜力评价以铁(磁)矿为主,采用重力配合航(地)磁方法共对22个预测工作区进行了资源量定量计算,其中4个预测工作区采用整体类比估算,其他18个预测工作区采用以2.5D剖面反演的磁法体积法为主(部分采用了大比例尺重力)、定量类比法为辅的混合法进行资源量计算;在这12个预测工作区318个异常单剖面拟合计算资源量中,地磁剖面81个、利用前人计算成果12个、典型矿床剖面21条。

按照全国项目办物探专业《预测资源量估算技术要求(2010年补充)》之规定,对全省铁矿资源量进行了全面核查,提交了《安徽省磁性矿床预测资源量估算报告》。

(6)金、铜、铅锌、钨、锑、稀土、磷、锰、钼、萤石、硫铁矿、重晶石、银、锡、菱镁矿资源量预测。由于重力、磁测资料的精度(网度与精度)限制,加之绝大多数金、铜、铅锌、钨、锑、稀土、磷、锰、钼、萤石、硫铁矿、重晶石、银、锡、菱镁矿矿床的规模很小,重力异常强度不高,铁磁性矿物含量很低,磁异常强度不高,甚至难以识别,利用重磁资料直接进行资源量预测不具备必要的地球物理前提,本次工作只对部分规模较大且具有高精度大比例尺重力、航(地)磁成果的一些铁铜共(伴)生矿床的矿致异常进行了资源量估算。其他情况下主要是与磁异常配合分析矿床所处的地质环境、成矿的有利程度,进行控矿要素的解释与推断,然后由"成矿规律研究及矿产预测课题"组采用重磁解释的控矿要素的三维结构按地质体积法对资源量进行估算。

五、项目完成的主要工作量

本项目主要有5项工作:一是数据库维护;二是成果图件编制;三是推断地质构造;四是典型矿床研

究与矿产预测;五是建立相应成果图件的数据库。

(一)资料收集与整理

按照《全国矿产资源潜力评价重力、磁测资料应用技术要求》以及项目实施的实际情况,利用重磁资料开展资源潜力评价的基础就是要全面收集和整理全省范围内前人已有的资料。为此,本课题组投入了大量的精力,安排专人历时两年全面收集整理了安徽省及其周边地区重力、航(地)磁及与此相关的地质、矿产、典型矿床、岩矿石物性和综合物探等方面的资料538份,并进行了系统的整理,对所有地质基础图件和重磁综合图件进行了矢量化,对所有收集的重磁成果图件都进行了数字化工作,总计逾1500张(本单位和总项目下发的数据体所在测区除外)。

(二)数据库维护

1. 重力数据库维护

重力数据库维护工作的内容包括两项:一是按照全国项目办的技术要求对重力数据进行"五统一",主要是对原来的数据进行基点改算和正常场改算;二是收集补充全省资料。涉及两方面的内容:

第一,对全国汇总组下发的区域重力资料中的空白区进行补充,即补充完善了皖西北豫皖交界区的区域重力空白区资料;补充完善了合肥盆地西缘豫皖交界区的区域重力数据;补充完善了大别山南缘桐城-潜山盆地区域重力数据,从而使1:20万区域重力数据覆盖了除去巢湖水域以外的安徽省全部辖区。

第二,全面收集预测工作区和典型矿床的中大比例尺重磁数据资料,建立相应的数据库,为预测工作区和典型矿床研究与勘探部署服务。本次收集的中大比例尺重力资料涵盖了安徽省截止到2009年以前国内所有生产、科研单位完成的53个测区的重力成果,比例尺自1:10万到1:2000。全省重力数据库维护工作已经全面完成。

2. 磁法数据库维护

按照《全国矿产资源潜力评价磁测资料应用技术要求》,数据库维护工作内容包括两项:一是对全国项目组下发的航磁数据进行维护,剔除其中的不合格数据;二是充分收集补充省域内其他工业部门、单位航磁资料以及地磁资料。全省磁法数据库维护工作已经全面完成。

(三)重磁图件编制及其说明书

按照全国项目办的要求,本项目所有提交的图件均为一图一库一说明书。图件的编制分为省级、预测工作区及典型矿床区3个层次。省级、预测工作区又分为基础及处理图件和成果图件两类,基础及处理图件中又分必作(提交)图件和选作(过渡性)图件两种;典型矿床区分为典型矿床所在区域、典型矿床所在地区、典型矿床所在位置物探剖析图和典型矿床勘探剖面(或概念模型)图等图件。

1. 省级图件

按要求提交的省级重力图件共4套,磁测图件共9套,比例尺均为1:50万,工作量及完成情况见表1-1。

表 1-1　省级重力图件编制工作量及完成情况一览表

类别	图件名称	比例尺	编图工作量			数据库完成量
			设计	完成	百分比	
重力	安徽省布格重力异常平面图	1:50万	1张	1张	100%	100%
	安徽省剩余重力异常平面图	1:50万	1张	1张	100%	100%
	安徽省重力工作程度图	1:50万	1张	1张	100%	100%
	安徽省重力推断地质构造图	1:50万	3张	3张	100%	100%
航磁	安徽省航磁 ΔT 异常平面图	1:50万	1张	1张	100%	100%
	安徽省航磁 ΔT 化极异常平面图	1:50万	1张	1张	100%	100%
	安徽省航磁 ΔT 化极垂向一阶导数平面图	1:50万	1张	1张	100%	100%
	安徽省航磁工作程度图	1:50万	1张	1张	100%	100%
	安徽省航磁异常分布图	1:50万	1张	1张	100%	100%
	安徽省航磁推断地质构造图	1:50万	1张	1张	100%	100%
	安徽省磁法推断磁性矿床分布图	1:50万	1张	1张	100%	100%
地磁	安徽省地磁工作程度图	1:50万	1张	1张	100%	100%
	安徽省地磁异常分布图	1:50万	1张	1张	100%	100%

2．预测工作区图件

根据矿产预测组提供的资料，安徽省的铁矿预测工作区 22 个，金、铅锌、铜、磷、锑、钨、稀土等预测工作区 74 个，锰、钼、萤石、硫铁矿、重晶石、银、锡、菱镁矿等预测工作区 32 个，此次工作完成了以上 128 个预测工作区级重力、磁测图件编制和建库工作，同时也完成了 7 个Ⅲ级成矿带重力图件的编制，合计重力图件 547 份、磁测图件 712 份。

3．典型矿床研究图件

安徽省资源潜力评价项目确定的典型矿床有：铁矿 24 个，金矿 18 个，铅锌矿 11 个，铜矿 19 个，磷矿 2 个，锑矿 3 个，钨矿 8 个，稀土矿 1 个，锰矿 4 个，钼矿 7 个，萤石矿 6 个，硫铁矿 5 个，重晶石 4 个，银矿 3 个，锡矿 1 个，菱镁矿 1 个。课题组利用重磁资料对典型矿床进行了相应的研究工作，编制了典型矿床所在区域、典型矿床所在地区、典型矿床所在位置物探剖析图和典型矿床成矿模式图等图件共 117 套。

4．推断地质构造

为配合全省资源潜力评价工作的需要，按照《全国矿产资源潜力评价项目重力、磁测资料解释应用技术要求》规定，分省级和预测工作区级对地质构造进行了解释推断，编制了相应的成果图件，共完成了 4 张省级、128 个预测工作区级重力、磁测共 256 张图件的编制和建库工作。

5．典型矿床研究与矿产预测

针对省级项目提出的 24 个铁矿预测典型矿床，62 个金、铅锌、铜、磷、锑、钨、稀土矿预测典型矿床，

31个锰、钼、萤石、硫铁矿、重晶石、银、锡、菱镁矿预测典型矿床,利用重磁资料研究了典型矿床上的重磁区域评价模型和重磁异常组合特征。

在此基础上,对安徽省布格重力异常进行了提取和解释,研究评价了异常的找矿意义;对全省中大比例尺重力勘查区块的重力异常进行了全面收录、整理与建卡,共计870处,并参照航磁异常分布图异常属性表的格式建立了中大比例尺重力异常属性表。

利用航(地)磁资料进行了研究,建立了典型矿床上的航磁区域模型和矿床所在位置概念模型,研究了重要矿床、成矿区带上的重磁异常组合特征。分别对全省航磁、地磁异常进行了全面建档、分析、筛选。编制了全省航磁异常分布图和地磁异常分布图,并对全省335处与铁矿(及其共、伴生矿产)密切相关的甲—乙1类航磁异常345条剖面(当有相应大比例尺地磁资料时,则使用地磁资料,个别异常上航(地)磁资料均不理想,采用了大比例尺重力)进行了定量反演和铁矿资源量估算。在此基础上,按照全国项目组的统一技术要求对铁矿资源量进行了核查,编写了《安徽省磁性矿床预测资源量估算报告》。

6. 建立相应成果图件的数据库

按照一图一库一说明书的要求,建立了相应图件的数据库,并使用GeoMAG软件进行了规范处理。

六、质量控制

安徽省勘查技术院已于2002年通过ISO 9001质量管理体系认证,本项目全程受控。

(一)组织措施

(1)在该院质量管理委员会的领导下,成立了项目质量管理小组,由课题负责人担任组长,全面负责本项目的质量管理,编图、计算、综合研究、数据库建设各环节负责到人,并兼任质量检查员。

(2)严格三级质量管理制度,层层把好质量关。各工种、各环节的工作有自检和互检,课题组有专门的质量检查,最终成果提交院检查验收后方能提交省级和全国项目组验收。

(二)具体措施

(1)安徽省资源潜力评价是一项长时间、高水平的研究工作,人员的配置是优质完成课题任务的关键。安徽省勘查技术院从项目开始就十分重视该项工作,调集精兵强将组成由院副总工程师挂帅的课题研究组,研究组中教授级高工3名,高工5名,工程师3名,助理工程师5名。其中:物探专业10名,地质矿产专业3名,其他专业3名。年龄段在25~67岁之间。专业搭配合理,年龄组合适当,知名专家、年富力强、风华正茂兼备是项目组的突出特点。

(2)课题组人员稳定是确保项目质量的又一重要因素,自蟹岛培训至今,课题骨干人员一律没有更换,其他人员则随着项目任务的增加而增加。

(3)充分培训、熟练掌握项目研究的技术要求是优质完成项目任务的前提。本课题组自立项培训开始,6年来参加了全国项目组和大区所项目组组织的所有培训和技术交流会议,极大地提高了项目人员的技术素养和业务能力。

(4)"请进来"和"走出去"是提高项目研究质量的又一有效手段,一直以来,课题组与全国、大区以及各省级项目组保持了密切的联系,多次邀请全国著名专家孙文珂、刘士毅、雷受旻来课题组讲课指导,多次登门或邀请全国项目专业组(张明华、范正国、黄旭钊、乔计花等)和大区所专家给予指导,并与江苏、河北、山东、河南、陕西、江西等省课题组保持了紧密的联系与合作,就相应的技术问题多次开展了研讨与交流,大大提高了课题组的研究水平,保证了课题研究的高质量。

(5)充分熟悉、利用前人的成果是提高项目研究质量的又一关键环节,安徽省物探工作程度很高,不同时期、不同单位、不同比例尺、不同勘查目的的资料十分丰富,其中不乏弥足珍贵的研究成果,例如:《安徽省地质志》《安徽省铜陵地区物化探普查工作成果报告》《长江中下游隐伏矿找矿靶区优选研究成果报告》《安徽省沿江地区资料二次开发研究成果报告》等,在利用综合物探资料进行与找矿有关的基础地质研究等方面取得了突出的效果,《安徽省和县雍镇工区重力磁法工作报告》《安徽省庐枞盆地罗河工区物化探普查》等,对局部异常研究细致严谨,等等,这些都成为我们在本项目中进行异常解释的先验知识。

本次综合研究工作从资料整理到数据处理再到区域综合解释基本上是全新的,但是也充分重视对前人成果的研究和利用,在充分吸收前人成果的基础上,利用当前先进的方法技术重新进行资料整理、数据处理,全面、系统开展重磁异常的综合解释。

(1)本项目全部重力、磁法原始数据均系前人资料;解释工作中一般直接引用所在区域各种比例尺原始勘查报告中的物性成果,只有少量作了重新归纳和统计。

(2)能够为重力、磁法解释提供"约束条件"(如钻探成果)的资料均为直接引用,未作任何处理。

(3)本项目省级局部异常的圈定与解释都是全新的,预测工作区级局部异常的圈定与解释,特别是异常卡片的建立则是在前人查证和解释的基础上,补充新的查证成果形成的。为方便与前人资料的对比分析,属性表中保留了原编号。

(4)局部地区的基础地质问题的讨论引用了部分前人的成果,报告中注明了引用资料的来源。

(5)少量定量计算工作直接引用了前人的研究成果,报告中注明了引用资料的来源。

(6)大量收集了近几年来示范区科研、找矿与矿产开发方面工作的新进展,使重力、磁测异常解释的已知先验条件更加丰富,减少了解释的多解性。

(7)项目中的基础地质、矿产地质资料许多是在本项目的其他课题成果的基础上归纳总结而来,因而本课题的成果理应成为本项目的共同成果。

第二章 资料评述

第一节 工作程度

一、重力工作程度

安徽省的区域重力调查始于20世纪50年代的石油资源概查,之后为进行油气概查开展了大面积的1:20万~1:100万区域重力测量,1970年应矿产大普查、成矿规律的研究和加强基础性地质工作的需要,按国家统一部署在全省范围内开展系统的区域重力调查工作。到1995年底,随着《安徽省大别山地区1:20万区域重力测量成果报告》的完成,全省1:20万比例尺区域重力调查完成逾$13\times10^4 km^2$,已覆盖全省(大片水域除外)(图2-1)。

1976—1992年,地质矿产部物化探局为加强重要成矿区带的找矿工作,在长江中下游地区系统部署了1:5万以重力为主的综合物化探测量,同时在其他重点成矿区也陆续布置了包括重力在内的综合物探测量,比例尺从1:2000~1:10万不等(表2-1)。

二、磁测工作程度

(一)航磁

安徽省航空磁测工作起步较早,伴随着地质找矿工作的深入,不同比例尺的航空磁测工作数次覆盖全省。如1:100万航磁覆盖了全区,随后北纬31°以北广大地区1:20万航磁也已经完成,在此基础上1:10万航磁又覆盖全省,以国土资源部航空物探遥感中心为主,各工业部门施测的1:5万及更大比例尺航磁已经覆盖安徽省除了皖浙赣、鄂皖大别山地区、豫皖平原区等少量地区以外的大部分地区。航磁工作程度见图2-2。

本次工作中坚持"新成果、大比例尺、高精度资料优先录用"的原则。录用资料主要是地矿部航遥中心、物化探研究所和冶金部航测队等1957—1992年工作的航磁测量成果以及安徽—浙江合作完成的皖南地区航磁测量成果共29份(表2-2),包括成果图件和成果报告资料两种。

资料覆盖安徽省面积$13.96\times10^4 km^2$,其中1:2.5万~1:5万比例尺资料约$10.5\times10^4 km^2$(已扣除重复区域),占75%;1:20万约$2\times10^4 km^2$,占14.5%;1:100万资料零星分布(合肥盆地有胜利油田有限公司的新一代高精度航磁成果,无法收集到)。

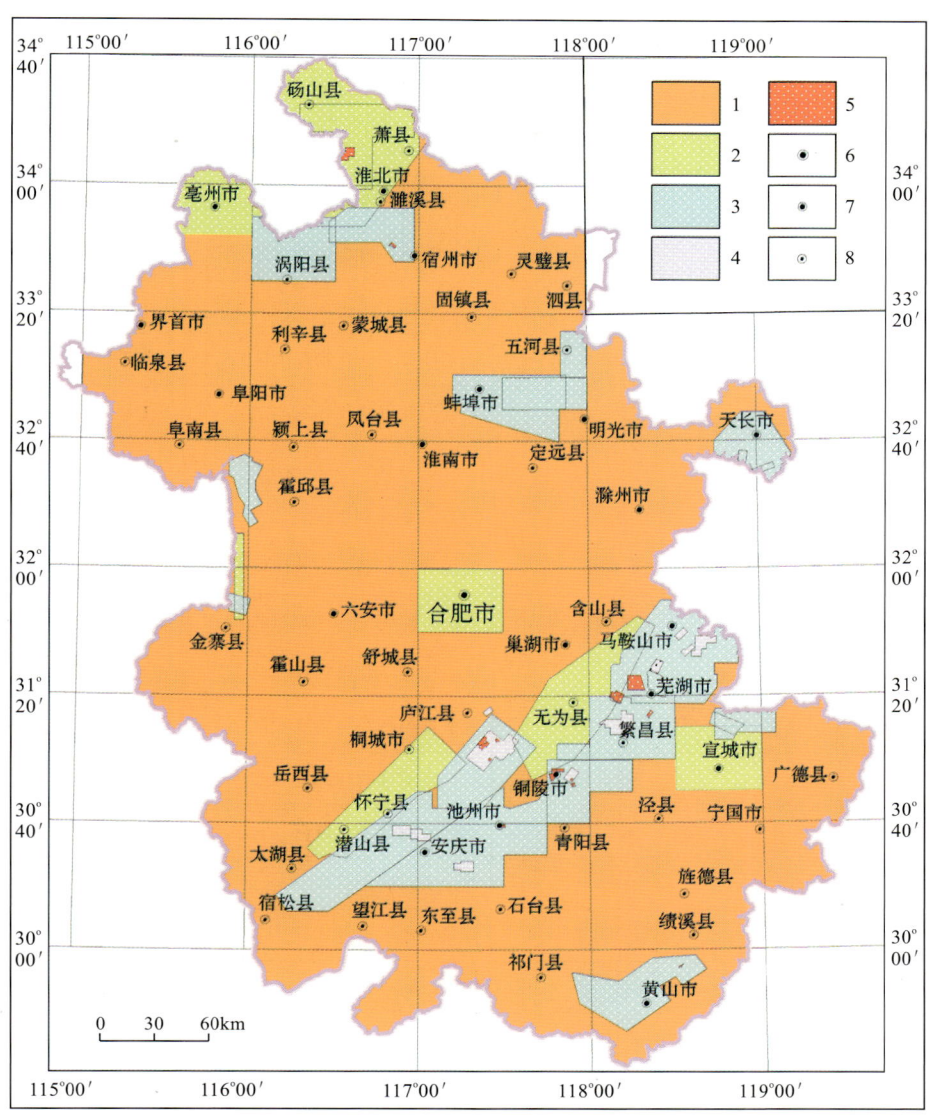

图 2-1 安徽省区域重力调查工作程度图

1.工作比例尺为 1:20 万重力测量工区范围;2.工作比例尺为 1:10 万重力测量工区范围;3.工作比例尺为 1:5 万重力测量工区范围;4.工作比例尺为 1:2 万或 1:2.5 万重力测量工区范围;5.工作比例尺大于或等于 1:1 万重力测量工区范围;6.省政府、省辖市;7.市、地区政府;8.县政府

表 2-1 安徽省重力测量工作一览表

工区名称	工作面积(km²)	工作单位	工作比例尺	成果完成时间(年)
安徽省铜陵朱村杨	1.02	安徽省物化探院	1:2000	1965
安徽省歙县伏川地区	0.60	安徽省地矿局 332 地质队	1:2000	1973
安徽省萧县旗杆楼地区	7.50	安徽省地矿局 325 地质队	1:5000	1976
庐江杨山洼—牛头山	11.08	地矿部第一综合物探大队	1:5000	1980
庐江盘石岭	2.92	地矿部第一综合物探大队	1:5000	1981
庐江砖桥	2.10	地矿部第一综合物探大队	1:5000	1981
安徽省濉溪三铺	6.56	安徽省地矿局 325 地质队	1:1 万	1972

续表 2-1

工区名称	工作面积（km²）	工作单位	工作比例尺	成果完成时间（年）
安徽省无为县汤沟工区	35.6	安徽省地矿局 322 地质队	1：1 万	1977
庐江汪家院	14.7	地矿部第一综合物探大队	1：1 万	1981
江苏六合冶山	81.7	地矿部第一综合物探大队	1：1 万	1983
安徽省和县雍镇工区	69.7	安徽省地矿局 322 地质队	1：1 万	1986
铜陵兴隆镇	23.15	地矿部第一综合物探大队	1：1 万	1990
池州市东南湖	3	安徽省物化探院	1：1 万	1990
铜陵市狮子山矿区乌栗山	2	安徽省物化探院	1：1 万	1991
铜陵市泉塘	4	安徽省物化探院	1：1 万	1991
芜湖白马乡	5.92	安徽省地矿局 322 地质队	1：1 万	1989
庐江县裴岗工区物探报告	15	安徽省地矿局 327 地质队	1：2 万	1977
江苏六合九头山	35.7	地矿部第一综合物探大队	1：2 万	1983
罗河	450	地矿部第一综合物探大队	1：2 万	1981
安徽省怀宁县月山工区	60	安徽省物化探院	1：2 万	1988
安徽省铜陵狮子山矿区	40	安徽省物化探院	1：2 万	1989
安徽省贵池县铜山地区	60	安徽省物化探院	1：2 万	1990
安徽省怀宁县总铺工区	61.5	安徽省地矿局 326 地质队	1：2 万	1991
马鞍山当涂地区	96.5	地质部航空物探大队 906 队	1：2.5 万	1965
安徽省马鞍山地区阳湖塘—戴山工区	24.4	安徽省地矿局 322 地质队	1：2.5 万	1975
当涂地区围屏山工区	23.7	安徽省地矿局 322 地质队	1：2.5 万	1975
安徽省繁昌地区	157	安徽省物化探院	1：2.5 万	1991
安徽省当涂县大桥工区	37	安徽省地矿局 322 地质队	1：4 万	1975
安徽省铜陵北部地区	871.2	安徽省物化探院	1：5 万	1965
安徽省屯溪盆地重力	830	安徽省地矿局 332 地质队	1：5 万	1970
安徽省芜湖市芜湖工区	93.4	安徽省地矿局 332 地质队	1：5 万	1978
安徽省霍邱铁矿区	425.6	安徽省地质局 337 地质队	1：5 万	1980
江苏六合—安徽天长	1850	地矿部第一综合物探大队	1：5 万	1982
安徽省宣城县水阳工区	85.5	安徽省地矿局 332 地质队	1：5 万	1982
庐枞	1219.3	地矿部第一综合物探大队	1：5 万	1982
枞阳—怀宁	2466	地矿部第一综合物探大队	1：5 万	1985
安徽省宣城县里桥工区	479.3	安徽省地矿局 322 地质队	1：5 万	1987

续表 2-1

工区名称	工作面积(km²)	工作单位	工作比例尺	成果完成时间(年)
铜陵	855.1	地矿部第一综合物探大队	1:5万	1987
繁昌地区	1769	安徽省物化探院	1:5万	1989
涡阳县、龙山集、马桥集、石弓集	846.6	安徽省地矿局325地质队	1:5万	1990
凤阳幅、大溪河幅	864.6	安徽省地矿局312地质队	1:5万	1991
贵池	1990	地矿部第一综合物探大队	1:5万	1993
五河地区	400	安徽省地矿局312地质队	1:5万	2000
淮北前常—徐楼地区	1098.25	地矿部第一综合物探大队	1:5万	2009
桐城—潜山	2250	安徽省物化探院	1:10万	1974
黄口及豫东地区	16 884	地矿部第四物探队	1:10万	1981
安徽省砀山—萧县地区	2030	安徽省地矿局325地质队	1:10万	1984
安徽省马鞍山地区	379.27	安徽省地矿局322地质队	1:10万	1985
安徽省马鞍山—芜湖地区	3850	安徽省地矿局322地质队	1:10万	1988
安徽省宣城县	1766	安徽省地矿局322地质队	1:10万	1989
合肥市幅	1690	安徽省物化探院	1:10万	1990
无为	6000	地矿部第一综合物探大队	1:10万	1991

航空磁测成果是安徽省用于布置地面物化探工作的主要依据之一，截至1985年，在航磁发现的1129个异常上，已对218个异常进行了检查验证，见矿异常有156处。其中，发现的大型铁矿区有霍邱周集沉积变质铁矿、庐江罗河火山岩型铁矿、怀宁月山西马鞍山接触交代型含铜磁铁矿、马鞍山至和县雍镇铁矿等，都是航空磁测首先发现异常，经地面检查，钻孔验证的。还有淮北地区，大面积第四纪覆盖区也以航磁异常为线索进行了广泛的地面磁法普查与详查，确定了90处磁异常，钻探验证39处，见矿异常19处，通过勘探证实了前常、三铺、王场等18个中小型铁、铁铜及铜镍矿床，突破了淮北有煤无铁的局面。与此同时，通过航磁资料，发现长江两岸地区，存在两条异常群带，磁场十分复杂，有许多高值磁异常区，明显反映了沿江地区中酸性、中基性岩体的存在，说明了岩浆活动频繁。郯庐断裂是由航磁异常所确定，沿断裂有许多侵入体充填其中，形成了带状异常，确立了安徽省南北构造分区的一条重要标志界线。在徐蚌地区航磁图上，呈现了东西向的古老基岩的隆起与坳陷，同时又显示了一系列北北东向的断裂等。皖南山区与大别山区，航磁反映了成片的大面积高磁异常区，并都对应了区域性重力低，推测两大山区存在有巨大的岩基。总之，航空磁测为安徽省提供了区域地质构造和铁、铜、硫等矿床赋存情况的宝贵资料，地质效果十分显著。

(二) 地磁

在航磁工作的基础上，围绕重点成矿区带、航磁异常和重要铁矿(及部分有色金属矿产)开展了大量的地磁测量工作(图2-3)，比例尺1:1000～1:5万不等。这些资料分别由全省各地勘单位施测，主要用于航磁异常查证，范围涉及全省各重要矿床以及大多数重要航磁异常，时间自20世纪50年代一直持续至2009年。本次工作收集录用全省1:1000～1:5万地磁资料共192份，资料精度从数纳特至30nT不等，其中五六十年代精度普遍较低，90年代以后精度较高。

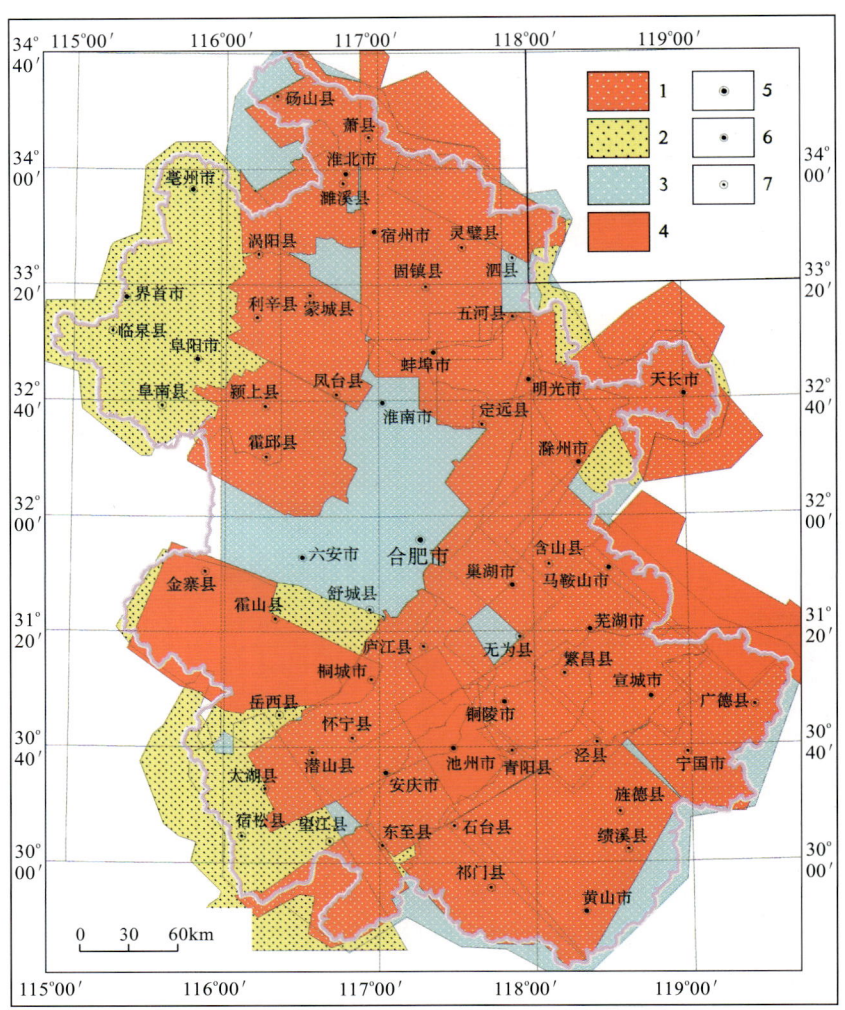

图 2-2 安徽省航磁测量工作程度图

1.20 世纪 90 年代以前比例尺大于或等于 1∶5 万航磁工区范围;2.20 世纪 90 年代以前比例尺 1∶5 万～1∶25 万航磁工区范围(包括 25 万);3.20 世纪 90 年代以前比例尺小于 1∶25 万航磁工区范围;4.20 世纪 90 年代以后比例尺大于或等于 1∶5 万航磁工区范围;5.省政府、省辖市;6.市、地区政府;7.县政府

表 2-2 安徽省航空磁力测量工作项目一览表

测区名称	工作年代	工作比例尺	质量评价(nT)	资料来源
蚌埠地区	1960	1∶2.5 万～1∶5 万	25	航遥中心 902 队
江西北部地区	1961	1∶10 万～1∶20 万	27.8～35.2	航遥中心 902 队
豫东皖北地区	1966	1∶2.5 万～1∶5 万	30	地矿部 901 队
铜陵—芜湖	1972	1∶2.5 万	13.6	冶金部航空大队
蒙城地区	1974	1∶5 万	8.2	航遥中心 903 队
微山湖地区	1974	1∶2.5 万～1∶5 万	3.5	航遥中心 904 队

续表 2-2

测区名称	工作年代	工作比例尺	质量评价(nT)	资料来源
徐州—蚌埠	1975	1:2.5万～1:5万	19.2	冶金部航空大队
大别山 A	1976	1:10万	19.6	航遥中心904队
大别山 B	1976	1:5万	19.6	航遥中心904队
霍邱地区	1977	1:5万	6.9	航遥中心905队
江苏六合—盱眙	1978	1:5万	5	地矿部航空大队
河淮平原	1979	1:20万	2.96	航遥中心909队
嘉山—曹县地区	1981	1:2.5万～1:5万	9	冶金部航空大队
安庆—铜陵	1982	1:2.5万	7	冶金部航空大队
江苏中部	1984	1:20万	0.25	地矿部遥感中心
铜陵	1984	1:5万	3.6	地矿部遥感中心
下扬子	1985	1:100万	2.93	冶金部航空大队
皖南地区	1985	1:5万	8.7	安徽省332队
蚌埠五河地区	1987	1:5万	4.2	地矿部物化所
泗县—栏杆	1987	1:2.5万	1.1	地矿部遥感中心
安庆—贵池	1988	1:5万～1:10万	5.5	地矿部物化所
江西瑞昌—安徽东至	1988	1:5万	1.36	矿部遥感中心
芜湖—宣城	1988	1:5万	2.55	地矿部物化所
祁门地区	1989	1:5万～1:10万	1.9	地矿部遥感中心
宁国—广德	1989	1:5万	1.6	地矿部遥感中心
滁州—庐江	1990	1:5万	2	地矿部物化所
金寨—岳西	1991	1:5万	2.4	地矿部遥感中心
庐江—贵池	1992	1:2.5万	3.33	冶金部航空大队
江苏苏南	1992	1:5万	1.88	地矿部遥感中心

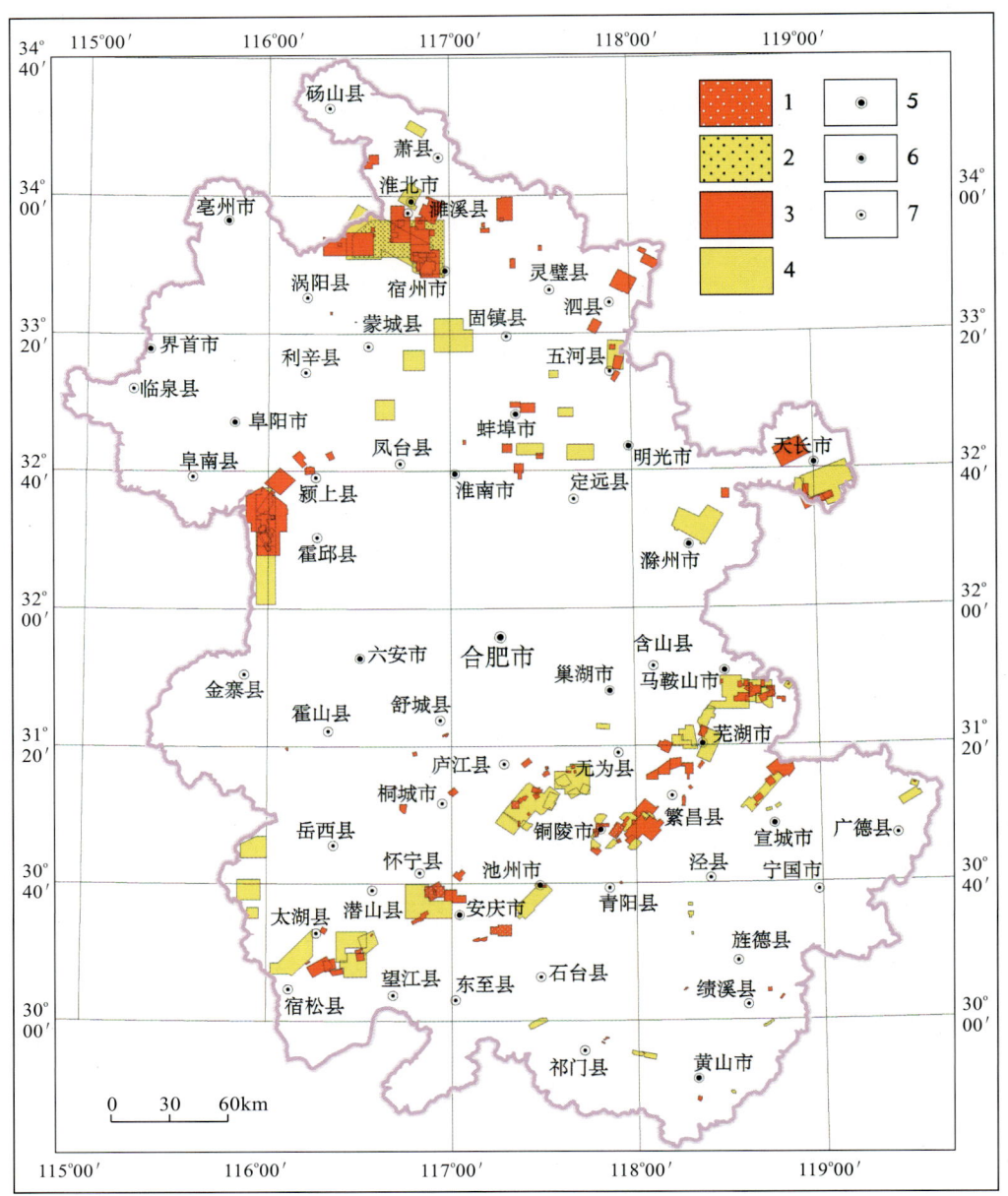

图 2-3 全省地磁测量工作程度图

1.地磁 ΔT 比例尺大于或等于 1∶1 万工区范围；2.地磁 ΔT 比例尺 1∶1 万～1∶5 万工区范围（包括 5 万）；3.地磁 ΔZ 比例尺大于或等于 1∶1 万工区范围；4.地磁 ΔZ 比例尺 1∶1 万～1∶5 万工区范围（包括 5 万）；5.省政府、省辖市；6.市、地区政府；7.县政府

第二节　原始资料质量评价

一、重力资料

（一）1∶20 万重力资料

编图汇集的各工区资料相互衔接，覆盖安徽省域约 $13.96×10^4 km^2$ 范围。其中：大别山和皖南山区面积约 $30\,000 km^2$，重力点平均网度为每点控制面积 $7.55～7.75 km^2$；天长地区测点密度为 $6.2 km^2/$点；

其余地区均不大于 4km²/点。比例尺大于 1∶20 万的资料区,按 3~4km²/点网度抽点。最后汇总出全省 1∶20 万重力点约 3.22 万个,全省平均测点密度 4.34km²/点。对各工区实测点和"五统一"改算点重新统一评价,布格异常总均方误差:两山地区为 $\pm 0.6\times 10^{-5}$ m/s²(山区重力规范精度指标为 $\pm 1.0\times 10^{-5}$ m/s²),其余工区和 1∶20 万图幅为$(\pm 0.21\sim \pm 0.45)\times 10^{-5}$ m/s²(平原丘陵区重力规范精度指标为 $\pm 0.8\times 10^{-5}$ m/s²)。

(二)大比例尺重力资料

中大比例尺重力测量从 1∶2000 到 1∶10 万,网度与相应比例尺规范要求相符。例如:1∶5 万重力在低山丘陵地区一般为 4~6 点/km²,山区一般为 3~4 点/km²。重力布格异常总精度:工作比例尺大于 1∶2.5 万者,精度均优于 $\pm 0.1\times 10^{-5}$ m/s²,其余比例尺资料精度一般在$(\pm 0.1\sim 0.25)\times 10^{-5}$ m/s² 之间,仅桐城—潜山、屯溪、水阳 3 个工区精度低于 0.25×10^{-5} m/s²。但仍然满足规范要求(表 2-3)。

表 2-3 各工区重力测量精度一览表

工区名称	工作面积(km²)	工作比例尺	布格异常总精度(10^{-5}m/s²)
安徽省铜陵朱村杨	1.02	1∶2000	0.043
安徽省歙县伏川地区	0.6	1∶2000	0.085
安徽省萧县旗杆楼地区	7.5	1∶5000	0.037
庐江杨山洼—牛头山	11.08	1∶5000	0.063
庐江盘石岭	2.92	1∶5000	0.061
庐江砖桥	2.1	1∶5000	0.068
安徽省濉溪三铺	6.56	1∶1万	0.043
濉溪三铺		1∶1万	0.043
安徽省无为县汤沟工区	35.6	1∶1万	0.041
庐江汪家院	14.7	1∶1万	0.083
江苏六合冶山	81.7	1∶1万	0.0609
安徽省和县雍镇工区	69.7	1∶1万	0.039
铜陵兴隆镇	23.15	1∶1万	0.086
池州市东南湖	3	1∶1万	0.0573
铜陵市狮子山矿区乌栗山	2	1∶1万	0.066
铜陵市泉塘	4	1∶1万	0.0655
芜湖白马乡	5.92	1∶1万	0.042
庐江县裴岗工区物探报告	15	1∶2万	0.02
江苏六合九头山	35.7	1∶2万	0.064
罗河	450	1∶2万	0.097
安徽省怀宁县月山工区	60	1∶2万	0.062
安徽省铜陵狮子山矿区	40	1∶2万	0.060

续表 2-3

工区名称	工作面积（km²）	工作比例尺	布格异常总精度（10⁻⁵m/s²）
安徽省贵池县铜山地区	60	1：2万	0.063
安徽省怀宁县总铺工区	61.5	1：2万	0.065
马鞍山当涂地区	96.5	1：2.5万	0.044
安徽省马鞍山地区阳湖塘—戴山工区	24.4	1：2.5万	0.043
当涂地区围屏山工区	23.7	1：2.5万	0.039
安徽省繁昌地区	157	1：2.5万	0.058
安徽省当涂县大桥工区	37	1：4万	0.037
安徽省铜陵北部地区	871.2	1：5万	0.330
安徽省屯溪盆地重力	830	1：5万	0.400
安徽省芜湖市芜湖工区	93.4	1：5万	0.100
安徽省霍邱铁矿区	425.6	1：5万	0.075
江苏六合—安徽天长	1850	1：5万	0.242
安徽省宣城县水阳工区	85.5	1：5万	0.910
庐枞	1219.3	1：5万	0.150
枞阳—怀宁	2466	1：5万	0.226
安徽省宣城县里桥工区	479.3	1：5万	0.269
铜陵	855.1	1：5万	0.213
繁昌地区	1769	1：5万	0.209
涡阳县、龙山集、马桥集、石弓集	846.6	1：5万	0.177
凤阳幅、大溪河幅	864.6	1：5万	0.100
贵池	1990	1：5万	0.170
五河地区	400	1：5万	0.044
淮北前常—徐楼地区	1098.25	1：5万	0.200
桐城—潜山	2250	1：10万	0.400
黄品及豫东地区	16 884	1：10万	0.240
安徽省砀山—萧县地区	2030	1：10万	0.188
安徽省马鞍山地区	379.27	1：10万	0.089
安徽省马鞍山—芜湖地区	3850	1：10万	0.157
安徽省宣城县	1766	1：10万	0.185
合肥市幅	1690	1：10万	0.212
无为	6000	1：10万	

总之，本项目使用的所有重力资料精度均满足相应规范和总项目的要求，绝大部分资料的精度较高，这无疑为本次潜力评价工作奠定了良好的基础。

二、磁测资料

（1）由《安徽省航磁测量工作程度图》可见，安徽省航磁工作程度高，1∶2.5 万～1∶5 万比例尺资料（平均航高约 60～120m）约 $10.5 \times 10^4 \mathrm{km}^2$，占省域面积的 75%，这在全国范围内也是首屈一指的。具体来说，在沿江重要铁铜多金属成矿带和张八岭-蚌埠-徐州成矿带上，1∶2.5 万比例尺航磁成果已覆盖全区，其他如霍邱地区、两山地区（平均航高约 200m），以及淮北—蒙城等地区则为 1∶5 万航磁成果覆盖。甚至合肥盆地也在 20 世纪 90 年代更新了 1∶5 万航磁资料。目前全省仅有皖西北厚覆盖区和皖浙赣鄂邻省交界的少量地区尚属 1∶20 万资料覆盖区。

将全省 29 个区块的航磁资料按照其测量范围分别成图，基于已知的地质矿产资料进行对比，评价资料的质量和存在的问题以及资料的可利用程度。总体来看，由航遥中心下发的数据体质量较高，仅大别山区块有两条线产生畸变，经剔除后合格，见图 2-4 和图 2-5。

与航遥中心资料对比，原冶金部门的资料虽然比例尺较大，但资料精度不高，尤其是定位精度不高，同时缺少剖面数据，仅靠原图数字化，其精度损失更多，在等值线稀疏的部位还会产生振荡。所以资料处理解释成图一般以全国组下发数据为准，除非缺失。而异常解释方面则充分考虑了原冶金部门的意

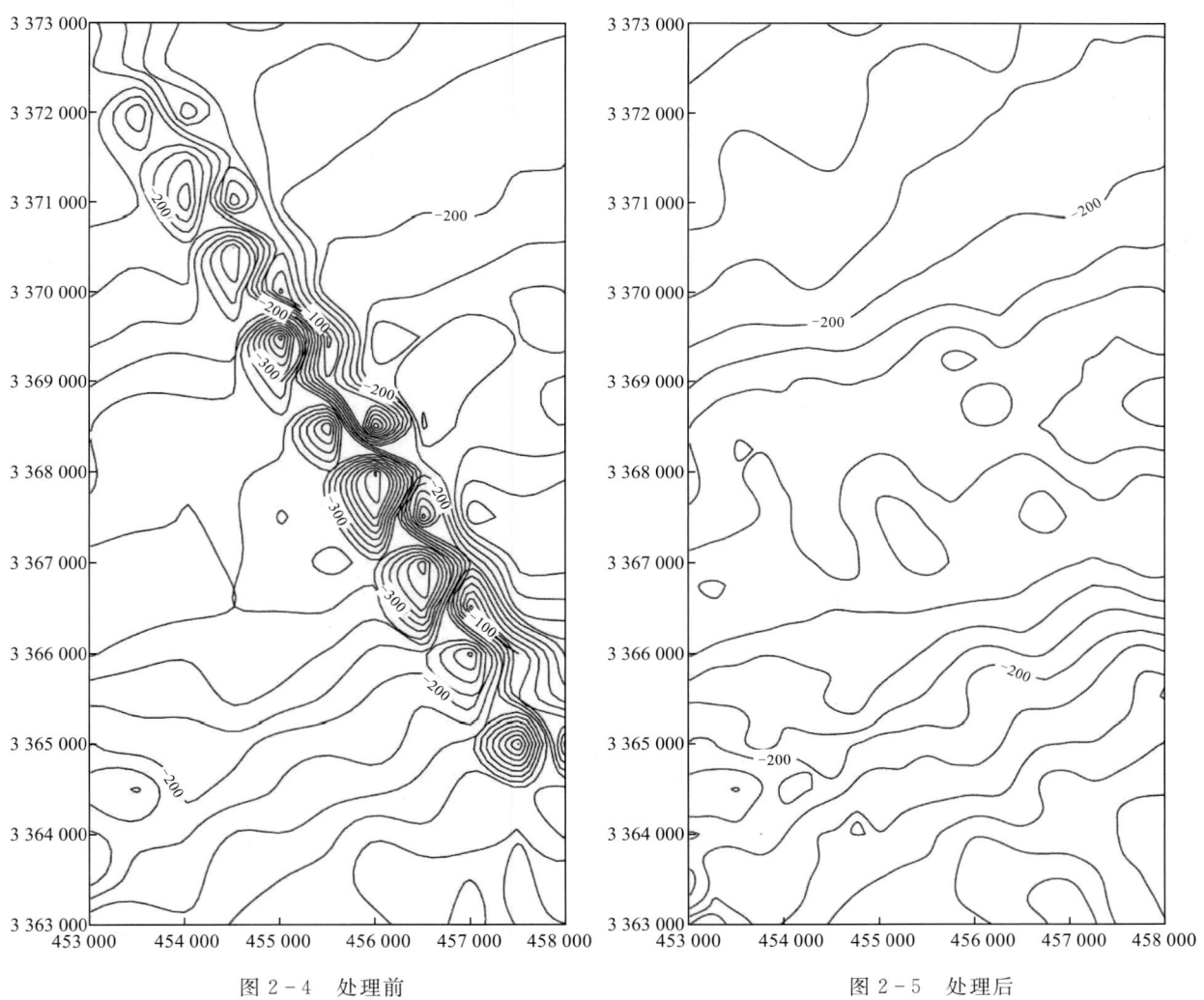

图 2-4　处理前　　　　　　　　　　　　　图 2-5　处理后

见,通常他们的解释报告更详细,异常查证更具体一些。

(2)安徽省地面磁测工作始于解放前,经历了低、中、高3代磁力仪的测量,资料精度由30nT逐渐提高到2nT左右。为配合各地质单位找矿工作,做了大量的地面磁测工作,基本上覆盖省域各主要矿区,主要矿种有铁、金、铜、多金属、金刚石等,曾经在矿山发现和勘查开发过程中都发挥了重要作用。

第三节 以往资料解释成果评估利用

一、以往重力资料解释成果评估及利用

(一)以往资料解释程度评估

安徽省重力勘查工作程度较高,除了1:20万覆盖全省域外,沿重要成矿带开展了大量的中大比例尺重力工作,并在基础地质研究、矿产勘查,尤其是铁矿和能源勘查中发挥过重要作用(如安徽著名的大鲍庄铁矿、何家大小岭铁矿均由重力工作首先发现)。

前人的重力异常解释也存在一些问题:

(1)由于过去完成的中大比例尺重力勘查,大多是分区、分期实施,提供的成果报告多以特定地区、特定目标为研究内容,形成的较为系统的综合研究成果主要集中于长江中下游地区,其他地区相对薄弱。

(2)受当时资料处理水平的限制,对很多区块的资料没有进行系统的处理,许多与找矿有关的信息没有提取出来,制约了对地质问题的认识水平。

(3)以往对区域地质构造格架问题的认识,大多仅依靠重力或磁法单一方法进行,重磁联合解译或者重磁电多方法联合反演基本没有进行,致使对有些重大地质问题的认识存在一定不足。

(4)受以往技术条件限制和开采条件考虑,找矿目标多局限于中浅部,对重点矿区及其外围埋深大的矿床和覆盖区的隐伏矿床开展的工作相对缺乏,因此重力工作对深部矿致异常的研究也相对较少。

这些问题的存在曾经在不同程度上限制了重力资料的应用效果。

(二)以往成果的利用

安徽省重力工作程度较高,资料十分丰富,为安徽省资源潜力评价工作的开展奠定了良好的基础。其中也有一些弥足珍贵的研究成果,例如《长江中下游铜铁成矿带》《安徽沿江地区铜金多金属矿床地质》《安徽省铜陵地区物化探普查工作成果报告》《长江中下游隐伏矿找矿靶区优选研究成果报告》等专著、研究报告在利用综合物探资料进行与找矿有关的基础地质研究等方面取得了突出的效果,《安徽省和县雍镇工区重力磁法工作报告》《安徽省庐枞盆地罗河工区物化探普查》等对局部异常研究细致严谨,这些都成为我们在本项目中进行异常解释的先验知识。

本次综合研究工作充分重视对前人成果的研究和利用,主要有如下几个方面。

(1)本项目研究所涉及的物性资料全部取自于所在研究区域的各种比例尺原始勘查报告中的成果,解释工作中一般直接引用,少量作了重新归纳和统计。资料处理解释中所使用的全部约束资料(如钻探成果)均为直接引用,未作任何处理。

(2)省级局部异常的圈定与解释都是全新的,而预测工作区级局部异常的圈定与解释,特别是异常卡片的建立是在前人查证和解释的基础上补充新的查证成果形成的。

(3)局部地区的基础地质问题的讨论引用了部分前人的成果。
(4)少量定量计算直接引用了前人的研究成果。
(5)充分收集了近几年来示范区科研、找矿与矿产开发方面工作的新进展,解释的已知先验条件更加丰富,大大减少了解释的多解性。

二、以往磁法资料解释成果评估及利用

安徽省物探工作程度较高,不同时期、不同单位、不同比例尺、不同勘查目的的资料十分丰富,然而资料质量和成果质量参差不齐,又未统一整理,加上受以往资料处理技术水平的限制,因而大部分测区的研究水平不高,只能作为参考。但是,其中也有一些弥足珍贵的研究成果,例如《安徽省铜陵地区物化探普查工作成果报告》《长江中下游隐伏矿找矿靶区优选研究成果报告》等,在利用综合物探资料进行与找矿有关的基础地质研究等方面取得了突出的效果,《安徽省和县雍镇工区磁法工作报告》《安徽省庐枞盆地罗河工区物化探普查工作报告》等,对局部异常研究细致严谨,等等,这些都成为我们在本项目中进行异常解释的先验知识。

第三章　区域地质地球物理特征

第一节　区域地质与构造

安徽地跨华北陆块、秦岭-大别造山带和扬子陆块3个大地构造单元,是古中国大陆重要接合地带,地质构造极其复杂,地壳发展主要分为3个阶段:前南华纪陆块基底形成阶段、南华纪至三叠纪陆缘盖层发展阶段、侏罗纪以来为陆内盆山演化发展阶段。印支期南、北陆块碰撞造山运动,结束了安徽海相地层发育史,奠定了安徽省板块构造的格局。

一、构造单元与构造相

参照总项目关于中国大陆大地构造分区和大地构造相划分初步推荐方案(图3-1),结合安徽省具体构造分区和建造特征,以陆块区、造山系(大相),地块、构造带(相)和构造亚带(亚相)为命名原则,初步划分安徽省主要构造单元及构造相(图3-2,表3-1)。

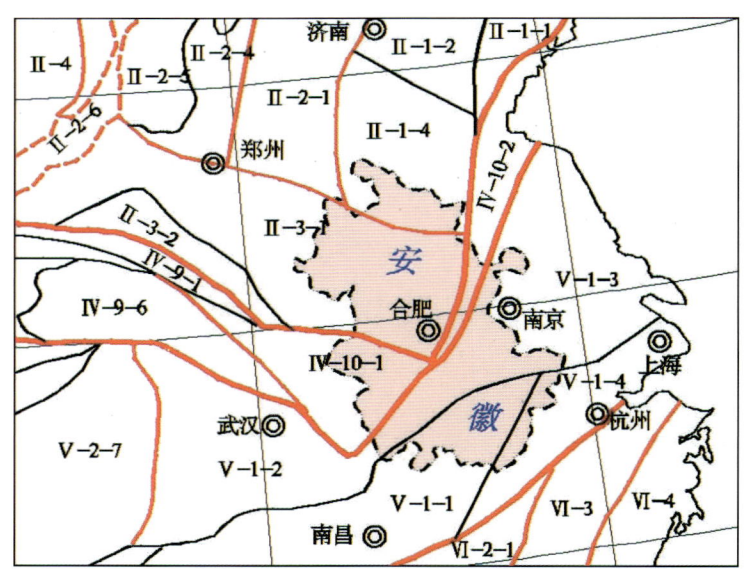

图3-1　安徽省主要构造单元及构造相略图

Ⅱ-1-4.鲁南碳酸盐岩台地(Z—O);Ⅱ-3-1.中条-太华弧盆系(Ar_3Pt_1);Ⅳ-10-1.大别高压—超高压变质岩系折返带;Ⅳ-10-2.苏鲁高压—超高压变质岩系折返带;Ⅴ-1-1.江南古岛弧带(Pt_2^3-Pt_3^1);Ⅴ-1-3.下扬子(苏皖)前陆盆地(S_1-Pz_2);Ⅴ-1-4.怀玉山天目山被动边缘褶冲带

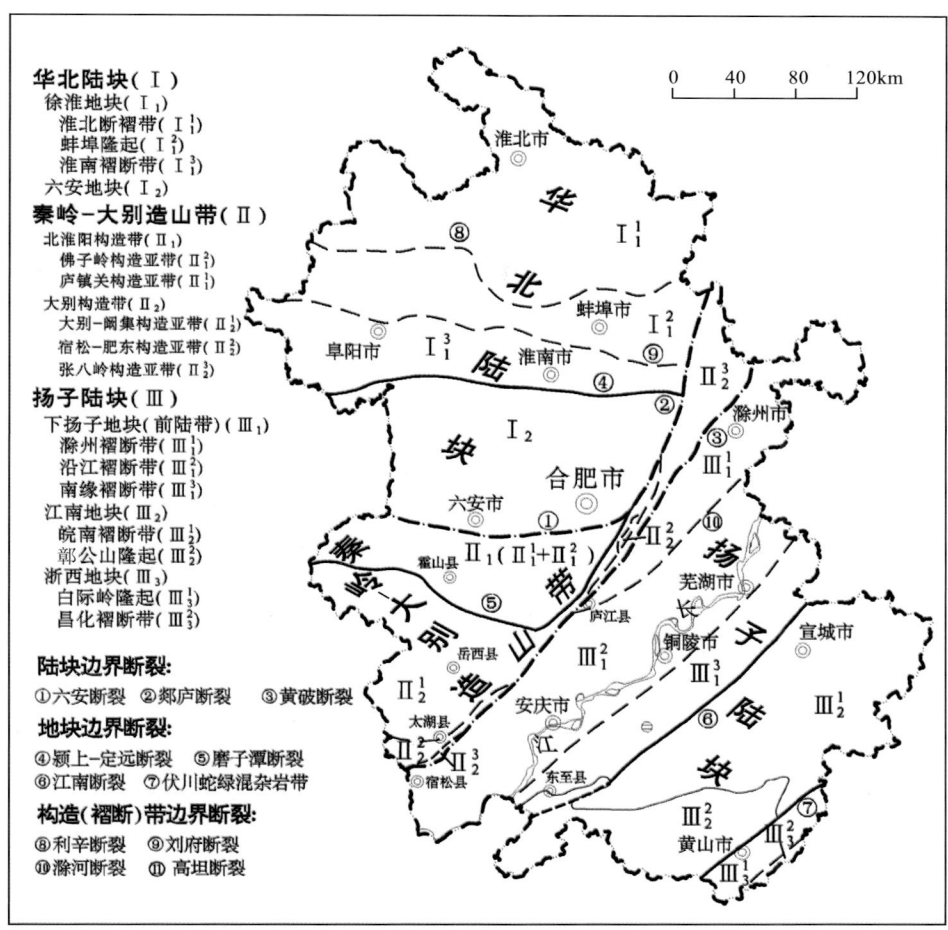

图 3-2 安徽省构造单元及构造相划分图

二、华北陆块

华北陆块东以郯庐断裂带、南以六安深断裂为界与大别造山带相接。陆块大相隶属豫皖古陆块，省内为皖北地块（三级）。五河岩群（2650Ma）和霍邱岩群（2700Ma）代表了安徽境内陆壳的最初形成时代，岩石组合为变质复理式建造、超基性—基性岩、中酸性火山岩和硅铁质建造，为基底杂岩相。自新元古代青白口纪至中奥陶世，总体为陆内碎屑、碳酸盐岩台地相。此后处于隆起剥蚀状态，直至晚石炭世—早三叠世，才沉积了一套海陆交互相-陆相陆屑式含煤建造组合。侏罗纪以来主要为陆相沉积，发育杂色河湖相复陆屑建造、大陆中性火山岩-湖相杂色凝灰质复陆屑建造和湖泊相杂色复陆屑建造组合。喜马拉雅期为以湖泊相-冲积扇相红色复陆屑-蒸发式建造、河湖相灰色复陆屑建造和第四纪河流相为主的砂泥质二元建造。

华北地块可分徐淮褶冲带、六安后陆盆地两个四级构造单元。

以大断裂为界，以构造、建造特点徐淮褶冲带可进一步细分淮北断褶带、蚌埠隆起和淮南断褶带。其中两淮为海陆交互相-陆相含煤陆屑式建造；蚌埠隆起基底变质岩系由变质表壳岩系、镁铁质岩系及变质花岗片麻岩组成，为变质杂岩建造。区内含金石英脉颇为发育，是寻找砂金和原生金矿的远景地区，沉积变质型铁矿有一定找矿潜力。

六安后陆盆地或称之为合肥断陷盆地，为一套巨厚的陆相湖泊-河流相建造，存在着一个由霍邱岩群组成的基底。

表 3-1 安徽省大地构造分区和大地构造相划分简表

一级构造单元	二级构造单元（大相）	三级构造单元（相）	四级构造单元（亚相）	五级构造单元（建造）
华北陆块	豫皖古陆块陆块大相（Ⅰ）	皖北地块基底杂岩相+陆内盆地相	徐淮褶冲带高级变质基底杂岩亚相+断、坳陷盆地亚相（Ⅰ-1）	淮北断褶带（Ⅰ-1-1）-台地相碳酸盐岩建造海陆交互相-陆相陆屑式建造
				蚌埠隆起（Ⅰ-1-2）-变质复理式建造、超基性—基性岩、中酸性火山岩和硅铁质建造
				淮南褶断带（Ⅰ-1-3）-台地相碳酸盐岩建造海陆交互相-陆相陆屑式建造
			六安后陆盆地弧后前陆盆地亚相（Ⅰ-2）	中、新生代盆地-杂色河湖相复陆屑建造、大陆中性火山岩-湖相杂色凝灰质复陆屑建造和湖泊相杂色复陆屑建造组合
秦祁昆造山系	秦岭-大别造山带结合带-弧盆系大相（Ⅱ）	大别地块俯冲增生杂岩相+高压—超高压变质岩相	北淮阳构造带（Ⅱ-1）浊积岩亚相	佛子岭加里东构造亚带（Ⅱ-1-1）-类复理石建造
				庐镇关加里东构造亚带（Ⅱ-1-2）-变质火山-沉积岩建造
			大别构造带（Ⅱ-2）高压—超高压变质亚相+深成同碰撞岩浆岩亚相+中—高温变质亚相	大别-阚集印支构造亚带（Ⅱ-2-1）-变质火山-沉积杂岩建造，变质镁铁质岩、片麻状花岗岩建造，高压—超高压变质建造
				宿松-肥东印支构造亚带（Ⅱ-2-2）-变质火山-沉积岩建造
				张八岭印支构造亚带（Ⅱ-2-3）-变质海相碎屑岩、火山-细碧岩建造
扬子陆块	下扬子古陆块陆块大相（Ⅲ）	下扬子地块（Ⅲ-1）前陆盆地相	下扬子前陆盆地前陆盆地亚相	北缘褶断带（Ⅲ-1-1）-台地相泥质碳酸盐岩建造、单陆屑建造
				沿江褶断带（Ⅲ-1-2）-浅海—滨海碳酸盐岩建造、单陆屑砂质沉积建造
				南缘褶断带（Ⅲ-1-3）-台地斜坡相碳酸盐岩建造、陆源砂质碎屑岩建造
		江南地块被动陆缘、陆表海盆地相（Ⅲ-2）	皖南褶冲带陆棚碎屑岩、碳酸盐岩台地亚相	皖南褶断带（Ⅲ-2-1）-杂陆屑、单陆屑、硅质页岩、远陆源硅泥质碳酸盐岩等建造
			江南古岛弧带中低级变质基底杂岩亚相+后碰撞岩浆杂岩亚相	鄣公山隆起（Ⅲ-2-2）-变质复理石建造、火山碎屑岩、细碧角斑岩建造、片麻状花岗岩建造
		浙西地块被动陆缘、陆表海盆地相（Ⅲ-3）		白际岭隆起（Ⅲ-3-1）-岛弧型双峰式火山岩及火山碎屑岩建造、片麻状花岗岩建造、蛇绿混杂岩建造
			天目山褶冲带陆棚碎屑岩、碳酸盐岩台地亚相	昌化褶断带（Ⅲ-3-2）-陆棚碎屑岩、碳酸盐岩建造

三、秦岭-大别造山带

秦岭-大别造山带是夹持于华北陆块、扬子陆块之间，经历了多期离合形成的复杂的复合型大陆造山带，总体属结合带-弧盆系大相。具长期多阶段发展演化史，印支期扬子陆块向北深俯冲，是造山带形成的主幕。

造山带主体由前寒武纪变质地（岩）层组成，北淮阳古生代岩片构造拼贴在其上，总体表现为"纵向成块、横向成带"和"片加隆"的基本构造格局，清楚地反映了晋宁—加里东—印支—燕山多期构造演化特点。

以区域断裂带、韧性剪切带为边界，可划分为北淮阳加里东构造带、大别印支构造带。

（1）北淮阳构造带包括庐镇关构造亚带和佛子岭构造亚带，前者为变质火山-沉积岩建造，后者为类复理石建造，总体属浊积岩亚相。北淮阳构造带是北秦岭加里东对接带向东延伸，发育于早古生代陆缘活动带，由新元古代庐镇关岩群和震旦纪至泥盆纪佛子岭岩群等几套变质构造岩片组成，主期构造于加里东期形成,经强烈压缩、剪切走滑之后,各类构造岩块、岩片均呈线形分布,区域上构成大型复式佛子岭复向斜。梅山群为对接后石炭纪海陆交互相类磨拉石建造,是发育完善的山前坳陷磨拉石建造。中生代以后,多被陆相火山-沉积盆地覆盖。燕山运动使佛子岭岩群及石炭纪变质岩层呈叠瓦状岩片逆冲于侏罗系之上;北缘泥盆系向北逆冲于华北基底霍邱杂岩群之上。燕山晚期大规模岩浆活动与造山带强烈隆升密切相关。

(2)大别构造带由中—高温变质亚相+高压—超高压变质亚相+深成同碰撞岩浆岩亚相等组成,其中大别-阚集印支构造亚带由北大别变质杂岩、阚集岩群、晋宁期深熔花岗片麻岩、中生代岩浆岩及一些构造就位的变质超镁铁质岩块等组成,构成造山带剥露最深的古老陆核基底,划归中—高温变质亚相;南大别高压—超高压变质杂岩、宿松岩群、张八岭岩群为折返的高压—超高压变质亚相;大量晋宁期变形变质侵入岩为深成同碰撞岩浆岩亚相。各构造单元或构造亚相与相邻单元(亚相)间被韧性剪切带分隔,由变质火山-沉积杂岩建造、变质海相火山-细碧岩建造等组成,共同构成造山带基底堆叠体。该单元是印支期南、北两大陆块及其间微陆块(岛弧)聚合碰撞长期发展演化的巨型构造混杂岩带。燕山期大量花岗岩就位并产生一系列浅层推覆、滑覆构造,最终完成大别造山带抬升再造过程。

四、扬子陆块

扬子陆块在安徽省二级单元为下扬子古陆块-陆块大相。

下扬子古陆块的基底结构颇为复杂,北部为"董岭式"结晶片麻杂岩,南部"皖南式"基底由中元古代溪口岩群、西村岩组和青白口纪历口群、井潭组构成双层结构。扬子陆块的盖层发育良好,分布广泛,远远超过皖北地块的盖层厚度。盖层可分为两大套:下部澄江-加里东亚构造层的岩相建造在纵横方向上变化较大,而且厚度也相差悬殊,显示了很大的活动性;华力西—印支亚构造层主要分布于长江两岸,全为典型的稳定型盖层沉积,以台地相碳酸盐岩建造为主,整体表现为一个完整的海进—海退序列。燕山构造层和喜马拉雅构造层均为陆相沉积,而且发育齐全。

扬子陆块二级单元可分为下扬子地块、江南地块和浙西地块3个三级构造单元,构造相分前陆盆地相和被动陆缘、陆表海盆地相。它们大致以江南断裂带和伏川蛇绿混杂岩带相互分隔。

(1)下扬子地块前陆盆地相是南华纪以来的前陆坳陷区,南华纪至早古生代由于地壳活动性较大,隆坳起伏,出现较多的次稳定型或非稳定型沉积,它们主要分布于边缘的次级深坳陷中,而沿江隆起则几乎全为稳定型沉积,而且厚度也小得多。晚古生代以来,南、北两侧坳陷逐渐消失,沉降中心转移到沿江地区,接受稳定型沉积。印支运动使其褶皱、断裂构造十分强烈,总体有自北西向南东逐步减弱之势。侏罗纪以来强烈的燕山运动使前陆带构造进一步复杂化,它的最显著特点是受大别造山带推挤,形成一系列向南东冲断的褶皱鳞片构造、逆掩和推覆构造。燕山期岩浆活动强烈,岩浆多次侵入,并伴随有大规模火山活动,是省内侵入岩最发育的地带。

北缘褶断带,曾称滁河陷褶断带,是下扬子前陆带西北边缘的深坳槽,下部为杂陆屑硅质页岩建造,向上以碳酸盐岩建造为主,沉积也全为稳定的台地相泥质碳酸盐岩建造和单陆屑建造。印支运动使北缘褶断带的褶皱构造成为下扬子地块中最为强烈的一个构造带,南华系—震旦系、古生界至中三叠统均卷入强烈的褶皱和冲断变形中,褶皱呈一系列轴面向北西倾,向南斜歪、倒转、平卧甚至翻卷的紧闭或叠加褶皱。断裂构造以低角度—中等角度逆冲断层为主,横断层次之,表现为一系列北西倾的叠瓦状推覆断层。形成典型的冲褶断带。和县、含山、巢湖地区的香泉推覆构造根部源于此带。郯庐断裂带近侧和滁州附近燕山中期闪长岩是铜矿主要找矿方向。

沿江褶断带在下扬子前陆带中较长时间处于水下隆起状态,震旦纪至三叠纪地层累计厚度仅有2000~7000m,但三叠系发育齐全,且分布广泛。褶断带内晚震旦世沉积是以局限台地相为主的白云岩,这种隆起状态一直保持到寒武纪末,奥陶纪至志留纪接受了浅海-滨海碳酸盐和单陆屑砂质沉积。晚泥盆世以来随着频繁的海水进退,褶断带时大时小,并有时露出水面,直至晚石炭世才转为凹陷地带并成为下扬子前陆带的沉积中心。三叠纪(尤其在中、晚三叠世)沿江断褶带的中心部位变成一条狭长的海槽,成为下扬子前陆带中唯一的沉降地带。印支运动后,沿江褶断带褶皱、断裂均十分发育。但就紧密程度而言,还逊于北缘褶断带。燕山期,次级隆起、坳陷更加复杂化,褶断带总体向南东逆冲,表现为一系列北西倾的叠瓦状推覆断层,构成大别造山带南缘前陆反冲构造带,尤以高坦断裂带沿线最为强烈。沿江地区处于拉张构造环境,陆相火山沉积盆地十分发育,岩浆活动强烈,无论是侵入岩还是火山岩都分布广泛。该带矿产极其丰富,铜矿和铁矿在安徽占有重要地位。

南缘褶断带习称"江南过渡带",夹持于高坦断裂与江南深断裂之间,组成印支期前陆反向褶断带。自晚寒武世起即为台地斜坡相沉积,出现扬子型碳酸盐岩台地、过渡带型直至深水相沉积的交替变化。印支期成为扬子陆块缩短带,褶皱组合为紧闭相间背、向斜,同等发育。断裂表现为面理倾向北西的逆冲变形构造,岩石呈叠瓦状构造岩片产出,发育一系列逆冲断面,构成自北北西向南南东的反向逆冲推覆构造系统,区域上与江南断裂带构成双向对冲推覆构造;燕山期褶断带表现强烈地由南东向北西逆冲和同向正断层活动,此时岩浆活动十分活跃,形成九华山等大型复式岩体,为江南型岩浆岩带组成部分。

(2)江南地块占据了皖南大部分地区,大致沿东至、牯牛降、汤口、绩溪、伏岭一线(相当于目前出露的休宁组底部界线)可划分皖南褶断带和鄣公山隆起两个次级构造单元。

皖南褶断带是扬子陆块中坳陷最深的一个构造单元,自南华纪开始一直到早石炭世都表现明显,晚石炭世后才渐趋消失,沉降中心逐渐向北西转移。南华系至志留系中部都属次稳定型-非稳定型建造类型,磨拉石、杂陆屑、硅质页岩、远陆源硅泥质碳酸盐岩、复理石等建造较为典型,尤其是上奥陶统至下志留统出现了非稳定型沉积,直至中志留世沉积物中才出现单陆屑建造,表明地壳从此逐渐趋向稳定。晚古生代仍然表现为坳陷性质,但是沉降中心已向北东方向迁移,并且可能缺失中、上三叠统。

鄣公山隆起位于伏川蛇绿混杂岩带西侧,主要由中元古代溪口岩群和青白口纪历口群组成,属典型的皖南式基底。中元古代末,扬子陆块南缘裂解为大洋化盆地,接受了巨厚的溪口岩群弧后盆地沉积-复理石建造、火山碎屑岩、细碧角斑岩建造,构成下基底构造层。四堡运动为大陆边缘俯冲碰撞造山阶段,表现为溪口岩群强烈褶皱变形和与青白口系之间的不整合面及镇头组、邓家组等上基底构造层-山前磨拉石建造。新元古代,由原来的强烈挤压逐渐转换为拉张环境,早期歙县、许村等同熔改造型花岗闪长岩构成深成岩浆弧。晚期铺岭组为裂陷环境下形成的(弧后)滨浅海火山岩。侏罗纪以来,受断裂构造控制,形成规模较大的休宁断陷盆地,沉积中心自南向北迁移。

(3)浙西地块位于伏川蛇绿混杂岩带东侧,在安徽省尚可分白际岭隆起和昌化褶断带两个次级构造单元。

白际岭隆起主要由中元古代西村岩组、昌前岩组和青白口纪周家村组、井潭组组成,构成浙西双层结构变质基底。下基底西村岩组、昌前岩组具小洋盆沉积特征,上基底青白口纪周家村组为造山期后近岛弧-侧弧前盆地非稳定条件下沉积的火山碎屑岩系,井潭组为一套浅变质中酸性岛弧型火山岩及火山碎屑岩建造,厚度大于750m。具拉张环境双峰式火山岩建造特点。上、下基底叠置呈"单斜"构造,片理构造及揉皱构造发育。晋宁期侵入岩十分发育,构成基底型深成岩浆弧。燕山期岩浆活动也较为强烈。

昌化褶断带位于安徽东南角省界昱岭关附近,北西与白际岭隆起相接。除出露少量南华系、震旦系、寒武系外,其他全为基底岩系。总体与江南地块相比,除了基底有所不同,盖层南华系厚度大于皖南褶断带,沉积厚度可达2180m,而震旦系至志留系累计仅3000m以上,明显小于皖南褶断带的相同层位。侏罗纪以来昌化褶断带断块隆起,在晚侏罗世—早白垩世还发生了强烈的火山活动,以流纹岩为特点而有别于安徽其他地区,为皖、浙两省交界处的天目山火山岩盆地的一部分。

第二节 岩石物性特征

一、密度特征

(一)沉积岩的密度特征

安徽省沉积岩密度特征有南、北相之分,对华北地层区(北相)和扬子地层区(南相)9192块沉积岩标本的密度及变异系数作了统计,制成表3-2,统计结果表明:

(1)北相沉积岩,从泥岩—砂岩—灰岩—白云岩密度逐渐增大。泥岩的平均密度为2.54g/cm³,砂岩为2.59~2.63g/cm³,灰岩为2.70g/cm³,白云岩为2.79g/cm³,页岩由于部分标本有风化现象,结构松散,密度平均值只有2.53g/cm³。

(2)南相沉积岩,与北相沉积岩稍有不同,从粉砂岩—砂岩—泥页岩—灰岩—白云岩,密度逐渐增大,砂岩的密度平均值只有2.40g/cm³,粉砂岩仅为2.32g/cm³,这是由于砂岩标本多采自不够致密的白垩系和侏罗系沉积层,粉砂岩标本含有大量泥质所致,灰岩平均值为2.69g/cm³,白云岩为2.80g/cm³。与北相无甚差异。

表3-2 南北相沉积岩密度参数变化表

	北相沉积岩					南相沉积岩				
岩性	块数	密度(g/cm³)		变异系数		岩性	块数	密度(g/cm³)		变异系数	
		常见变化范围	平均值	常见变化范围	平均值			常见变化范围	平均值	常见变化范围	平均值
泥岩	398	2.52~2.57	2.54	0.8~2.4	0.8	(砂、粉砂质)泥岩	281	2.19~2.73	2.53	0.4~2.0	1.2
铝土质泥岩	102	2.54~2.60	2.57	1.6~2.3	2.0	(砂、粉砂质)页岩	480	2.42~2.73	2.57	0.4~6.9	11.7
铁质泥岩	49		2.65		2.3	碳质页岩	50		2.22		2.3
页岩	263	2.49~2.61	2.53	1.2~3.6	1.9	砾岩	90	2.19~2.65	2.42	0.8~2.3	1.6
砂岩	363	2.43~2.70	2.59	0.8~2.2	1.6	砂岩	1096	1.73~2.67	2.40	0.4~6.1	1.7
粉细砂岩	819	2.52~2.68	2.63	0.4~1.9	1.1	铁质石英砂岩	47		2.68		1.5
灰岩	1562	2.64~2.74	2.70	0.4~1.9	0.7	粉砂岩	186	1.78~2.59	2.32	0.4~6.9	3.8
泥(质)灰岩	103	2.53~2.70	2.53	0.4~2.6	1.5	灰岩	778	2.65~2.72	2.69	0.4~1.9	1.1
白云质灰岩	512	2.60~2.77	2.73	0.4~2.3	1.1	泥(质)灰岩	269	2.59~2.70	2.66	0.4~2.7	1.2
泥质白云岩	101	2.79~2.80	2.80	0.7~1.1	0.9	白云质灰岩	93	2.69~2.80	2.75		0.4
灰质白云岩	154	2.68~2.81	2.74	0.7~3.0	1.5	白云岩	547	2.68~2.84	2.80	0.4~1.9	0.8
白云岩	102	2.75~2.83	2.79	1.1~2.9	2.0	火山碎屑岩类	321	2.17~2.39	2.30	1.7~3.6	2.6
火山碎屑岩类	431		2.58	0.8~3.0	1.7						

(3)南北相碳酸盐岩,都随着泥质成分的增加,密度降低;随白云质增加,密度升高,高低变化范围较大,通常在 2.53~2.82g/cm³ 之间。

(4)南北相碳酸盐岩、砂岩、黏土岩,它们变异系数的变化特征是相似的,其中成分、结构均匀的灰岩,变化范围较小,平均值最低(一般小于1%)。

(5)在华北地层区及下扬子地层分区,分别采测了431块和321块火山碎屑岩密度参数,前者密度平均值为2.58g/cm³,变异系数为0.8%~3.0%;后者密度平均值为2.30g/cm³,变异系数为1.7%~3.6%。

(二)火成岩的密度特征

对沿江、皖南、大别3个地区系统采测的60多种岩性的侵入体密度标本2936块进行的密度参数统计,结果见表3-3。

表3-3 侵入岩密度参数表

地区	岩性	块数	密度(g/cm³)		变异系数	
			常见变化范围	平均值	常见变化范围	平均值
沿江及皖南地区	花岗岩	609	2.49~2.62	2.59	0.4~1.2	0.8
	花岗斑岩	99	2.47~2.57	2.52	0.4~1.2	0.8
	角闪花岗岩	104	2.63~2.68	2.66		1.0
	花岗、石英闪长岩	777	2.61~2.73	2.67	0.4~2.7	1.1
	闪长岩	97	2.70~2.76	2.73		2.0
	闪长玢岩	233	2.62~2.69	2.66	1.1~5.4	2.2
	辉长岩、辉石闪长岩	97		2.80	1.1~2.2	1.7
	橄榄辉长岩	117		2.97		5.5
	石英正长岩	256	2.54~2.59	2.56	0.4~1.2	0.7
大别地区	花岗岩	147	2.61~2.64	2.63	0.4~0.7	0.5
	混合花岗岩	249	2.56~2.69	2.61	0.4~0.7	0.5
	辉石闪长岩	52		2.88		2.4
	角闪辉长岩	50		3.23		0.6
	辉橄岩	51		2.96		2.4

(1)侵入岩因为其孔隙度极小(通常不超过1%~2%),几乎不影响密度的大小。侵入岩的密度主要由矿物成分决定,本省侵入岩随着铝硅酸盐成分的减少和铁镁质成分的增加,密度增高,酸性岩的平均值为2.59~2.63g/cm³,中酸性岩为2.66g/cm³,中性的闪长岩类通常为2.70g/cm³左右,辉石闪长岩达到2.88g/cm³,基性、超基性岩类通常为2.96~3.23g/cm³。

(2)侵入岩的基性程度越高,重矿物不均匀越明显,它的变异系数相应变大。例如:酸性的花岗岩类变异系数平均值为0.8%,中性岩类在2%左右,而有些基性岩达到5.5%。正长岩类,由于含量较高的碱性元素组成的矿物不够致密,因而密度相对要低,如沿江的石英正长岩。其密度平均值仅为2.56g/cm³。

(3)蚀变及地表风化作用对火成岩密度也有较明显的影响,像花岗岩钾化或钾长石增多,密度降低,例如：沿江韩下屋的钾长花岗斑岩，浮山的钾长花岗岩，密度平均值分别为 2.47g/cm³ 和 2.49g/cm³，明显偏低；皖南黟县的花岗闪长岩，由于受地表风化作用，导致铁镁重矿物分解，标本密度平均值只有 2.60g/cm³。

(4)浅成侵入岩、喷出岩密度在一定程度上受孔隙度影响，一般来说，同性异相岩石由深成相—浅成相—喷出相，随结晶完好度的下降与孔隙度的增加，密度逐渐降低。

(三)变质岩的密度特征

(1)像火成岩一样，变质岩的密度也主要由矿物成分决定，而且矿物成分引起的密度变化，还大于火成岩的密度变化，表 3-4 列出的是安徽省淮北及大别地区主要类型的变质岩密度及变异系数。

(2)变质岩，按千枚岩—浅粒岩—片麻岩—变粒岩—黑云母石英片岩—大理岩—斜长角闪岩系列密度递增。千枚岩密度最低，平均值为 2.25g/cm³，这可能与部分标本风化有关；斜长角闪岩密度最高，平均为 2.91~3.11g/cm³。此外，长石石英岩为 2.44g/cm³，石英岩在 2.60~2.63g/cm³ 之间。

表 3-4 变质岩密度参数表

地区	岩性	块数	密度(g/cm³) 常见变化范围	密度(g/cm³) 平均值	变异系数 常见变化范围	变异系数 平均值
淮北区变质岩	长石石英岩	50		2.44		2.1
淮北区变质岩	石英岩	100		2.63		0.6
淮北区变质岩	片麻岩类	103	2.53~2.69	2.61	1.9~3.0	2.5
淮北区变质岩	浅粒岩	99	2.52~2056	2.54		0.8
淮北区变质岩	变粒岩	213	2.67~2.76	2.71	0.7~2.9	1.9
淮北区变质岩	斜长角闪岩	50		2.91		2.7
淮北区变质岩	大理岩	247	2.67~2.82	2.75	0.7~0.9	0.8
淮北区变质岩	变流纹岩	45		2.53		1.2
大别区变质岩	千枚岩	104	2.08~2.42	2.25	1.7~11	
大别区变质岩	石英岩	50		2.6		0.8
大别区变质岩	黑云母石英片岩	204	2.69~2.76	2.73	0.7~1.8	1.1
大别区变质岩	片麻岩类	360	2.59~2.72	2.65	0.4~2.6	1.0
大别区变质岩	浅粒岩	102		2.59		0.8
大别区变质岩	斜长角闪岩	46		3.11		3.5
大别区变质岩	大理岩	204	2.69~2.84	2.77	0.3~1.4	0.8
大别区变质岩	混合岩	149	2.61~2.70	2.65	0.3~1.9	1.0

变异系数也主要是由重矿物分布的不均匀性所决定，像片麻岩、斜长角闪岩达到 2.5%~3.5%，其他岩石均比较接近，多在 1% 左右。

(3)统计结果表明，变质岩密度也存在明显的地区性差异。

华北区的片麻岩、浅粒岩、大理岩、斜长角闪岩，其密度平均值低于大别区相应岩石，约差

0.04g/cm^3,例如:华北区的浅粒岩、片麻岩的平均密度分别为 2.54g/cm^3、2.61g/cm^3;大别区的分别为 2.59g/cm^3、2.65g/cm^3。这是由于前者岩石出露地表,受到一定程度的表生作用(如轻微风化)所致。

皖南区的一套浅变质岩系,无论岩性或密度,都与上述两区迥然有别,不论是板岩、千枚岩还是变质火山岩,密度值普遍偏高,常在 $2.67\sim2.78\text{g/cm}^3$ 之间,铺岭组的变质安山岩,甚至达到 2.88g/cm^3。

沉积岩、火成岩、变质岩岩石密度参数的地区性差异,是各个构造单元不同的沉积史、构造史、岩浆活动史以及变质作用历程的产物,它既可视为区分构造单元的证据,又是重力资料解决地质构造问题的前提。这种差异性也提示我们,在定量解释中应当尽可能地采用所属构造单元的岩石密度系列。

二、磁性特征

(一)侵入岩的磁性参数特征

1. 磁化率 κ

安徽省侵入岩磁化率变化范围较宽,大部分都是属于微磁—磁性岩石的范围,即磁化率为 $(0\sim6000)\times10^{-6}4\pi\text{SI}$ 单位之间,对全省 58 种岩性的侵入岩磁化率统计结果(表 3-5),其中有 15 种岩性(占 25.9%),现有磁秤上磁性显示不明显或无显示,分别称为微磁和无磁,即视为其磁化率 $\kappa=0$。

总体上说,磁化率在 $(0\sim6000)\times10^{-6}4\pi\text{SI}$ 之间的占 96.6%,大于 $6000\times10^{-6}4\pi\text{SI}$ 的仅占 3.4%。一般来说,由酸性—中酸性—中性—基性岩类,随着铁镁质成分的增加,磁化率也增大,酸性岩类 κ 通常在 $(0\sim780)\times10^{-6}4\pi\text{SI}$ 之间,中酸性岩类 κ 在 $(450\sim2480)\times10^{-6}4\pi\text{SI}$ 之间;中性岩类 κ 在 $(870\sim5500)\times10^{-6}4\pi\text{SI}$ 之间,基性岩类 κ 在 $(4500\sim13\,220)\times10^{-6}4\pi\text{SI}$ 之间。

侵入岩磁化率的变化亦并非完全是随基性程度而升高,省内不乏反例,如罗岭的正长闪长岩,κ 为 $5500\times10^{-6}4\pi\text{SI}$,而毛连头的黑云辉石闪长岩 κ 为 $4500\times10^{-6}4\pi\text{SI}$,饶钹寨的辉橄岩 κ 更仅仅为 $450\times10^{-6}4\pi\text{SI}$。因为基性程度高,含铁量高只不过是具备了生成铁磁性矿物的潜在可能性。

从表 3-5 还可以看到,磁化率与时代并没有什么相依关系,但次生热液交代和表生作用对磁化率的影响是很大的。例如:洪镇的花岗闪长岩,原岩可能为闪长岩,经花岗岩浆交代而成,其实测磁化率 $\kappa=0$;狮子岭的细粒斑状花岗岩,部分标本由于风化,暗色矿物分解导致铁磁性矿物变异,其磁化率亦为零,黟县的花岗闪长岩体也是受风化作用,使得在表层采集的岩石标本磁性偏低。

混合花岗岩,尽管在结构及主要矿物成分上同于花岗岩侵入体,但磁化率值明显高于后者,通常在 $(600\sim2390)\times10^{-6}4\pi\text{SI}$ 之间,这是由于花岗岩化使含铁硅酸盐发生分解,部分铁变成了亚铁形式,生成磁铁矿,磁化率增高。

2. 剩磁 J_r

安徽省大部分侵入岩剩余磁化强度 J_r 值都不高,多在 $(0\sim300)\times10^{-3}\text{A/m}$ 之间,部分在 $(450\sim2000)\times10^{-3}\text{A/m}$ 之间,只有枞阳岩体(石英正长岩)、大别区的祝家铺岩体(角闪辉石岩),J_r 值显著偏高,分别为 $5660\times10^{-3}\text{A/m}$ 和 $33\,500\times10^{-3}\text{A/m}$,其原因有待探讨。

剩磁 J_r 的变化,通常也是由于酸性—中酸性—中性—基性岩类其值逐渐增大,酸性、中酸性岩 J_r 值在 $(0\sim250)\times10^{-3}\text{A/m}$ 之间,中性岩 J_r 变化范围较大,一般在 $(150\sim2000)\times10^{-3}\text{A/m}$ 之间。中偏基、基性岩 J_r 多在 $(1000\sim2000)\times10^{-3}\text{A/m}$ 之间,个别达到 $33\,500\times10^{-3}\text{A/m}$,但此类岩石采测工作量不足,故只能作为参考。

表 3-5 安徽省侵入岩磁参数特征表

时代	岩体名称	岩石名称	标本块数	$\kappa(\times 10^{-6}4\pi SI)$		$J_r(\times 10^{-3}A/m)$		Q	$\kappa \cdot J_r$ 相关系数	备注
				平均值	变异系数(%)	平均值	变异系数(%)			
燕山期	九华	中粒花岗岩	54	650	33.8	90	61.1	0.2	−0.023	
	黄山	粗粒花岗岩	47	163	60.1	27	92.6	0.3	0.519	
	白马尖	花岗岩	50	781	23.9	83	57.8	0.2	0.096	
	沙窝	花岗岩	49	2020	8.2	195	42.1	0.2	−0.239	
	河棚	斑状黑云二长花岗岩	47	1857	73.0	219	51.6	0.2	0.368	
	狮子岭	细粒斑状花岗岩	13	165	60.5	46	83.4	0.6	0.442	
	浮山	钾长花岗岩	52	380	114.5	1550	99.4	8.6	0.224	
	瓦屋刘	黑云角闪花岗岩	52	482	38.6	80	50	0.3	0.137	
	瓦屋刘	黑云花岗岩	29	601	88.6	88	106.8	0.3	0.017	
	韩下屋	钾长花岗斑岩	51							微磁
	黄山	细粒花岗岩	55							微磁
	黄山	黑云花岗岩	64							微磁
	管店	黑云角闪花岗岩	52							微磁
	伏岭	花岗岩	53							无
	黄山	细粒花岗岩	32							无
	黄山	中—粗粒斑状花岗岩	51							无
	狮子岭	细粒斑状花岗岩	47							无
	滨江	花岗斑岩	52							无
印支期	洪镇	中粗粒花岗岩	48	640	40.6	53	118.9	0.4	0.193	微磁
元古宙	主薄	混合花岗岩(中心相)	49	605	67.9	125	64.8	0.4	0.617	
	主薄	混合花岗岩	50	1592	62.6	243	14.3	0.3	0.522	
	万山	混合花岗岩	47	878	51.6	513	188.9	0.6	0.010	
	司空山	混合花岗岩	33	678	35.1	888	364.8	0.7	0.349	
	司空山	混合(黑云)花岗岩	25	2391	17.4	210	70.4	0.2	0.458	
燕山期	铜山	花岗闪长岩	54	1550	56.8	145	55.1	0.2	0.449	
	月山	细粒闪长岩	52	3758	53.3	225	66.7	0.2	0.656	
	罗岭	正长闪长岩	45	5500	18.6	310	56.1	0.1	0.297	
	小河王	钾化石英闪长岩	51	1850	48.6	126	44.4	0.2	0.266	
	铜官山	石英闪长岩	49	2900	34.5	170	38.2	0.1	0.730	
	天鹅抱蛋	细粒闪长岩	49	877	153.0	205	93.2	0.6	0.118	

续表 3-5

时代	岩体名称	岩石名称	标本块数	$\kappa(\times 10^{-6}4\pi\mathrm{SI})$ 平均值	变异系数(%)	$J_r(\times 10^{-3}\mathrm{A/m})$ 平均值	变异系数(%)	Q	$\kappa \cdot J_r$ 相关系数	备注
燕山期	毛连头	黑云辉石闪长岩	52	5500	45.5	1636	84.5	0.5	0.589	
	凤凰山	石英闪长岩	51	300	14.0	170	44.1	0.1	0.103	
	钻孔	辉长闪长岩	45	3750	61.3	530	66	0.3	0.806	
	汤江	石英闪长岩	50	2392	13.9	251	50.2	0.2	0.037	
印支期	洪镇	花岗闪长岩	48							微磁
	青阳	花岗闪长岩	46	1625	14.8	115	52.2	0.1	0.182	
	旌德	花岗闪长岩	50	2480	16.1	189	59.3	0.2	0.038	
	太平	花岗闪长岩	57	2240	10.3	180	53.8	0.1	0.173	
	黟县(东北部)	花岗闪长岩	33	450	25.1	31	71.0	0.1	0.128	
	黟县(南部)	花岗闪长岩	48	438	90.4	24	54.1	0.1	0.16	
元古宙	许村	花岗闪长岩	53							无
	瑯琊	花岗闪长岩	14							无
	轿子	花岗闪长岩	49	10 090	32.4	1007	44.8	0.2	0.301	
燕山期	南泉鲍	石英闪长玢岩	31	486	120.8	102	68.6	1	−0.123	
	狮子山	闪长玢岩	50	370	528.7	150	71.3	1.5	−0.132	
	新桥	石英闪长玢岩	53	3250	22.3	115	60.0	0.1	0.302	
	缪庄	闪长玢岩	54	2380	9.2	480	31.2	0.4	0.456	
	钻孔	闪长玢岩	42	3500	98	500	102	0.5	0.340	
	滁县	角闪闪长玢岩	52							微磁
	枞阳	石英正长岩	48	1300	23.1	5658	145.9	3.5	0.142	
	枞阳	石英正长岩	49	940	22.3	1737	101.2	1.2	0.328	
	花园巩	石英正长岩	59	1050	35.7	195	69.7	0.3	0.306	
	华盖山	石英正长岩	50	448	33	62	38.4	0.3	0.458	
	茅坦	石英正长岩	51							微磁
元古宙	祝家铺	角闪辉石岩	48	4500	33.8	33 500	28.4	16.4	0.026	
	铙钹寨	辉橄岩	49	458	78.6	466	16.5	2.8	0.248	
	钻孔	橄榄辉长岩	109	13 215	62.6	1526	93.4	0.3	0.479	
休宁期	白际	流纹斑岩	23							无

(二) 变质岩的磁性参数特征

安徽省几个古老变质岩区的区域物性(磁性)工作程度不高。从现有的采测结果看,皖南区的一套浅变质岩系基本无磁性,华北区的凤阳群—五河岩群一套区域变质岩系,除庄子里组的浅粒岩有磁性外,其他均无磁性,但从以前测得的岩芯资料看,是应该有较强磁性的,其原因有待探讨。

大别地区变质岩中,千枚岩、石英岩、大理岩均为无磁性岩石;片岩除潘家岭组的黑云母石英片岩磁化率 $\kappa = 270 \times 10^{-6} 4\pi SI$ 外,其余均无磁性;浅粒岩磁化率也是在 $(0 \sim 210) \times 10^{-6} 4\pi SI$ 之间变化;混合岩按均质混合岩—条带状混合岩—眼球状混合岩顺序磁化率 κ 递升,平均值由 $(950 \sim 2150) \times 10^{-6} 4\pi SI$;斜长角闪岩的平均值为 $660 \times 10^{-6} 4\pi SI$;片麻岩磁化率范围较宽,通常在 $(0 \sim 5360) \times 10^{-6} 4\pi SI$ 之间,这与其变质环境,如温度、压力范围较宽不无关系。

剩感磁比值 Q,除潘家岭组的黑云母石英片岩达3.1,英山沟组黑云母二长片麻岩达0.6外,其他均小于0.5。

(三) 火山岩的磁性参数特征

安徽省火山岩主要集中于沿江的庐枞-马芜火山岩盆地,火山岩磁性变化较大。见表3-6、表3-7。

火山岩的磁化率 κ 常见值一般为 $1000 \times 10^{-6} 4\pi SI$,属中等磁性,故在火山岩分布区,一般会引起较强的背景场;火山岩的剩磁 J_r 一般较大,变化范围也大,这是火山岩磁性的突出特征。

表3-6 安徽省沿江地区火山岩岩石磁参数统计表

岩(矿)石名称	标本块数	微磁块数	磁化率 $\kappa(\times 10^{-6} 4\pi SI)$		剩磁 $J_r(\times 10^{-3} A/m)$	
			变化范围	常见值	变化范围	常见值
粗面斑岩	14	5		1000	0~600	500
粗安岩	215	89	300~7000	1300	100~22 000	850
粗面玄武岩	94	52	310~7100	1200	200~28 000	1000
粗面岩	38	91	340~3600	800	200~2500	1000
安山岩			300~3500			
流纹岩				200		300

表3-7 庐枞地区岩(矿)石磁性一览表

岩(矿)石名称	采集地点	磁性平均值		标本块数	备注
		$\kappa(\times 10^{-6} 4\pi SI)$	$J_r(10^{-3} A/m)$		
磁铁矿	罗河矿区	170 000	15 000	154	κ:25 000~200 000, J_r:2000~25 000
磁铁矿化膏辉岩	罗河矿区	18 000	5300	133	κ:2400~70 000, J_r:1500~12 000
赤铁矿	大包庄矿区	460	210	5	
镜铁矿	大包庄矿区	470	340	9	
次生石英岩	全区	微磁性	微磁性	592	
		610	260	8	

续表 3-7

岩(矿)石名称	采集地点	磁性平均值		标本块数	备注
		$\kappa(\times 10^{-6}4\pi SI)$	$J_r(10^{-3}A/m)$		
二长岩	程家大院岩体	4000	600	46	
	巴家滩岩体	3000	700	19	
	焦冲岩体	3900	600	53	
	大缸窑岩体	21 000	400	36	
	1:2万工区	4400	700	142	
	全区	4000	700	178	16块标本有微磁
正长岩	黄梅尖岩体	1500	1200	21	
	官埠桥岩体	1300	1000	40	
	黄屯岩体	2200	400	31	
	矾山岩体	1400	400	12	
	1:2万工区	1000	600	118	
	全区	1500	600	179	272块标本有微磁
闪长玢岩	1:2万工区	3300	1700	15	
	将军庙	1600	950	10	
	黄屯岩体	4600	500	11	
	全区	3300	1000	36	盘石岭、沙溪、汪家院闪长玢岩为弱磁性
辉石粗安(玢)岩	石门俺	2700	700	32	
	包龙山	1100	1000	14	
	刘墩	1300	600	19	
	全区	2000	700	65	
粗面斑岩	全区	1000	500	14	14块标本有微磁
龙门院组角闪粗安岩	区测标准剖面附近	900	700	40	12块标本有微磁
砖桥组辉石粗安岩	罗河钻孔	2500	700	82	
	区测标准剖面附近	1300	400	14	10块标本有微磁
	全区	1200	800	124	67块标本有微磁
双庙组粗面玄武岩	区测标准剖面附近	1300	800	30	14块标本有微磁
	全区	1200	1000	94	52块标本有微磁
浮山组粗面岩类	区测标准剖面附近	1100	500	9	8块标本有微磁
	全区	800	1000	38	91块标本有微磁
凝灰岩	全区	800	620	87	653块标本有微磁
象山群砂页岩(J_{1-2})	全区	微磁性	微磁性	109	
红层砂岩(K—E)	全区	微磁性	微磁性		

第三节　区域重磁异常特征与区域构造格架

一、安徽省区域重磁异常特征

安徽省布格重力异常场值范围为$(-92\sim+30)\times10^{-5}\text{m/s}^2$，总体轮廓为西南低、东北高，变化幅度大于$120\times10^{-5}\text{m/s}^2$，由3条梯级带分割成皖北-皖中高值区、沿江-皖东高值区和大别山低值区、皖南低值区，4块场源性质不同的区域场，在此背景上叠加着形态各异、幅值和场源性质不同的局部异常带以及不同规模、不同方向延伸的重力梯级带和重力变异带（图3-3）。

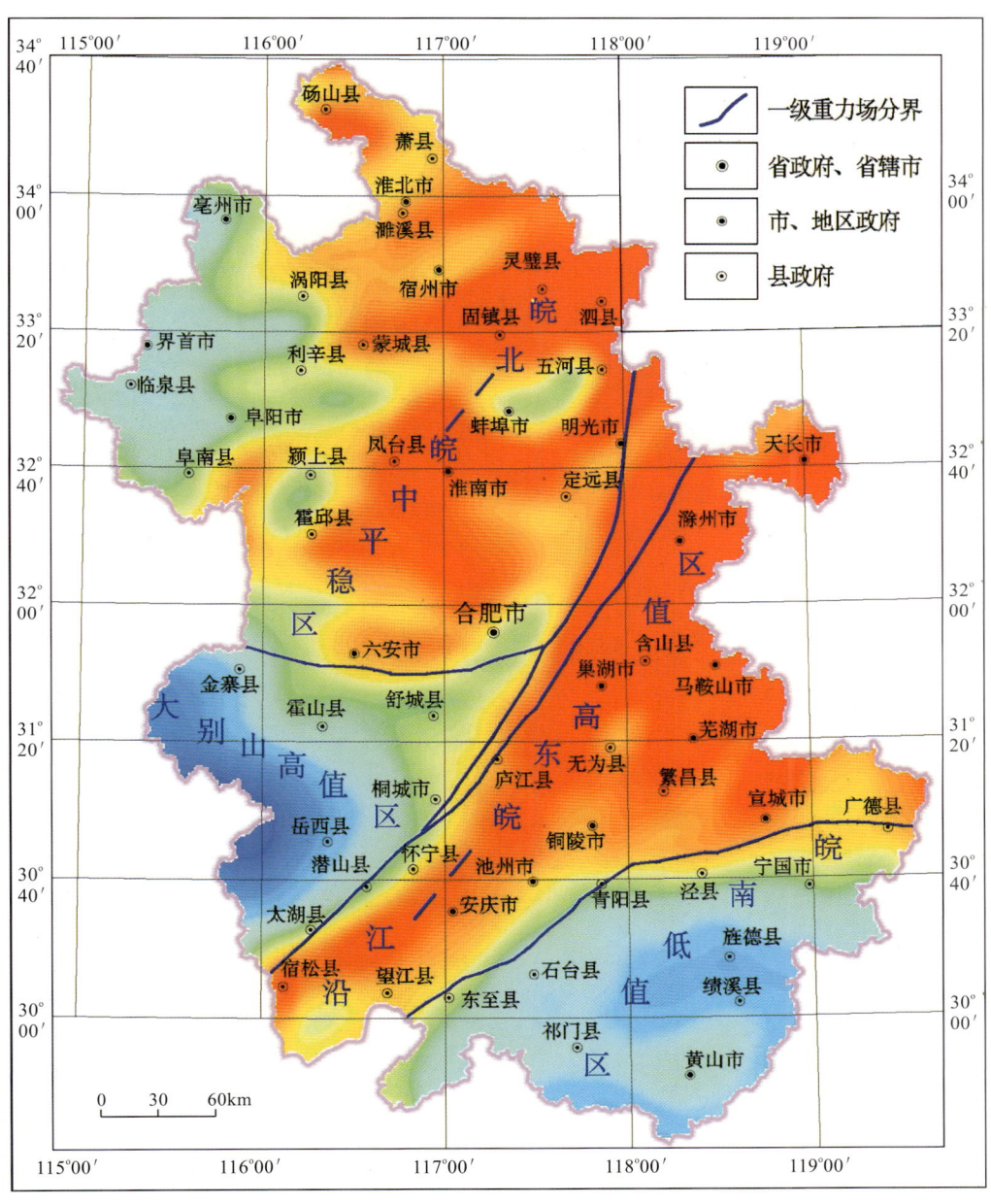

图3-3　安徽省重力异常分区图

与重力场分区相对应,安徽省区域磁异常亦可分为4个区块,即皖北-皖中平稳区、沿江-皖东条带分布区和大别山高值区、皖南高值区(图3-4)。

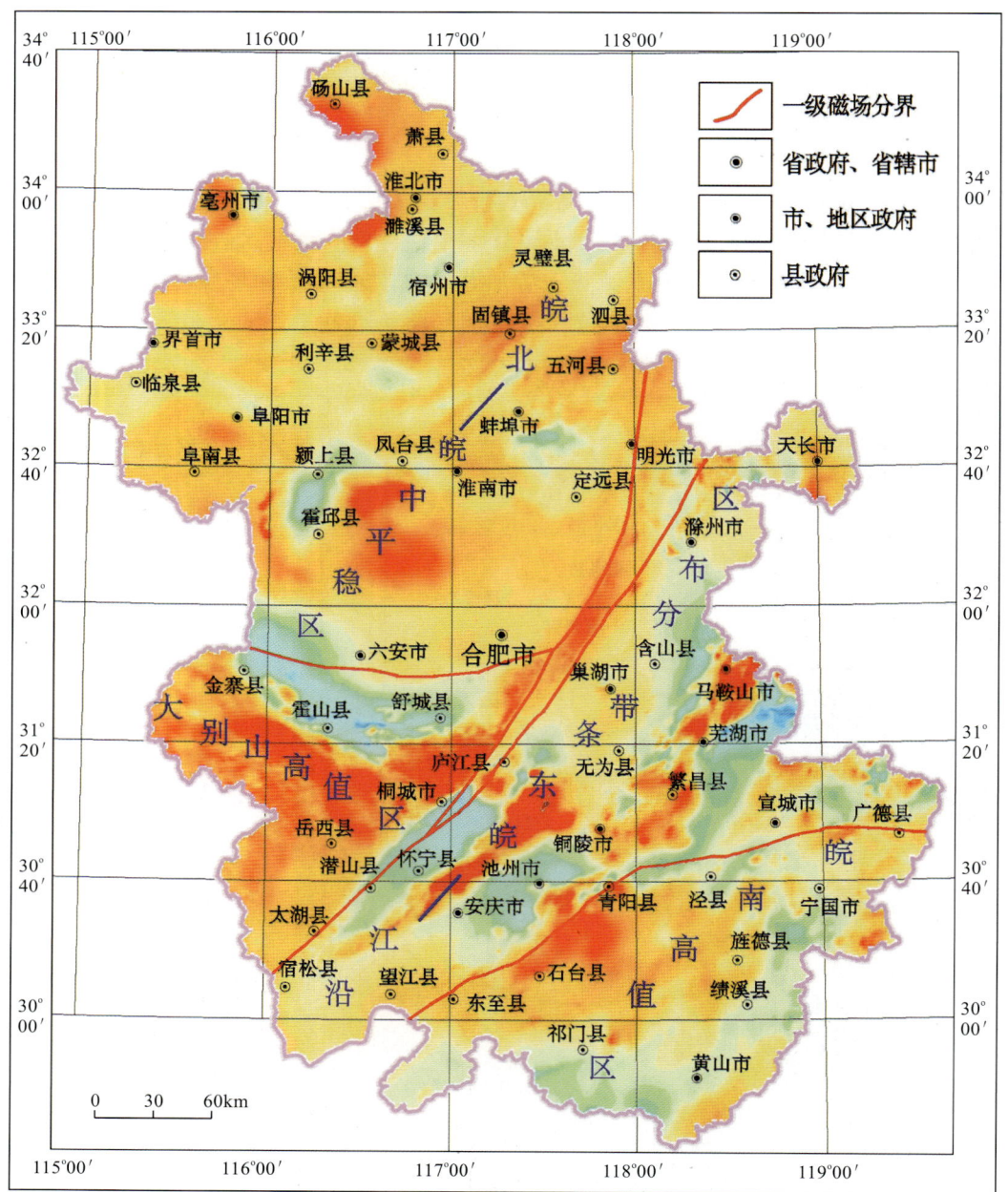

图 3-4 安徽省航磁异常分区图

1. 重力梯级带

由3条不同规模的区域性梯级带构成决定了全省布格重力场的基本特征。

(1)六安-肥西梯级带为南部大别山区域重力低分布区与北部皖北-皖中区域重力高分布区的分界,同时,此带也是区域磁场的重要分界,北部为皖北高磁背景区,南部为北淮阳低背景区。

(2)明光-庐江-太湖大型梯级带为斜贯全省的线性梯级带,长约400km,庐江以北段呈北北东走向,庐江以南段呈北东走向,梯级带东部为沿江-皖东区域重力高分布区,西部为大别、皖中重力场分布区。

与该异常带对应的是郯城-庐江磁异常带。该带是中国东部具特殊地质意义的磁场界线。总体呈北北东走向。其典型特征是串珠状、狭长条带状磁异常呈线性展布,南西部磁场为北东向,北东部为北北东向。

(3)东至-青阳-宁国大型梯级带为贯穿安徽南部的弧形梯级带,梯级带北部为沿江-皖东区域重力高分布区,南部为皖南区域重力低分布区。

2. 区域重磁场及局部异常

按重力场分区叙述如下。

1)皖北-皖中区域重力高值区

该重力高值区分布于六安—肥西以北、明光—肥东一带以西的广大地域,包括淮北平原、江淮丘陵区,布格重力区域场总体呈东高西低,其场值变化约为$(-40 \sim 0) \times 10^{-5} \text{m/s}^2$。

阜阳一带主要表现为低重力背景区,该地区在区域上为周口坳陷东部,具有良好的油气勘探前景。叠加的局部异常以似椭圆状重力低为主,圈示出各中新生代局部凹陷产状。

蚌埠—淮北地区总体以重力高背景为特征,属皖北隆起的反映,局部重力异常沿东西向呈带状展布,高低相间,而局部异常本身则以北东向为主,偶有北西向,反映了古老基底构造与滨太平洋构造叠加的特点。其上叠加的淮北临涣-百善、南坪重力低、宿州桃园及芦岭绕曲重力低等反映为储煤构造——晚古生代凹陷(向斜),异常范围圈定了两淮煤田的主要分布地段与远景地段。

皖中地区以相对重力低为背景,反映了合肥中新生代盆地的轮廓。其区内以阶梯状重力高为特征,肥中断裂以北重力高反映合肥中新生代盆地中的古老基底总体赋存相对稳定,与霍邱岩群变质基底隆升相对应,为省内鞍山式铁矿的集中分布地区。肥中断裂以南至大别山麓,为带状重力分布区,异常走向近东西,两条高值带与两条低值带由北向南相间排列,幅值在$(-25 \sim -5) \times 10^{-5} \text{m/s}^2$之间,为大别山前褶皱带的反映,显示了盆地基底的隆凹特征。

该区航磁异常具有鲜明的特点:磁异常区带总体为叠加于宏大负背景之上的团块状正磁异常格局,正、负异常相间,梯度总体较平缓。负磁场区大致沿北西向和北东向展布,场值在$-300 \sim -50$ nT之间,并将正磁场区分割为分散的团块状孤立场区。这些孤立场区主要有:①砀山-濉溪磁异常区;②蒙城-固镇-五河高磁异常带;③阜阳-隐贤集强磁异常区。

磁异常的空间分布特征基本反映基底构造产状,从皖北地区和皖中地区分别出露新太古代五河杂岩与霍邱杂岩分析,砀山、安丰地区应为古陆核。负磁带反映磁性基底断坳陷,沉积较厚,其中,宿州、太和-颍上-凤台异常区是安徽省两淮煤田分布区域,而临泉-太和-阜南地区具有良好的油气勘探前景。

区内存在众多各种类型的与侵入岩、矿产等有关的不同幅值局部磁异常。例如:肖县旗杆楼局部异常叠加在砀山正异常区上;濉溪前常局部异常存在于宿州负磁场区中;霍邱周集、吴集局部异常相对独立地分布在阜南-隐贤集强磁异常区边缘。前二者与内生铁矿、铁铜矿相关,后二者与沉积变质型铁矿关系密切。

2)大别山区域重力低区

该重力低区位于六安—肥西以南、庐江—太湖一带以西似三角状地域,异常向西未封闭,属于秦岭大别重力低值带的东端,异常总体呈北西走向,背景场值约为$(-70 \sim -25) \times 10^{-5} \text{m/s}^2$。局部异常总幅度达$50 \times 10^{-5} \text{m/s}^2$以上,其边缘场值约为$-20 \times 10^{-5} \text{m/s}^2$。中心异常似椭圆形,其外围分布局部异常呈条带状。该重力低带北与皖中区的六安—肥西重力高值带过渡连接,东南侧由桐城-太湖北东向重力高带向南东边缘的北东向潜山重力低过渡。

重力场反映大别造山带为中心式构造模式:中部岩浆上侵抬升并熔蚀基底岩系,大部分地区均被混合岩化(花岗岩化),老岩层多呈残留体赋存,至边缘接受了中新生代沉积。

大别山正磁场区大致位于金寨—霍山—舒城—庐江—桐城—太湖所围限的区域内,其异常具有幅度大、变化快、呈跳跃状等特点,以杂乱的磁场为特征,认为是由埋藏较浅的强磁性物质引起的。大别山地区广泛出露新太古代大别群变质岩，$J_r=1790\times10^{-5}$SI，其磁性较强，无疑是引起这种强磁乱异常的主要地质因素。除此之外，大别山地区发育的侵入岩，亦具有较大的磁性，也可能引起较强的磁异常，与大别群共同构成该区升高背景的磁场面貌。

大别山正磁场区与北部负磁场区的分区界线由一条从东北到西南快速升高的北西向线性梯级带构成，该带在区域磁场图上，向东逐渐变为近东西向与郯庐断裂正异常带相连。这与地质情况比较吻合，是晓天-磨子潭深断裂的反映。

3）沿江-皖东区域重力高区

该区分布于明光-庐江-太湖梯级带与东至-青阳-宁国梯级带之间，包括沿江平原和江淮丘陵东部。总体呈朝北东方向开口的喇叭状，区域异常东北高、西南低，背景场值约为$(-15\sim0)\times10^{-5}\mathrm{m/s^2}$。

该区重力场以北东向、北北东向展布，高低相间的条带状大型重力高值带为显著特征，较好地反映出区内构造层隆坳相间的构造格局。条带状重力高主要是高密度的古生代隆起的重力效应，那些北东走向的重力低值区带，则是中新生代断陷盆地的反映。而皖东区北东向展布的重力高值带则是肥东群、张八岭岩群变质基底隆起区的重力效应。

该区是安徽省铜铁矿主要成矿区带。在芜湖-铜陵等重力高带中夹存大量的局部重力低异常，如安庆洪镇-月山、铜陵狮子山-新桥、繁昌、马鞍山-当涂等重力低。这些重力低反映与内生矿产关系密切的中酸性侵入岩的发育（异常圈示的是具一定规模多期侵入的复合岩体或多个小岩体的综合体），或由侵入岩与中生代火山岩共同引起。

该区磁异常总体亦呈北东向展布，包括滁州-巢湖-潜山负磁场带、庐江-枞阳-怀宁石牌、马鞍山-芜湖-繁昌-铜陵高磁异常带、石臼湖-南陵-池州-望江负磁带以及宣城-郎溪异常区。高磁异常带由岩浆岩带引起，与重力异常呈正相关。

庐江-枞阳-怀宁高磁带位于长江北岸，延伸约150km，北东宽、南西窄，异常强度东强西弱。异常带范围内侵入岩较发育，北段庐江盆地、南段怀宁盆地分布有火山岩，中段在怀宁半月湖钻孔见具磁性的元古宙董岭群变质岩。推测高磁带由综合因素引起，一方面反映基底（隐伏）隆起，并叠加了火山岩、侵入岩异常，而罗河等高磁局部异常为矿致异常。

马鞍山-铜陵高磁带位于长江南岸，省内延伸约140km，形态不规则，背景场值约200～500nT，最高达1000nT以上。马鞍山—当涂、钟鸣—繁昌一带出露主要为中生代中基性火山岩，次火山岩、侵入岩较发育；繁昌、铜陵地区中酸性侵入岩发育。推测马鞍山-铜陵高磁带反映了构造岩浆岩带，一系列局部磁异常为侵入体或矿致异常。

宣城-郎溪-广德磁异常区呈北东、北东东向，北部背景场值约100nT，并朝江苏高淳—金坛一带延伸。从磁场的区域展布分析，该区反映的基底类型应与马鞍山—铜陵地带一致。

4）皖南区域重力低区

该区分布于东至-青阳-宁国梯级带以南的皖南山区，宏观呈同心环状重力低，区域场值变化约为$(-50\sim-30)\times10^{-5}\mathrm{m/s^2}$。局部异常走向以北东向为主，东西向、北西向、北北东向次之，形态各异。

皖南强大的重力低为广泛发育的中酸性隐伏岩基的反映。祁门—黄山市一带局部重力高值带分布大致为北东向，与区内中元古代基底岩系相对应；旌德—宁国一线分布的北东走向的中古生代岩层也与局部重力低带相吻合，而全区广泛分布的强大重力低背景则是皖南巨型花岗岩基的反映，其分布以黄山岩体为中心，呈同心环状展开。

该区磁场总体上为一团块状强磁异常区，其周围被祁门、歙县、宁国等负异常所环绕。

皖南强磁异常区，背景场呈东西向展布，幅值100～300nT，中心位于九华山一带，峰值达700nT，其上叠加的局部异常分别沿北东、北西方向展布，表现出明显的不协调性，其中近东西向的背景场可能反映了皖南地区古元古代—新太古代结晶基底的存在，七都一带为杂陆核。局部叠加磁异常则由规模不等的侵入岩引起的，包括黄山、青阳、花园巩、牯牛降等。

该区为省内重要的铅锌、银、金、钼、钴多金属矿产地。

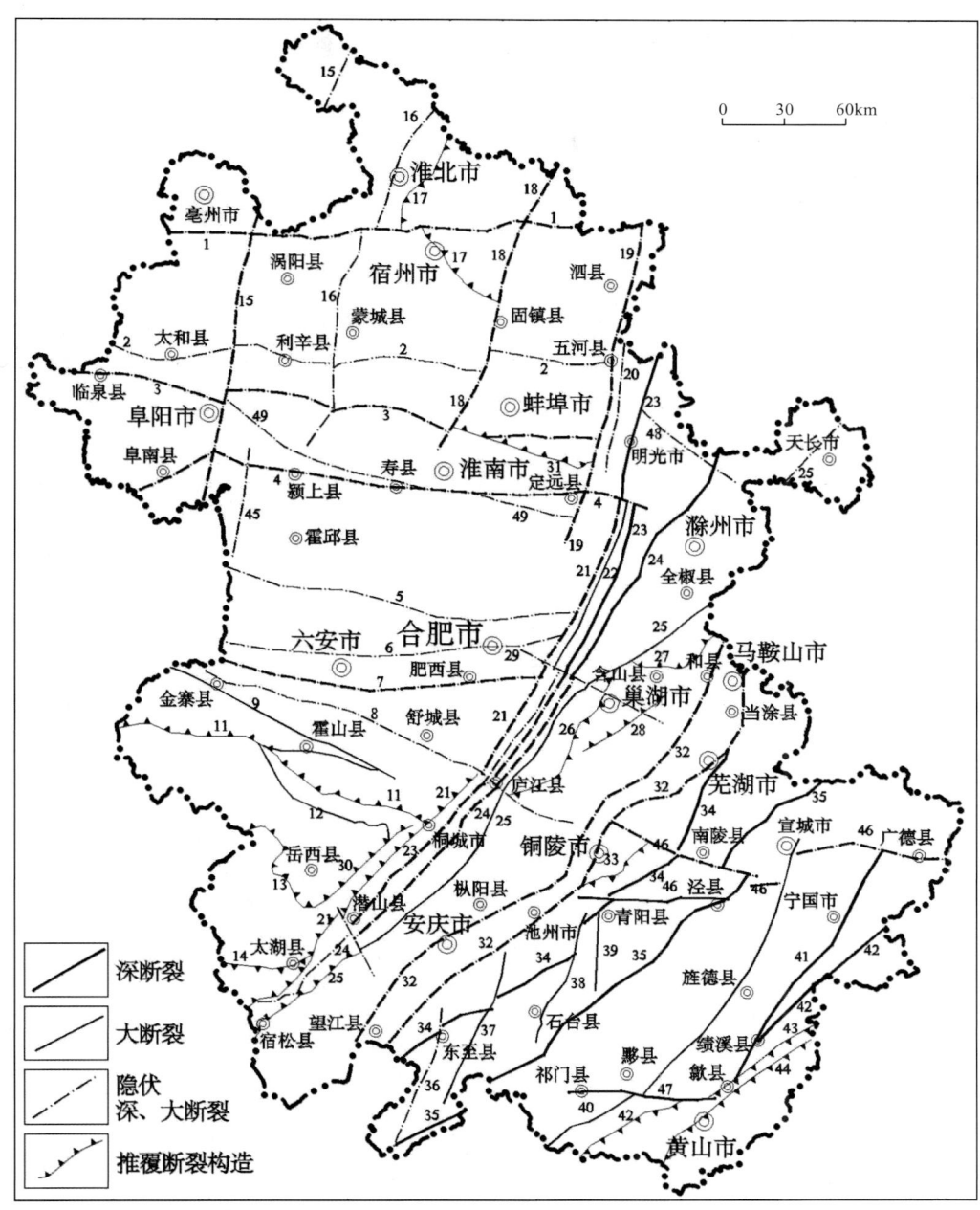

图 3-5 安徽省主要断裂略图

1.符离集(宿北)断裂;2.利辛断裂;3.刘府深断裂;4.颍上-定远断裂;5.肥中深断裂;6.蜀山断裂;7.六安深断裂;8.独山-东汤池断裂;9.金寨-西汤池断裂;10.霍山(龙门-鸟观嘴)断裂;11.磨子潭深断裂;12.大化坪-麻岩岭韧性剪切带;13.水吼-漫水河韧性剪切带;14.缺月岭-山龙断裂带;15.阜阳深断裂;16.淮北-蒙城断裂带;17.鹰嘴山-三铺逆掩断裂;18.固镇(刘庙)断裂;19.五河深断裂;20.石门山断裂;21.池太深断裂;22.清水涧韧性剪切带;23.嘉庐深断裂;24.黄破断裂(张八岭韧性剪切带);25.滁河断裂;26.散兵断裂;27.香泉-昭关推覆断裂;28.照明山-陶厂断裂;29.巢湖断裂;30.天柱-龙井关剪切带;31.殷涧断裂;32.长江断裂带(隐伏);33.团山-董家宕断裂;34.高坦断裂;35.江南深断裂;36.东至断裂;37.葛公镇断裂;38.港口湖-黄山岭断裂;39.九华山断裂;40.旌德断裂;41.绩溪断裂带;42.宁国墩(虎-月)断裂;43.歙县-千丈岭断裂;44.三阳坑-竹铺断裂;45.南照集断裂;46.周王断裂;47.休宁断裂;48.老嘉山断裂;49.洞山断裂

二、区域构造格架

安徽省区域构造格架主要以断裂构造形式出现。断裂构造在安徽境内十分发育,以现有地质和地球物理场资料为基础,将省内主要断裂分为深断裂、大断裂、韧性剪切带和推覆构造。深断裂包括岩石圈断裂和壳断裂,前者是指深切岩石圈、幔源型超基性岩沿断裂呈线状分布,具有明显的重、磁梯级带,常是高级构造单元的分界线,如六安深断裂、郯庐深断裂带等。壳断裂是指切割硅铝层或硅镁层,往往伴有基性、中酸性侵入岩或玄武岩流喷溢,明显控制着沉积变化,具有重、磁异常带,或正、负异常特征的分布带,常为主要构造单元的界线,如郯庐断裂、磨子潭深断裂、江南深断裂等。大断裂一般指发育在沉积盖层中,可切穿盖层进入基底,延伸数十千米以上,具有一定区域意义(对沉积相有一定影响、控制小型岩浆岩带或矿带)的断裂。有的可以成为低级构造单元界线,如滁河断裂等。深、大断裂一般都具有多期活动性,早期发育的韧性剪切带控制着造山带深部构造层次的构造演化,如漫水河-水吼岭韧性剪切带,歙县-三阳坑韧性剪切带等。推覆构造是一种倾角非常低缓(小于30°)的逆掩断层,具有一定的找矿意义(如黑峰岭、香泉、九连山推覆构造等)。安徽省主要断裂分布参见图3-5。

第四章　数据处理解释与成果图件编制方法

第一节　数据处理方法

一、数字化

为了对预测工作区内的矿致磁异常、地质构造、磁性地层以及侵入岩体进行定量计算,应对非数字化的磁测资料进行数字化。

方法是通过 MapGIS 矢量化后进行转换,将其转成定量计算所需的剖面格式。

二、矢量化

矢量化有两种目的:其一是为了利用过去磁测解释结果,对非电子版磁测推断解释图件(如纸介质图、聚酯薄膜图等)进行矢量化,形成电子版图件,以便于不同区块、不同比例尺图件的拼接;其二是本次工作推断磁性矿产图和推断地质构造图的矢量化,为数据库建设做准备。

矢量化采用 MapGIS6.7 软件。

格式为 MapGIS6.7 软件的点、线、面格式。

矢量化中,线型选折线,矢量化点密度应保证放大到原比例尺时,曲线仍光滑。

三、重力原始数据"五统一"

将所有布格重力原始数据进行"五统一"处理,即统一采用 2000 国家重力基本网系统;统一采用 1954 年北京坐标系统和 1985 国家高程系统;统一采用国际大地测量学会(IGA)推荐的 1980 年公式计算正常重力值;统一采用《区域重力调查规范》(DZ/T 0082—2006)规定的公式进行布格改正和中间层改正,密度统一采用 $2.67g/cm^3$;统一采用 166.7km 的半径进行地形改正。

四、网格化

网格化采用具有网格化功能的软件 Surfer 完成,方法如下。

对于原始观测数据的网格化一律采用克里格法,网格化间距选择如下:

1∶2.5 万——100m×100m;

1∶5 万——200m×200m 或者 250m×250m;

1∶20 万——1000m×1000m 或者 2000m×2000m。

对于由原等值线图数字化而来的数据网格化采用最小曲率法,网格化间距一般为200m×200m或者250m×250m。

对航遥中心提供的2km×2km航磁数据重新网格化时,网格化间距选择1km×1km。

五、位场转换方法

(一)目的

在对预测工作区和省级范围内的岩性体及断裂构造等进行推断解释时,需要有针对性地进行一些磁测数据转换处理工作,以便在磁测数据原始场和数据处理图件的基础上,结合地质图,编制研究区的岩性及断裂构造图。

(二)内容与要求

位场转换和数据处理通常包括化极、向上延拓,求取垂向导数、方向导数、剩余异常、视磁化率和进行解析信号处理等。

1. 化极

由于地磁场倾斜磁化的影响,可能造成正磁异常中心不是正好对应在磁性地质体的正上方,而是沿倾斜磁化强度矢量水平投影的反方向上有不同程度的偏移错动,给判断磁性地质体的空间位置、形态及分布范围带来不便,磁场化极正是为了消除倾斜磁化对磁异常造成的这种影响。

化极时所使用的地磁场强度、磁倾角和磁偏角为数据处理区域中心点的相应参数,这些参数由 http://www.ngdc.noaa.gov/geomagmodels/struts/calcPointIGRF 网站查询结果。

需要说明的是:对于"滁州—庐江""徐州—蚌埠"等处理的纬度范围跨度较大(大于2°),采用了变倾角化极方法;对于低磁纬度地区(地磁倾角小于30°的区域),则采用了低磁纬度化极方法进行化极处理。

2. 向上延拓

向上延拓的高度根据具体情况,一般可选择3~5个不同的高度进行磁场向上延拓,同时为了尽可能消除地磁场倾斜磁化的影响,通常在化极磁场的基础上进行向上延拓。

通常的延拓高度在以下范围内选取。

预测工作区:0.1km、0.2km、0.5km、1km、2km(视原始资料比例尺和精度变化较大)。

全省:1km、3km、5km、10km、20km。

具体延拓高度可视不同地区的地质特点而定,经过延拓处理后的异常变得平缓光滑,一些局部的异常被压制掉,异常基本上反映了深部的或规模比较大的异常体的特征。

3. 垂向导数

为了突出浅部磁性地质体引起的局部异常,一般要进行垂向一阶导数计算。垂向一阶导数计算通常在原平面化极磁场的基础上进行,当某区资料精度较低时需进行适当圆滑后再求导。

4. 方向导数

为了突出某一方向的线性异常特征,以便更有效地识别断裂构造,一般要进行方向导数计算。方向导数计算通常在原平面化极磁场的基础上进行,通常求0°、45°、90°和135°四个方向导数。该方法仅应用于全省资料处理中,预测工作区级别应用很少。

5. 剩余异常

磁场剩余异常计算通常是将一些局部异常和较微弱的短波异常从区域背景异常中分离提取出来,从而突出局部弱小异常。

剩余异常计算在平面和剖面两个层次的数据上进行,通常采用非线性滤波方法,滤波窗口宽度为需要突出的最小异常的半宽度。

6. 其他转换处理

1) 三维欧拉反褶积构造反演计算

三维欧拉反褶积构造反演技术是一种能够利用重磁网格数据确定地质体位置(边界)和深度的自动化定量反演的方法,这种方法并不需要已知地质信息的控制。位场及其梯度与场源位置之间的联系可以通过欧拉奇次方程表示,而场源的不同形状即地质构造的差异则表现为方程的奇次程度,就是所谓的地质构造指数,地质构造指数实质上表现了场随离开场源距离的衰减率。

欧拉反褶积构造反演计算中的一个实际问题是窗口大小的选择。对于单一场源,解欧拉奇次方程组可得到满意的解,当地质条件复杂时,如场源重叠或相近时,或场源大小变化不均时,在计算中可以给不同的窗口,试算后观察比较,选择满意的结果帮助解释构造。

欧拉反褶积构造反演结果,主要揭示工区内构造单元及深大断裂的位置和走向,其图示形式比较直观,为断层和构造单元的划分提供有用信息(图 4-1)。

图 4-1 某地区构造增强图

2) 小波变换

近些年发展起来的小波分析,在信号处理、地震勘探、图像分析、语音合成、模式识别等众多非线性科学领域逐步得到了广泛的应用。小波变换引入了多尺度分析思想,在空间域和频率域同时具有良好的局部分析性质,小波变换可以将信号 $f(x)$ 分解成多种不同的频道和频率成分或各种不同的尺度成分,并且通过伸缩、平移聚集到 $f(x)$ 的任意细节加以分析,具有"数学显微镜"的作用。基于小波分析这一特点,可以在重磁异常的分解中发挥重要的作用。

长期以来,信号处理中用于频谱分析和滤波方法的最基本工具是傅氏分析。傅氏变换的信号特征是整个信号或某一段信号的总体特征,对信号的局部性特征反映较差。窗口傅氏变换虽然较好一些,但由于频率增加,窗口的大小、形状均不变,即空间分辨率不变,难以得到推广。而小波变换具有变焦性,当频率变化时,窗口面积不变,但其形状有了改变,即当频率低时,窗口较宽,空间分辨率较低;当频率升高时,窗口变窄,变高,空间分辨率增加,具有良好的局部化特征。实际处理时,可以通过阶数大小控制频率,从而改变窗口大小,得到相应频带上局部化了的异常。

目前小波变换技术已经应用于分离重磁异常,其突出优点就是在梯度变化大的区带保持局部异常形态的可信度(图4-2)。

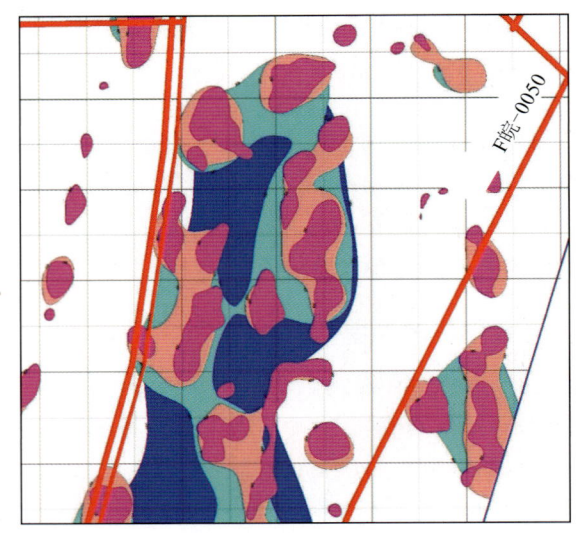

图4-2 小波变换解释成果图

在此次工作中,使用小波变换技术对航磁数据进行处理,得到其3~6阶细节,然后对3~6阶细节进行功率谱分析,求出各阶细节反映的磁性体视深度。

小波变换和功率谱分析的结果,主要揭示工区内磁性体不同埋深在平面上的投影范围,其图示形式比较直观,为岩体的推断解释提供有用信息。

第二节 数据解释方法

一、定性解释

本项目中,定性解释的一般原则为:

(1)定性解释的任务是根据地质、物性资料,针对磁法、重力异常的起因做出定性判断。对隐伏地质体依据地质环境、物性资料和异常特点加以判断。它是解释工作中最重要的一步,也是定量反演的基础。

(2)定性解释一般遵循由面到点和先易后难的原则,先区域后局部、先大后小、先强后弱、先出露后隐伏、先简单后复杂、先典型后特殊,逐步展开。

(3)定性解释既要用原始的航磁、布格重力异常,也要用处理图件,包括航(地)磁异常图、航(地)磁化极异常图、航(地)磁化极异常导数图、航(地)磁化极异常延拓图、布格重力异常图、剩余重力异常图、重力异常水平梯度图和重力垂向二次导数异常图、区域重力异常图等图件,以充分利用和全面分析所有磁场、重力场信息。对局部异常要与地形进行相关分析,排除中间层选择不当和地改不完善引起的假异常。

(4)重力、磁测资料定性解释要与其他地球物理资料进行综合解释时,前提条件满足时,重、磁定性解释可同步进行,互为印证与补充和约束,以研究重、磁异常的相关性,以及更加准确地判断异常的起因。

(5)根据测区内或其他地区在已知各类地质目标物上建立地质-地球物理概念模型显示的标志(异常强度、形态、梯度、走向、规模、展布特点等)来判断异常的起因;根据地质构造和该区实测物性,经过半定量正演估算加以验证,特别要注意发现隐伏的地质体。

(6)在进行地质解释时要尽量运用地学界成熟的新理论、新观点,收集最新的地质资料,并吸纳国内外的最新成果。

(7)定性解释结果应由第二人复审。

二、半定量解释

当不具备严格的定量反演条件时,只进行半定量反演。对规模较大(上顶宽大于上顶埋深)的地质体边界,根据垂直于地质体的水平一阶导数极值线或垂向一阶、二阶导数的零值线大致确定;根据水平一阶导数曲线的不对称性(曲线缓变化的一侧为倾斜方向)或延拓不同高度的水平一阶导数极值的位移(极值向倾斜方向位移)粗略判断接触面的倾斜方向。

异常半定量解释遵循"从已知到未知,从简单到复杂"的基本技术要求。在开展异常半定量解释之前,熟练掌握各种规则形体(如球体、不同走向的水平圆柱体、不同走向及倾斜的板状体等)在异常所处地区的重力异常特征,正演出一套规则形体的重力异常特征图册,在此基础上,根据实测异常的特征来推断地质体的大致形状等参数。

三、定量解释方法

本项目重力异常的解释推断以定性为主、半定量为辅,仅在个别具备条件的矿致异常上进行了定量解释。

定量解释的任务是运用各种定量反演方法求取有关场源(拟探测目标物或目标层)的几何参数和物理参数。

定量解释方法的选择:对定性解释确认的矿致重力异常,尽量选择2.5D拟合法、3D拟合法或3D物性反演法求取矿体的埋深和空间形态。

(1)本项目对基本形态已得到反映,定性解释结果表明对区域成矿预测有意义的异常,进行了定量、半定量解释。全省重力推断地质构造图(1:50万)解释使用了半定量解释;预测工作区内,对满足定量解释前提的有找矿意义的重力异常进行了定量解释。

(2)进行定量解释的重力异常,一般选择一条有较好代表性的完整剖面,剖面重力异常数据采用图切法获得,少量为原始精测剖面。重力剖面选取,主要根据异常形态确定。非等轴异常的解释剖面尽量选择与异常长轴方向垂直,且向两端延伸到正常场区;延伸较长或条带状异常,尽量多选取几条剖面,以全面反演场源体在不同部位的形态。对选取的异常剖面,采用人机联作二度半或三维反演等方法进行解释。

(3)对于单一界面(和简单规则形体)有时采用线性公式定量反演其起伏(形态、几何参数等)。

(4)定量反演使用区内实测的物性参数,已有工程控制的(地下地质情况)和已由其他物探方法得到反演结果的则将其作为先验信息,选用地质上最可能的目标物形态、产状、物性参数作为初始模型和约束条件,减少了定量反演的多解性。

(5)定量解释做法参见"大包庄铁矿51线与Ⅱ线勘探线剖面资源量估算过程介绍"。

四、地质解释方法

重力、磁法资料的地质解释完全按照全国矿产资源潜力评价项目《磁测资料应用技术要求》《重力资料解释应用技术要求》以及《区域重力调查规范》(DZ/T 0082—2006)的要求执行,简述如下:

(1)地质解释的任务是在定性和定量解释的基础上,根据各种地质体的地质-地球物理模型的特征,结合工作区的地质情况,运用地质学的基本原理将这些解释成果转变为推断的地质体或现象,并进而对它们从空间和时间上做出合乎地质学原理的地质解释和推断。

(2)对工作区内的地质认识和某些结论要放在更大范围的地质背景上加以研究或与邻区加以对比,从而判断其合理性。

(3)在进行地质解释时要尽量运用地学界较为成熟的新理论、新观点,收集最新的地质资料,并吸纳国内外的最新成果。

(4)在地质解释中要针对不同的地质任务,合理运用各类的资料和成果。

(5)根据定性和定量解释、平面和剖面解释的结果,按照地质学的基本原理编制各类推断成果图。

(6)对推断成果图件上物探解释出的地质体、地质现象要进行地质解释和推断,阐明它们相互间的关系,以及与已知地质情况的关系;构造和岩浆岩活动对这些地质体、地质现象的控制作用,并对它们的演化过程进行推测。

(7)在确认推断无误的前提下,若原有的地学观点或理论无法对物探推断做出合理的地质解释时,要明确提出质疑。在深入综合分析研究资料后,可按物探推断的结果做出新的地质解释。

(8)要对推断成果图及地质解释的可靠性加以客观评述,说明存在的问题和不足。

第三节　成果图件编制方法

本项目成果图件按编图范围可分为省级、预测工作区、典型矿床3类进行编制,所有图件均依据全国矿产资源潜力评价项目《磁测资料应用技术要求》《重力资料解释应用技术要求》中相关要求进行编制,以下将对每类编图选取其中一种图件编制方法进行介绍,其他图件的具体编制方法这里不再赘述。

一、省级成果图件编制

省级成果图件按编图种类主要包含省级(重力、磁法)工作区工作程度图,省级航磁 ΔT 等值线平面图,省级航磁 ΔT 化极等值线平面图,省级航磁 ΔT 化极垂向一阶导数等值线平面图,省级磁异常分布图,省级磁法推断磁性矿床分布图,省级布格重力异常图,省级剩余重力异常图,省级(重力、磁法)推断地质构造图,省航(地)磁测量工作部署图,省重力测量工作部署图。

省级重力推断地质构造图编制方法如下。

(1)广泛收集省域有关的地质、综合物探资料,仔细分析其原始资料和研究成果的精度、可信度和可利用程度,特别重视解释推断中所引用的实证性资料,作为本次解释推断与成果编图的依据。

(2)按照《重力资料应用技术要求》进行解释推断,其基础资料是省级 $2km \times 2km$ 布格重力异常及其处理获取的其他参数图件,具体方法与步骤参见第四章第一节。

(3)对推断的断裂构造进行编号、分级,并依据重力场特征,结合地层分布特征以及地质构造环境划分构造单元;对圈出的各类侵入岩体和中新生代盆地,以其范围中的地名(村、镇名)加岩性(侵入体)或地名加时代类型(盆地)进行命名;地层、火山机构直接标注地名加地层类型或火山机构类型,以便建库和描述。

(4)对重要的地质体根据RGIS2009软件提供的2.5D重磁正反演方法进行定量计算,以了解其地质体的空间赋存状态。

(5)按照技术要求中的相关格式和规定填写地质构造登记表。

(6)计算机制图,将上述推断的地质构造,在MapGIS6.5软件下形成点(*.wt)、线(*.wl)、面(*.wp)以及工程(*.mpj)文件。

(7)由于中新生代地层与推断的隐伏岩体及前寒武纪地层在空间上存在叠加的现象,为了充分表述同一平面位置不同深度的地质、构造,同时表现主要断裂对岩浆岩、构造盆地和其他控矿要素的控制作用,将所推断的全部断裂与推断的岩浆岩带绘于"重力推断地质构造图一";将所推断的一二级断裂构造、推断隐伏岩体和前寒武纪地层及火山机构绘于"重力推断地质构造图二",将推断的一二级断裂构造及控盆断裂和计算的盆地等深度图与中新生代盆地绘于"重力推断地质构造图三"。地质构造单元划分均以角图形式给出。

(8)图示内容及格式与重力工作程度图相同。为了图件的美化,对推断断裂构造的线宽进行了适度调整,一级断裂的线宽为0.5,二级断裂的线宽为0.5,三级断裂的线宽为0.2;对要求中未作规定的重力推断火山洼地,采用地质上相关要求制作;为了避免重力推断地层的边界与火山洼地一致,将重力推断地层的边界的颜色变为黑色。

由于《全国资源潜力评价数据模型》图示中未规定岩体和地层为半隐伏时的边界线型,故按出露情况处理,即线型为1号。规定中重力推断侵入岩体分类为"酸性中酸性岩类、中性岩类、基性岩类、超基性岩类、碱性岩类、次火山岩",而 GeoMAG 侵入岩体类型分类为"超基性岩类、基性—超基性岩类、次火山岩、火山岩、基性岩类、酸性岩类、中酸性岩类、中性岩类",按照技术规范完成的数据表中的"酸性中酸性岩类"未细分成"酸性、中酸性岩类"两类,故只能将数据表中"酸性中酸性岩类"按照"酸性岩类"进行挂接。在技术说明中进行了相应说明。

(9)图件基本比例尺为1∶50万,采用1954年北京坐标系,高斯投影,投影中央经度为东经117°00′。

(10)对所有重力推断要素内容进行分类编号并建立相应的重力推断地质构造图属性库且编写了说明书,其中包括属性库说明书。重力推断要素编码按照"皖×+推断要素编号"要求进行编号。属性库中按照《省级重力资料应用成果汇总技术要求》,增加了两个属性项,其中一项是该推断异常与矿的关系(数据项代码 WTBJDF),另一项是相关矿种类型(数据项代码 GEBA)。

二、预测级成果图件编制

预测工作区级成果图件主要包含安徽省铁、铜、铅锌、金、钨、锑、磷、稀土、锰、锡、钼、银、硫铁矿、萤石、菱镁矿、重晶石等矿产各自预测区图件,主要有:预测工作区工作程度图,预测工作区航磁 ΔT 等值线平面图,预测工作区航磁 ΔT 化极等值线平面图,预测工作区航磁 ΔT 化极垂向一阶导数等值线平面图,预测工作区磁异常范围分布图,预测工作区磁法推断地质构造图,预测工作区布格重力异常图,预测工作区剩余重力异常图,预测工作区重力推断地质构造图。

预测工作区重力推断地质构造图编制方法如下。

(1)广泛收集与预测工作区有关的地质、综合物探资料,仔细分析其原始资料和研究成果的精度、可信度和可利用程度,特别重视解释推断中所引用的实证性资料,作为本次解释推断与成果编图的依据。

(2)按照《重力资料应用技术要求》进行解释推断,其基础资料是省内经"五统一"改算以后的全部布格重力异常数据在对应预测工作区(连同扩边区)的数据及其处理获取的其他参数图件,具体方法与步骤参见前面的相应章节。

(3)对推断的断裂构造进行编号、分级,并依据重力场特征,结合地层分布特征以及地质构造环境划分构造单元;对圈出的各类侵入岩体和盆地,以其范围中的地名(村、镇名)加岩性(侵入体)或地名加时代类型(盆地)进行命名;地层、火山机构直接标注地名加地层类型或火山机构类型,以便建库和描述。

预测工作区重力推断地质构造图与全省重力推断地质构造图是一个有机的整体。本项目对预测工作区地质构造的推断是建立在全省地质构造推断的基础上并受其约束的。即是在全省区域重力推断地质构造成果的基础上,利用预测工作区精度更高、综合资料更丰富的特点进行细化。因此,其推断解释成果是一脉相承的。对预测工作区构造地质体的编号,虽然是按预测工作区要求进行的,但均保留了省级编号,而关于地质体的命名则保持完全一致。

(4)对重要的地质体根据 RGIS 2009 软件提供的 2.5D 重磁正反演方法进行定量计算,以了解其地质体的空间赋存状态。

(5)按照技术要求中的相关格式和规定填写地质构造登记表。

(6)计算机制图,将上述推断的地质构造,在 MapGIS6.5 软件下形成点(*.wt)、线(*.wl)、面(*.wp)以及工程(*.mpj)文件。

图示内容及格式与重力工作程度图相同。为了图件的美化,对推断断裂构造的线宽进行了适度调整,一级断裂的线宽为0.5,二级断裂的线宽为0.5,三级断裂的线宽为0.2;对要求中未作规定的重力推断火山洼地、火山穹窿、层状火山、破火山等,采用地质上相关要求制作;为了避免重力推断地层边界与火山洼地图示一致,将重力推断地层边界的颜色变为黑色。

由于《全国资源潜力评价数据模型》图示中未规定岩体和地层为半隐伏时的边界线型,故按出露情况处理,即线型为1号。规定中重力推断侵入岩体分类为"酸性中酸性岩类、中性岩类、基性岩类、超基性岩类、碱性岩类、次火山岩",而 GeoMAG 侵入岩体类型分类为"超基性岩类、基性—超基性岩类、次火山岩、火山岩、基性岩类、酸性岩类、中酸性岩类、中性岩类",按照技术规范完成的数据表中的"酸性中酸性岩类"未细分成"酸性、中酸性岩类"两类,故只能将数据表中"酸性中酸性岩类"按照"酸性岩类"进行挂接。在技术说明中进行了相应说明。

图件基本比例尺为与各自预测工作区比例尺相同,从 1∶5 万～1∶25 万不等;采用 1954 北京坐标系,高斯投影,投影中央经度为东经 117°00′。

(7)对所有重力推断要素内容进行分类编号并建立相应的重力推断地质构造图属性库且编写了说明书,其中包括属性库说明书。重力推断要素编码按照"皖×+预测工作区编码+推断要素编号"要求进行,本图件及数据表中重力推断要素编码均按照各预测工作区中文名称汉语拼音的声母第一个字母进行编制。当预测工作区名称中只包含一个地名时,截选最前面的两个字母;当预测工作区名称中包含两个地名时,按照先后顺序截选每个地名的首字母组成编码。

三、典型矿床成果图件编制

典型矿床成果图件主要指安徽省铁、铜、铅锌、金、钨、锑、磷、稀土、锰、锡、钼、银、硫铁矿、萤石、菱镁矿、重晶石等矿产的地质矿产及物探剖析图。典型矿床系列图件分为:典型矿床所在区域地质矿产及物探剖析图(1∶50 万)、典型矿床所在地区地质矿产及物探剖析图(1∶5～1∶10 万)、典型矿床所在位置地质矿产及物探剖析图(1∶2000～1∶2 万)、典型矿床勘探剖面(或概念模型)图。编制方法如下。

1) 典型矿床所在区域地质矿产及物探剖析图

根据典型矿床的地理位置,以典型矿床为中心绘制 50km×50km 的矩形框,再依据矩形框裁切布格重力异常网格化数据,绘制等值线平面图,同时表达的还有等比例尺、等大小的剩余重力异常等值线图,航磁异常图、航磁化极异常图、航磁化极垂向一阶导数平面等值线图,以及相应的重磁推断地质构造图,地质矿产图。

2) 典型矿床所在地区地质矿产及物探剖析图

根据典型矿床的地理位置,以典型矿床为中心绘制 10km×10km 的矩形框(若其大小不能完全覆盖整个矿床,则其大小可以适当放大),再依据矩形框裁切布格重力异常网格化数据,绘制等值线平面图,同时表达的还有等大小的剩余重力异常等值线图,航磁异常图、航磁化极异常图、航磁平面剖面图、航磁化极垂向一阶导数平面等值线图,以及相应的重磁推断地质构造图,地质矿产图。原则上要求使用 1∶5 万～1∶10 万比例尺资料绘制。若航磁或重力资料不满足以上比例尺要求,则航磁或者重力图件可不绘制,若重力航磁资料均不满足要求,则该剖析图不编制。

3) 典型矿床所在位置地质矿产及物探剖析图

根据典型矿床的地理位置,以矿区大小范围作矩形框,再依据矩形框裁切布格重力异常网格化数据,绘制等值线平面图,同时表达的还有等大小的剩余重力异常等值线图、地磁异常图、地磁化极异常图、地磁化极垂向一阶导数平面等值线图,以及相应的重磁推断地质构造图,成矿要素图。原则上要求使用大于1:5万比例尺资料绘制。若地磁或重力资料不满足以上比例尺要求,则地磁或者重力图件可不绘制,若重力地磁资料均不满足要求,则该剖析图不编制。

4) 典型矿床勘探剖面(或概念模型)图

当典型矿床所在位置开展过大比例尺重力勘探时,以典型矿床的矿区地质图为底图,编制相应比例尺的典型矿床概念模型图,由物探剖面异常曲线、地质构造及矿体断面图等组成。典型矿床有勘探剖面图时,直接引用地质构造及矿体剖面图。

第四节 应用软件

项目使用的软件均为全国矿产资源潜力评价项目总项目组推荐的软件,主要有以下几种。
(1)《区域重力数据库信息系统 RGIS 2010》(中国地质调查局发展研究中心)。
(2)GeoProbe 地球物理数据处理解释系统(中国国土资源航空物探遥感中心)。
(3)GeoExpl 2006(中国地质调查局发展研究中心)。
(4)《重磁处理转换系统_2006》[中国地质大学(北京)]。
(5)磁法勘探软件(MAGS 2.0)[中国地质大学(武汉)]。
(6)GeoMAG 数据模型软件(中国地质调查局发展研究中心)。
(7)MapGIS 6.7。
(8)《重磁电震综合解释系统 EMGS 2.0》[中国石油大学(北京)]。
(9)Surfer 8.0。
(10)AgsmGIS 航空物探彩色矢量成图系统(中国国土资源航空物探遥感中心)。

第五章 省级资料地质解释成果

第一节 地质构造单元划分

一、安徽省地质构造单元划分的主要依据

安徽省地质构造单元划分主要考虑的因素有：①重磁场特征分区；②结晶基底形成、发育程度及其特征；③南华纪至三叠纪盖层发育特征；④侏罗纪以来陆内盆山演化发展；⑤岩浆岩的发育及其空间分布特征；⑥成矿专属性。

各级构造单元对应的构造相如下：一级——陆块区；二级——造山系（大相）；三级——地块；四级——构造带（相）；五级——构造亚带（亚相）。

必须指出的是：重磁场是一个叠加场，受各种地质因素的影响及其干扰，重磁场的特征分区与地质上的构造单元划分并非简单的一一对应关系，只有对重磁场的特征分区的地质解释结果才能用于（服务于）地质构造单元的划分。

二、安徽省重磁异常特征分区及其解释

《安徽省区域地质志》中提出安徽省存在4种类型的基底，即华北式深变质基底、大别式深变质基底、江南式浅变质基底和沿江一线的下扬子双层基底。据区域地质调查、地震和相应的大地电磁测深资料显示，大别式深变质基底直接出露地表，华北式深变质基底埋深平均不大于2km，江南式浅变质基底部分直接出露地表，只有沿江基底除了怀宁董岭（群）有零星出露外，其余埋深较大，部分地区超过10km。

安徽省航磁资料虽然单独划分了一级大地构造单元，且与重力划分的构造单元保持了高度一致，但在更高级别的构造单元划分中，航磁异常的局部异常特征掩盖了分区异常特征，因而仅作为重力资料划分构造单元的补充，未再单独进行。下面以重力异常特征分区为主，结合航磁资料，来详细论述安徽省重磁异常特征划分地质构造单元成果。

对安徽省布格重力异常进行大尺度延拓消除其深部，如莫氏面造成的大范围倾斜（重力场西倾）的影响，得到下图（图5-1），从而可以看出安徽省重力异常特征分区。

1. 安徽省重力场的一级区划

安徽省重力场分别以六安—合肥一线和五河—庐江—宿松一线为界，被划分为3个总体特征差异巨大的区块（一级），其中北区块（合肥-淮北重力大区）以面状和宽大的条带状异常为特征，异常有时方向为近东西向；东南区块（沿江-江南重力大区）则以醒目的北东向条带状异常为特征，夹在中西部（金

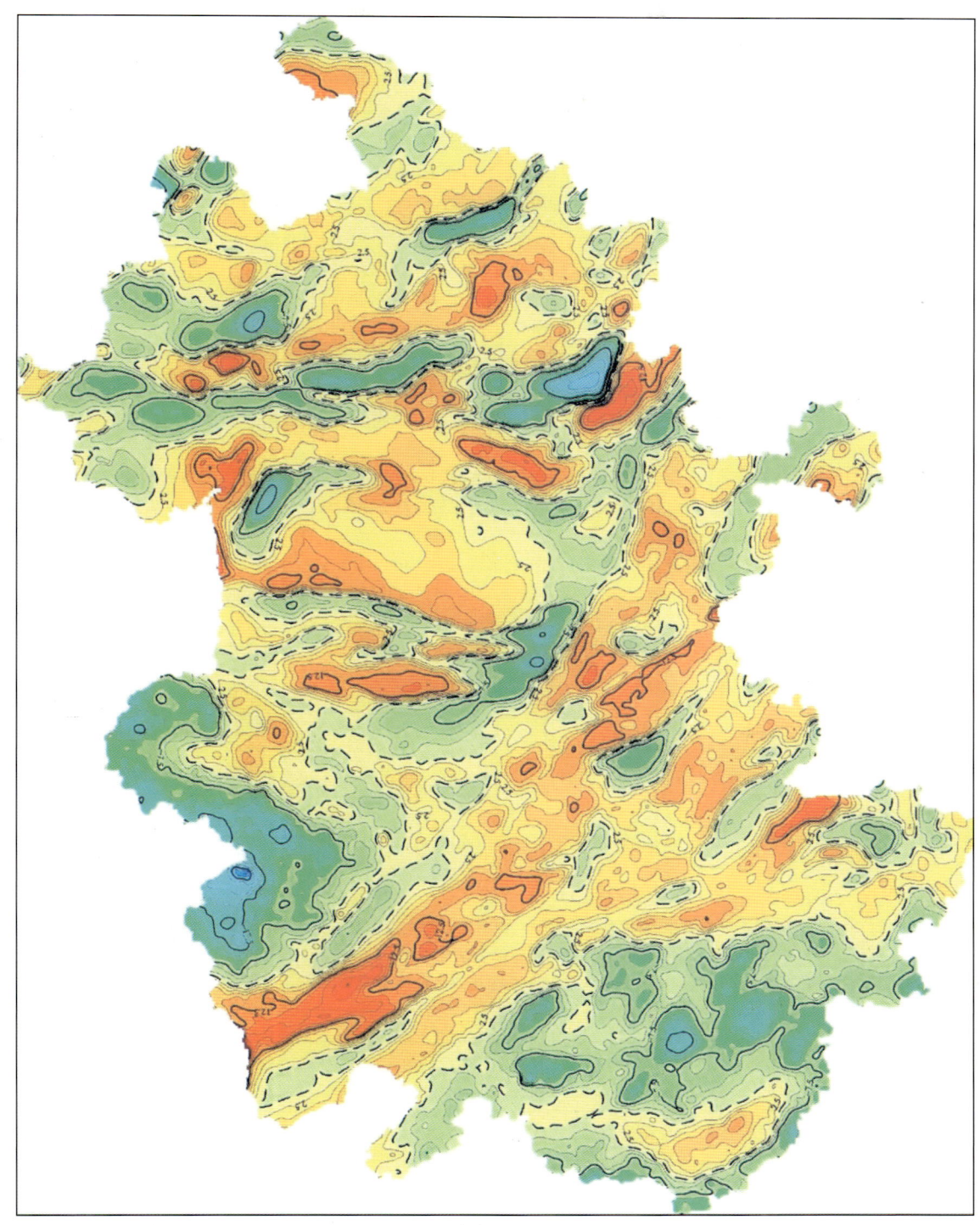

图 5-1 倾斜改正后的布格重力异常图

寨-岳西重力大区)重力异常则呈现较为规则的半椭圆形,优势方向近于北西。

重力场的这 3 个一级分区分别对应了安徽省 3 个大地构造分区:华北陆块-豫皖古陆块-皖北地块(三级);扬子陆块-下扬子古陆块(二级);结合带—弧盆系—秦岭-大别造山带(三级)。

这些大地构造分区所对应的地质特征、边界特点、对成矿作用的影响见表 5-1 和表 5-2。

表 5-1 构造分区特征对比表

			华北	大别	扬子
地质特征	基本特征		华北式基底，青白口纪始进入盖层发展阶段；岩浆侵入活动集中于蚌埠期和燕山期；主要成矿作用：煤、铁、铜（钼）、金、铅锌	大别式基底，南华纪始进入盖层发展阶段；岩浆侵入活动集中于四堡期、晋宁期和燕山期；主要成矿作用：金银、铅锌、锑、锰	扬子式基底，南华纪始进入盖层发展阶段；岩浆侵入活动集中于四堡期晋宁期和燕山期；主要成矿作用：铜、金、银、铅锌、锑、锡、铁、锰
	边界特征		东以郯庐断裂带、南以六安深断裂为界，与大别造山带相接	西以郯庐断裂带、北以六安深断裂为界，与华北陆块相接，南以黄破深断裂为界与扬子陆块相接	北以黄破深断裂为界，与大别造山带相接
			池太断裂带：为嘉庐（郯庐）深断裂西支断裂，长约450km。主干断裂走向20°~45°，近直立，略西倾；形成百余米宽的破碎带和宽达2km以上动力变质岩带，能辨认3次以上活动踪迹；次级断裂密集，岩石强烈压碎、糜棱岩化、片理化，并见构造透镜体。 六安深断裂：不同性质基底岩系的重要分界断裂，经肥西县防虎山南麓，与嘉庐深断裂相交，长约155km。断裂北盘为宽缓正磁场区，南盘为负异常带。沿断裂重力交变带明显，卫片上线性特征清楚。曾发生震级5.5级、烈度Ⅶ度的强震，属壳断裂。 黄破深断裂：北起老嘉山，向南经庐江，然后潜伏于潜山盆地之下，全长约400km。发育数百米宽的挤压带，挤压片理倾向290°，倾角70°~90°，挤压扁豆体、糜棱岩化发育，并有再破碎现象		
物探特征	区域重力特征	总体形态	面状—团块状	团块状	带状加面状
		平均场值	-10×10^{-5}m/s²	-40×10^{-5}m/s²	-12×10^{-5}m/s²；-40×10^{-5}m/s²
		变化幅度	$(-60\sim+10)\times10^{-5}$m/s²	$(-90\sim+10)\times10^{-5}$m/s²	$(-62\sim+20)\times10^{-5}$m/s²
		变化趋势	区域重力异常由东向西有下降趋势	区域重力异常中心指向造山带	由北向南区域重力异常由条带状转向团块状
	剩余重力特征	形态特征	以条带状为主，部分为团块状	浑圆形加条带状异常	条带形，椭圆形
		展布特征	正异常块体被条带状负异常所切割环绕；正异常块体仍然保持了东西向的展布特征，负异常条带则为东西向、北西向、北东向各异，形成鲜明的对比	大别山与北淮阳地区以椭圆形异常组合相连成环形或正负相间的条带；宿松张八岭地区为条带状	正负相间的带状异常（少量为串珠状异常带）总体呈北东向展布，少量沿近东西向展布并对北东向异常带形成切割
		方向性	近东西向占绝对优势，部分为北东向	大别山与北淮阳地区以北西西向为主；宿松张八岭地区为北东向	北东向为主，伴有近东西向
		变化幅度	$(-25\sim+18)\times10^{-5}$m/s²	$(-18\sim+10)\times10^{-5}$m/s²	$(-15\sim+14)\times10^{-5}$m/s²
		形态特征	面状或团块状组合	团块状伴有带状	带状叠加面状
		方向性	总体呈近东西向（或北西西向）展布	大别地区总体方向性不强，局部异常呈北西向；宿松—张八岭一带为北东向	总体为北东向面状异常区的局部异常仍为北东向
		变化幅度	$-180\sim800$nT，整体较平稳，局部变化大	$-300\sim1000$nT，变化大	$-300\sim1700$nT，变化剧烈

表 5-2　构造分区特征对比表

		华北	大别	扬子
物探特征	重磁场分区界线 六安梯级带	重力异常表现为明显的梯级带。该带西起叶集,经六安、肥西止于桥头集,主体走向近东西,具有良好的连续性,梯级带北侧为块状(面状)重力高,南侧为弧形带状重力低。梯度最大为$\times 10^{-5}$ m/s²		
	黄破梯级-变异带	重力异常表现为明显的梯级带,同时具有明显的变异带特征,同时也是重要的重力场分区边界。该带北东部进入江苏,省内过自来镇,向南西经黄栗树、庐江、孔城自潜山盆地下部直达破凉亭并交于池太(郯庐)断裂。自来镇—庐江段,黄破梯度(变异)将庐江-滁州重力高值区一分为二,北西侧表现为稳定的高值带,走向稳定;南东侧场值起伏较大,重力低异常十分醒目。庐江—破凉亭段,梯级带总体由北北东向、北东向、转为近东西向,北西侧为强大的大别重力低分布区,南东侧则为一系列呈北东向、北北东向展布的、高低相间的带状重力区		
	池太梯级-变异带	重力异常表现为明显的梯级带,同时也是重要的重力场分区边界。该带北部进入江苏,省内过明光,向南西经庐江、桐城、太湖进入湖北。明光—庐江、桐城段,位于桐城-太湖重力高值条带的南东侧。梯级带南东侧为带台状重力高,走向北北东向,北西侧表现为由一系列走向近东西的重力相对低值条带分割的团块状重力高值区。桐城—太湖段,位于桐城—太湖重力高值条带的南东侧。梯级带总体由北北东向、北东向转为近东西向,北西侧为强大的大别重力低分布区,南东侧则为一系列呈北东向、北北东向展布的、高低相间的带状重力区		

2. 二级重力场分区特征与解释

在对重力场一级分区的基础上,二级重力场特征分区(一般与四级构造单元较为接近)也十分醒目,且具有独特的地质意义。以华北分区为例:沿颖上—定远一线为界又可将重力场分解为特征相异的南、北两个分区,其中北区(两淮重力分区)重力场以北东东—近东西向为主,而南区(六安-定远分区)则以北西西—近东西向为主,这一差异正是两个次级构造单元盖层发育特征差异的反映,并且对区域矿产影响巨大:北区发育了我国重要的煤系地层,南区则基本缺失。

3. 三级重力场分区特征与解释

重力场三级特征分区是在二级分区的基础上进行的,通常情况下该级分区可与五级大地构造相对应。但有时重力场的分区却并不能进一步划分构造单元,仍以华北陆块为例。

如前所述,华北陆块重力场二级分区将其划分为徐淮褶冲带和六安后陆盆地两个四级构造单元。

仔细分析徐淮褶冲带重力异常分区可以发现,该区块可以进一步划分为局部异常特征相异的 3 个子区,即:利辛断裂以北的淮北重力小区,其局部重力异常以带状和长椭圆状为主,地质上对应着淮北褶断带构造小区(五级);利辛断裂与六府断裂之间的利辛-蚌埠子区,局部重力异常以近东西向展布为主,对应着蚌埠隆起带构造小区;而六府断裂以南的淮南重力异常小区,重力异常总体呈近东西向,而局部异常则多呈走向北西的雁行排列,至阜阳一带则变得不规则。

与重力场的三级分区相对应,区域地质方面以大断裂为界,以构造、建造特点将徐淮褶冲带进一步细分淮北断褶带、蚌埠隆起和淮南断褶带。其中两淮为海陆交互相-陆相含煤陆屑式建造;蚌埠隆起基底变质岩系由变质表壳岩系、镁铁质岩系及变质花岗片麻岩组成,岩石强烈韧性变形和广泛混合岩化改造,为变质杂岩建造。区内含金石英脉颇为发育,是寻找砂金和原生金矿的远景地区,沉积变质型铁矿有一定找矿潜力。然而,并非所有重力分区都对应着地质构造分区,以六安-定远重力场分区为例:以肥中断裂为界,该断裂两侧异常区总体面貌有明显差异,北侧重力较完整,南侧较零碎,但从重力场的分区特点来看,划分为两个小区是自然而然的,但从场的走向、异常强度来看,两侧具有高度的一致性,剔除中新生代以来一系列断陷的影响，重力梯级带（对应着肥中断裂）南北两侧的基底特征、前中生代以来的盖层发育特征都是完全相同的，因而它们同属一个构造单元（四级）。

二级、三级重力场分区对应的大地构造单元划分方法与一级分区的划分方法类似，此处主要考虑重力场所反映的南华纪以来的盖层发展和岩浆岩发育特征及其成矿专属性，以扬子陆块二级、三级重力场分区特征及其与地质解释成果的对应关系说明其构造划分方案，见表5-3。

表5-3 构造分区特征对比表

		扬子陆块（一级）下扬子古陆块（陆块大相二级）			
		下扬子地块（Ⅲ-1）前陆盆地相	江南地块被动陆缘、陆表海盆地相（Ⅲ-2）		浙西地块被动陆缘、陆表海盆地相（Ⅲ-3）
			皖南褶断带（Ⅲ-2-1）	鄣公山隆起（Ⅲ-2-2）	
地质特征	基本特征	"董岭式"结晶片麻杂岩	"皖南式"基底，由中元古代溪口群和青白口纪历口群构成双层结构。中低级变质基底杂岩亚相和后碰撞岩浆杂岩亚相组合		"皖南式"基底，由中元古代西村岩组和青白口纪井潭组构成双层结构。中低级变质基底杂岩亚相和后碰撞岩浆杂岩亚相组合
		南华纪至早古生代为次稳定型或非稳定型沉积。晚古生代以来属稳定型沉积。主要构造形式：褶皱鳞片构造、逆掩和推覆构造。燕山期岩浆活动强烈，岩浆多次侵入，并伴随有大规模火山活动，是省内侵入岩最发育的地带。主要成矿作用：铁、铜（钼）、金、铅锌、银	南华系至志留系中部都属次稳定型—非稳定型建造类型，晚古生代仍然表现为坳陷性质，褶皱构造相对较完整，多为大型复式背、向斜。岩浆侵入活动集中于燕山期。主要成矿作用：金银、铅锌、钨、钼、铜	古生代隆起。侏罗纪以来，受断裂构造控制，形成规模较大的休宁断陷盆地。岩浆侵入活动集中于四堡期、晋宁期。主要成矿作用：金银、铅锌、锑	南华纪至早古生代除出露少量南华系、震旦系、寒武系外，其他全为基底岩系。晚侏罗世—早白垩世还发生了强烈的火山活动，以流纹岩为特点。晋宁期侵入岩十分发育，构成基底型深成岩浆弧。燕山期岩浆活动也较为强烈。主要成矿作用：金、钨、钼、锑、锡、铅锌、铜
	边界特征	南东以江南深断裂为界与江南地块相接	北西以江南深断裂为界与江南地块相接，南东以伏川蛇绿混杂岩带（歙县-溪口断裂）为界与浙西地块相接		北西以伏川蛇绿混杂岩带（歙县-溪口断裂）为界与江南地块相接
			位于东至-绩溪断裂以北	位于东至-绩溪断裂以南	
		江南深断裂：该断裂为过渡带的分界线。长约260km，宽度数百米至数千米，其总体走向为北东50°，倾角60°～70°。断裂带产状存在波状变化，自南东东向北北西的逆冲推覆，带内出现糜棱片岩、糜棱岩和糜棱岩化岩石、碎裂岩、磨砾岩、构造角砾岩、飞来峰等。 歙县-溪口断裂，歙县-千丈岭断裂：伏川蛇绿混杂岩带西界，主体为韧性剪切带，强糜棱岩化，走向40°～60°，倾向140°，倾角46°，上陡下缓，多期性，基底边界断裂，韧性推覆断层。 东至-绩溪断裂：物探推断断裂，大致沿五峰尖—牯牛降—三府尖—汤口—绩溪一线（相当于目前出露的休宁组底部界线）分布，近东西走向，中段与宏潭-郭村断裂重合。 宏潭-郭村断裂：总体走向50°，长80km，倾向北西，多期活动，糜棱岩、断层角砾岩、硅化破碎带发育，拉伸线理350°，倾角70°，表现上盘滑覆。西段倾向125°，倾角60°			
物探特征	区域重力	总体形态	带状，高低相间	团块状叠加带状		带状
				团块状叠加带状	带状叠加团块状	
		平均场值	$-10\times10^{-5}\,\mathrm{m/s^2}$	$(-35\sim-20)\times10^{-5}\,\mathrm{m/s^2}$	$-45\times10^{-5}\,\mathrm{m/s^2}$	$-40\times10^{-5}\,\mathrm{m/s^2}$
		变化幅度	$(-46\sim+10)\times10^{-5}\,\mathrm{m/s^2}$	$(-62\sim-2)\times10^{-5}\,\mathrm{m/s^2}$	$(-55\sim-32)\times10^{-5}\,\mathrm{m/s^2}$	$(-56\sim-26)\times10^{-5}\,\mathrm{m/s^2}$
		变化趋势	异常带由南西向北东逐渐加宽，区域重力异常由北东向南西有下降趋势	区域重力异常低值中心指向皖南花岗岩集中区	由白际岭隆起向昌化褶断带（北西—南东）区域重力异常迅速降低	

续表 5-3

		扬子陆块(一级)下扬子古陆块(陆块大相二级)		
		下扬子地块(Ⅲ-1)前陆盆地相	江南地块被动陆缘、陆表海盆地相(Ⅲ-2)	浙西地块被动陆缘、陆表海盆地相(Ⅲ-3)
物探特征	剩余重力 形态特征	条带状为主及长条状	条带状加椭圆型	条带状
	展布特征	正负相间的条带状异常带(四高四低)总体呈北东向展布,少量沿近东西向展布并对北东向异常形成切割,同时各异常带沿走向同时出现尖灭再现	近东西向和北东向分布的几部异常总体沿北东向展布,造成局部异常与背景异常的背离	正负相伴的条带状异常总体呈北东向展布,北西侧的高值条带与基底隆起相对应
	方向性	北东向为主,伴有北西向和近东西向	近东西向为主,北东向次之	北东向为主,偶见北西向
	变化幅度	$(-11 \sim +14) \times 10^{-5} \mathrm{m/s^2}$	$(-11 \sim +11) \times 10^{-5} \mathrm{m/s^2}$	$(-9 \sim +6) \times 10^{-5} \mathrm{m/s^2}$
	航磁 形态特征	带状、团块状、浑圆状	团块状伴有带状	带状
	方向性	北东向为主,南北向次之	北东向为主,但有沿北西向和近东西向变异	北东向
	变化幅度	$-300 \sim 1600 \mathrm{nT}$,变化剧烈	$-140 \sim 480 \mathrm{nT}$,变化较大	$-100 \sim 260 \mathrm{nT}$,变化相对平缓
重磁场分区界线	宣城-东至梯级变异带	重力异常表现为明显的梯级带与变异带组合。该带东起江苏金坛,经宣城、泾县、石台、东至延江西(彭泽)境内,主体走向近北东,具有良好的连续性。其中泾县以东和东至县以西以密集梯级带为特点,泾县—东至县之间表现为重力局部异常的分区边界:北侧异常多为条带状,北东向展布;南侧异常多为椭圆状—浑圆状,北东、东西、北西向各异		
	歙县-溪口梯级变异带		重力异常表现为明显的梯级带,同时具有明显的变异带特征,也是重要的重力场分区边界。该带北东部进入浙江省,省内过清凉峰,向南西经歙县、溪口、汪村延入江西。梯级带南东侧主要为歙县-屯溪重力高值带和西天目山重力低值区,局部异常多具条带状特征并沿北东向展布,北西侧为黄山重力低值区,局部重力异常多块状、浑圆状,展布方向为北东、南北、东西各异	
	东至-绩溪梯级变异带		大致沿五峰尖—牯牛降—三府尖—汤口—绩溪串珠状重力高的北侧一线(相当于目前出露的休宁组底部界线)分布,近东西走向,中段与联际断裂重合。该变异带南侧属祁门-歙县高背景重力区,北侧为黄山重力低值区。黟县、蓝田、许村重力低并未对背景重力异常造成畸变	

二级、三级重力场分区对应的大地构造单元划分方法与一级分区的划分方法类似,此处主要考虑重力场所反映的南华纪以来的盖层发展和岩浆岩发育特征及其成矿专属性,以扬子陆块二级、三级重力场分区特征及其与地质解释成果的对应关系说明其构造划分方案。

按上述几项原则与解释方案,将安徽省划分为3个一级构造单元,即华北陆块、秦岭-大别造山带、扬子陆块;7个二级构造单元,即徐淮地块、六安地块、北淮阳构造带、大别构造带、下扬子地块、江南地块和浙西地块;在此基础上又划分出13个三级构造单元(图5-2,表5-4)。

以上构造划分方案为安徽地质界所认可,这里仅对区域重磁场一级分区的地质解释(《安徽省区域地质志》)简述如下,其余二级、三级分区的地质解释详见构造单元二级要素。

从前文对区域重力、航磁异常特征的详细论述可以看出,全省各地区分布的重、磁异常带走向、形态、梯度变化等特征,其反映了不同区域地质特征的差异性,但类似的重磁异常反映的地质体性质的各构造区域有所区别。

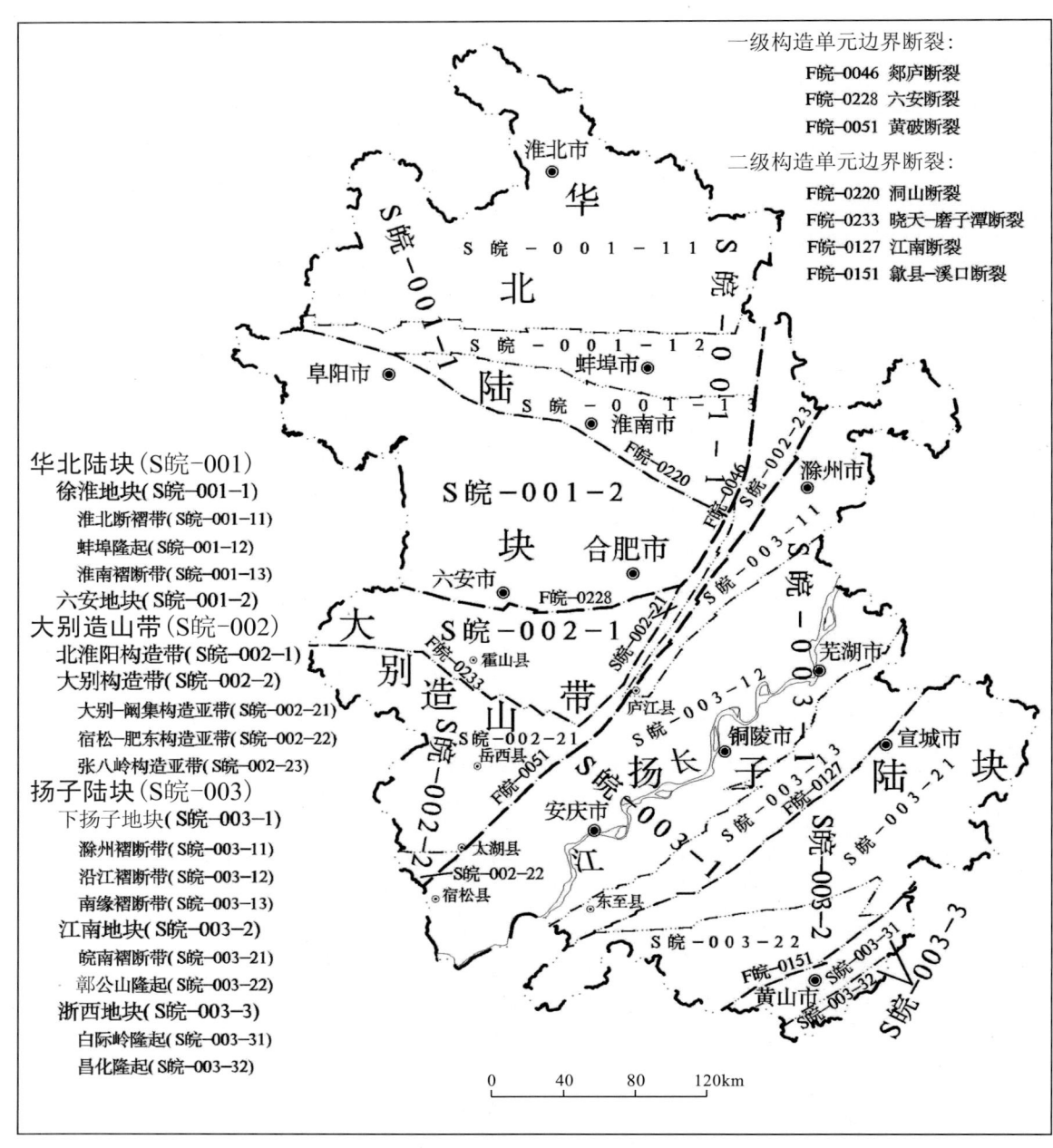

图 5-2 安徽省构造单元划分图

(一)皖北磁高重高异常区

皖北区域磁高重高异常区反映地壳相对变薄、下界面抬升,高密度岩层和具磁性的深变质岩系相对隆起。

砀山、利辛-灵璧、长丰-霍邱等近东西向磁高重高异常带,反映高密度磁性层即基底岩系相对隆起的总体状况,表明早期构造为近东西向。沿阜阳—颍上—定远一线,两侧重、磁异常走向明显改变,北侧异常主要呈北东东向,南侧异常大多呈北西西向,五河岩群与霍邱岩群的区域分布大致以该线为界。

大致沿涡阳—阜阳一带,西部重力场值明显低于东部,磁异常较东部明显舒缓。霍邱西部的长山重力高及周集-吴集磁力高,梁园、撮镇、义城 3 个异常组成的肥东重力低带,均呈北北东向,此特征反映受到后期北北东向构造的叠加改造。

表 5-4 安徽省构造单元划分简表

一级构造单元	二级构造单元	三级构造单元
华北陆块	徐淮地块	淮北断褶带
		蚌埠隆起
		淮南褶断带
	六安地块	
秦岭-大别造山带	北淮阳构造带	
	大别构造带	大别-阚集构造亚带
		宿松-肥东构造亚带
		张八岭构造亚带
扬子陆块	下扬子地块(前陆带)	滁州褶断带
		沿江褶断带
		南缘褶断带
	江南地块	皖南褶断带
		郭公山隆起
	浙西地块	白际岭隆起
		昌化隆起

临泉、倪丘、三塔、宿州、楚村-龙亢、五河、定远、颍上等重力低圈示出了各中新生代断陷和坳陷。两淮地区的临涣-百善、展沟-关店重力低和芦岭、谢集-张集绕曲重力低等,反映为上古生界分布区(向斜)。

宿州北磁异常、涡阳北磁异常等叠加了中性—中基性岩浆岩之异常。阜阳低缓磁异常、正阳关强磁异常除反映基底隐伏隆起,不排除磁铁矿物富集引起叠加异常的可能。怀远、蚌埠等高磁异常叠加了铁矿之影响。周集-吴集强磁异常带由沉积变质铁矿引起。

(二)大别山磁高重低异常区

大别山区域性磁高重低异常区反映地壳增厚、下界面坳陷,壳内存在大规模的相对低密度的花岗质岩石,普遍具磁性的大别山岩群广泛裸露。

背景磁场上叠加的一系列磁异常反映构造岩浆岩分布。有姚河-轿子岩、青山-槎水、石门岭-水吼岭 3 条北西向镁铁—超镁铁质岩带,有北东向牌楼-刘山铺-严公山基性—超基性岩带等。

北淮阳地带磁异常反映金岗台-银沙、陈家湾、七甲寨等中性—基性侵入岩、火山岩的分布。

中心式重力低反映大别山腹地低密度花岗岩发育,边缘接受了中新生代沉积。

(三)沿江磁高重高异常区

沿江区域重力高区反映地壳相对变薄、下界面抬升,高磁异常带主要反映构造岩浆岩带。

在江南,与马鞍山-铜陵属同一高磁带的宁镇山异常钻孔见具磁性的埤城群变质岩系。在江北,安庆董岭地区分布具磁性的董岭群核杂岩。因此,庐枞-怀宁地区、马鞍山-铜陵地区等高磁带除反映构造岩浆岩带（中性岩为主），可能叠加了磁性基底之异常。

滁州-庐江、含山-巢湖、马鞍山-铜陵、东流-池州、宣城等重力高带主要反映前中生代褶皱隆起。在上述磁高重高带中存在大量的磁高重低异常，如洪镇-月山、狮子山-新桥、繁昌等综合异常，其反映与内生矿产关系密切的中酸性侵入岩的发育，异常圈示的是具一定规模多期侵入的复合岩体或多个小岩体的综合反映。

来安、古河、无为、潜山、望江、黄池-南陵-木镇、郎溪等重力低带由中新生代断（坳）陷引起。

（四）皖南磁高重低异常区

皖南区域性磁高重低异常区主要反映地壳增厚、下界面坳陷，存在大规模的相对低密度具磁性的中酸性岩。

皖南地区中元古代溪口岩群岩石无磁性，而赣北磁场区存在星子杂岩，与其处于同一区带的东至—石台地区，背景磁异常可能由深部磁性岩层引起，代表皖南下部基底。

矶滩、椰桥、黟县等地众多规模较大的磁高重低异常，应为广泛发育的中酸性岩基引起。皖浙交界带分布的刘村-仙霞-逍遥-长春坞-璜源线性重力低、串珠状磁异常带由天目山-白际山构造岩浆带引起。

祁门-屯溪磁低重高异常区反映无磁性高密度的鄣公山地块轮廓。重力高表明低密度的休宁中新生代盆地厚度不是很大，平稳负磁场说明盆地中火山岩不甚发育。

三、构造单元要素确定

构造单元界线的长度、走向从推断构造图上直接读取，构造的延深、倾向通过正反演拟合获得。构造界线出露情况，分隐伏、半隐伏和出露3种情况分段加以描述。对出露的构造界线，其埋深为0至几千米。对半隐伏的构造界线，其埋深为0至几千米。对隐伏断裂构造而言，埋深指最浅段离地表的距离，单位为km，保留1位小数，采用2.5D反演计算深度的方法或多种物探方法进行联合反演计算，见表5-5。

表5-5 安徽省构造单元划分属性表

构造单元编码	构造单元名称	构造单元级别	构造单元面积(km^2)	边界出露情况	重力异常特征	成果时间	划分依据	可靠程度
S皖-001	华北陆块	一级	59 171.7	隐伏	区域重力高值异常区，东高西低，强度在$(-20\sim12)\times10^{-5}$ m/s^{2}之间，极小值为-56×10^{-5} m/s^2，团块状或带状，局部异常优势方向近东西向	2009年12月	重力场的展布方向发生明显变化，并且沿其南东边界存在连续陡变的重力梯级带	可靠
S皖-001-1	徐淮地块	二级	41 063.6	隐伏	团块状重力高值区，由数条近东西向带状重力异常组成，区域场最高值为12×10^{-5} m/s^2	2009年12月	重力场的展布方向发生明显变化，并且沿其南东边界存在断续陡变的重力梯级带	可靠
S皖-001-11	淮北断褶带	三级	24 246.9	隐伏	位于利辛断裂以北区域，总体表现为东高西低的面状重力场区，中间又被一系列的近东西向展布的重力低值带分隔，形成数组由北向南高低相间的异常条带，但未破坏其整体性。局部异常规模、方向变化均较大，北西向、北东向、东西向、北东向皆有	2009年12月	重力场的展布方向发生明显变化，并且沿其南东边界存在断续陡变的重力梯级带	可靠

续表 5-5

构造单元编码	构造单元名称	构造单元级别	构造单元面积(km²)	边界出露情况	重力异常特征	成果时间	划分依据	可靠程度
S皖-001-12	蚌埠隆起	三级	6318.2	半隐伏	异常总体走向近东西,区域场西低东高;局部异常形态各异,正负变化较大,但其优势方向仍为近东西向	2009年12月	表现为东西向的重力异常带,且沿其南北及东部边界存在断续的梯级带	可靠
S皖-001-13	淮南褶断带	三级	10 498.4	半隐伏	总体呈近东西向的重力高值异常带,区域场东高西低,但局部异常变化大,东部异常规模较大,走向以北西向为主,西部异常规模略小,走向以近东西向为主,偶有北东向	2009年12月	表现为多个方向的重力正负异常交替展布,且沿其南北及东部边界存在断续的梯级带	可靠
S皖-001-2	六安地块	二级	18 108.2	隐伏	团块状重力高值区,由数条近东西向带状重力异常组成,区域场强度略低,极大值为 $2×10^{-5}\,\mathrm{m/s^2}$	2009年12月	重力场幅值及展布方向出现明显变化,且沿其南北及东部边界存在断续的梯级带	可靠
S皖-002	秦岭-大别造山带	一级	22 254.1	隐伏	重力低值区,异常向西未封闭,属于秦岭-大别重力低值带的东端,异常总体呈北西走向,中心异常似椭圆形,其外围分布局部异常呈条带状	2009年12月	重力场幅值及展布方向出现明显变化,且沿其北、东部边界存在断续的梯级带	可靠
S皖-002-1	北淮阳构造带	二级	8568.5	半隐伏	带状重力低值区,呈北西西—东西弧形,北邻皖中重力高值区,两者之间为六安巨大重力梯级带分隔	2009年12月	重力场幅值及展布方向出现明显变化,且沿其北、南、东部边界存在断续的梯级带	可靠
S皖-002-2	大别构造带	二级	13 685.5	半隐伏	似三角状异常区,向西未封闭,异常总体呈北西走向,背景场值低。中心异常似椭圆形,其外围分布局部异常呈条带状	2009年12月	重力场幅值及展布方向出现明显变化,且沿其北、东部边界存在断续的梯级带	可靠
S皖-002-21	大别-阚集构造亚带	三级	10 021.9	半隐伏	椭圆形重力低,秦岭-大别重力低值区的中心区域	2009年12月	重力场幅值及展布方向出现明显变化,且沿其北部边界存在连续的梯级带	可靠
S皖-002-22	宿松-肥东构造亚带	三级	409.8	半隐伏	条带状重力高,属秦岭-大别重力低值区的南东侧扬起端,北东走向	2009年12月	重力场幅值及展布方向出现明显变化,且沿其东、西部边界存在断续的梯级带	可靠
S皖-002-23	张八岭构造亚带	三级	3253.8	隐伏	条带状重力高,平均强度在 $(-1\sim 5)×10^{-5}\,\mathrm{m/s^2}$ 之间,极大值为 $9×10^{-5}\,\mathrm{m/s^2}$,走向北北东,北宽南窄,北西向与华北陆块重力高值区以强大的梯级带接触,南东侧与扬子条带状重力场区呈过渡关系	2009年12月	重力高强度异常带,其西侧边界出现连续的重力梯级带、东侧表现异常展布方向出现扭转且存在断续梯级带	可靠
S皖-003	扬子陆块	一级	58 768.2	半隐伏	重力场表现为特征完全不同的两部分,北部呈带状,由 5 条高低相间的条带状重力高组成,南西部紧密,北东部略发散。南部异常呈圆形,平均强度在 $(-37\sim 52)×10^{-5}\,\mathrm{m/s^2}$ 之间,强度极小值为 $-62×10^{-5}\,\mathrm{m/s^2}$,并向南西延出省区	2009年12月	重力场幅值及展布方向出现明显变化,且沿其西部边界存在断续的梯级带	可靠

续表 5-5

构造单元编码	构造单元名称	构造单元级别	构造单元面积（km²）	边界出露情况	重力异常特征	成果时间	划分依据	可靠程度
S皖-003-1	下扬子地块（前陆带）	二级	36 531.6	半隐伏	异常呈带状，由5条高低相间的条带状重力异常组成，南西部紧密，北东部略发散，平均强度在 $(-10\sim5)\times10^{-5}\,\mathrm{m/s^2}$ 之间	2009年12月	重力场幅值及展布方向出现明显变化，且沿其东、西部边界存在断续的梯级带	可靠
S皖-003-11	滁州褶断带	三级	6725.7	半隐伏	北北东向重力高值带，南起巢湖，北东延入江苏。主体为北东向展布的早古生代地层引起的重力高，局部叠加有中新生代洼陷形成的重力低，极小值为 $-17\times10^{-5}\,\mathrm{m/s^2}$	2009年12月	重力场的不规则分布区，且沿其东、西部边界存在断续的梯级带	可靠
S皖-003-12	沿江褶断带	三级	22 873.6	半隐伏	总体为沿江隆起形成的重力高值带，走向北东，南西和北东向分别延出省区。该带自北西至南东又由平行展布的一系列高低相间的条带状重力异常组成	2009年12月	重力场幅值及展布方向出现明显变化，且沿其东、西部边界存在断续的梯级带	可靠
S皖-003-13	南缘褶断带	三级	6932.3	半隐伏	由两条相互平行的相对重力高、低值异常带组成，北西侧低南东侧高，总体走向北东，中间又分成数组局部异常带，走向各异，正负异常伴生	2009年12月	重力场幅值及展布方向出现明显变化，且沿其东、西部边界存在断续的梯级带	可靠
S皖-003-2	江南地块	二级	19 339.1	半隐伏	总体呈带状分布，走向北东，并由周王断裂（重力梯级带）将区域重力场分成南北两部分，北部强度高，南部强度低，但局部异常展布特征相似	2009年12月	重力负异常分布区，且沿其东、西部边界存在断续的梯级带	可靠
S皖-003-21	皖南褶断带	三级	12 956.7	半隐伏	异常呈带状分布，平均强度在 $(-40\sim53)\times10^{-5}\,\mathrm{m/s^2}$ 之间，极小值为 $-62\times10^{-5}\,\mathrm{m/s^2}$，局部异常优势方向北东。该区异常在省内不完整，向东延出省区	2009年12月	重力负异常分布区，且沿其东、西、南部边界存在断续的梯级带	可靠
S皖-003-22	鄣公山隆起	三级	6382.4	半隐伏	异常区主体位于省外，省内由东至宽缓重力梯级带与祁门环带状重力异常区组成，省内是其北环带，异常走向近东西	2009年12月	重力低值区中相对高值分布区	较可靠
S皖-003-3	浙西地块	二级	2897.5	出露	主体位于浙江省内，安徽仅存其北西边缘，北东走向，由黄山北东向重力高及其南东侧重力低值带组成	2009年12月	重力场展布方向出现明显变化，且沿其西部边界存在断续的梯级带	可靠
S皖-003-31	白际岭隆起	三级	2151.6	出露	主体由黄山北东向重力高组成，北东60°走向，长宽比约4∶1	2009年12月	重力低值区中相对高值分布区，且沿其东、西部边界存在断续的梯级带	可靠
S皖-003-32	昌化隆起	三级	745.9	出露	主体位于浙江省内，安徽仅存其北西边缘，北东走向，北西侧为黄山重力高，两者平均落差大于 $25\times10^{-5}\,\mathrm{m/s^2}$	2009年12月	重力负异常分布区，且沿其西部边界存在断续的梯级带	可靠

第二节 前寒武纪地层

一、地质特征

安徽省的区域变质岩系发育,包括除了皖北青白口系以外的所有前南华纪地层,还包括了北淮阳地区的佛子岭岩群和石炭纪梅山群。由于混合岩化-花岗岩化作用以及动力变质作用的叠加,不少岩石已面貌全非,尤以新太古代大别岩群、五河岩群变质岩更为突出。

(1)华北变质区:分布在六安断裂以北、郯庐深断裂北西侧。区内先后经历了蚌埠期、凤阳期变质作用改造,总的趋势是:随着时间的推移,岩石的变质程度(包括混合岩化强度)逐渐减弱。由于地壳运动的不均衡性,在蚌埠、霍邱地区经历凤阳期变质作用之后,即出现未变质的新元古代沉积盖层。

(2)大别造山带变质区:变质岩系大面积出露,组成大别造山带主体,内部构造极其复杂,其内可划分为彼此呈断裂接触的2个变质亚区和7个构造变质带。

(3)扬子变质区:先后经历四堡期、晋宁期两次变质作用之后,由活动转向稳定,形成扬子陆块变质古陆基底。

二、圈定依据

中深变质岩的圈定主要以重力方法为主,航磁资料辅助。

安徽省中深变质岩一般具有高密度特征,但磁性极不均匀,因而主要使用重力资料参数圈定之,而高密度体的定性则综合考虑了区域地质、区域钻孔资料和航磁异常。

安徽的变质岩地层变质程度差别很大,华北陆块地区变质程度高,大多隐伏;大别-张八岭地区大多出露,少量处于半隐伏状态,变质程度高且花岗岩化强烈,而下扬子地块则大多直接出露,变质程度较浅且无磁性。

华北陆块地区变质岩的埋深变化很大,蚌埠、淮南地区直接出露,合肥盆地埋深1~3km,阜阳—蒙城多在1km以上,而符离集断裂以北埋深在4km以上。该地区以往普查(以能源勘查为主)钻孔较多,可以直接标注深度,利用重力反演其顶界面深度图。

下扬子地块地区的东至及其西南皖赣交界地带,广泛出露有葛公镇Qbg、牛屋岩Pt_2n、环沙岩Pt_2h组等变质地层,然而重磁无法区分。

全省磁性体的圈定与解释为变质岩地层的定性提供了重要参考,如大别岩群的重磁局部双高组合,华北基底的重力高值带上的叠加局部磁异常,蚌埠混合花岗岩上的重低环磁特征,等等。

地层边界(以隐伏长度、宽度为主)等圈定方法:利用推断为地层的局部异常的垂向一导(或布格重力垂向二导)零值、水平一导极值位置,或总梯度极值位置,结合磁异常和地质认识进行圈定。出露边界以地质填图结果为准。

三、地层空间形态确定

地层的埋深和厚度、走向等几何要素,主要应用大比例尺资料为主,采用定量计算方法确定,一般以2~2.5D剖面反演为主进行计算。剖面的选取应能覆盖完整的重力异常,以反映地层,尤其隐伏部分的全部概貌。

四、圈定结果及其找矿意义

本项目利用1:20万重力成果结合航磁、地质、钻探等资料在全省范围内共圈定前寒武纪地层47处,其分布见图5-3。

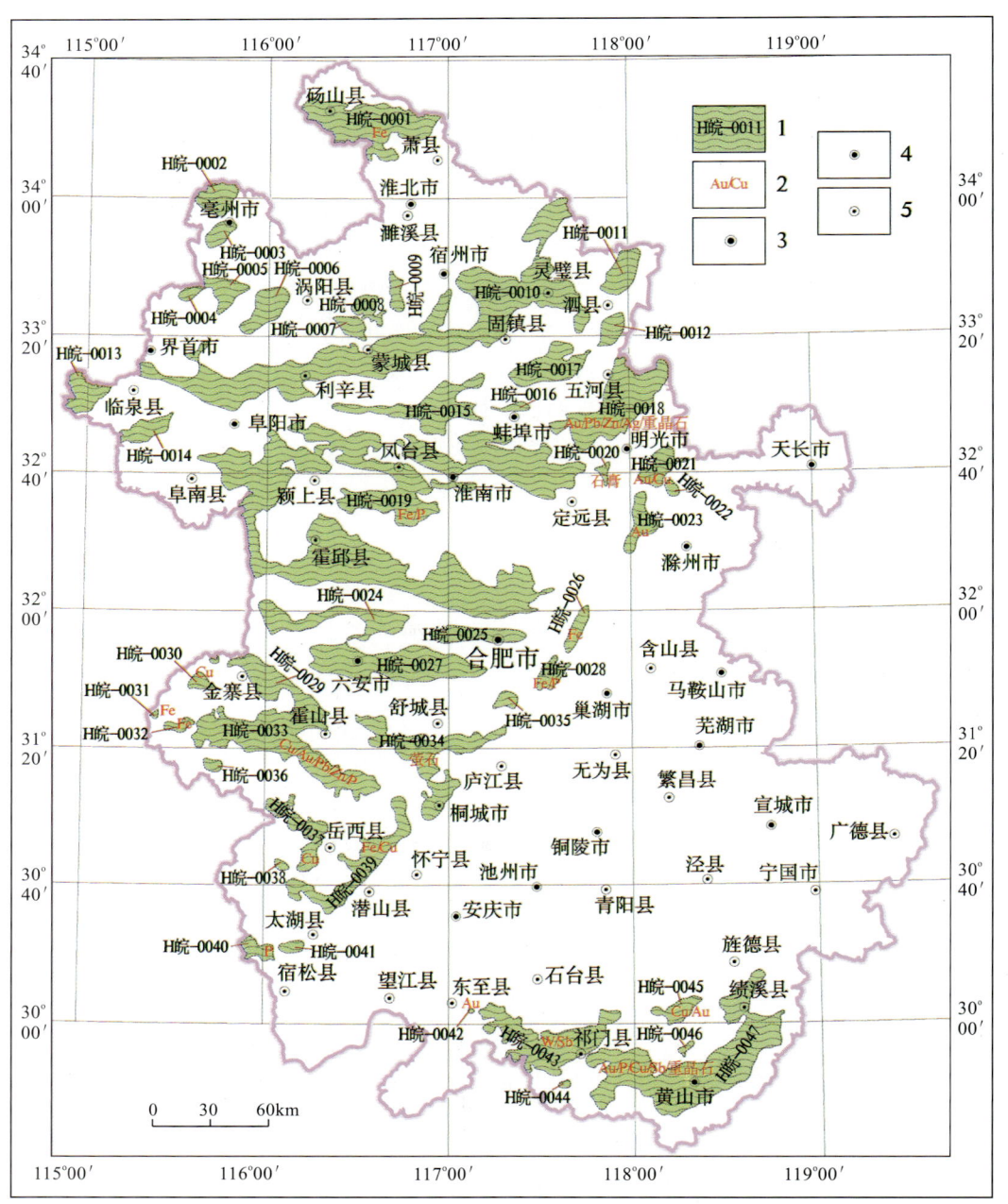

图5-3 推断前寒武纪地层分布图

1.推断前寒武纪地层范围及编号;2.地层对应的相关矿种;3.省政府、省辖市;4.市、地区政府;5.县政府

按照其性质划分为新太古代大别山岩群、新太古代霍邱岩群、新太古代霍邱岩群或大别山岩群、新太古代霍邱岩群或五河岩群、新太古代五河岩群(霍邱岩群、大别山岩群)或新元古代凤阳群、新太古代五河岩群、新太古代五河岩群或新元古代卢镇关群、新元古代凤阳群和中元古代上溪群9类,其中新太

古代大别山岩群 18 处,新太古代霍邱岩群 3 处,新太古代霍邱岩群或大别山岩群 3 处,新太古代霍邱岩群或五河岩群 1 处,新太古代五河-霍邱-大别山岩群或新元古代凤阳群 1 处,新太古代五河岩群 13 处,新太古代五河岩群或新元古代卢镇关群 1 处,古元古代凤阳群 1 处,中元古代上溪群 6 处。

按照出露情况划分为出露、隐伏和半隐伏 3 类,其中出露的 13 处,半隐伏的 12 处,隐伏的 22 处。课题组在项目进行过程中收集了大量深部地球物理资料(石油、煤田地震、电测深)和深部钻探资料,可以对解释成果直接进行定性和定深,依据部分钻探资料成果,结合重力场资料和解释成果可以对全省老地层的展布与埋深建立一个较为直观的模型。

这些老地层主要分布于华北陆块、大别造山带和下扬子地块,我们最感兴趣的是华北陆块老地层的展布及其深度变化特征。众所周知,安徽省沉积变质铁矿主要分布于皖北地区,著名的霍邱铁矿就产于霍邱岩群变质岩中,其他如蚌埠地区的东鲁山铁矿则产于五河岩群变质岩中;而整个皖北地区的变质基底就是由此两大变质基底组成,非此即彼。再者,与皖北地区比邻而又同属一个构造分区的河南新蔡、山东颜店大型沉积变质铁矿其成矿环境可以与此直接对比。因此,本项目对于皖北地区变质基底的圈定与深度解释,对于该区今后的勘探工作部署显然具有重大的意义。

第三节 盆 地

一、盆地构造的地质特征

安徽中、新生代陆相盆地构造主要发生在印支运动之后,是侏罗纪以来大陆边缘活动带阶段的特殊产物。根据受断块构造作用控制的强弱分断陷盆地和坳陷盆地共 31 个。按"成盆"时期分为燕山早期、燕山中期、燕山晚期和喜马拉雅早期以来 4 种盆地类型,本书只讨论后两种盆地,前两种分别在岩浆岩和火山岩(火山构造)相关章节讨论。基本特征主要有如下几点。

(1)安徽中—新生代坳(断)陷主要受北北东向构造(滨太平洋构造域)和近东西向构造的控制。阜阳深断裂、嘉庐深断裂及绩溪断裂 3 条北北东向的断裂将安徽分为三大中、新生代陆相坳(断)陷区,自东向西,坳(断)陷的形成时期变新,沉降幅度变小(15 000~3200m),并与莫霍面的起伏相对应。

(2)自南向北地貌呈阶梯状下降,并形成东西向隆、坳相间的构造格局。成盆时期自南向北逐渐变新。坳(断)陷中心由北而南、自东向西迁移,形成所谓"北断南超(西部)"和"西断东超(东部)"的构造特征。

(3)大的断陷盆地主要发育在印支造山带前陆、后陆带上,断陷都严格地受深、大断裂控制,均发育在不同大地构造单元衔接地带。从坳(断)陷的基底结构来看,在华北陆块范围内,由于基底僵化程度较高,断裂及岩浆活动微弱,因而坳(断)陷的形态完整,封闭也较良好(如黄口、立仓坳陷)。在基底僵化程度相对较差的北淮阳构造带和扬子陆块上,强烈的构造变动和频繁的岩浆活动,导致了这一地区坳(断)陷的形态多变,封闭不佳,有的甚至被纵横交错的断裂切割得支离破碎(如庐枞、怀宁坳陷)。

综上所述,安徽中、新生代坳(断)陷盆地一般都经历了多旋回的发展及演化过程,其中尤以早侏罗世、早白垩世、晚白垩世晚期和新近纪为最重要的发展和转变时期。据此,安徽中、新生代以来的坳陷和断陷盆地,按其演化过程可分为 4 个发展时期,即早、中侏罗世为盆地形成时期,早白垩世—晚白垩世早期为盆地发展期,晚白垩世晚期—古近纪为盆地高峰期,新近纪—第四纪为盆地衰退期。其间,晚侏罗世至早白垩世初期、古新世至上新世为两次火山活动期。

安徽省煤炭资源丰富,以二叠纪成煤意义最大;安徽的变质铁矿主要产于皖北地区的霍邱岩群和五河岩群变质岩中,这些老变质岩地层由于长期遭受剥蚀,有的直接出露地表,有的处于半隐伏状态,有的由于中新生代盆地的作用而深埋地下。在皖北地区,作为断陷盆地的直接基底主要是上述含煤层系和古老变质岩系,鲜有其他类型。因此,确定中、新生代陆相坳陷及断陷的基底性质和埋深,显然具有重要意义。

二、盆地构造的重力场特征

本项目研究的盆地主要指晚侏罗世以来的沉积盆地和中生代火山岩盆地,由于沉积盆地的地层主要为碎屑沉积(主要以古近纪以来的松散沉积作用为主),与周边的以海相碳酸盐岩为主或者古老变质基底的地层密度差异明显,所以其在重力场上反映显著的特点就是重力低。如图5-4所示,火山岩盆地总体表现为叠加在高背景场上的相对重力低,同时具有跳跃式磁场特征。

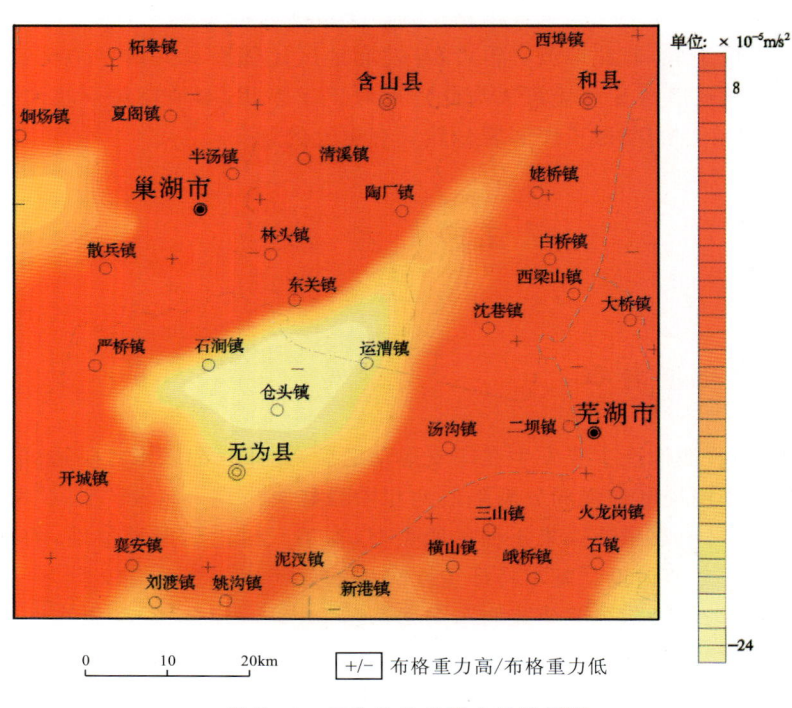

图5-4 无为盆地的重力场特征图

三、盆地构造范围与盆地性质的确定

1. 盆地构造范围确定

一般以重力垂向二阶导数的零值线为边界,负值部分的面积即为盆地分布范围。也可以参考重力异常的垂向一阶导数的零值线、水平一阶导数极值位置或重力异常水平总梯度模的极值位置进行圈定。

并非所有重力低值区都是中新生代断陷盆地,除了地表地质直接证据外,一般应结合航磁异常进行。以重磁双低为主要特征,较容易判别盆地性质。但以下3种情况依然需要紧密结合地质资料和其他物探资料进行:①老变质岩区的混合花岗岩是特例;②由中新元古代陆源浅变质岩与下古生代碳酸岩组成的背斜是特例;③火山岩盆地总体表现为叠加在高背景场上的相对重力低,同时具有跳跃式磁场特征。

2. 盆地性质与基底顶面埋深的确定

本项目广泛收集了全省区域钻孔资料和重要盆地煤炭、石油勘探中的地震、电测深资料。有钻孔钻遇地层的盆地,用已知钻孔资料为约束条件,结合盆地所处构造单元地层的发育情况,进行推断和定量计算,其他无钻孔资料的盆地参考周围地层钻遇情况,结合周边地区地层的发育情况进行推断和定量计算。

依据重磁资料推断中、新生代沉积盆地23处。按照盆地的性质划分为坳陷和断陷两类,其中坳陷16处,断陷7处,见图5-5。

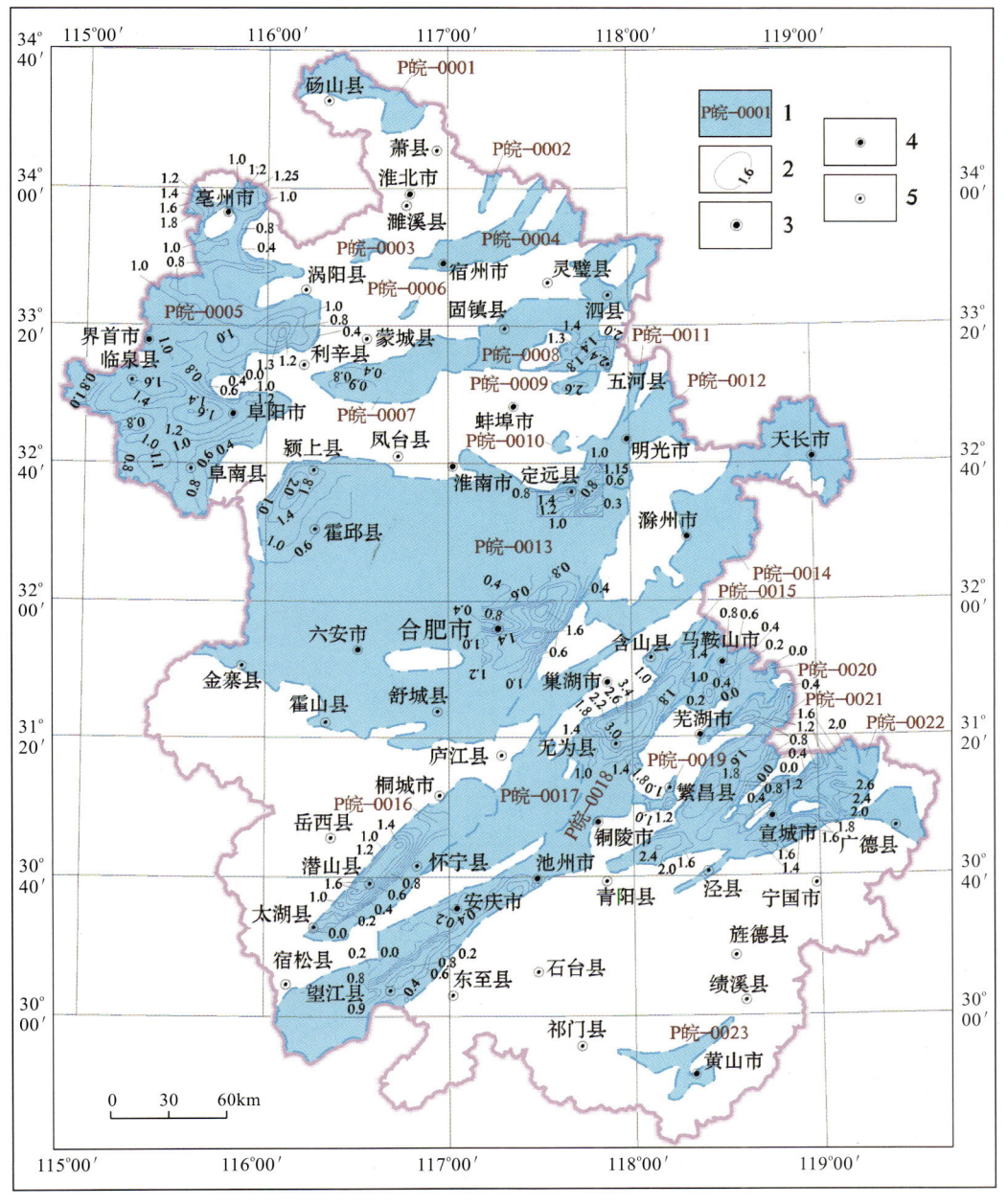

图 5-5 推断盆地分布图

1.推断盆地范围及编号;2.推断盆地深度(单位:km);3.省政府、省辖市;4.市、地区政府;5.县政府

四、盆地基底性质与找矿

1. 安徽省沿江地区印支面

安徽省沿江地区印支面之下碳酸盐岩地层为重要控矿地层，故弄清印支面形态和埋深对矿产勘查部署具有一定的指导意义。

安徽省沿江地区印支面是一个侵蚀面，一般指早中三叠世碳酸盐岩顶面，这是一个明显的密度物性界面。长江中下游印支面起伏形态与重力异常形成良好的对应关系，印支面隆起区呈重力高显示，印支面凹陷区对应重力低，表明印支面的起伏是形成布格重力异常的主要因素，因此进行反演计算，了解印支面的埋深和起伏具备充分的地球物理前提。本项目以钻探资料和MT测深成果为约束，利用重力资料反演了长江中下游地区印支面埋深（图5-6）。

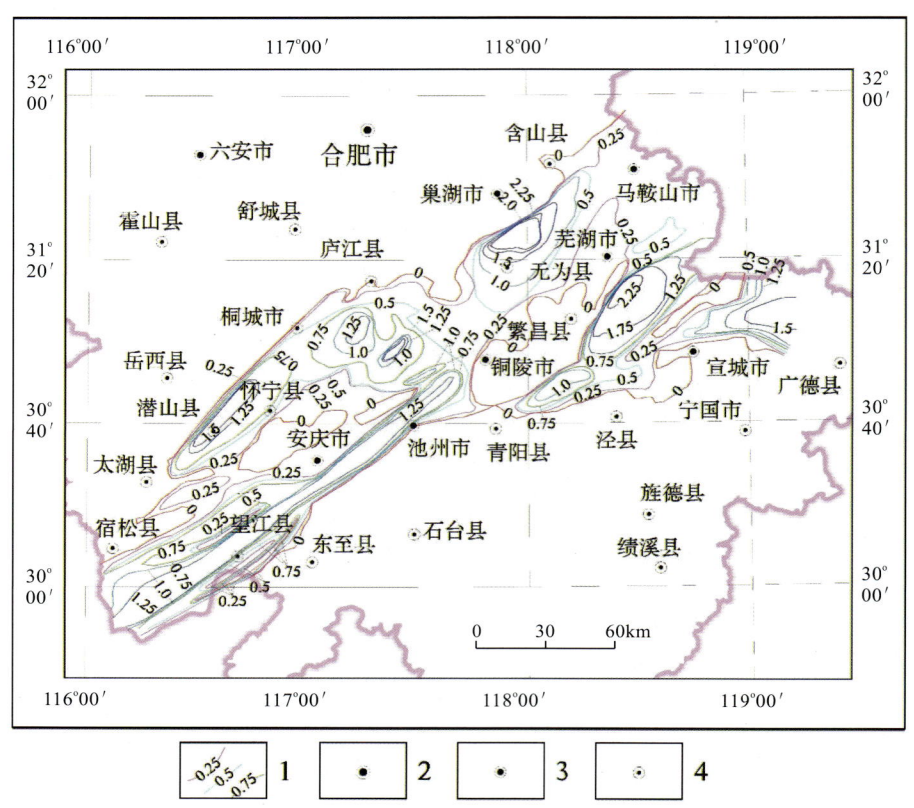

图5-6 安徽省长江中下游地区印支面埋深图
1.推测印支面埋深(单位:km)；2.省政府、省辖市；3.市、地区政府；4.县政府

对比分析印支面埋深成果图可见，在长江中下游，除侵入岩出露区外，印支面埋深总的趋势为断陷盆地内部深，盆地边部和隆起区浅，在局部隆起区出露并遭受剥蚀。下扬子区南北为大别山缺失区和江南隆起缺失区，在扬子前陆带，凹陷内埋深大，隆起区埋深浅或出露地表，组成北东走向、隆坳相间、深浅各异的起伏变化特征。以南陵、无为断陷盆地埋深最大，最大埋深大于4km；断隆带印支面埋深较小，部分地区出露地表，如巢湖—含山、贵池—铜陵一带，表明断隆带上中新生界盖层较薄或缺失。

2. 在庐枞地区火山岩厚度

在庐枞地区,盆地内火山岩厚度是地学界长期关心的一个问题,也是一个地学难题。由于盆地内打穿火山岩的深钻有限,有的推测火山岩厚4km,有的推测2km,众说不一。利用磁测资料反演火山岩厚度的结果很多,由于盆地内磁异常更为复杂,反演结果的可信度也更不可靠,难以为地学界认可。

本项目利用多条MT电法剖面解释成果和少量钻孔资料为约束条件,利用重力资料进行三维反演,获得庐枞盆地火山岩厚度图(图5-7)。从图5-7中可见,尽管火山岩的厚度在盆地内也有相应的变化,但整体上厚度不大是客观事实,如龙桥矿区仅数百米。这一结论的意义在于表明火山岩盆地基底埋深除局部地区外一般在有效勘查深度范围内,在推断盆地内侵入岩发育的条件下,开辟第二找矿空间,寻找深部隐伏矿的前景无限广阔。

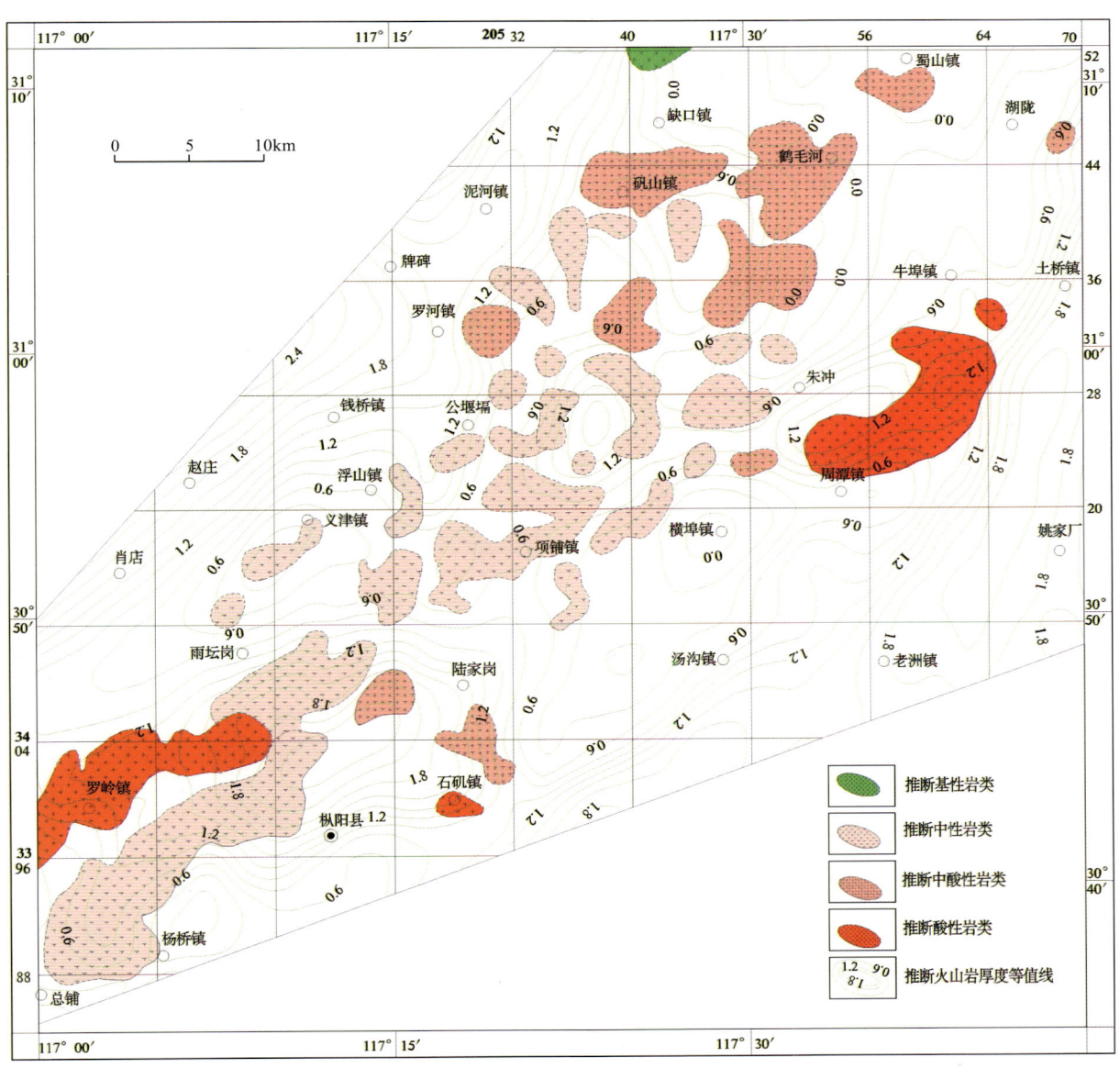

图5-7 庐枞盆地重力反演火山岩厚度图

3. 铜陵地区五通群的顶界面

铜陵地区是安徽省最重要的矽卡岩型铁、铜成矿区，区域构造上位于扬子陆块的前陆带，区域地层由古生代—早中生代浅海-深海相砂岩及碳酸盐岩和早中生代—新生代陆相碎屑岩及火山沉积岩组成。其矿床严格受上古生界和早中三叠世碳酸盐岩地层的控制。冬瓜山矿床的"三层楼模式"表明，弄清该区上古生界至中、下三叠统的展布特征，对铜陵地区的深部找矿意义重大。

人们最希望弄清的问题是铜陵地区泥盆纪五通组的顶界面埋深，因为目前铜陵地区所发现的矿床均在其上。从理论上来讲是可行的，因前志留系为高密度、高阻层，五通组以上碳酸盐岩地层较发育，为相对高密度、高阻层，而志留系—泥盆系岩性以砂、页岩为主，呈相对低密度、低阻特征，因此重力和电法均可能将志留纪—泥盆纪地层区别出来。但由于该区志留纪—泥盆纪地层很薄，后期构造复杂，地层产状变化大，加上 MT 测量点距较大，实际上很难解决上述问题。为此我们选择部分 MT 点剖面反演界面深度为约束，利用重力反演出前志留系面深度（准确地说，应为等效密度界面），虽精度不高，但整体形态可以作为我们布置深部找矿的参考（图 5-8）。

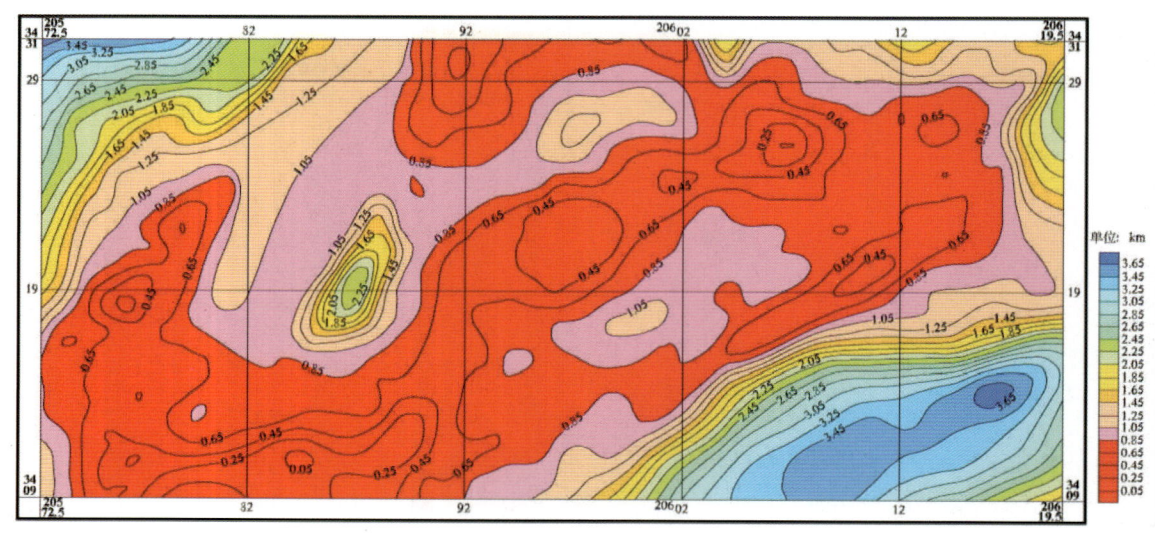

图 5-8　重力反演铜陵地区前志留系面深度图

图 5-8 中总体上充分反映了该区上构造层的褶皱构造特征。铜陵地块为下古生界隆起区，北东走向，其南、北两测为断陷区，北为沿江断陷，南为南陵断陷。在铜陵下古生界隆起区，次级隆起和凹陷北东走向，相间排列，有 3 个主要次级隆起，自北而南依次为青山背斜、木镇-舒家店背斜和戴家汇背斜，其间的次级凹陷则为顺安向斜和凤凰山向斜。区内下古生界顶面起伏变化较大，局部地区高差达千米之上，如此巨大的起伏变化，为后期构造运动所致。

尽管界面反演精度不一定很高，但为我们揭示出两个重要问题：其一，该区上古生界至中下三叠统普遍发育，且有一定厚度，背斜轴部较薄，向斜内较厚，以狮子山东南部的顺安向斜轴部最厚，可达近 2000m。晚古生代至早中三叠世碳酸盐岩发育对矽卡岩矿床生成十分有利，这也是该区大中型矿床遍布的重要因素。其二，该区早古生代碳酸盐岩地层埋藏不是很深，普遍小于 1000m，这还处在目前的有效钻探深度之内，也就是说铜陵地区还存在着广阔的第二找矿空间。从 MT 综合解释剖面来看，铜陵地区下古生界非常发育，故在岩浆岩发育区，深部找矿潜力巨大，若寻找超大型矿床，第二找矿空间也许更为有利，只是难度更大一些。

4. 沿江地区厚覆盖区找矿

在沿江地区，普遍发育有上古生界和中下三叠统，且连续性较好，许多大中型铁、铜矿床受晚古生代和早中三叠世碳酸盐岩控制。该区的深部找矿方向有两个：其一，在马-铜隆起区，由于上古生界厚度不是很大，找矿可以向下古生界扩展；其二，在马-铜隆起南、北两侧向断陷盆地的过渡区带，中新生界一般不太厚。图5-9为重力反演无为盆地印支面深度图，该图揭示出无为县城南部印支面逐渐抬升，至沿江一带中下三叠统顶面深度已不足1km，如汤池一带厚约数百米，已在有效勘探深度之内，这些过渡区均是找矿潜力极大的地区，其低缓磁异常及其周边应作为深部找矿的重点区块对待。图5-10为重力反演望江盆地印支面深度图，该图揭示出盆地周边中下三叠统顶面深度多小于2km，特别在黄梅-九江构造转折部位存在多个局部隆起，尚在有效勘查深度内。

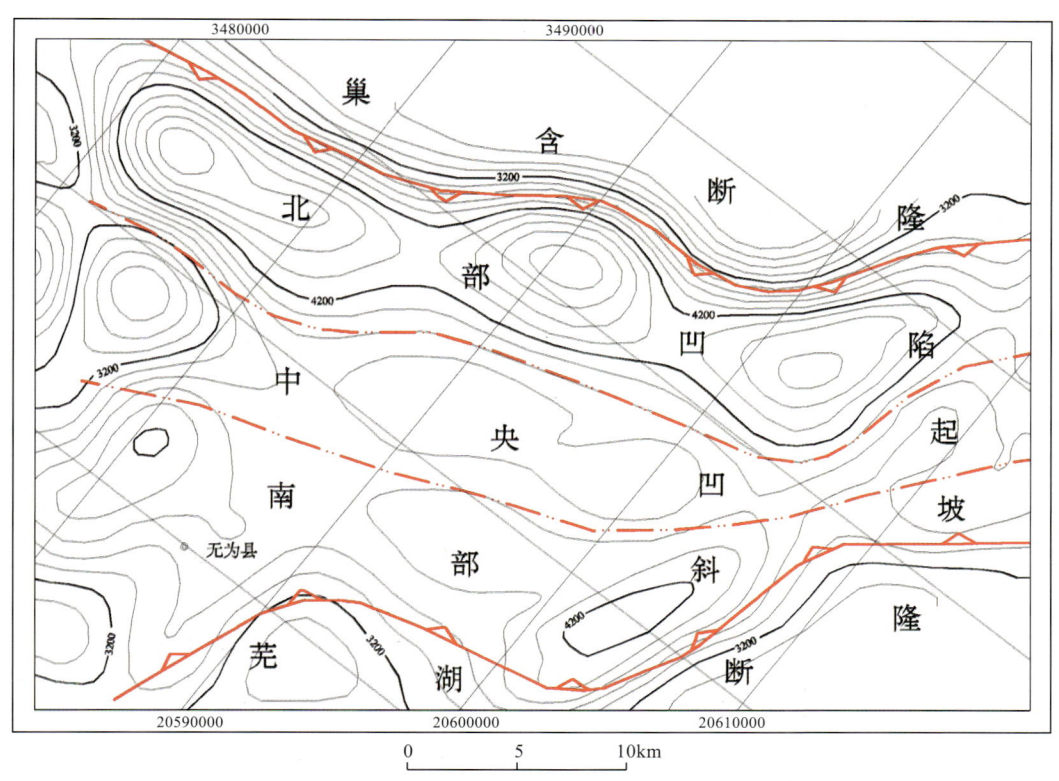

图 5-9　重力反演无为盆地印支面深度图

5. 颍上盆地与正阳关地区铁矿勘查

霍邱地区是安徽省鞍山式铁矿的主产地，迄今为止已探明铁矿储量超过 $18×10^8$ t，且随着该区勘探开发进程加快，资源前景十分乐观。与霍邱地区近邻的正阳关、隐贤集地区为安徽省两个著名的强磁异常分布区，且有着与霍邱铁矿区极为类似的重磁同高异常组合，被安徽省列为最有希望的铁矿勘查后备基地。近几年来，该区陆续进行了大量的地面高精度磁测与钻探工作，初步验证了两地之间结晶基底地层是可对比的，展示了正阳关、隐贤集地区的找矿前景，而霍邱地区的深钻（2700m）揭露出含铁矿结晶基底地层在深部的重现性，使得该区广大区域的找矿前景更加美好。如果能够了解两地之间的深部连通情况，将为正阳关—隐贤集地区的铁矿勘探开发提供更为有效的信息。

颍上凹陷也是合肥盆地中的一个新生代沉积洼陷，由于它与定远凹陷从形成时代、构造环境都有极好的可对比性，而定远凹陷则是安徽省重要的盐产地，所以弄清颍上凹陷的地层结构，对于评价岩盐矿

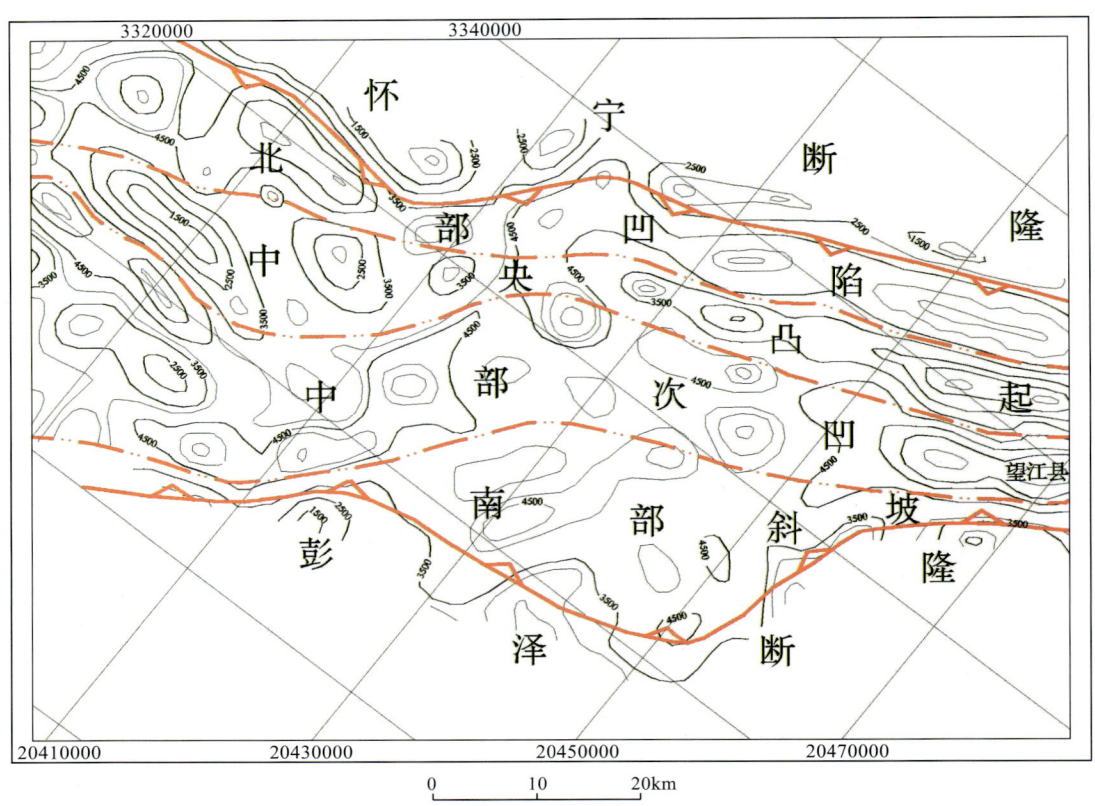

图 5-10　重力反演望江盆地印支面深度图

产地具有重要意义。

本次工作根据已知资料,结合周边地层的发育情况,对盆地的基底起伏、埋深等,进行了推断和定量计算,详见图 5-11 和图 5-12。

以上计算结果说明两个问题:第一,凹陷两侧的基底是连为一体的,正阳关一带的铁矿勘查工作部署依据较为充分,前景良好;第二,计算结果表明,凹陷中白垩纪以后仅出现新近纪松散沉积,缺少古近纪定远组含盐地层,故不具备寻找岩盐的条件。

6. 蒙城-利辛凹陷与区域铁矿勘查

该区属华北陆块徐州-淮南地块,并跨越了蚌埠隆起和南、北两个褶断带。

地层具典型双层结构,结晶基底为太古宙五河岩群含铁变质岩系。盖层为典型的华北型盖层,其中在蚌埠隆起带上缺失中古生代地层。

基底褶皱由新太古代五河岩群组成的蚌埠复背斜,呈东西向展布。盖层褶皱分为淮南陷褶断带和淮北陷褶断带,淮南陷褶断带呈近东西向,淮北陷褶断带呈北北东向。

矿产以煤和铁为主,煤主要产于两淮凹陷内,产出层位为石炭系和二叠系,是安徽的主要产煤区。铁主要分布于新太古代含铁变质岩地层中,在该地层中已发现练村铁矿、霍邱铁矿,总储量达几十亿吨,是我国重要的铁矿基地之一。陶老 ZKA01 孔在 1500m 以下见到了 13.7m 变质铁矿,西阳集 ZK9-1 在 930m 附近见到铁铜多金属矿,预示着皖西北地区不仅有巨大的找铁矿潜力,还有找铁铜多金属矿的潜力。

区域重力场主要表现为近东西向高低相间的带状重力场特征,两侧的重力高值带(蒙城重力高带、凤台重力高带)分别进入两淮褶断带,与其古生代以及基底隆起相对应;中部的利辛重力低值带与怀远

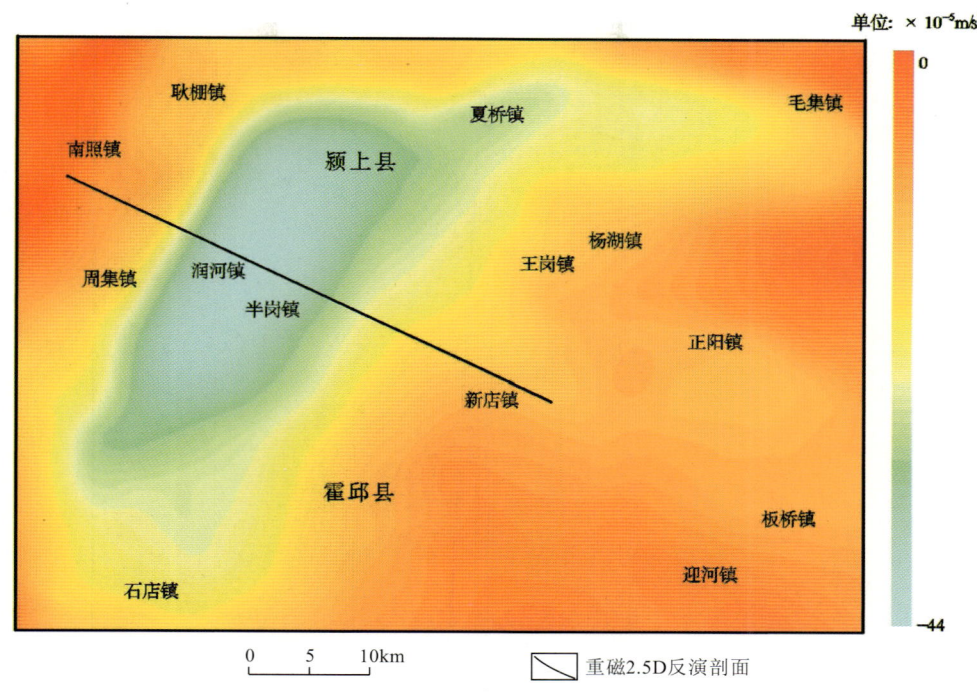

图 5-11 颍上凹陷布格重力异常平面图

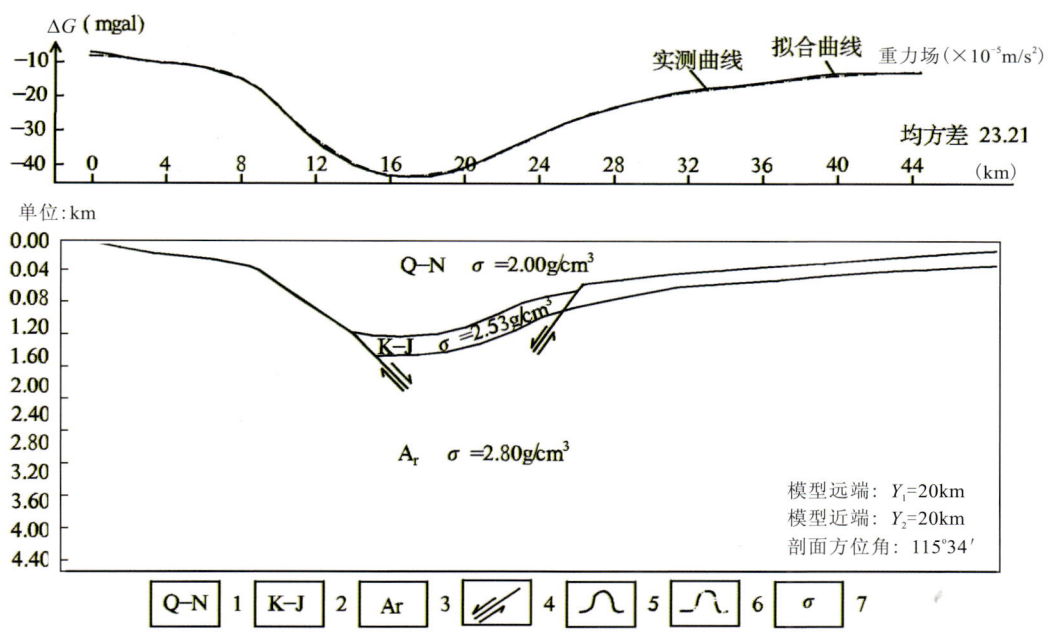

图 5-12 颍上凹陷 2.5D 重力反演基底结构图

1.第四系、第三系；2.白垩系、侏罗系；3.太古宇；4.推断断层；5.实测曲线；6.拟合曲线；7.密度(g/cm³)

重力高值带（阚町-立仓）则属于蚌埠隆起带的一部分。重力低值带由新生代凹陷引起（图 5-13）。与重力场隆凹相间的特征形成鲜明对比的是，区内磁场相对平稳，磁场差值不超过 200nT，见图 5-14。局部磁场位置虽与重力局部异常特征不完全吻合，但其具有的近东西向展布特征依然可辨。区内分布的多个钻孔的钻探结果也表明了结晶基底隆起与重磁双高异常的宏观对应关系。

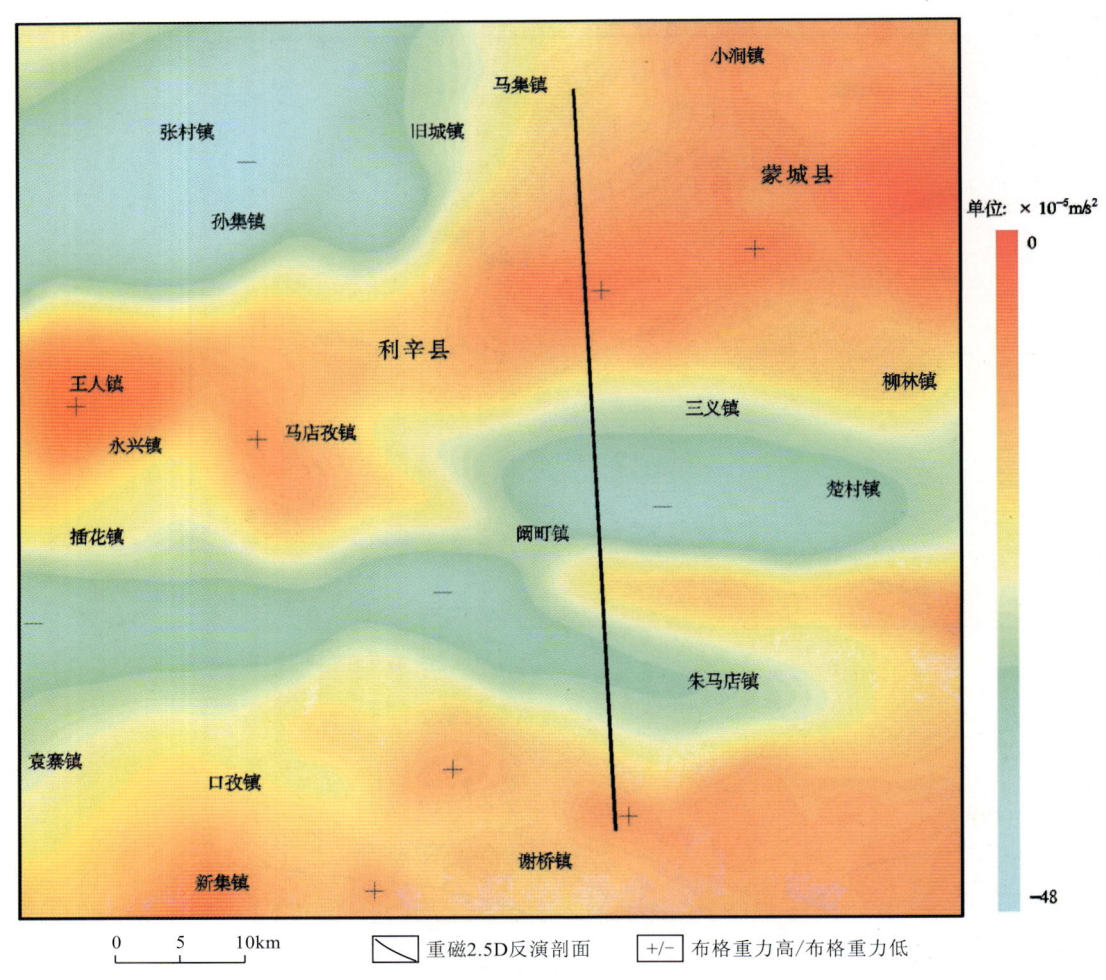

图 5-13 利辛凹陷布格重力异常图

计算结果表明(图 5-15):①利辛凹陷是一个新生代凹陷,以新近纪和第四纪松散沉积为主,盆地中心接受了少量的古近纪沉积。盆地北西侧新近纪和第四纪松散沉积物之下直接为太古宙结晶基底,对于以铁矿为目的的勘查十分有利,但不具备寻找煤炭资源的前提。②盆地的南东侧新近纪和第四纪松散沉积物之下下伏有较厚的煤系地层,具有一定的找煤前景。③盆地中偏南部蚌埠隆起和六安地块均仰冲于淮南褶断带之上,其下部仍有寻找煤炭资源的潜力。

第四节 断 裂

一、断裂构造识别依据

(一)重力识别依据

断裂的主要识别标志是重力梯级带和重力场变异带。后者包括不同特征异常场区的分界线,线性分布的高低异常过渡带,线状(窄带状)异常带,异常(异常轴线)错动线,异常等值线规则扭曲部位,异常

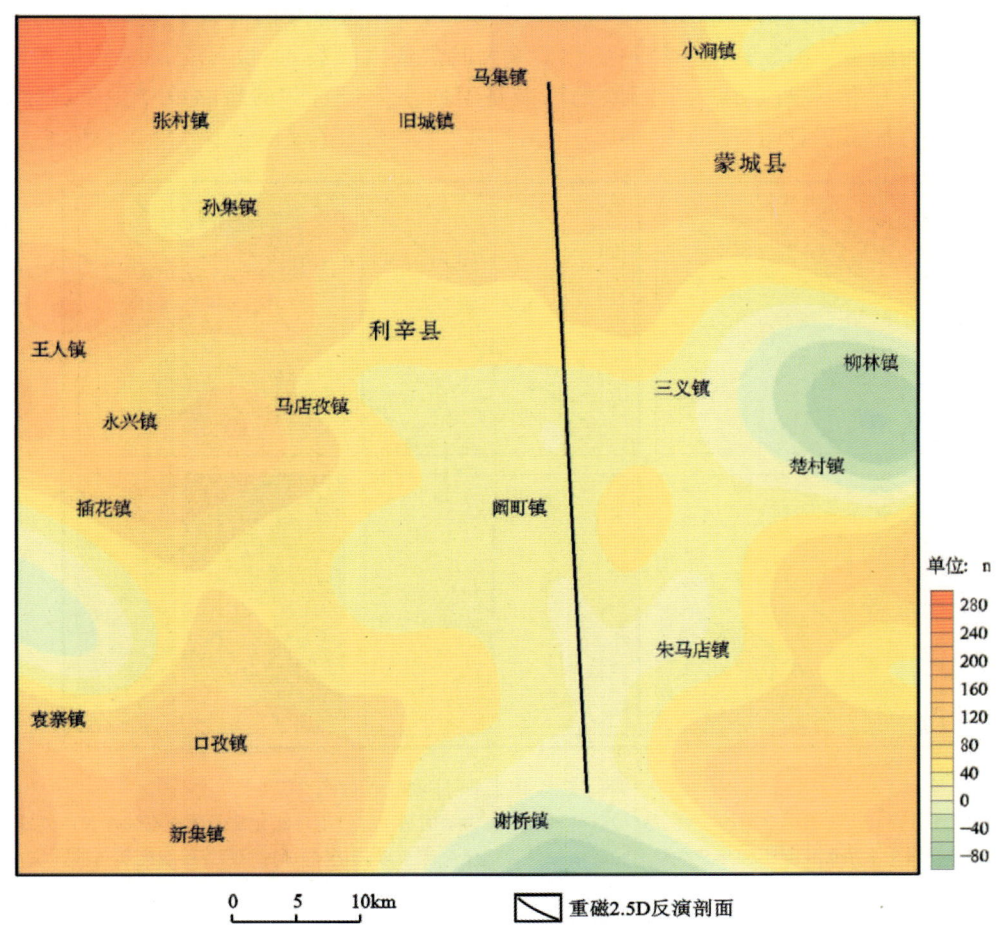

图 5-14　利辛凹陷航磁化极异常图

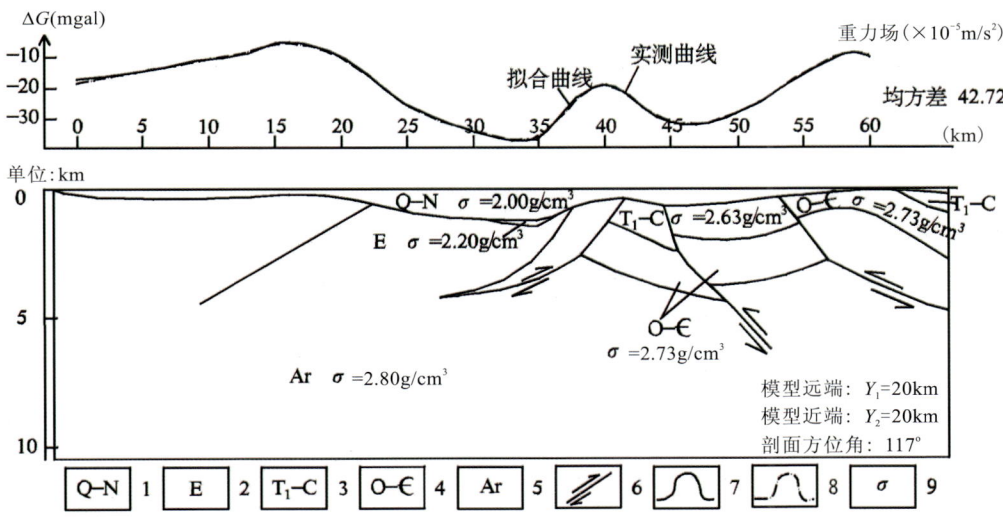

图 5-15　利辛-蒙城 2.5D 重力反演计算剖面图
1.第四系、第三系；2.白垩系；3.三叠系、石炭系；4.奥陶系、寒武系；5.太古宇；6.推断断层；
7.实测曲线；8.拟合曲线；9.密度（g/cm³）

等值线的疏密突变带,异常(特别是多异常)的宽度突变带,串珠状异常的分布带等。不同的标志反映了不同级别和性质的断裂。前三种标志往往反映了深大断裂或大断裂,但也可能反映的是大范围的密度差异较大的岩性接触带,按板块观点所反映的可能是不同块体(地体)的拼贴或增生带、板块的缝合带等。断裂构造重力标志示意图,见图5-16。

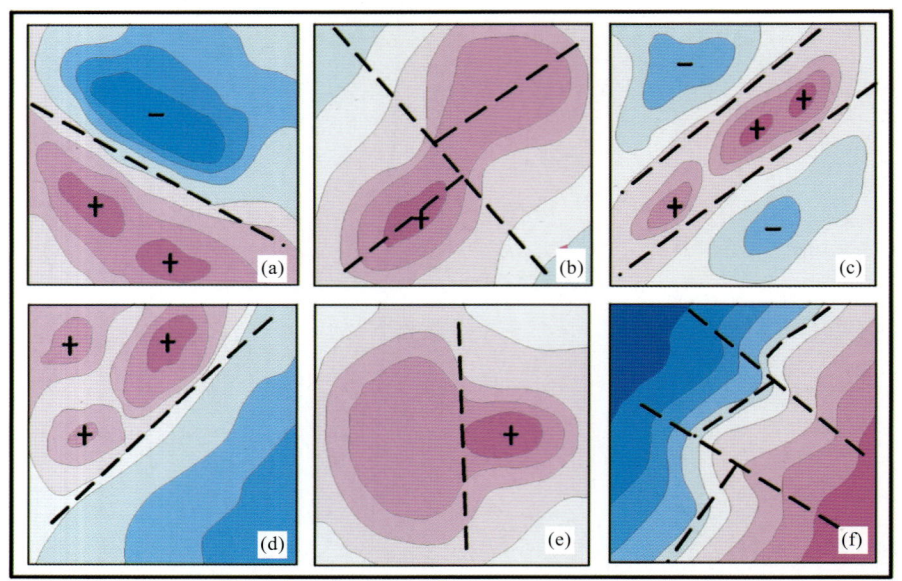

图 5-16 断裂构造识别标志示意图
(a)线性重力高与重力低之间的过渡带;(b)异常轴线明显错动的部位;(c)串珠状异常的两侧或轴部所在位置;
(d)两侧异常特征明显不同的分界线;(e)封闭异常等值线突然变宽、变窄的部位;(f)等值线同形扭曲部位

有明显走向和一定长度的重力异常梯级带——包括线性梯级带、串珠状异常带和梯级带的线性排列,往往是断裂构造的反映。串珠状异常往往反映断裂内断续有充填侵入岩脉的情况。线状重力异常或线性延展重力等值线的错断、扭曲、交叉、切割及突变等,往往反映了不同方向和期次构造的存在。

由垂向断距较大的断裂引起台阶状线性异常,断裂顶线大致位于垂直断裂的剖面上异常的拐点处,或者异常的水平导数和水平总梯度的极值点处。

(二)磁法识别依据

断裂构造的航磁异常识别标志(《磁测资料应用技术要求》):一个完整的磁性体,当其被断裂断开时,两盘不论是上下错动还是水平错动,都会使其引起的磁异常发生明显变化。一些比较大的断裂构造,常伴有岩浆活动,因而能用航磁异常发现它们;另一种断裂虽没有岩浆活动伴随,但当其断裂破碎现象比较显著时,常使岩石磁性发生相应变化,也会在磁异常中有所反映,最典型的情况是沿断裂面的岩石磁性一般都要降低,出现场值降低的异常带;若断裂两盘为上下错动,上盘的磁异常强度大而范围小,下盘的磁异常强度小而范围大,且同一条等值线在下盘一边突然扩大;若两盘为水平错动,则有一条或几条能连续对比追踪的磁异常,发生异常轴线有明显的水平错动现象,表明磁性体的断裂变位,因而可判定有平移断层存在。

总之,断裂构造在磁场上的特征主要表现为以下8种类型。

1. 不同磁场区的分界线

不同磁场区的分界线往往是构造分区的界线(图5-17),通常也为规模较大的断裂或断裂带(不同磁场区的分界由一较宽的带构成时)的划分标志。在磁场图上,断裂对应于不同磁场区分界线上梯度最陡的部位。

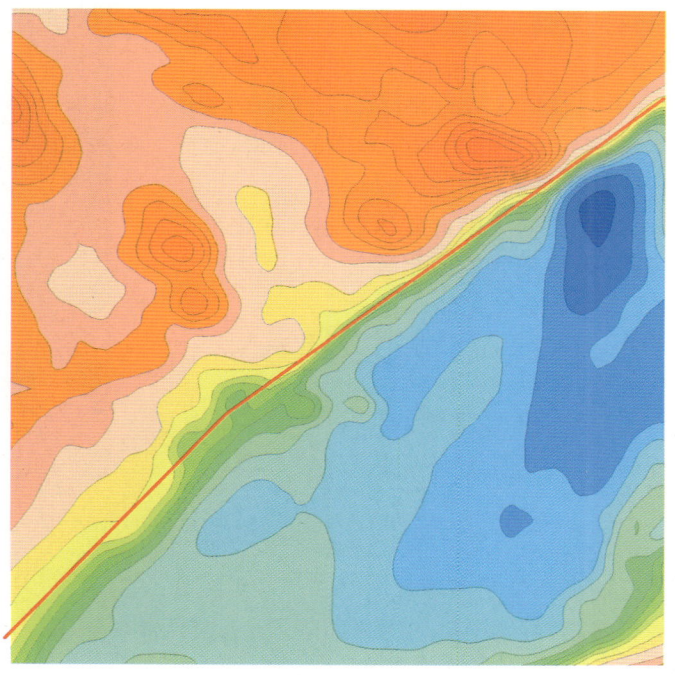

图 5-17　磁场分区标志图

2. 磁异常梯级带

若断裂两盘为上下错动形成台阶状磁性地质体,上盘的磁异常强度大而范围小,下盘的磁异常强度小而范围大,在上盘与下盘之间出现磁异常梯度带,所以磁异常梯度带可以作为断裂的识别标志,这时断裂顶线大致位于磁异常梯度带中部异常拐点处,或异常水平导数的极值处。当然,磁异常梯度带不一定就是断裂的反映,也可能是其他地质体的反映,关键要看磁异常梯度带是否走向延伸较长。此外还应注意,具有物性差异的线性延伸长的岩性分界线,也对应磁异常梯度带,这与断裂对应的磁异常梯度带类似。因此,判断磁异常梯度带是否为断裂引起,首先应分析异常的起因和地质上是否存在断裂的可能性,是否存在地质体被上下错动的可能性,然后再确定磁异常梯度带是否对应断裂,见图 5-18。

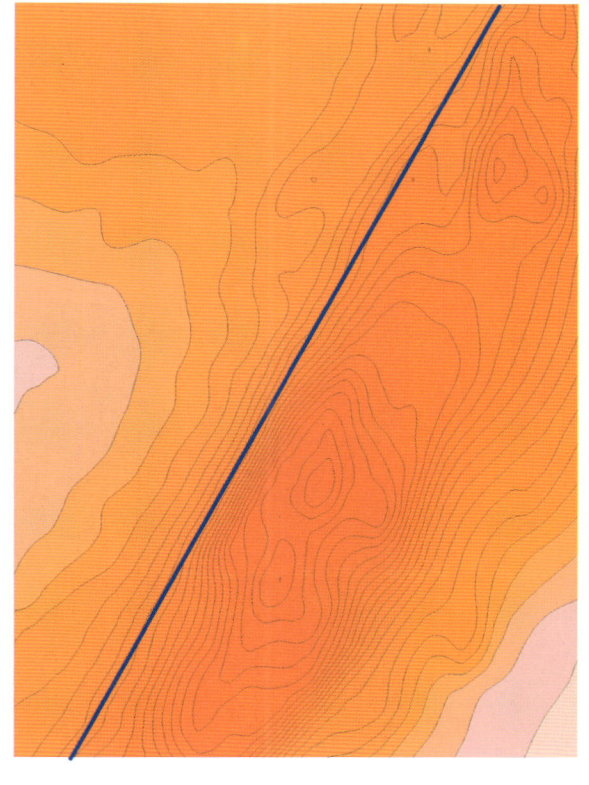

图 5-18　梯度带标志图

3. 串珠状磁异常带

串珠状磁异常带往往反映断裂带内断续有充填物的情况。如沿断裂带的岩浆活动不均匀,因而其磁性物质的分布也不均匀,这就会引起呈串珠状的、断断续续分布的线性磁异常,因此线状的、拉长的磁异常可作为划分断裂的依据,磁异常轴线反映的断裂便是岩浆岩的通道(图5-19)。

正异常带由宽度不大、走向长度大的地质体引起。在化极磁场图上,正异常带表明断裂带内后期有磁性岩浆侵入。当磁性岩浆岩分布不连续时,便出现串珠状磁异常带。

4. 线性异常带

线性异常带是指具有明显方向的异常带,它可以是正异常带、负异常带或正负交替出现的异常带(图5-20)。

5. 磁异常突变带

磁异常突变带是指并行的多条带状磁异常同时在某一界线处异常强度集体突然降低甚至终止、异常形态同向扭曲等,预示磁异常反映的地质体可能被断裂断开、被断裂截止或者平移了(图5-21)。

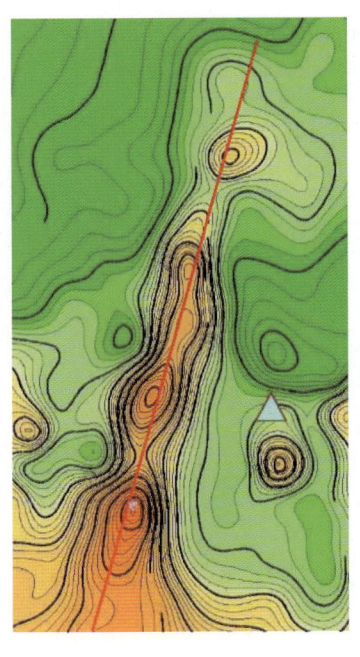

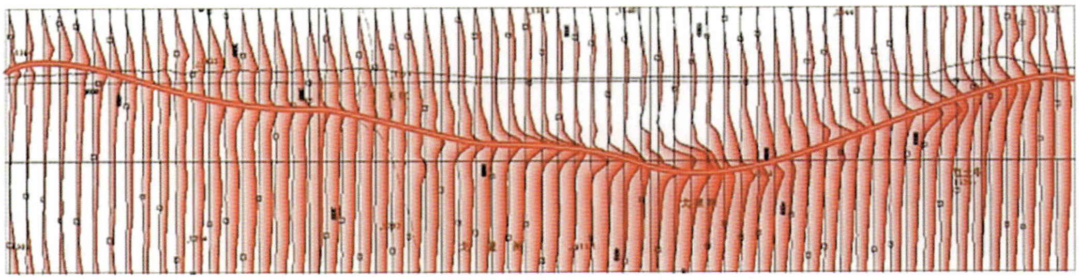

图 5-19 串珠状异常标志图

图 5-20 线性异常带标志图

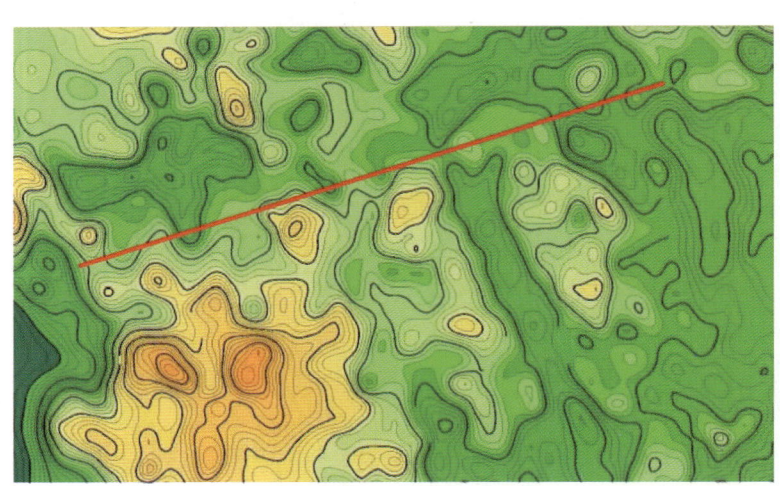

图 5-21 异常突变带标志图

6. 异常错动带

在磁场图上,一条或几条比较容易对比的、线性排列的磁异常带发生明显错动时,表明磁性标志层或脉岩体发生了错动,这通常是断裂作用的结果。见图5-22,北东向延伸的磁性体沿南北向发生了水平错动和扭动,沿错动带有断裂分布。

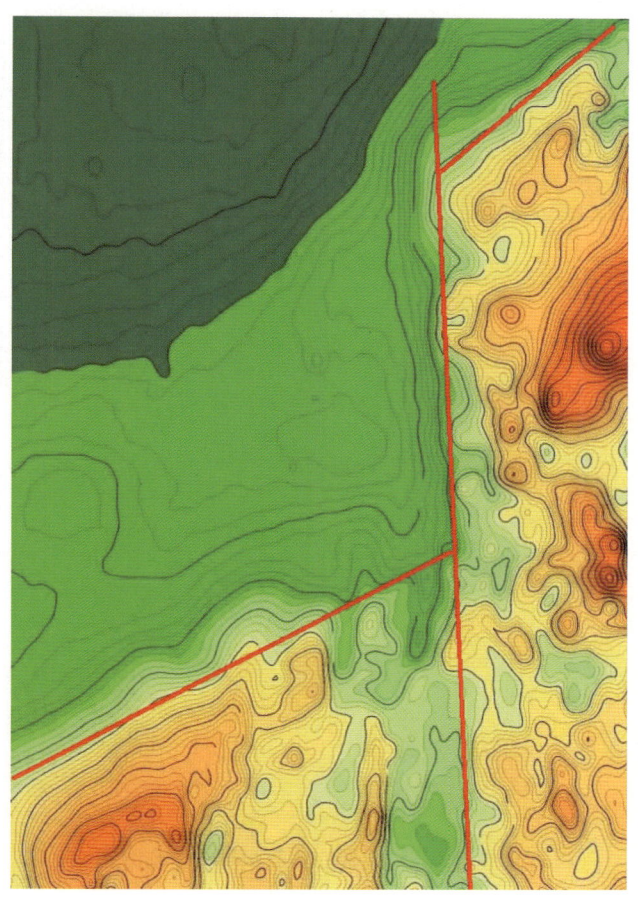

图5-22 异常错动带标志图

7. 雁行状异常带

有些断裂破碎带的范围较大,构造应力比较复杂,既有垂直变位也有水平变位和扭转现象,在这种情况下会造成雁行排列的岩浆活动通道,因此,在这类构造上磁异常就表现为雁行状异常带(图5-23)。

8. 异常带的放射状组合

在块断活动或火山活动比较复杂的地区,可见到多条异常带呈放射状分布,每一个线性异常,都标志一条断裂岩浆活动线(图5-24)。当根据磁异常推断断裂构造时,有两点值得注意:一要注意追踪并标志异常轴;二要有理由肯定异常与岩浆活动有关。

半定量解释要求:以线性磁异常带的中间线为断裂所在位置,平面上的总体延伸方向为其走向。

图 5-23　雁行状异常带标志图

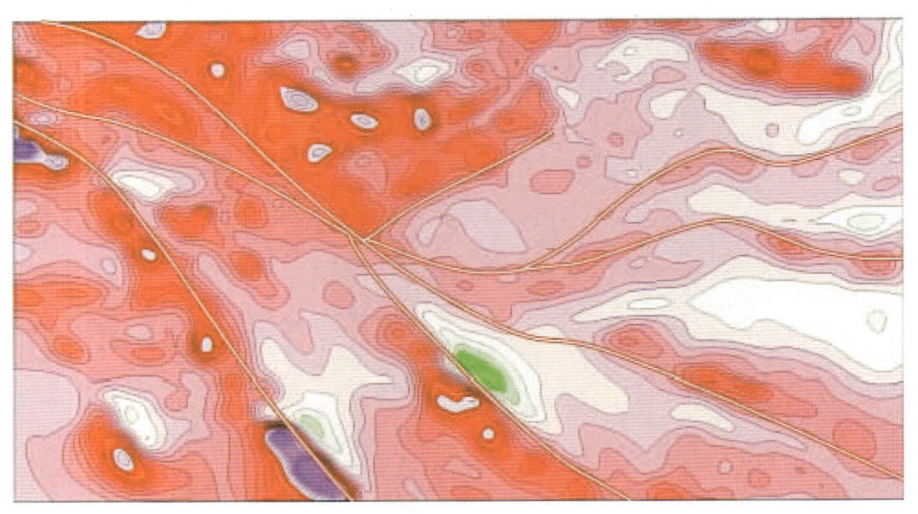

图 5-24　异常带的放射状组合标志图

二、断裂构造的划分和定位

其主要是依据重磁异常场特征、异常转换处理结果及定量反演结果,结合其他物探、地质资料进行。

三、安徽省断裂构造体系

断裂构造在安徽境内十分发育,以重力、磁测资料为基础,结合其他地质、地球物理资料,将省内主要断裂分为三级。

一级断裂具有明显的重、磁梯度带,常是一级构造单元的分界线,如六安深断裂、郯庐深断裂带等。

二级断裂系具有重、磁异常带或者正、负异常特征的分布带,常为二级、三级构造单元的界线,如磨子潭深断裂、江南深断裂等。

三级断裂多系各种重力场变异带,泛指发育在沉积盖层中的断裂,有的可以成为低级构造单元界线,如宁国断裂等。

根据安徽省重力资料共推断省级断裂 372 条(图 5-25),共分为 3 级,其中一级断裂 3 条,二级断裂

17条,三级断裂352条;按照地表出露情况划分,可分为出露、隐伏和半隐伏3种,其中出露的断裂53条,半隐伏的断裂122条,隐伏的断裂197条;按照断裂的性质划分为逆断层、正断层、先逆后正的断层、平移断层、逆掩断层和性质不明的断层6类,其中逆断层65条,正断层74条,先逆后正的断层3条,平移断层11条,逆掩断层1条,性质不明的断层218条;按照断裂走向划分,划分为东西、北东、北东东、北东转近东西、北北东、北北西、北西、北西西和南北向9组,其中东西向断裂72条,北东向断裂119条,北东东向断裂3条,北东转近东西向断裂2条,北北东向断裂35条,北北西向断裂2条,北西向断裂97条,南北向断裂40条。共推断预测工作区级断裂构造795条。

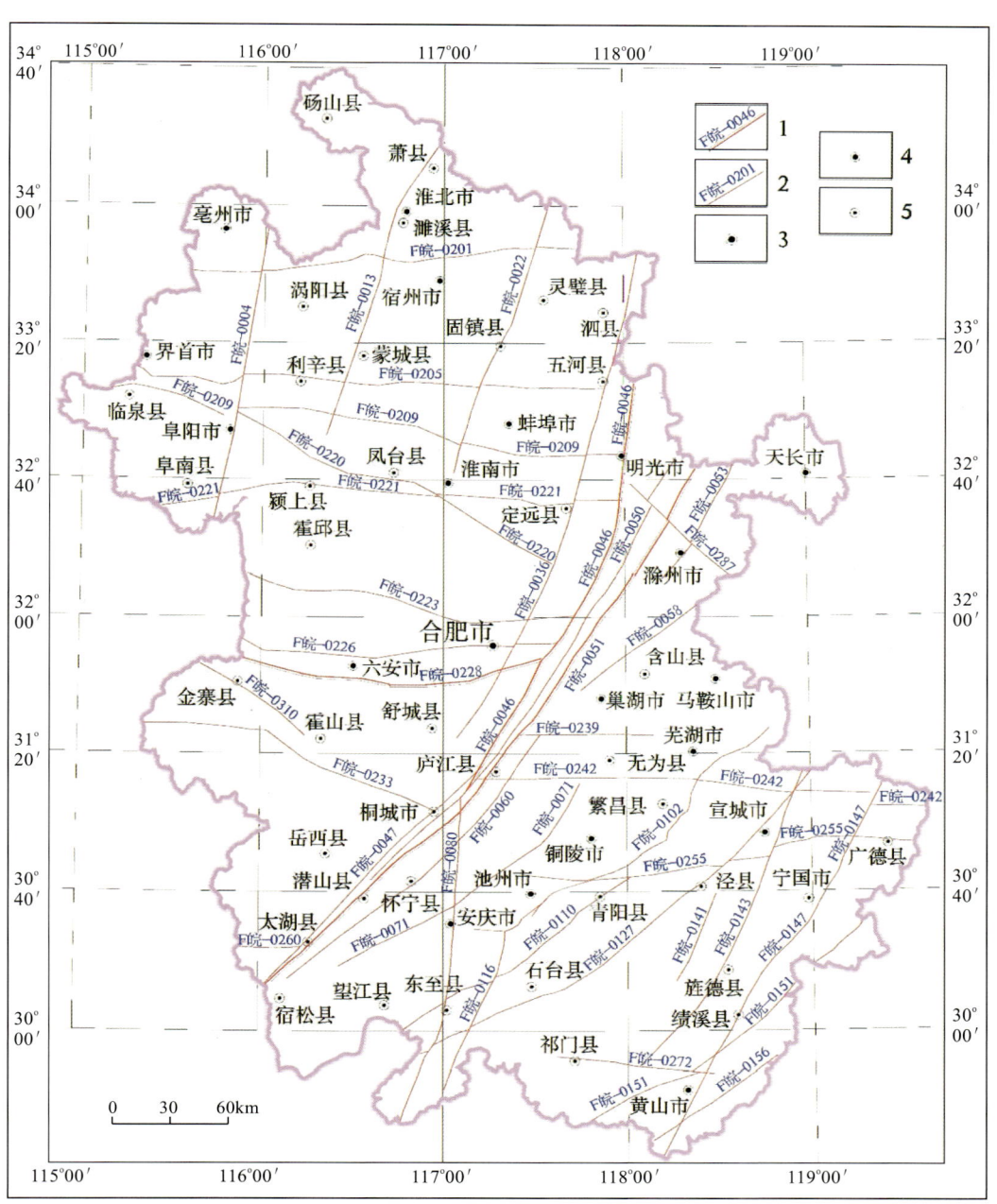

图5-25 推断一级、二级断裂分布图

1.推断的一级断裂构造及编号;2.推断的二级断裂构造及编号;3.省政府、省辖市;4.市、地区政府;5.县政府

四、重要断裂构造

1. 郯庐断裂带

著名的郯庐断裂带,是中国东部重要的线性构造之一,是一条北北东走向的巨型深大断裂,由一系列北北东向斜列的次级断裂组成(图5-26)。郯庐断裂带的研究已进行了相当长的时间,有众多的国内外专家、学者对此进行了多方面的研究,对其发生、发展及动力学演化的诸多方面都有专著和论文发表。本书不可能进行系统论述,仅从地球物理场特征提出一些看法。

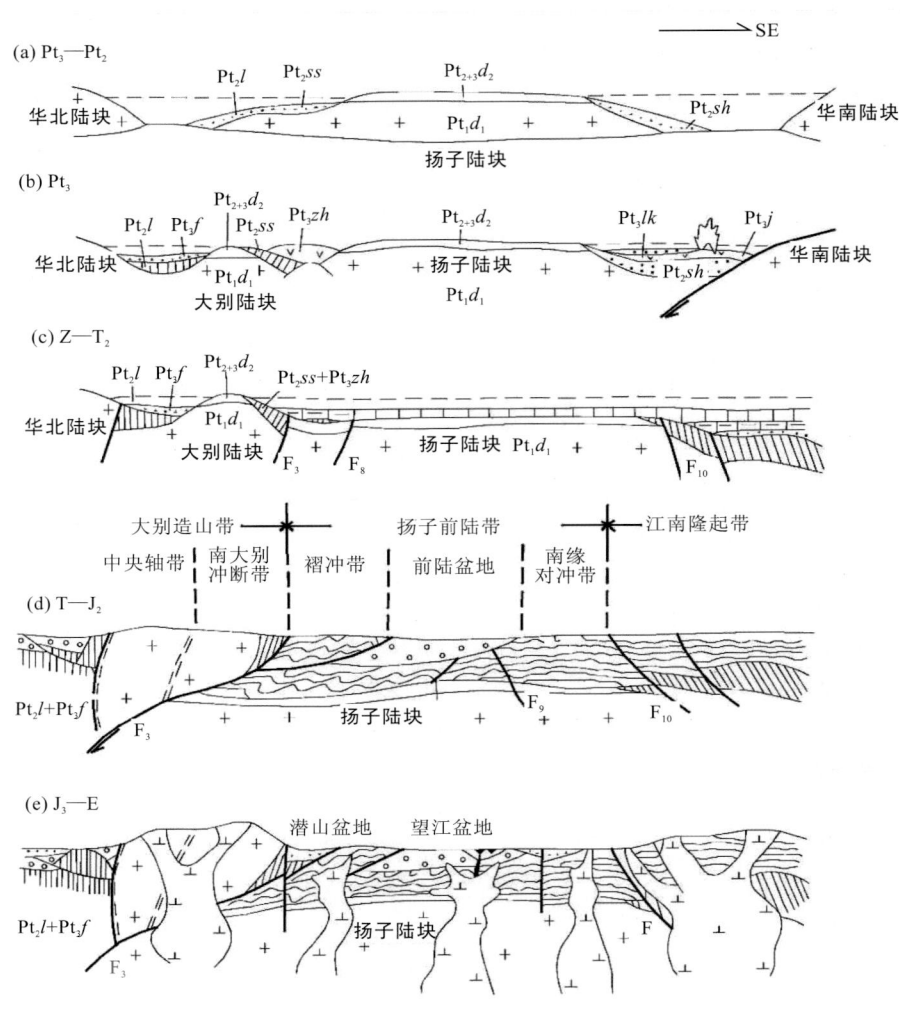

图5-26 郯庐断裂(及下扬子)构造演化示意图

郯庐断裂带在庐江以北形迹清晰,在1:50万航磁图上显示为醒目的北北东走向的高磁异常带及重力梯级带。郯庐断裂带向南过庐江之后,其延伸方向及延伸距离长期存在分歧。

对比观察该区各类重磁成果图件,过庐江之后,郯庐断裂在北段的北北东向重磁场展布特征折转为北东走向,沿着潜山-宿松方向展伸并至长江边消失,从重力梯级带及条带正磁异常可推测,郯庐断裂过庐江后的主体断裂应在潜山盆地北缘,与本次推断的池太(F_2)、黄破(F_3)深断裂叠合为一体;黄破断裂为扬子陆块与大别造山带的拼贴线,在潜山断陷盆地内被掩覆于中新生界之下;池太断裂在卫星影像线性特征较明显,该段可能形成时期较晚,为拉张期的产物。这两条断裂在各类重、磁异常图上均有明显的反映。因此,把郯庐断裂过庐江后的延伸方向界定为潜山—宿松一线是合理的。

关于郯庐断裂的南延问题,地质界也长期争论不休。在各类重磁异常图上,北东向重、磁力梯级带南延到宿松、黄梅一带形迹已不清楚,被北西西向重、磁力线所切截,表明郯庐断裂带没有跨越长江;在该区的遥感影像图上清晰显示,大别山东南缘的古生代盖层褶冲带地层连续地从北西西向转变为北东向,表明地层没有发生明显断错,这一资料也支持郯庐断裂没有过江的观点。有观点认为,郯庐断裂沿孔城—怀宁一线向南西延伸,过望江盆地

与江西的湖口-星子断裂相接,本次所获资料显示均不清楚,即使有断裂存在,可以肯定地说断裂规模也不大,这种断裂不能与郯庐断裂相提并论,否则重磁场应有明显的反映。

郯庐断裂的形成时代目前主要有两种意见:一种认为它具有明显的长期活动的特点,断裂始于元古宙;另一种认为它属大型平移断裂,形成于晚三叠世印支期。上述论点都有不同程度的事实依据,但无论哪种意见都承认在中生代曾有强烈活动。华东石油地质局通过宽线地震提出,双沟推覆带的前缘连黄断裂(黄破断裂)是华北地台与扬子地台下扬子盆地的压性接触界线,形成于印支—燕山早期,郯庐断裂是后期叠加在双沟推覆带上的张性断裂,在研究区内则是叠加在黄破断裂之上。我们认为,郯庐断裂带的形成有可能具多期性,其在新元古代陆块裂解时期已有雏形,于印支造山期形成,在拉张期经历改造,是不同时期构造运动的复合产物,最终组成现今宏伟的断裂带。

2. 长江断裂带

最早提出长江断裂带的是航磁报告,该断裂带是否存在,在地学界长期存在分歧,近年来已倾向于肯定的结论,并将其提升到最主要的控岩控矿构造。

本项目应用重、磁并结合多条大地电磁测深剖面资料研究,提高了对深部断层研究的可信度。研究结果认为,长江断裂带无疑是存在的,关键在于如何认识长江断裂带的性质和展布特征及其控岩控矿的作用。

既往文献中,长江断裂带根据航磁异常划定,亦即主要根据岩浆岩带的展布,断裂带平面位置及走向和岩浆岩带基本一致,西起湖北金山店,东迄江苏镇江,全长450km,且在庐江—繁昌一线向南错动。这种完全依据航磁异常的划定有一定的道理,但依据并不充分。肯定长江断裂带存在的论著大多以此认识为基础,认为既然存在岩浆岩带,其下肯定有深部通道,但又缺少深部信息资料佐证,理由不够充分。

从区域重、磁异常图来看,区内沿长江流向表现为一条复杂的正负磁异常带和多条沿江伸展的重力梯级带,西段大冶—湖口一线,北西走向,自湖口折转为北东向,直达南京,再折为近东西向至镇江以远,这种物理场特征表明沿长江流向确实存在一条宏大的断裂带。在上延不同高度的重磁图上保持形态一致,直至上延10km、20km时仍然十分清楚,表明该断裂系具有一定的切割深度。重力方向导数图、水平总梯度图和欧拉反褶积线性构造图显示,沿江断裂系统应由数条断层组成,在安徽段主要有皖F-0086、皖F-0071(头破)、皖F-0088等断裂及其分枝断层。多条穿越扬子前陆带的电法MT剖面综合推断,沿江展布的皖F-0071(头破)、皖F-0088等主干断裂均反映清晰。至繁昌一线发生折转,以皖F-070和皖F-091为主干断裂。

这组以上正下逆为特征的断裂系统在地质上和地貌上都有显示,早期为北倾或南倾的压性逆断,向下延深很大,后期为张性正断,成为断隆和断陷盆地的边界断裂,控制了沿江断陷盆地的发展。这些断裂上部的正断层一般为盖层基底断裂,对岩浆活动的控制作用并不明显。事实上大冶-九江-怀宁-庐枞岩浆岩带、贵池-芜湖-南京-镇江岩浆岩带,与沿长江平行展布的几条主干断裂的平面位置并不一致,岩浆岩带多发育在断隆部位,而主干断裂多发育在断隆两侧。以往依据岩浆岩带推断长江断裂带,唯一的依据是岩浆岩的上侵必有深部通道,但从多条穿越扬子前陆带的电法MT剖面深部电法资料综合推断,在其下部有一连续性很好的低阻层,表明在岩浆岩带深部并无明显的岩浆通道,亦即岩浆岩发育的断隆区中心部位不一定存在深部大断裂。

那么，沿江岩浆岩的深部通道在哪里呢？有两种可能性：其一，岩浆岩带之下深部通道已经固结，物探方法反映不出来。但这种推论不能成立，因为沿江的岩体多是无根的中浅部岩体，其下部的地层都是连续的。其二，扬子前陆带安徽省沿江段长期受大别地体和江南地块的挤压，由于地壳的层状结构及水平力的作用、地壳块体的水平移动、不同层间的相对滑移、上层褶皱的发生，均可导致上层构造与深部构造的错动，故可以推断，现在的岩浆岩带可能与其深部构造发生了位移，而深部构造又可能被后期构造运动改造得面目全非。以往仅靠地表观察和航磁资料很难对深部构造形态做出准确判断，因而所给出的长江断裂带的位置可能不够准确。本次对深部构造的研究充分依靠深部电法资料，在 YL06 大地电磁剖面上可以清晰地看出，太湖至长岭一线由向南的逆推造成长岭北深部构造十分复杂，在 AB、NS053 等大地电磁剖面上也有相似的反映，有力佐证了上述观点。至于深部电法资料的可信度，一是有多达 10 余条剖面资料，二是并非同期测量，三是并非同一仪器观测，而它们的解释结果基本一致，足以说明资料是可靠的。

据此我们认为，长江断裂带不是一条单一的深部断裂，其平面位置也不一定完全与现今的岩浆岩带相吻合，它应由多条盖层正断裂和深部逆断裂综合构成，应是一条复杂的断裂组合体。

长江断裂带作为一条断裂系统，对沿江一带岩浆活动和断陷盆地的发展可能起到一定的控制作用，故对寻找金属矿产、能源矿产乃至地热资源，均具有重要的意义。

3. 六安深断裂

六安深断裂为华北地块与大别造山带的分界线，为不同性质基底岩系的重要分界断裂。该断裂西起霍邱县叶集南，经六安市南、肥西县防虎山南麓，至肥西县南东与嘉庐深断裂相交，长约 155km。

重力异常表现为明显的梯级带，梯级带北侧为块状（面状）重力高，南侧为弧形带状重力低，断裂带主体走向近东西，具有良好的连续性（图 5-27）。

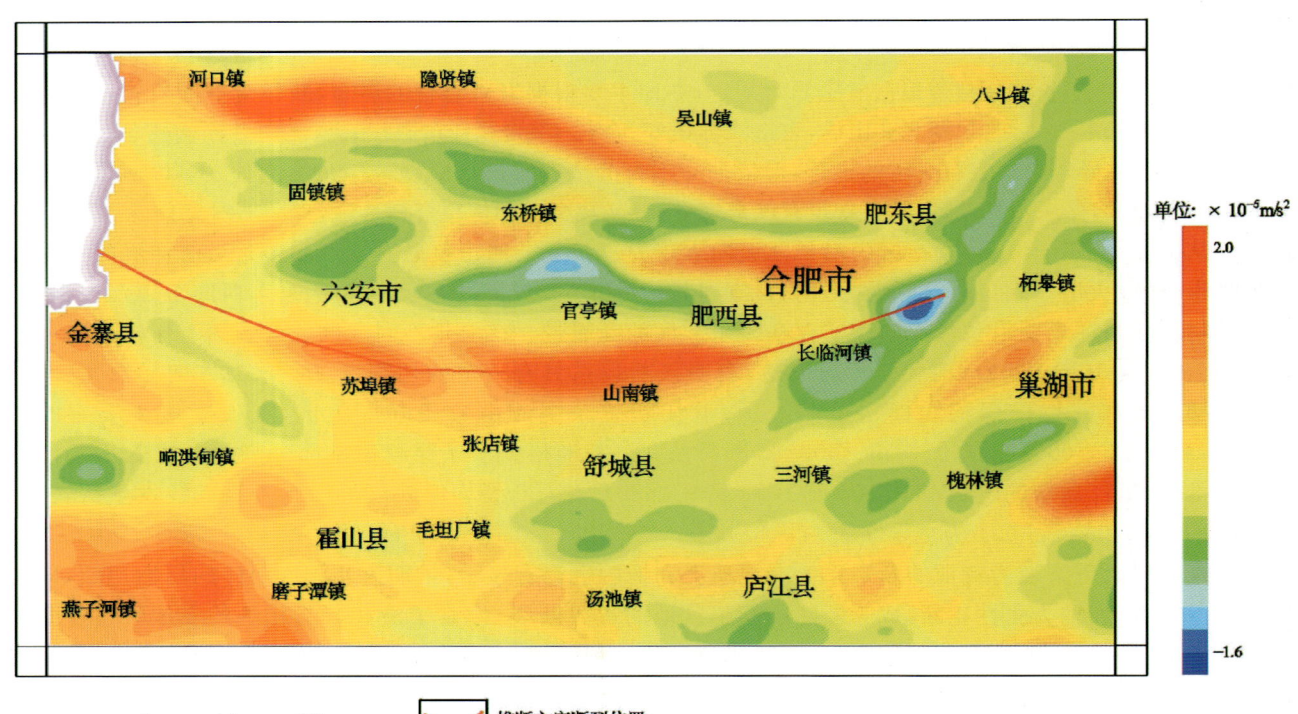

图 5-27　六安断裂重力 0°方向导数图

该断裂带北部地区以相对重力高为背景,反映了合肥中新生代盆地的轮廓。其区内以阶梯状重力高为特征,反映合肥中新生代盆地中的古老基底总体赋存相对稳定,与霍邱岩群变质基底隆升相对应,为省内鞍山式铁矿的集中分布地区。

六安断裂以南至大别山麓,为带状重力分布区,异常走向近东西,幅值在$(-25\sim-5)\times10^{-5}\mathrm{m/s^2}$之间,为大别山前褶皱带的反映,显示了盆地基底的隆凹特征。

与区域重力相对应,断裂北盘为宽缓正磁场区(图5-28),钻探验证为霍邱岩群引起。断裂南部为北淮阳负磁场区,处于大别山主体异常区以北,为卢镇关群、佛子岭群等的显示。其内分布有金刚台—银沙、鲜花岭-陈家湾、佛子岭、七甲寨-西汤池正磁异常等,强度达200~700nT。

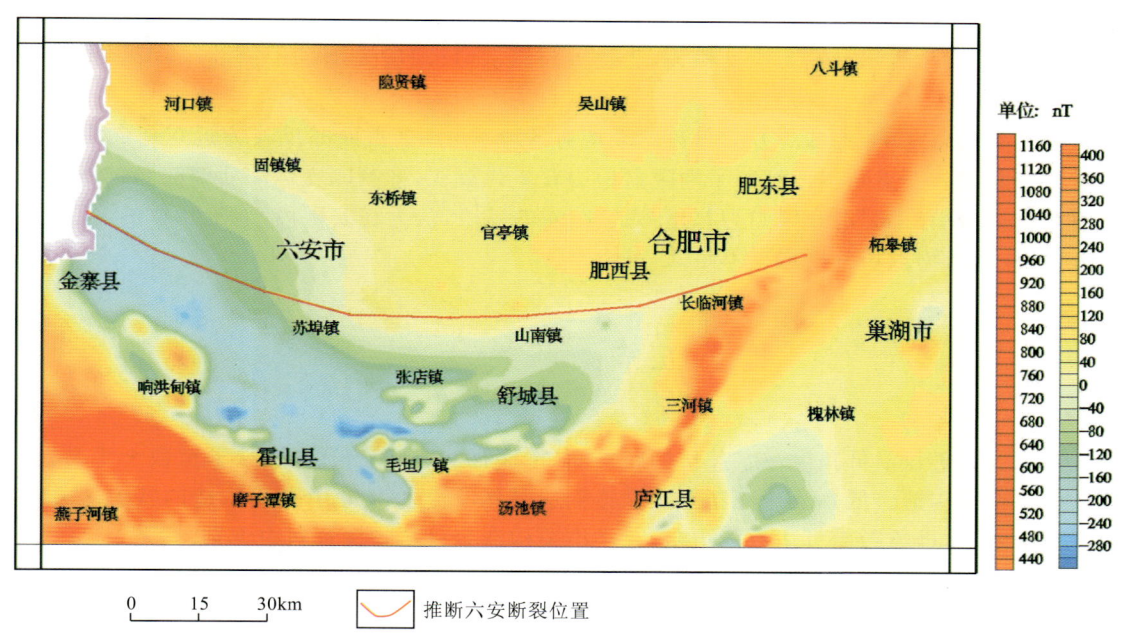

图5-28 六安地区航磁化极异常图

地质调查成果证明,六安断裂是一条不同性质基底岩系的重要分界断裂。下侏罗统、中侏罗统防虎山组、周公山组被限于断裂北侧,南侧中新生代断陷内只发育中侏罗世以来的地层,故六安深断裂对合肥断陷的发展也有一定的控制作用。

断裂北侧六安一带,1425年曾发生震级5.5级、烈度Ⅶ度的强震;1954年于防虎山之北又发生一次震级5.25级、烈度Ⅵ度的强震。因此,断裂应起始于凤阳期,燕山早期及喜马拉雅早期又多次活动,属壳断裂。

4. 全椒县黄栗树-太湖县破凉亭

该断裂自北东而南西经全椒县黄栗树、巢湖市柘皋镇、庐江县城西、桐城县孔城至太湖县破凉亭,长约275km。断裂走向为北东35°~73°,断层面倾向北西,倾角50°~60°,断裂带局部宽2km。安徽境内亦称"黄破断裂"。

断裂北段及南段潜山一带均据物探资料推断,滁州市沙河集、庐江县孔城及太湖县破凉亭等地地表断续出露。北段(即孔城以北):西侧主要为张八岭岩群及震旦系,东侧主要为古生界,上侏罗统毛坦厂组及上白垩统宣南组分布于断裂两侧;南段(即孔城之南):断裂潜没于潜山断陷之下;破凉亭一带,由一系列波状弯曲次级断裂组成,断层面倾向北西。重磁异常为正、负异常交变带,重力梯级带较缓,表明倾角较缓。重力水平方向导数图和水平总梯度图均有明显的线性正异常轴显示,而欧拉反褶积线性构造图上反映最为清晰。

在收集的 MT-NS053 等多条剖面上,该断裂均被很好地揭示出来,其上部近于陡倾,下部倾角变缓,北倾,具逆冲性质,为大别造山带向南推覆所致。

该断裂大致为大别造山带和下扬子前陆带的界线,早期为一逆冲断层,后期成为郯庐断裂带的一部分。燕山中期,断裂为强烈活动时期,尔后的断陷活动致使后期的中新生界沉积将其埋于地下。

5. 周王断裂

该断裂为横亘于皖南山区北麓的隐伏深断裂,东西走向。西起贵池县城北,向东经青阳县木镇、南陵县烟墩铺、泾县田坊、宣城县周王、广德县独树街后延入浙江省境内,安徽境内长约 200km。

断裂北侧主要为白垩系,组成沿江丘陵,南侧为古生界,组成皖南山区。沿周王断裂,重、磁异常交变特征带明显,其南北两侧重磁场均反相关,北侧重高磁低,反映的是下扬子前陆区,南侧重低磁高,主要为侵入岩体的反映。

该断裂在不同高度重、磁场的方向导数图上均有清晰显示,莫霍面亦反映为近东西向深度陡变带,推断可能为壳断裂。周王断裂还控制了南陵盆地中新生代沉积,推测印支运动后期活动较强烈。

以前文献中,曾有将周王断裂归为祁连-海宁断裂的一段,认为在安徽段,周王断裂可追踪至晓天断裂,笔者认为从地球物理场分析依据不足。

第五节 推覆构造

当规模巨大且上盘沿低角度波状起伏的断层面(滑脱面)远距离推移(数千米至数十千米)时,则称为逆掩构造或推覆构造。低角度逆掩断层及推覆构造是扬子陆块北缘中生代构造的特色之一,老地层逆掩于新地层之上,推覆距离可达数十千米,这类推覆构造容易从物探资料中识别。

一、推覆构造识别

凡依据重力资料推断老地层下存在新地层,且新老地层以断裂为界的情况,可判别为推覆构造。推覆构造一般与大型断裂带相伴,且规模较大。

推覆构造的重力异常识别,主要是依据地表地质资料,在新地层出露区,有局部老地层出露(或经其他方法验证有老地层存在),并伴随有走滑断裂或逆冲断裂发育的地区,重力异常在地表新老地层接触带上为明显的梯级带异常,且老地层之上为弱的重力高异常;在推覆距离较远的情况下,为弱的平台状重力高。而且,重力高异常幅值对应于该老地层的密度而言,场值相对偏低。

二、推覆构造要素确定

推覆构造的边界,可利用重力异常垂向导数、水平总梯度模等转换结果,结合地质、其他地球物理、钻探等资料加以确定。推覆构造宽度、长度的确定,应使用剖面重力异常反演计算结果来确定,而推覆面的产状则要结合深部电法、地震资料确定。

三、典型推覆

构造举例:太湖-宿松推覆构造

大别造山带中生代构造运动的驱动机制是扬子陆块与秦岭-大别造山带以及华北陆块发生陆-陆碰

撞所产生的挤压应力场。当华北板块向南运动时,推动秦岭-大别造山带南移,大别山突出体首先碰撞挤入下扬子地块之内,其顶端指向九江、黄梅地区,其最窄部位是挤压应力最大部位,同时其两侧的郯庐断裂、襄樊-广济断裂分别发生左旋和右旋走向滑动。至早白垩世末期,大别山突出体向南推覆,仰冲于下扬子前陆带之上,大别山岩群、宿松群掩覆了前陆带北缘的中古生代地层。

太湖-宿松推覆构造在各类物探剖面上均有清晰反映。大别岩群由北向南推覆,掩覆于中生代地层之上,仰冲距离达30km以上,前锋在黄梅一带,其推覆力影响到整个怀宁隆起带,构成郯庐断裂带的主干断裂——黄破断裂及其北侧的桐城断裂均为逆冲断层,倾向北西。在太湖西部存在局部重力高(图5-29),与磁力低相对应,表明变质岩之下应有高密度、低磁岩系存在,推测应为古生代碳酸盐岩。从重磁反演剖面上(图5-30)分析,推覆作用直达长江北岸的长岭隆起,只是该处黄破断裂北倾角度更小,低角度逆推特征更为明显。

此外尚有江南、宣城、巢含等推覆构造。

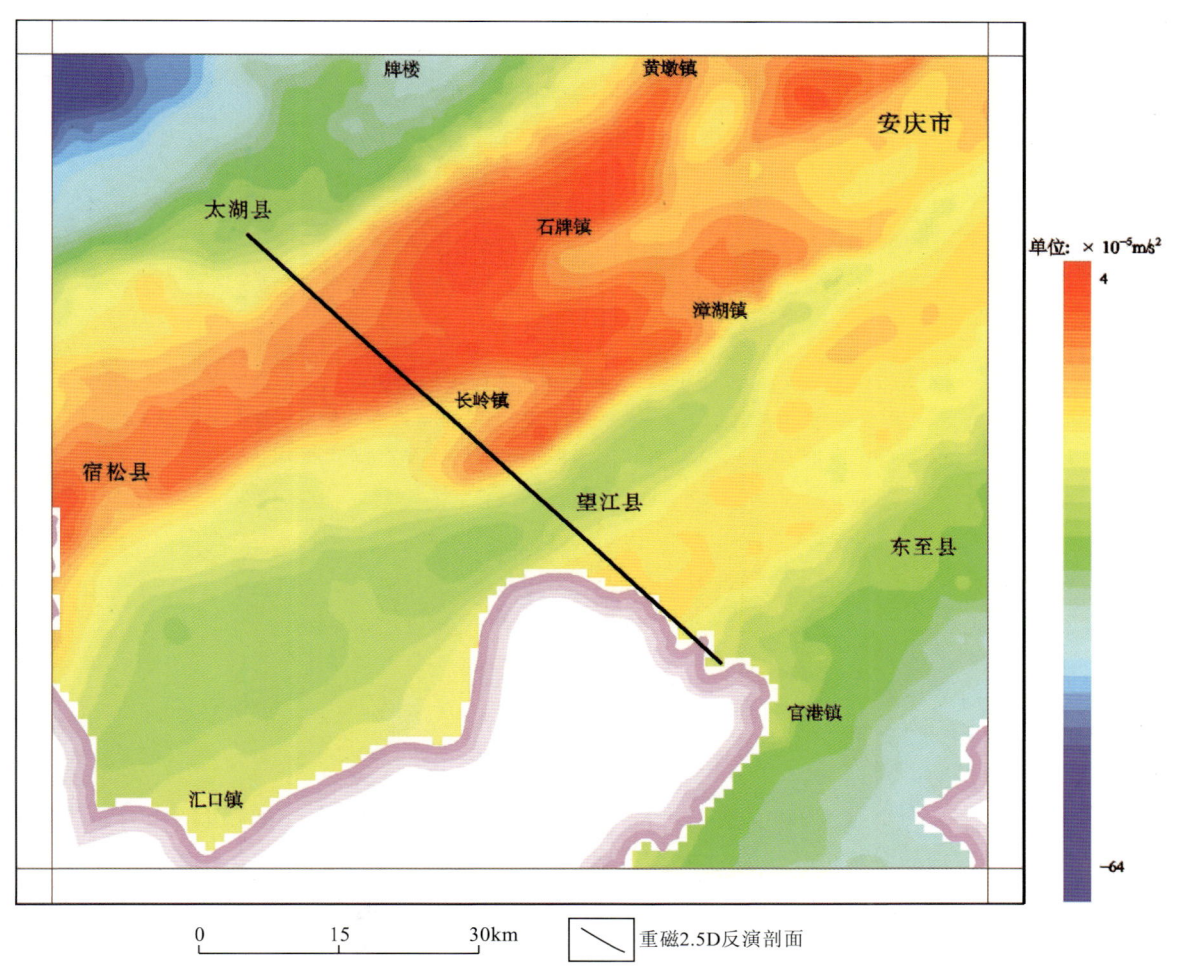

图5-29 太湖-望江剖面所在位置布格重力异常图
1.重磁2.5D反演剖面;2.市政府;3.县政府;4.镇政府及村庄

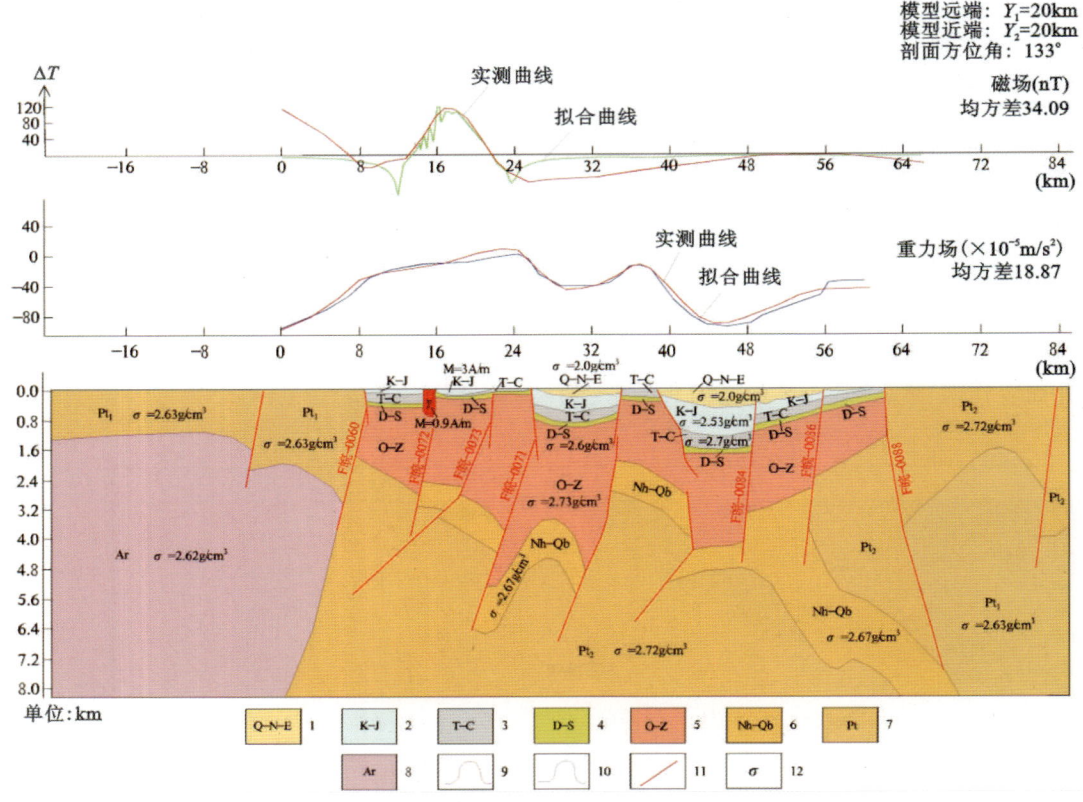

图 5-30 太湖-望江重磁联合解释剖面图

1.第四系—第三系;2.白垩系—侏罗系;3.三叠系—石炭系;4.泥盆系—志留系;5.奥陶系—震旦系;6.南华系—青白口系;7.元古宇;8.太古宇;9.实测曲线;10.拟合曲线;11.推断断层;12.密度(g/cm³)

第六节 岩浆岩与岩带

一、岩浆岩圈定原则

岩浆岩的推断分为两个等级,即安徽省的和预测工作区的。由于预测工作区级别的岩浆岩推断已经参照单个航磁异常解释对其进行了定性,所以,全省级的岩浆岩推断可以对照合并进行。

岩浆岩的推断以马芜繁地区为例:以上延 500m 航磁的垂向一阶导数为基准,最小值取 20,间隔 10,至少有两条等值线,以其范围取之,岩性和隐伏与否取决于地质图。

应注意,有些岩体必须单独考虑,例如:洪镇岩体、冶山岩体、马鞍山霍里镇岩体,它们都是被一圈强磁异常包围的低磁异常,需要间接圈定。

原来的航磁异常解释都推断了岩浆岩的岩性,现在只要按异常分布图的异常点属性查询即可,其中,等值线的起始值应该略大于 0。有两种情况值得注意:第一种,等值线范围较大,强度不大,但疏密较均匀,应为酸性—中酸性岩体的反映;第二种,异常范围不大或叠加在第一种之上,强度高,梯度大,应为中基性的反映。当然,有的则是矿体与侵入岩的叠加效应,甚至矿体的贡献更大一些。

对于没有涉及大比例尺航磁的地区,亦可参照地质图进行定性。

重磁异常的组合推断岩浆岩岩性的准则是：
(1)磁场高背景区的重磁双高异常为中基性侵入岩。
(2)磁场高背景区的局部重力低伴随高磁背景(局部异常不高)为中酸性侵入岩。
(3)重磁双低背景场为沉积盆地的反映。
(4)强度大的重磁双高局部异常为铁矿的反映。
(5)重磁双高背景场为结晶变质基底的反映。
(6)重低磁高背景场为火山岩的反映(怀宁地区除外)。

岩体边界圈定及几何要素确定方法：利用推断为岩体的局部异常的垂向一导零值(或布格重力异常的垂向二导)、水平一导极值位置或总梯度极值位置，结合磁异常和地质认识进行圈定。岩体产状、顶面埋深等几何要素，通过定量计算确定。

依据以上准则，本项目利用航磁、结合地质重力等综合资料对全省侵入岩进行了推断，推断岩体299个，其中：基性—超基性岩类 4 个，中基性岩类 92 个，中酸性岩类 66 个，酸性岩类 134 个(图 5-31)。

二、岩浆岩分布特征

安徽岩浆活动频繁，岩浆岩出露面积达 $1.3 \times 10^4 \text{km}^2$，其中侵入岩占一半以上。这些自新太古代以来多旋回岩浆活动的产物中，各岩类几乎均有发育，其中以中、酸性岩更为重要，它们包括不同的成因系列，有直接来自上地幔岩浆结晶和分异作用而形成的幔源型岩浆岩，有地壳物质经深熔、重熔作用而形成的陆壳改造型岩浆岩，也有地幔与地壳物质混熔而形成的混熔过渡型岩浆岩。频繁的岩浆活动与成矿作用紧密相关，特别是长江中下游地区的铁、铜、硫和多金属矿产，更为突出。

安徽侵入岩广泛发育于扬子陆块区和大别造山带，华北陆块区出露较零星。岩浆侵入活动主要发生于蚌埠期、晋宁期、燕山期和喜马拉雅期，其中以燕山期最为发育，与成矿关系最为密切，岩石种类齐全，其中以中、中酸性岩为主。

本项目将蚌埠期、晋宁期侵入岩归于变质岩系列，本节重点研究燕山期侵入岩。

1. 华北陆块区

燕山中期基性侵入岩呈岩床状产出，岩石为辉绿岩-辉长辉绿岩-辉长岩组合，以辉绿岩为主。中酸性侵入岩大部分为隐伏岩体。岩体的最新围岩为二叠纪地层。铁、铜、金等矿产与这次岩浆活动关系密切。岩石主要为(石英)闪长(玢)岩-石英二长闪长(玢)岩-花岗闪长斑岩。

燕山晚期超基性—中基性侵入岩呈岩墙状侵入于奥陶纪地层及中期石英闪长岩中，与奥陶纪白云质灰岩接触处产生大理岩化和矽卡岩化。

2. 北淮阳

北淮阳区大致可分为东、西两个岩浆侵入中心，岩浆成分由中酸性系列向偏碱性和碱性方向演化，侵入最新围岩为晚侏罗世—早白垩世毛坦厂组火山岩，其成分及时空分布与火山岩关系密切，两者为同源岩浆演化序列。岩体大都是多期次侵入的复式岩体。

燕山中期侵入岩呈岩基、岩株、岩瘤状产出。岩石类型为石英闪长岩、石英二长岩及花岗闪长岩。

燕山晚期酸性侵入岩岩石类型为二长花岗岩、钾长花岗岩，呈岩基、岩株状产出。岩石为中细粒结构、似斑状结构。岩石属钙碱性系列。

3. 大别

燕山期侵入岩总体呈北西-南东向展布，与造山带构造方位基本一致，岩浆侵位受北东—北北东向

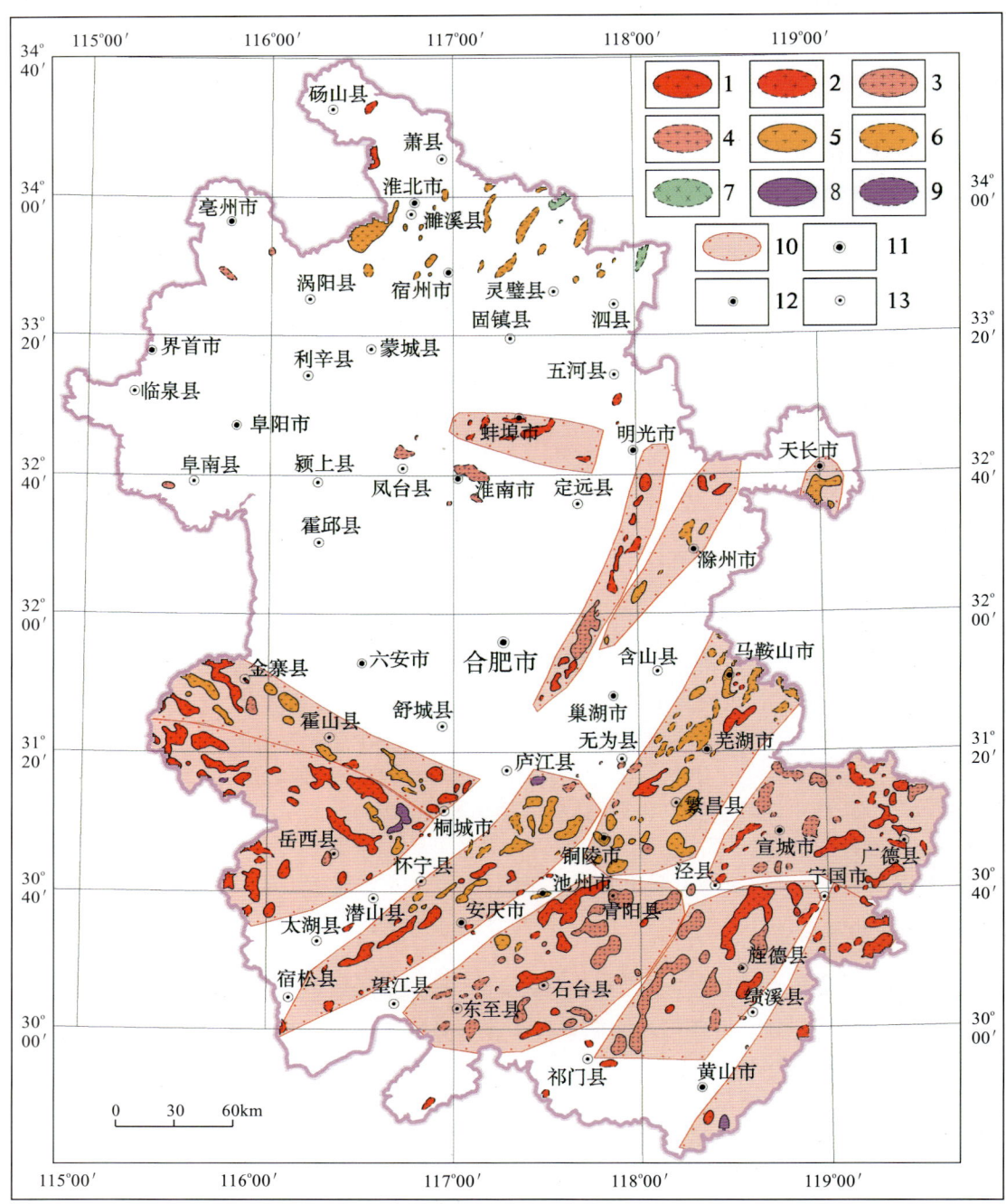

图 5-31 推断岩浆岩及岩浆岩带分布图

1.推断酸性岩类(出露);2.推断酸性岩类(隐伏);3.推断中酸性岩类(出露);4.推断中酸性岩类(隐伏);5.推断中基性岩类(出露);6.推断中基性岩类(隐伏);7.推断基性岩类(出露);8.推断基性—超基性岩类(出露);9.推断基性—超基性岩类(隐伏);10.推断岩浆岩带;11.省政府、省辖市;12.市、地区政府;13.县政府

构造控制,沿郯庐断裂带侵位的岩体特征更为明显。岩体多为多期次侵入的复式岩体。

燕山中期以中酸性侵入岩为主,岩石组合主要为花岗闪长岩—二长花岗岩,呈岩株、岩瘤、岩墙状产出。

燕山晚期超基性—基性岩主要分布在大别岩浆岩带北部,岩石类型为辉石岩、辉闪岩和辉长岩。

燕山晚期中酸性侵入岩岩石组合为石英二长岩-花岗闪长岩-二长花岗岩-钾长花岗岩,呈岩基、岩株、岩墙状产出，岩浆来源属于壳幔混合岩浆。

4. 下扬子区

燕山期侵入岩总体呈北东向展布，分桐城-滁州、怀宁-庐江、贵池-芜湖-马鞍山3个岩带，酸性—中酸性—中基性岩均有发育，呈岩基、岩株、岩墙状产出。

5. 皖南

燕山期侵入岩出露面积较大，包括青阳、太平、榔桥、旌德、伏岭等大型复式侵入体，岩石组合均为花岗闪长（斑）岩-二长花岗岩-钾长（碱长）花岗岩，具江南型中酸性侵入岩组合特点。

6. 浙西

燕山期侵入岩岩石化学总体特征表现出大陆边缘活动带、陆内造山拉张断陷环境的钙碱性岩浆岩带特征。燕山晚期侵入岩岩石类型为花岗闪长岩-二长花岗岩，呈岩株、岩枝、岩瘤、岩滴状侵入井潭组变质火山地层中。

三、岩浆岩带识别与圈定

岩浆岩带指区域上受构造控制呈带状分布的系列侵入岩的分布区域。利用重力资料推断的呈带状分布的不同类型的岩体群，可以概括为岩浆岩带。一般基性—超基性岩浆岩带呈现带状或串珠状重力高，酸性岩浆岩带一般呈现带状或串珠状重力低，同时岩浆岩带在航磁图上反映十分清晰，表现为明显的高值正异常带。其识别方法参照前述岩体识别与圈定方法进行，同时必须与航磁资料结合才能够得出更合理的结果。

安徽省地质工作总体水平较高，关于岩浆岩带的划分和论述很多，本项目在推断岩浆岩体的分布与属性基础上划分岩浆岩带，主要有（图5-31）：金寨-桐城岩带；桐城-张八岭岩带；通山岩带、青阳-石台岩带、怀宁-庐枞岩带、庐江-滁县岩带、铜陵-繁昌岩带、芜湖-马鞍山岩带、天长-六合岩带、宣城-溧水岩带。其中怀宁-庐枞岩带、芜湖-马鞍山岩带、青阳-石台岩带、泾县-高淳岩带除侵入岩外，火山岩十分发育，是安徽省主要的火山岩分布区；繁昌亦有小范围火山岩分布，其余岩带地表则基本上没有火山岩分布。

四、重要岩浆岩带的特征

1. 怀宁-庐枞岩带

该岩浆岩带位于长江北岸，西起太湖，过怀宁、枞阳至庐江县境内，北东走向，长约150km，北东宽，南西窄，最宽约40km。北侧为潜山盆地，南侧为沿江断陷。在地质图上，该带地层极为复杂。周边被白垩系和第四系覆盖，中间大面积出露晚侏罗世—白垩纪火山岩及侵入岩，并有古生代地层出露，在安庆以西董岭地区还出露有古元古代董岭组深变质岩。

在航磁图上，怀宁-庐枞岩带异常是由侵入体与浅部火山岩叠加形成。在地表火山岩广泛出露，自怀宁西至庐江，北东向断续延伸数十千米，沿带亦断续有侵入岩露头呈斑块状分布，最大露头面积可达20多平方千米。总体来说，火山岩各处虽厚薄不匀，但宏观上可视为一个似层状体，而侵入岩部分深埋地下，其规模大小、形态、延深情况皆属未知，故两者叠加后形成的异常十分复杂。根据地表露头情况判断，侵入岩与火山岩相互穿插，其横向上的赋存状态虽可大致推定，但纵向上的关系即火山岩盆地以下是否存在大范围深部岩体（基），则属于一个需要推定的重要问题，特别对于庐枞火山岩盆地尤为重要，因为这与金属矿找矿,尤其是深部隐伏矿床的找矿远景有很密切的关系。

从已有的物探及地质研究报告上看,以往认识上比较趋向于庐枞火山岩盆地下面尚存在大规模的深部岩体、岩基或岩浆房,且有"三层楼"的说法。其主要依据是航磁资料的延拓和滤波处理结果。其大体思路是利用较大网格的低频滤波,滤掉浅部的异常,所剩下的异常低缓平滑,更具深部源质异常特征,应该属于深部岩体异常。

然而,我们根据对磁、重、电资料的综合分析认为,该区火山岩下方不太可能存在深部大岩体(基),依据是:

首先,怎样来认识这个经过滤波处理的异常。众所周知,物探异常存在反问题的多解性,向上延拓前的多解,延拓只不过使得场值有不同程度的衰减,延拓后得到的低缓平滑的异常仍是多解的。

从钻孔资料和大地电磁测深(MT)资料可知,庐枞地区火山岩的赋存状态大体上是一个厚度不均匀的近水平似层状体。当向上延拓去掉局部不均匀导致的锯齿状高频异常后,剩下的场也仍是反映一个厚度不均匀的水平似层状等效磁性体,这种磁性体理论上就产生一个相对低缓平滑的异常,它固然是一个浅部源质异常,但与深部异常波长类似,用滤波方法是很难将其消除的。所以严格来说,用延拓或其他滤波方法试图将浅部近水平层状体的场消除是不可能的,滤波结果总会剩下一个低缓平滑的磁异常,如果不结合地质和其他物探成果综合分析,很可能简单地将其判定为由深部源引起。尤其是对似水平层状体来说,"延拓高度增加反映场源深度增加"这种提法极易导致错误结论,原因就在于这一结论对三维场源有效,而对二维似水平层状体就未必适用。

以上说明,用滤波方法得出的低缓平滑的剩余背景磁异常,不一定就是由深部磁性体引起,它仍可能是浅部磁性层的反映。也就是说,该区滤波后的低缓磁异常,可能是由深部因素引起,可能是由浅部因素引起,也可能深浅因素共有。

因此,根据航磁异常磁场对火山岩以下是否存在大范围的深部岩基,没有也很难给出确切的答案。下面再来分析一下重力场。

该区长江两侧重力场对古生代隆起和中新生界凹陷反映非常敏感。在地质图上,从宿松开始,经怀宁、枞阳至庐江都断续有古生界出露。其中安庆到高河铁路线的西南一侧,地表古生界出露相对狭窄,但连续性略好,而铁路线北东侧则出现大片火山岩,古生界露头相对零散,但横向范围则有明显扩大,并向北东方向延伸至巢湖以东。重力场则将这个北东向长达数百千米的古生代隆起带以延续完好的重力高带的形式表现出来。重力高带与磁力高带走向一致,皆为北东向,但重力高带宽度更大,向北东则继续延伸扩展。在这条带状重力高上,虽然也有明显局部起伏及小圈闭,但对整体重力高而言,它们仅仅是些局部异常,对重力高带整体走向和延续造成的影响不大。磁力高带则正好处在这相对较宽的重力高值带中间,形成整体重力、磁力双高的组合特征。这种重磁双高的现象反映出一个重要的地质结构问题:由于磁力高一般是由岩体及火山岩形成,而这两者的密度相对于古生代碳酸盐岩系列来说都偏低,火山岩是地表附近的似层状物质,厚度不会很大,对区域重力场形成的干扰有限,但下部如果存在大规模的岩体,由于它基本属于三维物体,则势必对重力场带来较大的影响。但从重力高带延续完整、起伏有限的实际状态分析,该区主宰重力场的主要因素应是古生代的隆起,地下并不存在大规模的低密度物质。

在大别山及石台一带,由于存在规模巨大的岩体,重力场呈大范围大幅度的低值反映,甚至均衡改正后其影响仍明显存在,表明了重力场对低密度岩体反映的敏感性。在怀宁—庐江一线,地表也出露几块范围较大的岩体,如怀宁洪镇岩体到枞阳北东向的黄梅尖岩体,在重力场上也都清晰反映为重力低,且磁高重低的同源现象表现得很好,但它们只在重力高值带上形成几个局部小异常,对整个重力高值带未造成多大影响,与大别山、石台一带侵入岩基对重力场的影响相比,两者之间存在明显差异。且这些局部异常范围与地表露头范围大致相当,从而限制了这些岩体向深处扩展的可能性。在庐枞地区重力向上延拓异常图上可见,当上延2000m时,大多局部异常已经消失,上延至10 000m后,北东走向的基底隆起形态已十分清晰,连黄梅尖岩体引起的局部负异常也已消失,表明引起重力局部异常的岩体规模不大,向下延伸有限。

如果说庐枞地区确如以往认识那样深部存在大规模的燕山期侵入的岩基,那么这个由宿松到庐江的重力高带将会被扭曲得面目全非,除非这些侵入岩属高密度基性岩体。但从磁异常的宽度远小于重力异常的场的这种空间组合情况看,这种可能性并不大。因为若深部整体为一个大岩基,则可视为一个三度磁性体,其异常范围要远大于场源投影面积,而且不会在盆地周边形成突变的梯级带。此外,从该区岩浆活动的情况看,大规模的基性岩侵入的可能性也不大。

然而细致观察可以发现,在庐江到枞阳一带火山岩广泛发育地区,重力高值带上确实存在诸多局部小异常,有低有高,高低相间,幅值差可达10mgal。由于地面火山岩覆盖,这些局部异常的成因并不很清楚。其中一些明显的局部重力低,可以推断为由火山口或下部中酸性岩体引起,如黄梅尖正长岩体重力低最为直观,再如矾山一带,据钻孔资料,火山岩的厚度仅300m,其下为正长岩,七家山一带亦如此。而那些局部重力高,可以分为两类,一类无高磁异常伴生,可以将其成因归结为古生代隆起的断块;另一类呈重高磁高组合特征,解释就比较复杂:由于庐枞地区的部分磁异常幅值很大,整体峰值突出,肯定不会单纯由地表火山岩引起,尤其一些重磁同高且有一定范围的异常(如罗河、菖蒲山、裴岗异常),都不是用火山岩或单一古生代断隆能解释清楚的,故推断在火山岩下方尚可能有密度较大的中偏基性的次火山岩或岩体存在,这一推断已被钻探所证明,如罗河深部的辉石粗安岩,盘石岭、何家大小岭铁矿区在地表和钻孔深部均见有粗安斑岩。不过这些中基性岩体的规模不一定大(如何家大小岭深部主要为正长岩),但其高密度及强磁性特征则足以造成对宏观重磁场的局部干扰,当埋深较小时,形成醒目的重磁同高局部异常;当埋深较大时,亦可形成低缓局部异常,而这些岩体往往与金属矿成矿密切相关,其上若再叠加矿体和矿化带的影响,则可使重高磁高特征更为突出。当然,重高磁高区并不一定发育偏基性次火山岩(岩体),龙桥铁矿的发现至少说明两个问题:一是火山岩下隐伏的深部岩体与成矿关系密切;二是当矿体具有磁性和一定规模时,尽管龙桥铁矿主体埋深在500m以下,仍会形成重磁局部异常,虽然低缓,但可用有效手段将其凸显出来。

大地电磁测深通过庐枞地区的有桐城-宁国、AB、CD 3条剖面,它们在庐枞段反映的电性特征基本一致。地表约1km为中等电性层,与其下高阻层有明显差异,推测中等电性层为火山岩系,这一结果佐证了庐枞火山岩厚度不是很大且大致呈水平板状展布(不包括高阻次火山岩),当然不排除局部地区加厚。其下1～6km为一连续的高阻层,由于古生代碳酸盐岩与侵入岩没有明显电性差异,所以电法结果很难将其区分,但从穿过罗河矿区和七家山火山口的AB剖面磁异常特征分析,它们仅仅是叠加在高背景场上的局部异常,宽度并不是很大,推测隐伏岩体所占空间不会太大,故盆地一段的高阻层主要应由古生代碳酸盐岩引起。根据目前的钻孔资料,杨山铁矿有两个钻孔在300m下见有白云岩,龙桥铁矿也在500m下见中三叠世碳酸盐岩,即使把它们视为局部的隆块,但足以说明上述结论是有依据的。值得注意的是,剖面6km下部为一连续性很好的相对低阻层,这一相对低阻层的地质意义可能非常复杂,我们暂且将其定义为前震旦系基底。这套地层厚度较大,连续性也好,其间无岩体高阻电性特征的反映,至少表明深部亦无大型岩基存在,有力地佐证了上述重磁场分析得出的结论。

通过对重磁场分析和电法剖面解释可以认为:

(1)庐枞一带火山碎屑岩厚度不大,一般厚度小于1km,但不排除局部地区较厚,如七家山、矾山火山构造中心部位。

(2)火山岩之下部并不存在规模巨大的基性岩体(基),也不可能存在岩浆体的所谓"三层结构"。但有一点可以肯定,以往单凭磁异常延拓结果给出的结论依据不充分。

(3)盆地内局部存在与火山岩伴生的小规模侵入岩体或次火山岩。其中火山口下部多为中酸性侵入岩,如七家山及矾山火山口下部,而古生代隆起部位则可能有小型中基性岩侵入。这些岩浆岩穿插于沉积地层之中,将基底构造原貌破坏殆尽,但基底隆起的总体格局不会改变。也正是多期的岩浆活动,对金属矿成矿十分有利。

至于枞阳—安庆一段,地表出露大面积的中酸性岩体,有强磁异常与之对应;安庆西南一带,磁异常低缓,呈窄条展布,地表火山岩零星出露,厚度不大;上述地区磁异常上延一定高度后即迅速衰减,很容易判断深部无大的岩基存在,本文不再赘述。

2. 芜湖-马鞍山岩浆岩带

该岩浆岩带主体位于长江南岸,西起芜湖、经马鞍山北东向延至南京以东,长约125km,宽约30km。

首先,马鞍山-当涂地区也是一个火山岩盆地,地表除中生代火山岩广泛出露外,侵入岩露头呈小块零星分布,主要是白垩纪花岗岩及少量花岗闪长岩;沉积岩露头很少,以早中侏罗世象山群为主,少见古生界,其他则为第四系所覆盖。

该岩浆岩带处在无为、南陵断陷盆地之间的古生代隆起区,北以沿江断裂(F_7),南以清水河断裂(F_{11})为界与盆地分隔,呈重磁双高特征。强磁异常大致分为4个区块,自南而北依次为繁昌异常区、芜湖异常区、钟姑异常区和马鞍山异常区,繁昌、钟姑、马鞍山区块均有火山岩分布。

沿当涂—马鞍山—梅山一线,由于重力反映为局部低值区,推断隐伏侵入岩以花岗岩为主,但不连续,其中马鞍山北东应存在一个范围较大的花岗岩体,面积近百平方千米。上覆火山岩主要集中在花岗岩体南部。而该花岗岩体东南有多个强磁圈闭,拥有芜-宁地区最强的磁异常,且伴生重力高特征,除表明该区处在隆起区带上外,尚表明火山岩厚度不大,而在火山岩之下尚有密度较大的小规模偏基性岩体侵入,这才形成重高磁高异常特征,在凹山和姑山已发现重要矿床,均与中基性岩体密切相关。

芜湖市北西清晰反映有大片磁异常,并向西延续至汤沟以远,地表为第四系覆盖,推测下部也有侵入岩体存在。但通过重磁场综合分析,该岩体可能分为东、西两部分,巢-芜铁路以东偏酸性,而铁路西侧则可能为中基性岩体,但埋深略大些。该区尚有众多局部低缓磁异常,有些还形成独立圈闭,不排除为小型中基性岩体引起。依重力资料推测,芜湖至繁昌存在一个古生代隆起带,芜湖岩体则处在隆起带北西侧。芜湖一带强磁异常非常值得注意,对形成接触交代型矿床及玢岩型矿床是十分有利的。只是由于地表广泛被第四系覆盖,工作难度较大,以往工作程度较低,目前仅发现雍镇铁矿,近年找矿尚无重大突破。

以往的研究论文中,根据航磁资料推断该区深部存在有一个很大的岩基,它向上到一定深度后,分离出芜湖、钟姑、霍里3个大岩株。岩基中心在霍里附近,埋深约10km。经我们研究认为,与庐枞火山岩盆地类似,芜湖—马鞍山一带也不会存在深部的大岩基(房),其磁异常为地表火山岩和中浅层侵入岩体引起。这里不再从重磁场特征论述(同庐枞火山岩盆地),穿越芜湖市的MT053剖面有力证明了这一结论,在其电性断面图上,芜湖断隆区电性分层清晰,等值线水平展布,表明该区以沉积地层为主,岩浆岩仅在浅部占有一定空间。侵入岩体岩性从酸性到偏基性都有,表明岩浆活动具多期性。

3. 青阳-石台岩体群

贵池以南为航磁大片正值区,古生界露头广泛,沿着长江可断续延至九江以远,由北向南时代逐渐变老,褶皱发育,至石台一带则寒武系、奥陶系大范围出露,褶皱变得逐渐宽缓,再向南到东至一线,元古宇基底已经出露。

由贵池—青阳一线向南为重低磁高区。磁场以高值连成一片,向西南延续至东至一带,表明该区侵入岩非常发育。进入江南隆起后,地表古生界大范围出露,但重力场却呈现大范围低值区,进行均衡改正后情况仍然如此。重磁场的综合表现与前面描述的几个岩体群的异常(重高磁高)迥然不同,不难推测这里地下深部可能存在庞大的侵入岩岩基。

青阳-石台地区,地表大面积出露花岗岩和花岗闪长岩体,主要有青阳、花园巩、谭山岩体,局部磁力高与之一一对应,表明局部磁力高为这些岩体的反映。这些岩体相对古生界围岩密度偏低,且向下延伸较大,故呈局部重力低特征。而石台到东至一带,地表古生界广泛出露,但重低磁高的组合特征不变,均有深部存在侵入岩的强烈信息,这表明石台—东至地区在古生代地层下面亦存在中酸性岩体,只是埋深更大一些。

对比该区磁场上延异常图可见,当上延不足10km时,消失了局部圈闭,该区高磁异常已连为一体,表明贵池以南广大地区深部巨大岩基的存在。在大地电磁测深剖面上,长江以南,深部即反映为高阻层,配合重磁异常,不难判断该区深部存在巨大岩基。

该区可以说是省内岩浆岩最发育的地带,从浅至深均有岩体发育。从岩性分析,地表出露岩体多为偏酸性的花岗岩体,但也有众多中酸性的小型花岗闪长岩体,物探异常推测中深部可能发育更多的花岗闪长岩体,如许家桥、义湖山至黄山岭一带,表明该区岩浆活动的多期次性。安徽省沿江地区重要矿床无不与岩浆岩密切相关,特别是铜多金属矿与中酸性岩体更为密切。由于该区中深部岩体发育,矿质来源丰富,且与上覆古生代碳酸盐岩形成广泛的接触关系,非常有利于形成矽卡岩型、热液型矿床,故不失为寻找铜多金属矿的有利地段,目前也是安徽省沿江一带最有潜力的地块,特别是青阳、花园巩、谭山岩体包围的金三角地带更要注意。只是贵池以南逐渐进入中高山区,地形条件较差,植被发育,地质填图的难度相应增加,需要充分发挥高精度物探方法的技术优势。

4. 泾县-高淳岩浆岩带

该岩浆岩带位于南陵盆地之南、江南断裂以北,是溧水火山岩盆地的西延段。区内长约75km,宽约30km。

地表大部为第四纪和白垩纪地层覆盖,北东走向,断续出露晚古生代至三叠纪地层,晚侏罗世火山岩零星出露,仅在南漪湖北有小面积侵入岩出露。

在航磁图上,该带呈现低背景的磁力正异常,在南漪湖北于低背景上叠加有高磁异常,最高达400nT以上。推测该低背景正异常带为浅层火山岩引起,这些火山岩被晚古生代地层所掩盖,为后期推覆活动所致,而南漪湖北部的局部磁力高则为火山岩和下部的侵入岩的叠加异常。观察上延10km异常图,宣城以西磁力低已与南陵盆地连为一体,表明该段深部无岩浆侵入;而宣城以东磁力高异常仍存在,证明该段岩体的存在,岩浆岩的分布主要受江南断裂的控制。该带重力场呈北东向重力高值异常带,上延后仍清晰可见,推测该带为古生代隆起带。目前该区发现的矿床以铜山铜硫矿床最典型,位于南漪湖北高磁异常区边部,为热液型,成矿与岩浆活动密切相关,表明该区有寻找内生金属矿的潜力,该区的众多低缓磁异常均应引起重视。

已知资料显示,上述岩浆岩带的岩浆岩主要分布在早三叠世后相对隆起的断隆带中,宏观呈重磁同高特征。各类侵入岩体大小相参,星罗棋布。根据航磁资料分析,在第四系及火山岩之下,还存在有隐伏岩体。除少数中基性岩外,多数岩体局部异常多呈重低磁高特征。上述岩浆岩区带是岩浆多期次活动的产物,为该地区内生多金属矿的生成提供了丰富的矿源条件。

第七节 火山岩与火山构造

一、地质特征

安徽的火山活动主要发育在前震旦纪和中新生代两个时期,前者属地槽型,岩石均已变质,本书将其归于变质岩系列;后者属大陆边缘活动带型,是省内最繁盛的火山活动时期。火山岩岩石类型以中性和中酸性岩类为主,与铁、铜、硫、明矾石等矿床的关系密切。火山岩主要分布在华北陆块南缘、大别造山带和扬子陆块下扬子岩浆岩带及皖南浙西岩浆岩带。

1. 燕山期火山岩

安徽中生代火山岩主要形成于晚侏罗世,少量形成于早白垩世。岩石类型以安山岩、粗安岩、粗面岩类为主，其次为流纹岩、英安岩、粗面玄武岩，并有少量碱性粗面岩和响岩，主要在北淮阳、长江两岸和皖南地区的中生代陆相盆地，组成金寨-舒城、沿江、皖南3个火山喷发带。

华北陆块：燕山期火山岩仅出露于凤阳一带。岩石为安粗岩-英安岩-流纹岩组合及相关的火山碎屑岩。

北淮阳地区金寨-舒城火山喷发带：可分为金寨、霍山和晓天3个盆地，分属毛坦厂旋回、响洪甸旋回和晓天旋回。金寨盆地为安山岩-英安岩-流纹岩组合，部分为碱性玄武岩-响岩组合，霍山-晓天盆地为粗安岩-粗面岩组合。火山机构均为中心式，主要为破火山、层状火山、锥状火山和穹状火山构造等。

燕山期下扬子岩浆岩带如下。

北亚带：火山岩分布在滁州市黄石坝一带，形成于晚侏罗世—早白垩世。火山活动明显受北北东向构造控制，以陆相中心式火山机构为主，裂隙-中心式喷发，由火山通道相-爆发相-喷溢相-潜火山岩相-沉积相组成。岩石为玄武安山岩-安山岩-英安岩和少量粗安岩组合。

中亚带：火山岩形成于晚侏罗世—早白垩世，受北东—东西向断裂构造控制，集中分布于沿江继承性盆地内，自西向东有怀宁、庐枞、繁昌、宁芜（安徽部分）4个主要火山岩盆地，铜陵、池州等地也有零星分布。各火山岩盆地内岩石组合、岩石化学、喷发旋回、构造特征及时空演化不尽相同，各具特色。主要火山岩系包括橄榄安粗岩系和高钾碱性火山岩系两类岩石组合。总的趋势是由中基性向中酸性和偏碱性演化。橄榄安粗岩系的岩石具低硅、富碱高钾特征，主体属碱钙性岩系。与之相关的潜火山岩或超浅成侵入岩主要有辉长闪长（玢）岩、钠长闪长岩和钠长岩等。碱性火山岩主要发育于宁芜盆地火山活动最晚期（娘娘山旋回），出现大量副长石类和碱性暗色矿物（霓辉石），庐枞盆地的双庙组上部、浮山组接近碱性火山岩组合的特点。

南亚带：火山岩零星分布于褶断隆起区。皖南、浙西地区燕山期火山岩主要分布于天目山盆地和屯溪盆地。天目山盆地火山岩分布于清凉峰一带，属浙西北火山岩带黄尖喷发旋回的一部分。岩石为安山质-粗安质-英安质-流纹质-粗面质（石英粗面质）岩石组合，与其内部浅成呈岩滴状小岩株有同源亲缘关系。屯溪盆地石岭喷发旋回岩石为玄武岩-英安岩-流纹岩组合，具双峰式特点。

2. 喜马拉雅期火山岩

喜马拉雅期火山岩分布于明光、定远及合肥一带，处于断陷盆地边缘或深大断裂带附近。岩性为基性—中基性火山岩组合，主要有橄榄玄武岩、玄武岩、粗玄岩、安山玄武岩、安山岩及少量的次火山岩，属钙碱性—碱性岩系，钠质类型。火山机构保存较为完好，以中心式溢流作用为主，属夏威夷式火山类型。主要分布于明光市小嘉山、小横山、鲁山、凤阳县梅市及无为县照明山一带，可划分为定远、桂五两个喷发旋回。

二、圈定原则

1. 火山岩盆地

火山岩磁场中，玄武岩磁异常峰值常达几百至几千纳特，但也有异常很弱的地方；一般安山岩比玄武岩磁性弱，异常峰值为几十至上百纳特，还有磁性更弱的地区；酸性火山岩，由于其暗色矿物含量少，磁性较弱。火山岩磁场的共同特点是沿剖面方向场值跳跃变化，在相邻测线上难以对比，随着火山岩埋深增大，其跳跃变化特征逐渐减弱或消失。此外，有时在玄武岩的杂乱磁场中，可出现一条或数条狭窄的正的或负的线性异常，这可能是火山喷出裂隙的反映；有时还可在异常图中发现一个极强的异常，这可能是火山口的反映；有些酸性熔岩盆地上，异常幅度可达几十纳特。火山岩地层引起跳跃变化的杂乱异常，是因为火山岩的剩余磁化强度往往比感应磁化强度大好几倍。

火山岩地层定性和半定量解释要求：首先依据磁异常特征和地质环境判断磁异常是否为火山岩地

层引起,在此基础上利用化极磁异常带外部异常的外侧拐点或化极垂向一阶导数零值线等圈定火山岩地层的范围,如果磁异常存在明显走向特征,则以磁异常的走向作为火山岩地层的走向。

以庐枞火山岩盆地为例,在航磁化极异常图上可见,庐枞一带为强磁背景异常区,强磁异常区的范围与地表火山岩覆盖区及局部岩浆岩出露区基本对应,表明磁异常背景由火山岩引起。

庐枞一带约200nT航磁等值线自行封闭,形成一个北东走向近似椭圆状的异常。其边部等值线密集,梯度大,北西至北东侧尤为突出;内部等值线则较为舒缓,强度一般为600~800nT,虽然庐枞盆地火山岩磁性极不均匀,表现为锯齿跳跃,复杂多变,但整体上边缘部仍表现出正负交替的陡变特征,这正是浅部似板状磁性体的磁场特征。故在庐枞火山岩盆地边部显现出高磁梯级带,利用磁异常陡梯度位置大致确定火山岩盆地的边界(图5-32)。

其他火山岩盆地范围的圈定思路与方法基本相同。

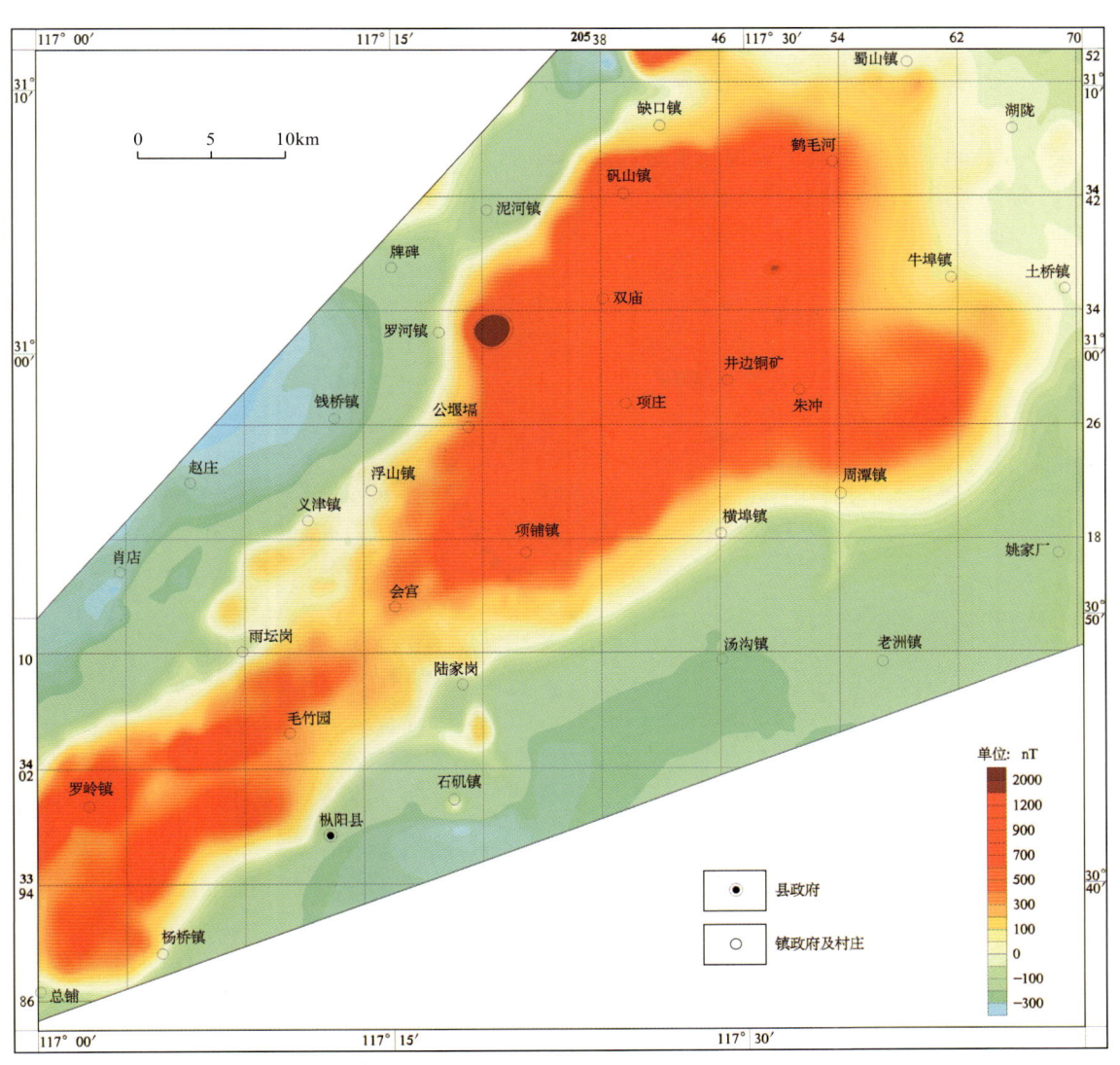

图5-32 庐枞火山岩磁场特征及其边界确定图

2. 火山构造

该区从已知的火山构造与重磁异常的对应关系分析,火山机构虽然在1∶5万资料上能反映一些信息,但一般不能仔细划分,这可能是由于该区的火山口规模太小。而1∶5万重磁资料的比例尺较小,不能反映单一火山口的特征细节。但是由多个火山口组成的火山机构则出现两种比较明显的重磁异常组合特征:例如黄梅尖岩体以北的两个小型火山机构(井边铜矿锥状火山和寨基山穹火山),地质上确认的火山口均位于重力次级隆起上及强磁异常的梯级带上(甚至弱磁场区),而火山机构的中心则是磁低重低组合,反映火山机构中心,可能主要是火山洼地的直接反映。矾山火山机构的特点是火山口依然位于次级相对重力高上,且位于强磁异常之边缘环带上,也就是不同强磁异常区的结合带上;可能反映火山机构中心已经被后期的中酸性、强磁、低密度侵入体所充填占据。

七家山火山机构(锥状火山)和浮山火山机构(破火山)最主要的是重力低和弱磁异常组合,尤其值得一提的是,这两处火山机构完整性相对较好一些,但其中心仍有微弱的重磁同高异常组合,更有趣的是:正则化下延的结果,原本高背景上的低磁异常带变得更加微弱,只是在机构中心,尚有少量微弱的高磁异常组合。

自来桥火山机构在区域场上表现为重磁同高,但所在地区重磁场则表现为中心低周边高的环状特征,这是因为自来桥火山机构处于隆起部位,其中心重磁力低因喷发作用造成磁性物质亏损所致(图5-33~图5-35)。

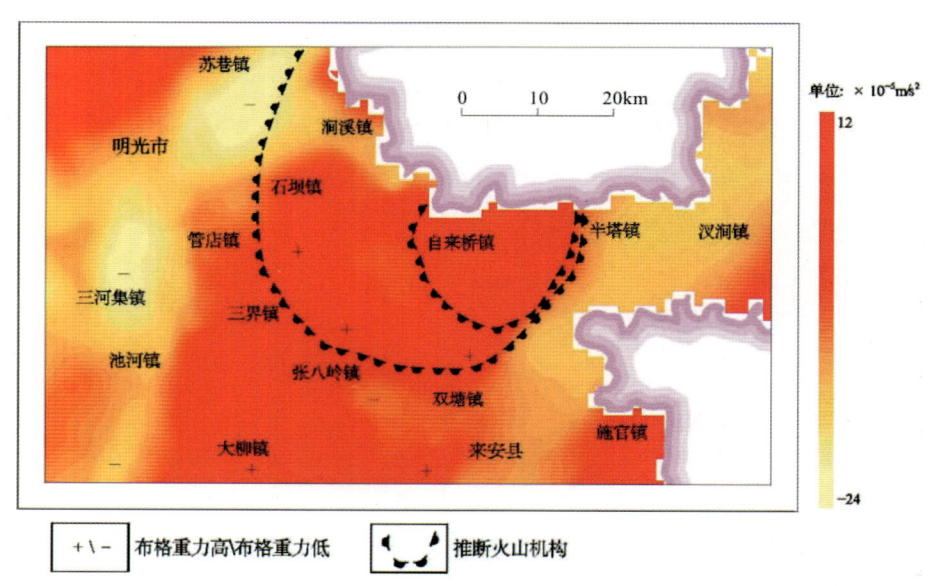

图5-33 自来桥火山机构与布格重力异常图
1.市政府;2.县政府;3.镇政府;4.布格重力高/布格重力低;5.行政区界线;6.推断火山机构

安徽省火山岩十分发育,火山岩地层所具有的跳跃状磁场特征以及各类火山构造上的重磁异常组合特征非常相似,从而为全省火山构造的分析与圈定创造了条件。

三、火山岩地层分布

依据火山岩地层所拥有的跳跃状磁场特征,结合地质重力等综合资料对全省火山岩分布区进行了推断,由于是利用1∶5万航磁资料直接进行的(个别1∶5万空白区使用1∶20万资料代替),所以其分布范围的推断精度较高。共依据重磁资料推断火山岩86处,按照地表的出露情况,分为出露、半隐伏和

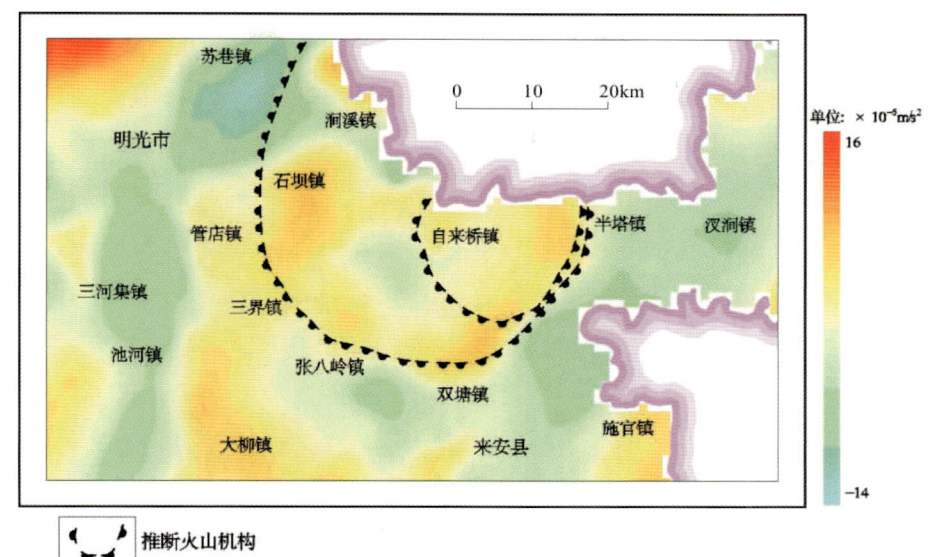

图 5-34 自来桥火山机构与剩余重力异常图
1.市政府；2.县政府；3.镇政府；4.行政区界线；5.推断火山机构

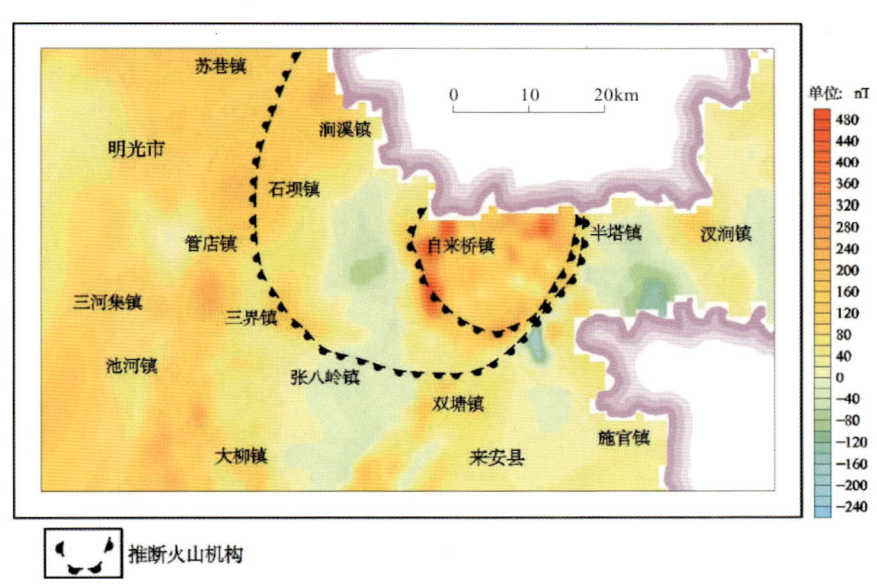

图 5-35 自来桥火山机构与航磁化极异常图
1.市政府；2.县政府；3.镇政府；4.行政区界线；5.推断火山机构

隐伏 3 类，其中出露 9 处，半隐伏 13 处，隐伏 64 处（图 5-36）。

四、火山构造

这里的火山构造包括火山盆地、火山洼地、层状火山、破火山和火山穹隆等。

在火山活动时，随着火山熔岩的大规模喷涌形成了火山锥和熔岩台地，同时火山下的岩浆房出现了相应的质量亏空。之后，在重力作用下，火山口处的岩浆通道首先发生塌陷，充填物的密度明显小于火山岩，所以规模较大的火山口会引起等轴状局部负异常；以后，塌陷范围逐渐扩大，火山锥消失，形成火

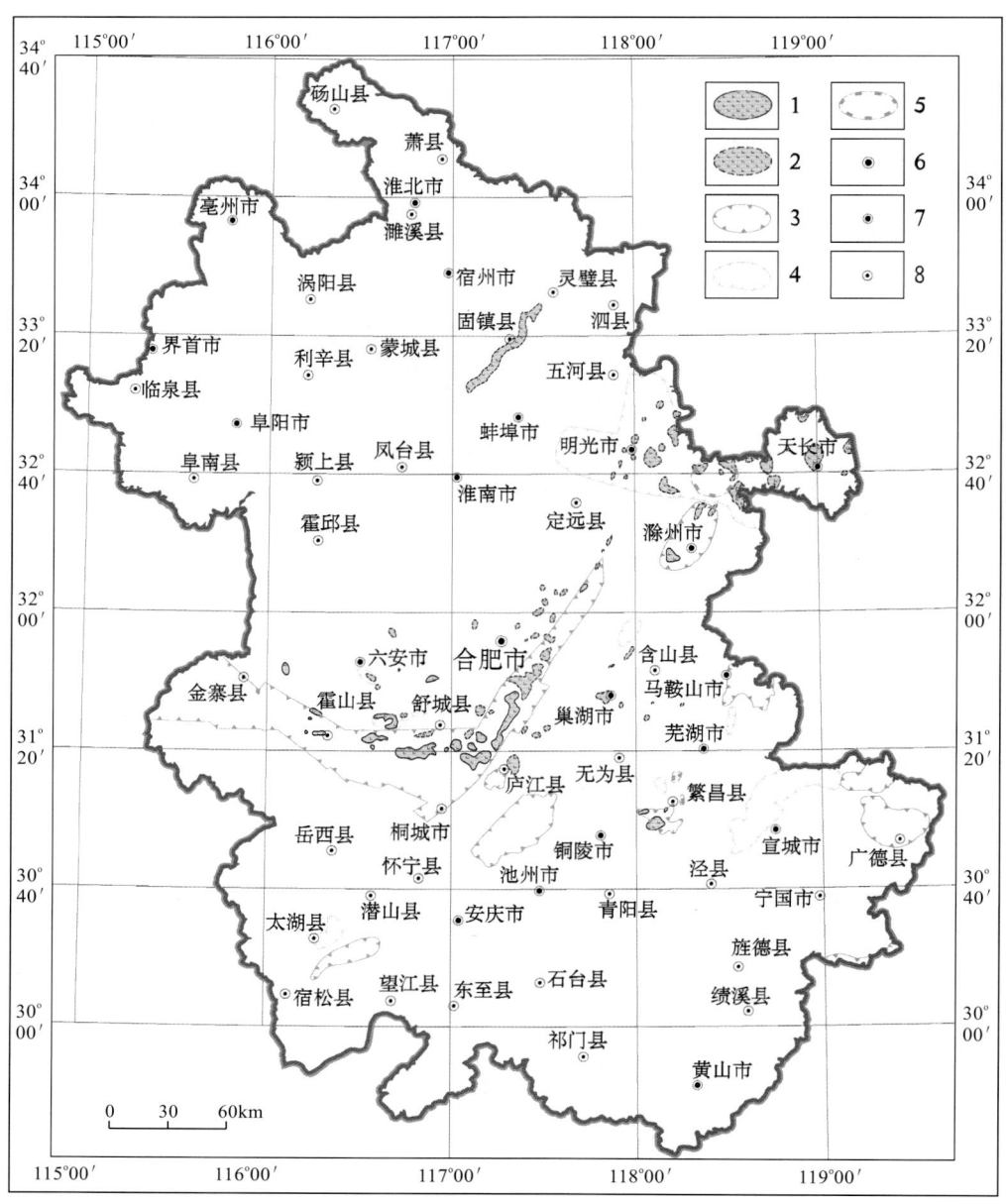

图 5-36 推断火山岩地层与火山构造分布图

1. 推断火山岩地层(出露);2. 推断火山岩地层(隐伏);3. 推断火山盆地(出露);4. 推断火山盆地(隐伏);
5. 推断火山洼地;6. 省政府、省辖市;7. 市、地区政府;8. 县政府

山陷落区——破山口是火山陷落区的一种,并接受相对疏松的火山碎屑沉积,于是形成了范围更大的等轴或似等轴状局部负异常,而且它常常被局部正异常环绕,这种环状特征在地貌和遥感图像上更为清晰;如果在一个相当大的范围内,在一个地质时期内持续地发生火山活动,则是由于岩浆库的极端空虚所导致的大范围持续陷落,最后发展成为火山构造凹地、火山构造地堑乃至火山岩盆地,与之对应的是范围更大、幅值更高、边界梯级带更清晰的负异常区带。一般来说,火山机构的重力异常因与周围岩石和地层之间的密度差不同而呈现环状、似环状,或圆形、似圆形的局部重力低异常或重力高异常。从环形异常的完整程度可以判断火山构造是否完整或受到后期破坏。火山机构边界圈定可以参考布格重力异常的垂向导数的零值、水平总梯度模的极值位置,结合地质、航磁等资料进行圈定。依据该重力异常特征能够推断火山机构的形状、面积、半径等参数。

省级以磁法、重力资料为主,结合其他地质、地球物理资料来识别火山构造,共推断省级火山构造22处,其中火山盆地19处,火山洼地3处(图5-36)。

预测级则重点在庐枞、繁昌、马芜、天长-来安等著名火山岩分布区共识别火山构造493处(见庐枞、繁昌、马芜、铜陵、肥东预测工作区重力推断地质构造图),包括火山盆地、火山洼地、层状火山、破火山和火山穹隆等,其中火山盆地131个,层状火山13处,火山穹隆122处,火山洼地36处,破火山191处。

五、重要火山岩盆地探讨

庐枞火山岩盆地是安徽省境内最大的火山岩盆地,也是重要的成矿区带之一。在上节岩浆岩带讨论中,已对庐枞火山岩盆地的基底性质进行了分析,本节再对地学界关心的其他几个问题进行讨论。

1. 盆地内火山岩厚度

首先说明,本书所指火山岩厚度不包括次火山岩,因二者物性差异悬殊,地球物理解释视为异类。盆地内火山岩厚度是地学界长期关心的一个问题,也是一个地学难题。由于盆地内打穿火山岩的深钻有限,有的推测火山岩厚4km,有的推测2km,众说不一。多年来,物探工作者试图利用重磁资料的反演计算来解决这一问题,如安徽省勘查技术院(原地矿部第一综合物探大队)曾在20世纪80年代利用重力资料、选用测深公式和三维密度界面近似迭代法分别进行了剖面及面积性反演计算,得出的结论是火山岩厚度约为2.4km。由于约束条件的复杂性,这种计算结果很难评价它的可信度。盆地内磁异常更为复杂,利用磁测资料进行的反演结果可信度也更不可靠,难以被地学界认可。

定性分析庐枞火山岩盆地的重磁场特征,可以认为火山岩厚度不会大,其理由是火山岩密度普遍偏小,和白垩纪的沉积砂岩相近,若火山岩厚度较大,其盆地范围内必然显示为重力低,与罗河断裂以西的潜山盆地重力场不会有明显的差异,而事实恰恰相反,足以说明盆地内火山岩厚度整体不大。收集实测的AB、CD两条MT剖面有力证实了上述分析的结论,它们的共同点是在盆地上部普遍存在一连续稳定中等电性层,厚度约1km,与其下部高阻层有较大的差异,不支持4km以上均为火山碎屑岩的观点。依物性资料推测,这一中等电性层为火山岩层(也可能包括象山群),虽厚度局部有些变化,如七家山火山机制区就较厚,但厚度大多小于0.7km。前面已论述过,火山岩下是以碳酸盐岩沉积地层为主的基底,从重力反演剖面看,埋深1km以下地层密度为2.73g/cm³,此密度值与灰岩的密度值相当而远大于火山碎屑岩的密度值。在龙桥、杨山一带于300~500m已见碳酸盐岩地层,可以说明电法资料的解释结果是可信的。

由于电法剖面太少,不可能给出面上准确的变化,为此我们以地质和少量钻孔资料为约束条件,利用重力资料进行三维反演,获得庐枞盆地火山岩厚度图(图5-37)。从图中可见,与电测解释基本相符,火山岩的厚度在盆地内也有相应的变化,但整体上厚度不大是客观事实。这一结论的意义在于表明,火山岩盆地基底埋深除局部地区外一般在有效勘查深度范围内,在盆地内岩浆岩发育的条件下,开辟第二找矿空间,寻找深部隐伏矿的前景无限广阔。

2. 火山岩盆地边界

在航磁化极异常图上可见,庐枞一带为强磁背景异常区,强磁区的范围与地表火山岩覆盖区及局部岩浆岩出露区基本对应,表明磁异常背景由火山岩引起。前已述及,火山岩盆地下部不存在大的岩基,主体应为沉积基底,这样我们就可将火山岩层(包含局部次火山岩、侵入岩)视为似水平板状体,这一认识可从大地电磁测深剖面上得到佐证,无论是南北向AB剖面,还是东西向CD剖面,其上层均为厚约1km的中等电性层。

理论上可知,似水平板状磁性体的磁场特征是在其边部呈现正负交替的局部磁异常,梯度较大,而在板状体内部,磁异常则相对平稳,这正是较浅部似板状磁性体的表现特征之一。化极后会略有变化,

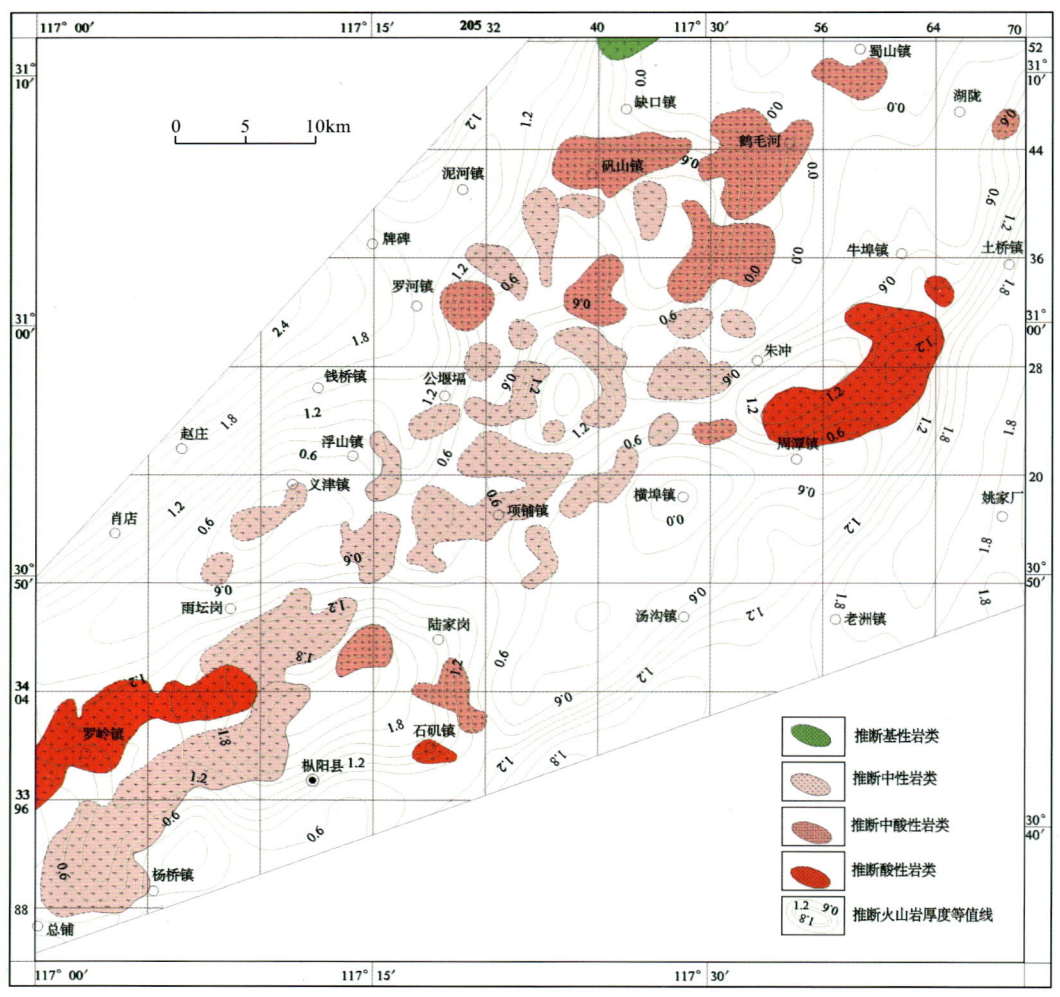

图 5-37 庐枞盆地重力反演火山岩厚度图

但整体形态仍大致如此,若磁性体直接出露地表,则这一现象更为明显,故磁异常陡梯度位置大致可以确定磁性体的边界。

庐枞一带约 200nT 航磁等值线自行封闭,形成一个北东走向近似椭圆状的异常。其边部等值线密集,梯度大,西北至东北侧尤为突出;内部等值线则较为舒缓,强度一般为 600~800nT,虽然庐枞盆地火山岩磁性极不均匀,表现为锯齿跳跃,复杂多变,但整体上边缘部仍表现出正负交替的陡变特征,这正是浅部似板状磁性体的磁场特征。故在庐枞火山岩盆地边部显现出高磁梯级带就不足为奇了,我们正可利用磁异常陡梯度位置大致确定火山岩盆地的边界(图 5-38)。南界大致为官埠桥—横埠桥一线,东界大致在横埠桥—蜀山一线,北界以庐江-襄安断裂为界,这与穿越盆地的 AB、CD 剖面解释是一致的。

该区重力异常总体为一重力高,这个重磁同高异常范围与该区火山岩分布范围大致相当,故重磁异常基本反映出火山岩盆地的轮廓。其周边的重力梯级带主要反映出盆地的周边断裂特征,最醒目的边界断裂则为罗河-缺口断裂。在 AB 剖面图上,该断裂上部表现为正断性质,其西侧下陷进入潜山盆地,其上沉积了较厚的中新生界,故重磁均表现为低值区。

目前地学界对盆地的西北界尚有疑虑,主要焦点就是罗河断裂西部红层之下还有无火山岩分布。从航磁平面异常特征分析,罗河以西为典型断陷盆地磁异常特征,从新测 AB 高精度地磁剖面来看,罗河以西出现陡立的负值异常,均不能支持下部有大量火山岩存在的认识;在大地电磁测深 AB、CD 剖面

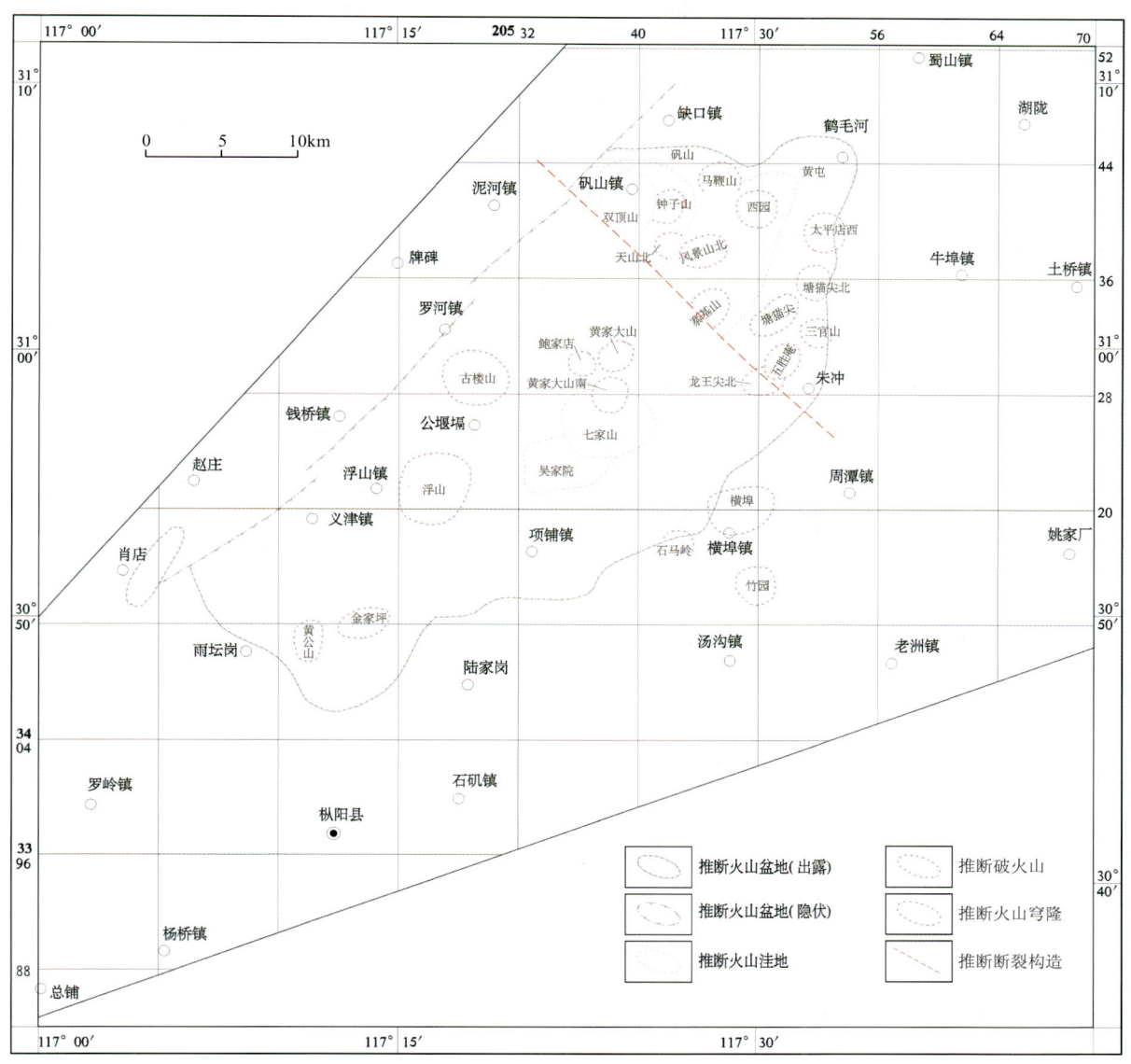

图 5-38 推测火山岩盆地边界图

上,罗河断裂表现为先逆后正的性质,其逆冲前锋就在罗河断裂附近,断裂西侧由于后期沉积了较厚的红层,电法也很难在红层之下划分出火山岩层;大地电磁测深 HQ-4 剖面正好北东向通过罗河西侧,该段电阻率剖面分层清晰,上部约 1km 为连续的低阻层,推断为红层和第四系,其下为相对高阻层,连续性很好,推测主体为上古生界。故我们倾向于可以将罗河断裂作为庐枞火山岩盆地西界,其西侧应为潜山断陷盆地构造。反而言之,即使罗河断裂西侧潜山断陷盆地内深部存在火山岩地层,推测厚度不会大,埋深也在其之上,对寻找金属矿产已无多大意义,故目前工作部署重点还是放在罗河断裂东侧为宜。

3. 盆地内断裂构造

盆地内断裂构造十分发育,北东向、北西向、东西向、南北向 4 组断裂纵横交错,前人已做过大量的研究,地质上已经积累了较多的资料,本次重磁资料和 MT 剖面均划分出多条断裂(图 5-39),本书不再逐一论述,仅就几条地质界比较关注的断裂略作介绍。

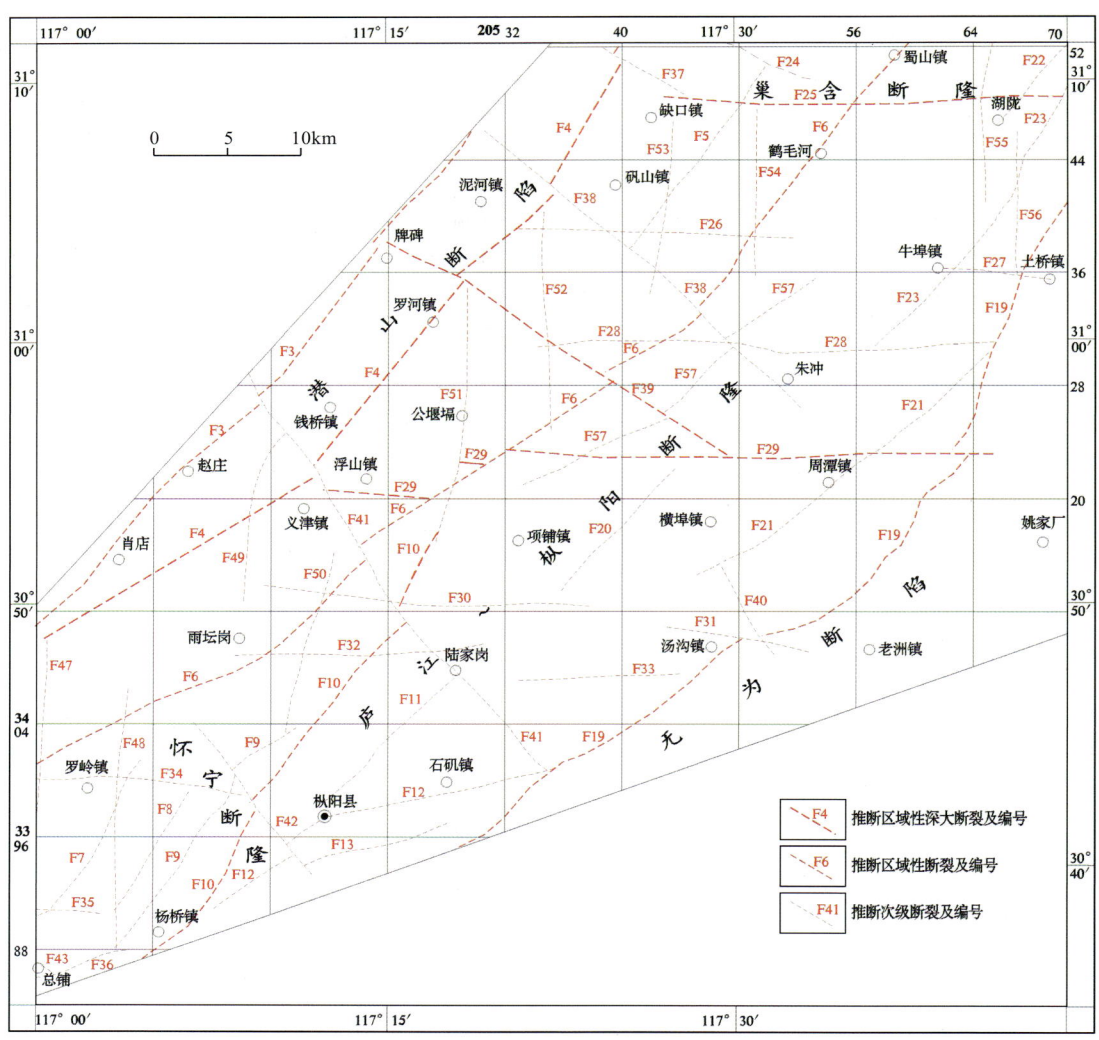

图 5-39 庐枞盆地内推断断裂分布图

1) 罗河-缺口断裂（F_4）

该断裂为一区域断裂，北东走向。在地球物理场上表现为北东走向的重、磁力梯级带，为怀宁-巢湖断隆带和潜山断陷盆地的重磁场的分界线。在重力方向导数图（135°）及欧拉反褶积反演构造图上，均有清晰的线性异常。在大地电磁测深 AB 剖面上可清晰看出，该断裂为一复合型断裂，其上部表现为正断性质，断面西倾，成为潜山断陷盆地的边界断裂；而其下部则为逆断性质，断面南东倾，表明断隆区向北西方向曾发生逆冲，罗河矿区钻探发现的逆断层，很可能为逆冲活动伴生的次级断层。罗河-缺口断裂实质上为潜山断陷盆地与火山岩盆地的分界线。

2) 黄屯-砖桥断裂（F_6）

该断裂位于庐枞火山岩盆地中央黄屯—砖桥一线，南可延至柳峰山。在1:5万重力135°方向导数图上反映清晰，为一条北东向展布的负值异常带。沿着这条断裂分布有七家山、黄屯火山口及砖桥、岳山岩体等，显示为一条串珠状高磁异常带，表明该断裂是盆地内重要的控岩控矿断裂。此外，从地球化学异常分析，此断裂之北西部为铁族元素异常区，其南东侧为铜、铅锌、钼多金属异常发育区，故可视为该断裂为一分界线，其北西侧以找铁矿为主，而其南东侧应以寻找铜多金属矿为主。

3）罗河-小街断裂（F_{39}）

在盆地内，自罗河穿过七家山火山口与近东西向城隍庙-周潭断裂相交，在重力方向导数图上为一条北西向负值条带异常，在构造增强图上为一条北西向高值带。沿这一断裂分布有罗河、杨家院、七家山、黄梅尖磁异常，表明该断裂为北西向控岩控矿断裂。在东西向大地电磁测深 CD 剖面上，可见有该断裂的存在。

该断裂自罗河向北西向延伸过菖蒲山，南于桐城东北约 10km 处交于黄破断裂，在布格重力异常图和航磁异常图上，表现为北西走向的线性梯级带，梯级带北侧为菖蒲山重力高、磁力高，其南侧为潜山断陷重力低、磁力低。该段重磁梯级带均十分宽缓，表明断裂带可能由多条断裂组成，自东北向西南逐级下陷。该断裂穿过郯庐断裂后进入大别造山带，向西北方向仍有延伸趋势，地质界称为晓天-磨子潭断裂，在航磁图上反映十分清晰，表现为北西走向的强磁异常带。

该断裂向南交于城隍庙-周潭断裂，北西走向折转为近东西走向，并向东延伸，至铜陵，再至南陵，这可能构成地质界关心的桐城-罗河-铜陵-南陵断裂。从磁异常展布特征来看，该断裂为铜陵、庐枞地区一条北西向重要的控岩控矿断裂带。

第八节　变质岩地层分布特征

一、变质岩圈定原则

变质岩分为两类，即正变质岩和副变质岩。正变质岩一般磁性较强，可观测到几百乃至上千纳特的异常。由于变质岩经受热力变质作用，铁质成分重结晶，磁性矿物分布不均匀，常使磁场出现较大跳动。总体上说，由于正变质岩往往成片分布，因此往往形成大的区域背景磁异常，其上常叠加一些次级异常。

副变质岩的磁性通常较弱，在磁测资料中的表现与沉积岩地层差不多，一般情况下用磁测资料也难以圈定出来，只是当其处于特定环境（由强磁性体包围）时才可以间接地圈定出来。

正变质岩地层定性和半定量解释要求：首先依据磁异常特征、重力异常特征和地质环境判断磁异常是否由正变质岩地层引起，在此基础上利用化极磁异常带外部异常的外侧拐点或化极垂向一阶导数零值线等圈定正变质岩地层的范围，以磁异常的走向作为变质岩地层的走向（如果存在明显走向特征的磁异常）。

安徽省皖北地区部分太古宙地层由于长期接受区域变质作用影响而具有磁性，由此可利用磁测资料进行基底地层的推断；同时该部分地层普遍具有高密度的特点，因而结合重力资料进行推断就更有利了。

二、变质岩分布特征

依据变质岩所具有的磁法、重力异常特征，结合其他物探、地质等资料共推测变质岩地层 94 处，其中出露 18 处，半隐伏 12 处，隐伏 64 处。按照地层岩性划分，新太古代霍邱岩群片麻岩变粒岩 28 处，古元古代虎踏石岩组 6 处，新太古代大别山杂岩 8 处，新太古代登封群 4 处，新太古代泰山群 1 处，新太古代五河岩群斜长片麻岩角闪岩 46 处，详见图 5-40。

三、重要变质岩

安徽的沉积变质铁矿主要产于新太古代霍邱岩群和五河岩群变质岩系中。成矿物质来源于这些变质岩系的含铁建造多层、分散的矿源层中。根据在含矿岩石中出现角闪石、铁铝榴石、斜长石和石英的

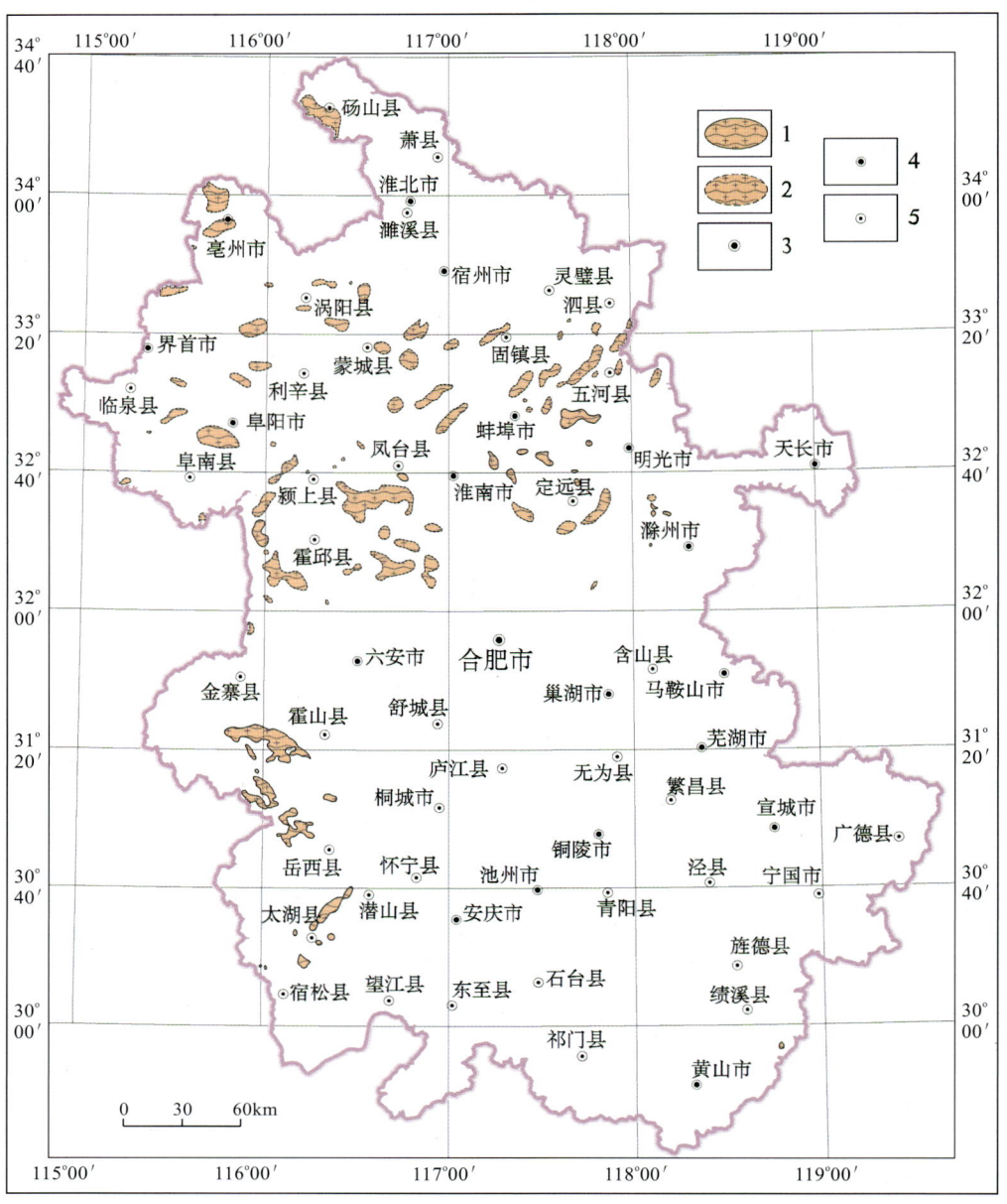

图 5-40 推断变质岩地层分布图

1.推断变质岩地层(出露);2.推断变质岩地层(隐伏);3.省政府、省辖市;4.市、地区政府;5.县政府

组合,证明在成矿阶段曾经历相当于低角闪岩相的区域变质作用改造。另外,浸染型矿石的生成以及蛇纹石的出现,说明成矿阶段还有气-液变质作用的参与。由此可见,变质铁矿的形成,除了与新太古代特定的含铁建造有联系外,变质热液活动的存在是不能排除的。从成矿时代、含矿建造等方面资料分析,这类矿床相当于鞍山式铁矿。

霍邱岩群:为前震旦系的一套区域变质的片麻岩、变粒岩、片岩、大理岩、斜长角闪岩类岩石,混合岩化普遍,部分较强烈,是该区沉积变质铁矿的赋存层位。自下而上为花园组、吴集组、周集组。Rb-Sr 法等时线年龄为 27 亿年左右,时代为新太古代。

霍邱岩群主要分布于华北陆块南缘,六安后陆盆地中的长山穹褶断束,东为合肥坳陷(次一级构造——霍邱凹陷),西邻横川坳陷(次一级构造——固始凹陷),南以肥中断裂为界,北以淮南向斜相接。从构造体系来看:处于秦岭东西向构造带、新华夏系和淮阳"山"字形脊柱的复合部位,区内构造较为复杂。构造线方向以南北为主,次为近东西。

盖层构造:四十里长山零星基岩出露区,由震旦系、寒武系构成了一个不完整的向斜轮廓,区内仅出露向斜东翼,由西向东分布寒武系—震旦系,地层走向近南北,倾向西,倾角20°左右。后期断裂构造亦多为近南北向,倾角较陡,并有岩脉侵入,结构面力学性质表现为张扭性。

基底构造:全区为一狭长的倒转褶皱带,由一个向斜和两个背斜组成,自西向东为花园背斜—周集倒转向斜—张店背斜。

(1)花园背斜:位于张庄铁矿床和周集铁矿床西部的花园—朱港一带。核部由花园组组成,两翼为吴集组,东翼倒转(周集倒转向斜西翼),西翼由于受断层影响而不完整,轴向北北东,轴面倾向北西西,向南延伸被震旦系覆盖。

(2)周集倒转向斜:位于测区中部的重新集、周油坊、周集—集,往北延伸(过淮河)到金小庙附近,为一贯穿该区南北的主要构造。核部由周集组上段的大理岩组成,两翼为吴集组,西翼(花园背斜东翼)倒转,倾角50°~80°,东翼正常倾角40°~60°,轴面倾向西—北西西,轴向与褶皱带一致,由南向北为近南北—北北东向。

(3)张店背斜:位于测区东部的张店、新围子、李营子一线。核部由花园组组成,两翼为吴集组,西翼(周集倒转向斜东翼)正常,东翼被上侏罗统覆盖,轴向北东,向南延伸到张店南倾没。

从总的构造轮廓纵观变质岩地层,为沿合肥坳陷成弧形展布,构造线南段近南北向,北段为北东向,南端收敛,北端舒展,呈似帚状构造。随着地层的强烈扭动,产生了一系列以北西向为主的压扭性断裂,这次断裂造成地层(含矿体)呈顺时针扭动错位。

物探异常特征:在1:50万及1:5万航磁异常平面图上,在合肥低缓正异常区的西北部有一大片负值区。异常平静单调,由南向北从-50γ逐渐减少到-150γ左右。在霍邱县西部地区,南起龙潭寺,北至淮河边,西靠李集,东临高塘集,南北长40km,东西宽1~8km的范围内,负异常被一系列形态规则的强磁异常所掩盖,形成一条近南北向的高磁异常带。这一条高磁异常带就是霍邱铁矿的赋存部位。

在1:50万及1:5万航磁异常平面图上,在合肥低缓正异常区的西北部有一大片负值区。异常平静单调,场值由南向北从-50nT逐渐减少到-150nT左右。在霍邱县西部地区,南起龙潭寺,北至淮河边,西靠李集,东临高塘集,南北长40km,东西宽1~8km的范围内,负异常被一系列形态规则的强磁异常所掩盖,形成一条近南北向的高磁异常带。这一条高磁异常带就是霍邱铁矿的赋存部位。

在1:50万布格重力异常平面图上,本区位于南照集重力高,西大山(陈集)重力高及霍邱重力低的三角地带。南照集重力高位于西北部,呈北东30°走向,最高峰以0×10^{-5}m/s²等值线圈闭;西大山重力高位于该区的西部,呈北西55°走向(影响测区部分的布格异常等值线近南北向),最高峰以2×10^{-5}m/s²等值线圈闭;霍邱重力低位于该区东部,呈北东30°走向,最低以-38×10^{-5}m/s²等值线圈闭,所以该区位于西高东低的梯度带上。在1:5万的布格重力异常平面图上,张庄以北等值线走向约北东25°,往南到李楼等值线成南北向,李楼以南等值线呈北西30°走向,等值线呈向西凸出的弧形梯度带。在西北部有等值线向北西回拐的圈闭趋势,形成重力高。在东南部吴家面坊—付井一带布格重力异常等值线向北东方向回拐,形成一个北东30°走向的沟形重力低值带。

第六章 典型矿床地质地球物理特征及找矿模型

第一节 铁 矿

铁矿是安徽省优势矿种之一,全省共有铁矿产地 333 处,累计查明资源储量为 44.13×10^8 t(含原表外矿 8.37×10^8 t),保有资源储量 39.54×10^8 t,居全国第 4 位。矿床成因类型较多,主要有火山岩型(玢岩型)、沉积变质型、矽卡岩型、层控沉积-热液叠加改造型、热液充填交代型、氧化改造铁帽型,其典型矿床详见表 6-1。

表 6-1 安徽省铁矿典型矿床成矿特征一览表

矿床名称	矿物组合	成矿时代	成矿背景	主要成矿条件	矿床规模
霍邱县吴集铁矿床南段	磁铁矿-赤铁矿(磁赤铁矿、钛铁矿;伴生黄铁矿、磁黄铁矿、黄铜矿)	Ar_3—Pt_1	华北陆块南缘	磁铁石英岩等含铁岩系、航磁异常	大型
马鞍山市凹山铁矿	钠长石-磷灰石-磁铁矿;阳起石-磷灰石-磁铁矿	K_1	沿江褶断带	火山岩、辉石粗安玢岩顶部及边部、航磁异常、磁法异常	大型
当涂县姑山铁矿	石英-赤铁矿;磷灰石-石英-磁铁矿	K_1	沿江褶断带	辉石闪长岩体和黄马青组砂页岩等接触部位,与侵入体有关的隐爆角砾岩晕圈是主要容矿构造,航磁、磁法异常	大型
当涂县陶村铁矿	钠长石-阳起石-磷灰石-磁铁矿;少量赤铁矿、镜铁矿、穆磁铁矿、钛铁矿、黄铁矿等	K_1	沿江褶断带	火山隆起构造辉石闪长岩体中上部,上距接触带 50~100m,受岩体顶面形态控制。航磁、磁法异常	大型
当涂县白象山铁矿	磁铁矿、假象赤铁矿、镜铁矿等;少量穆磁铁矿,金属硫化物硫铁矿、黄铜矿	K_1	沿江褶断带	闪长岩体顶部突出部位与黄马青组内外接触带中。黄马青组钙质页岩、灰岩及周冲村组膏盐层是有利围岩。磁法、航磁吻合	大型
庐江县罗河铁矿	磁铁矿(赤铁矿、黄铁矿、菱铁矿、黄铜矿、磷灰石)	K_1	沿江褶断带	火山岩、辉石粗安玢岩顶部及粗安质凝灰岩接触带,航磁异常、磁法异常	大型
濉溪县前常铁矿	磁铁矿-含铜磁铁矿;(黄铁矿、赤铁矿、磁赤铁矿、白铁矿;斑铜矿、自然金、自然银等)	C	淮北褶断带	下奥陶萧县组大理岩与闪长玢岩接触带,航磁异常、磁法异常、化探、重砂异常	中型
铜陵市安庆铜矿	黄铜矿、黄铁矿、磁黄铁矿、磁铁矿	K_1	沿江褶断带	花岗闪长岩、与三叠纪南陵湖组围岩接触,蚀变发育,航磁、磁法异常,化探异常	大型
繁昌县桃冲铁矿	镜铁矿、黄铁矿	K_1	沿江褶断带	花岗闪长岩及石炭纪地层接触带,航磁、磁法异常,化探异常	中型

续表 6-1

矿床名称	矿物组合	成矿时代	成矿背景	主要成矿条件	矿床规模
庐江县龙桥铁矿	磁铁矿（赤铁矿、黄铁矿；少量黄铜矿）	K_1	沿江褶断带	罗岭组泥质粉砂岩、石英正长斑岩体、粗安斑岩，航磁异常、磁法异常、化探异常	大型
和县金—龙铁矿	磁铁矿、穆磁铁矿、赤铁矿、	K_1	沿江褶断带	石英闪长岩体与徐家山组接触带之岩凹构造，航磁异常	中型
铜陵市鸡冠山铁矿	褐铁矿、黄铁矿	K_1	沿江褶断带	二叠纪地层层间破碎带与岩体接触带，航磁、磁法异常、化探异常	矿点

安徽省铁矿预测共分 5 种类型和安庆、庐枞、铜陵、芜马、霍邱等 16 个预测工作区块，其预测工作区块的范围及所处位置见图 6-1。这里仅对安徽省火山岩型（玢岩型）、沉积变质型两种主要成矿类型的典型矿床地质地球物理场特征及找矿标志进行分析总结。

一、罗河铁矿

区域上，罗河铁矿处于扬子陆块北缘庐枞火山岩盆地，郯庐断裂带南东侧，长江中下游铁铜成矿带中部沿江铁铜、铅锌等成矿远景区。

据常印佛、汪祥云等研究，庐枞陆相火山岩系形成于晚侏罗世—早白垩世，构成庐枞火山岩盆地的主体；庐枞火山岩盆地是一个以中侏罗世象山群陆相碎屑岩建造为基底，经燕山期早期运动而发育起来的继承性火山岩盆地。喷发-喷溢物的最大厚度达 2104.07m。侏罗系出露有龙门院组。白垩系出露下白垩统，包括属于火山岩系的砖桥组、双庙组、浮山组及属陆相粗碎屑沉积的杨湾组。

庐枞火山岩区为一开阔的向斜盆地，不整合于早中侏罗世罗岭组、中三叠世地层之上。基底地层在火山岩盆地的北、东、南均有出露。火山岩系继承了长期相对沉降的基底构造堆积而成，其时代为晚侏罗世—早白垩世，为该区重要的铁、硫等成矿期。燕山运动晚期，盆地两翼凹陷，为红层堆积。

罗河铁矿位于庐江县城南 35km 的罗河镇境内。大地构造位置为扬子陆块印支期前陆盆地中生代沿江火山喷发区庐枞火山构造洼陷，地层区划属下扬子地层分区，中生代岩浆活动频繁，侵入岩主要为中基性—中酸性—碱性岩系组合，火山岩以橄榄安粗岩系列和碱性岩系列为主；东西向基底构造与印支-燕山期北东向构造联合成为区域最重要的构造，基底断裂与火山构造复合带是重要的成矿区段。

矿区出露地层主要为晚侏罗世—早白垩世火山岩；属于砖桥旋回的闪长玢岩（辉石粗安斑岩）、角闪粗安斑岩侵位于砖桥组火山岩中，形成岩侵型火山隆起构造；控矿构造为北东向、北西向断裂带；矿体赋存于闪长玢岩与火山碎屑岩接触带附近，东浅西深，埋深 425～856m，倾角 3°～12°。矿床受地层、岩性、次火山岩和构造联合控制。矿床类型属于玢岩型铁矿，探明铁矿石储量 4.76×10^8t，规模为大型。

所在区域重、磁场特征（图 6-2）：在安徽省"四区三带"布格重力异常格局中，该区属于安徽省沿江地区北东向正负相间条带状异常区的一部分，布格重力异常总体展布方向为北东向。以罗河西断裂为界，矿床所在区域可分为北西部低背景场区和南东部高背景场区两大场区。北西部低背景场区以低背景场环绕菖蒲山局部重力高为特征，反映的是潜山断陷及其中的菖蒲山隆起，南东部高背景场区则以高背景上叠加一系列的形态各异、高低相间的局部异常为特征，属沿江古生代隆起上叠加的怀宁-枞阳火山洼陷的特征。

30km×30km 剩余重力异常图上，依然保持了北东向展布的异常总体格局，但局部重力异常东西排列南北向正负相间的特点更加突出。地表地质调查和钻探成果表明，其中的重力高值带均为古生代隆起的反映，罗河铁矿即位于罗河-砖桥古生代隆起叠加的罗河火山侵入穹隆上；罗河断裂带以西的重力

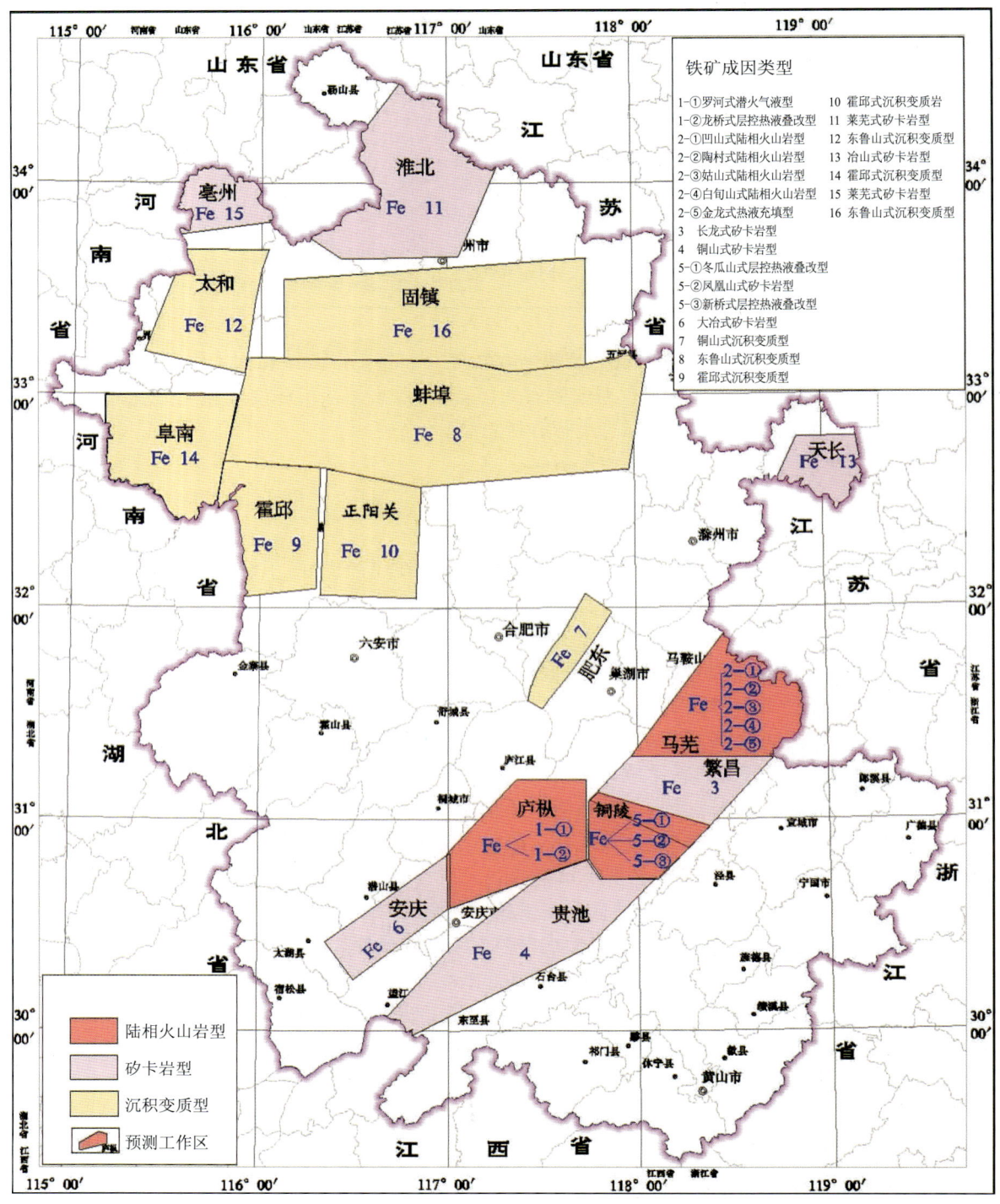

图 6-1 安徽省铁矿预测工作区分布图

低主要为潜山断陷中局部沉降中心的反映(西北角重力低为大别山重力低的一部分),东部地区的重力低则是矾山、七家山、浮山三大火山构造与黄梅尖岩基的反映。它们从另一个方面反映了该区东西向构造与北东向构造的联合作用及其结果。

在区域航磁异常 ΔT 异常图上,磁异常总体可分为 3 个特征迥异的带状区块,即北西部高背景异常区、中部低背景异常带和南东部高背景异常区,异常区带总体走向为北东向;两个高背景区带各有一个

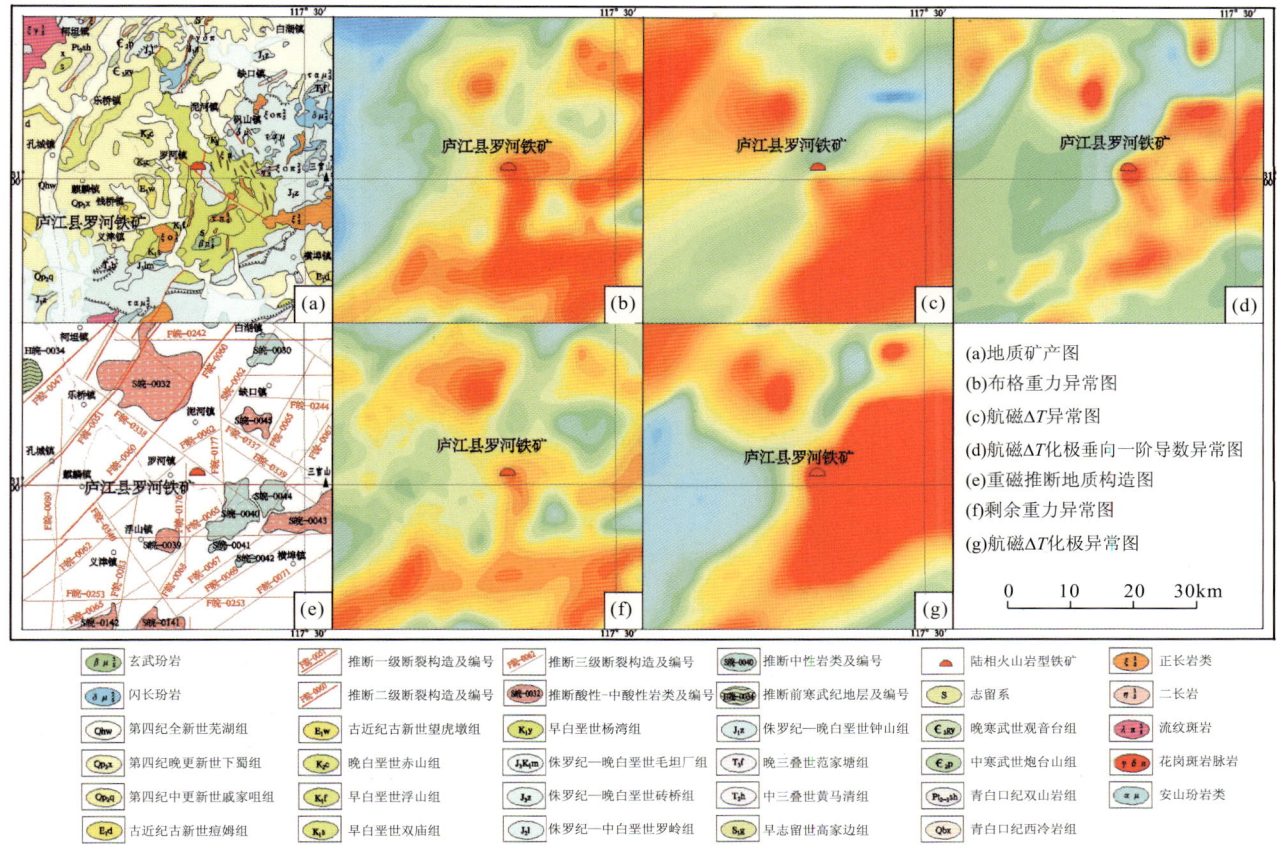

图 6-2　罗河铁矿所在区域地质矿产及物探剖析图

向低背景区延伸的鼻突;化极后全区磁场总体分区格局不变,但高背景异常区南部收缩,北部略有拓展,中部的低背景区由原来的南东低北西高的宽缓梯级带状变成了两条相邻的带状深槽,它们分别代表了张八岭基底隆起带、潜山断陷带和怀宁-枞阳叠加于沿江古生代隆起上的火山构造洼陷。同时,北部的鼻突则以双峰异常从北西部高背景场中分离出来形成独立的高值磁异常,成为中部低背景场中的一部分,为潜山断陷中菖蒲山岩体的反映;而南部的鼻突大大收缩至背景区的边缘,成为南东部高背景异常区的一部分,并表现为醒目的局部磁力高,这就是发育了罗河铁矿的罗河火山隆起构造的反映。

化极后的垂向一阶导数平面等值线图上,全区背景磁异常进一步分解,局部磁异常更加醒目,单一局部磁异常长轴优势方向主要表现为北东、北北东、东西、北西4组,但总体呈北东向展布的格局不变。

所在地区重、磁场特征(图6-3):矿床所在地区位于怀宁-庐江"磁高重高"一级异常带上。以宽缓背景场上叠加高背景重力异常为特征。平面上,1:5万布格重力异常可划分为东部重力高背景区和西(及北西)部平稳低背景异常区,两者之间以强大的梯级带分割。东部高背景场区占据了研究区的主体部分,异常区形似蘑菇状,头部宽大,向北、东、西3个方向延伸,颈部向南延出图区。异常区主体呈北东向展布,但局部异常有北东、北西、东西和近南北多组,罗河铁矿位于蘑菇状头部向西伸展部位,属全区异常最高部位。

剩余重力异常图形态变化较大,高背景重力异常被分解为展布方向、形态各异的局部异常(带),除原有的罗河铁矿重力高和矾姆山重力高更加醒目外,罗河异常向北东、南西、北西延伸的同向扭曲被突出出来,形成十分醒目的北东、北西向交叉异常带,其中北东向异常带南起枫树窑、义津桥,过罗河铁矿、泥河铁矿至缺口镇构成了庐枞火山洼陷的西部第一条基底褶皱隆起带,并叠加了庙岗(罗河)、霍家院子(泥河)等侵入火山隆起,发育了著名的罗河铁矿、大鲍庄铁矿和泥河铁矿,而沿东西向展布的罗河砖桥

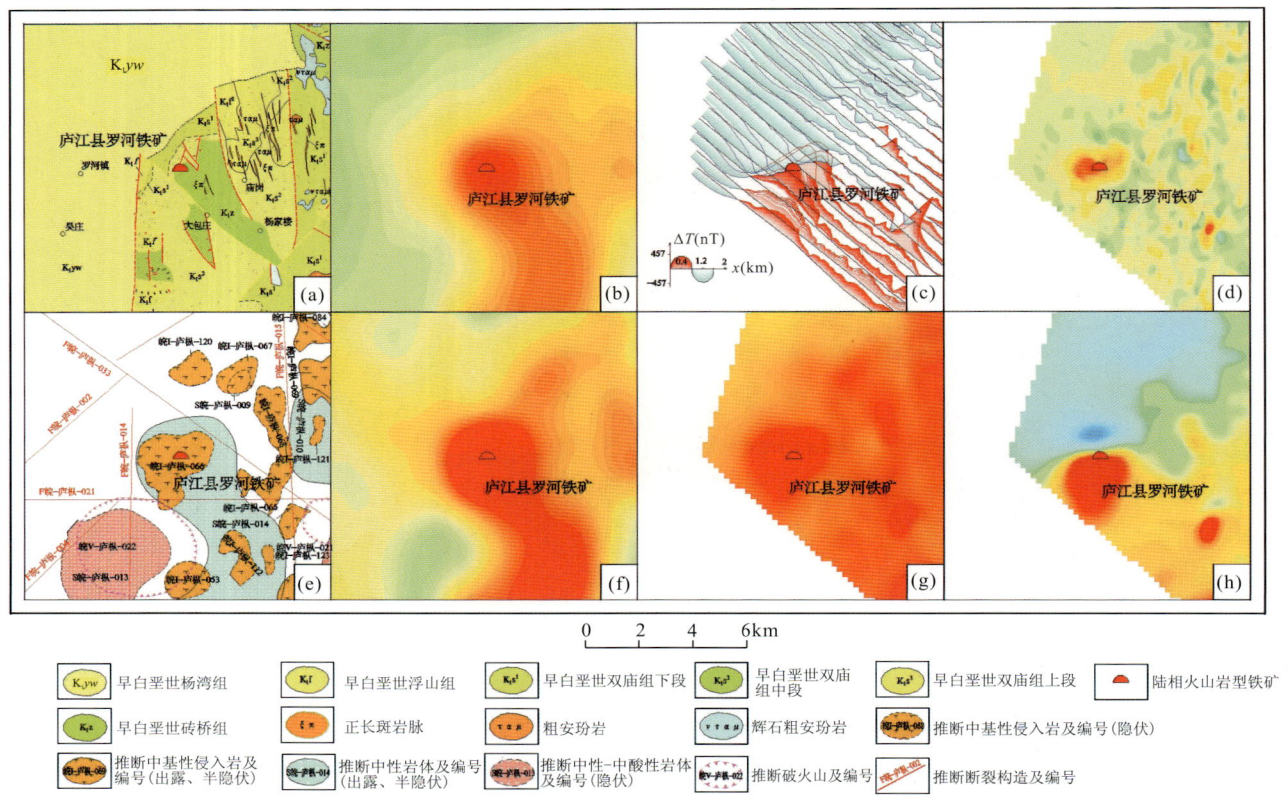

图 6-3 罗河铁矿所在地区地质矿产及物探剖析图
(a)地质矿产图;(b)布格重力异常图;(c)航磁 ΔT 剖面平面图;(d)航磁 ΔT 化极垂向一阶导数异常图;
(e)重磁推断地质构造图;(f)剩余重力异常图;(g)航磁 ΔT 化极异常图;(h)航磁 ΔT 异常图

异常带经深部钻探验证,发现了二叠纪碳酸盐岩,证实了罗河-砖桥近东西向基底隆起带的存在。

所在位置重、磁场特征(图6-4):从罗河铁矿所在位置地质矿产及物探剖析图上可见,地面磁测异常与布格重力及剩余重力异常形态基本相似,异常均呈椭圆状,分布范围也大致相当。在化极异常图上,异常强度高达3200nT,规模大。在垂向一阶导数异常图上,异常范围向中心收缩,异常边界清晰,与勘探剖面控制的矿体边界大致吻合。在布格重力异常及剩余重力异常上,重力异常比磁异常范围较小,异常中心较为宽缓,两翼较陡,剩余重力异常中心场值约为 3.6×10^{-5} m/s²。罗河铁矿重磁异常总体呈现"重磁同高"的特征组合。

综上所述,该类矿床的找矿标志有:在重磁场上,矿床处于局部重力高及高磁异常上,重磁场总体呈"重高磁高"的异常组合特征;区内陆相火山岩盆地;砖桥旋回的潜火山岩;辉石粗安玢岩体的硬石膏辉石岩化等均可作为找矿标志,其找矿模型见表6-2。

二、张庄铁矿

安徽省内赋存于前寒武纪霍邱岩群的沉积变质型铁矿主要集中分布于皖西北地区,在霍邱、阜南等地区都已经发现或预测存在着较大规模的沉积变质型铁矿床。

张庄铁矿位于霍邱县城北西约31km的周集镇境内,成矿类型为沉积变质型。其大地构造位置为华北陆块南缘、中新生代合肥坳陷的西部边缘;地层区划属华北地层分区,大部分为第四系覆盖,其下分布有较大面积的新太古代霍邱岩群变质岩系和中生代地层,西南部长山一带有零星的青白口系、震旦系和寒武系出露;控矿构造以北西向和北北东至北东向构造带组成的褶皱及断裂为主;矿床内火成岩不发

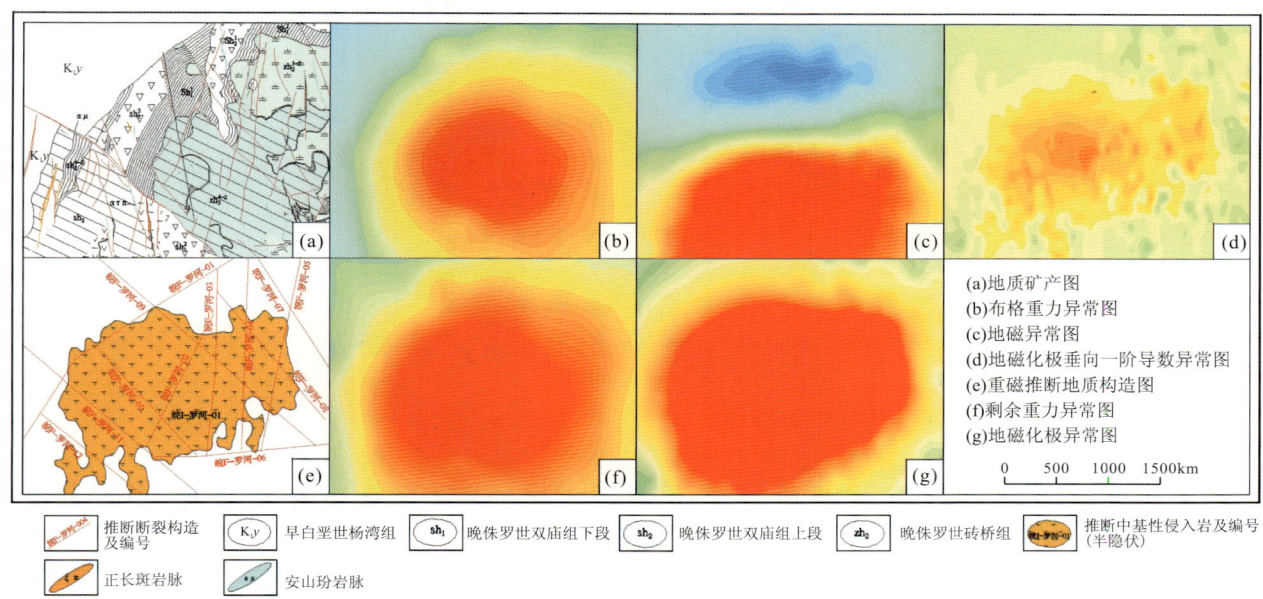

图 6-4 罗河铁矿所在位置地质矿产及物探剖析图

育,基性、中性和酸性侵入岩呈岩脉或岩墙产出,主要有混合花岗岩和混合花岗伟晶岩。

表 6-2 安徽省罗河式铁矿找矿模型一览表

成因类型		火山-潜火山气液型铁矿床
构造环境		长江中下游铁铜成矿带庐枞火山岩铁、硫(磷、矾)成矿区
控矿要素	地层控制	近南北、北东、北西等方向断裂交会部位;火山-潜火山岩与火山岩接触界面附近;火山机构(火山口、火山洼地、火山隆起等)
	构造控制	中三叠世周冲村组;砖桥组顶部及其中下部的粗安质凝灰岩、粗安岩等
	岩浆控制	闪长玢岩(辉石粗安斑岩)、角闪粗安斑岩及正长岩—二长岩等
地质标志	地层	早白垩世砖桥组火山岩
	岩石类型	闪长玢岩(辉石粗安斑岩)、角闪粗安斑岩
	岩石结构	斑状-似斑状结构
	成矿时代	燕山中期 132~135Ma
	成矿环境	陆相火山-次火山岩与火山盆地基底隆起地带(凹中隆)
	构造背景	庐枞火山岩盆地大包庄破火山(口)
地球物理标志	重力	所在区域:重力高背景;所在地区:梯级带的重力高;所在位置:局部重力高
	磁法	所在区域:航磁高背景;所在地区:航磁异常强;所在位置:局部航(地)磁强异常

该矿床所在区域重、磁场特征(图6-5):在安徽省"四区三带"布格重力异常格局中,该区属于安徽省北部地区北东向宽大条带状异常区的一部分,布格重力异常总体展布方向为北东向。以颍上润河镇断裂及霍邱西断裂为界,矿床所在区域可分为北西部、南东部高背景场区和中部低背景场区两大场区。中部低背景场区环绕润河镇局部重力低位特征,是霍邱—颍上凹陷的反映;北西部、南东部高背景场区则以高背景上叠加条带状或椭圆状局部异常为特征,为沿江太古代变质基底的反映。

30km×30km剩余重力异常图上,依然保持了北东向展布的异常总体格局,但局部重力异常由北向南沿四十里长山呈鼻状向南凸出。地表地质调查和钻探成果表明,其中重力高值带均为太古宙变五河

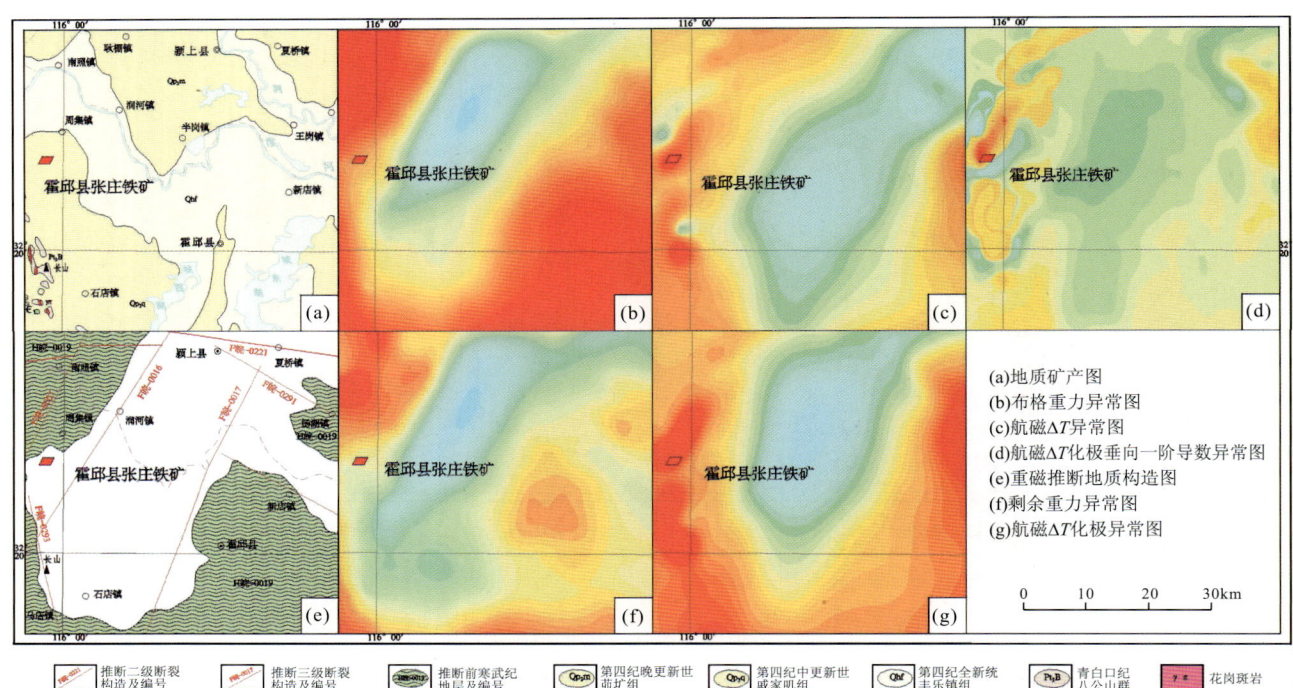

图 6-5　霍邱张庄铁矿矿床所在区域地质矿产及物探剖析图

岩群含铁岩系的反映,而已探明的周集、吴集等铁矿均位于剩余重力异常上。

在区域航磁异常 ΔT 异常图上,磁异常总体呈北东向宽缓条带状异常,为南东低、北西高。东侧为平静的地磁场区,分布区与颍上盆地一致;北西部高磁宽缓背景区经深部钻探验证为霍邱岩群结晶基底的反映,其上以叠加醒目局部高值异常为特征,区域上与霍邱岩群含铁岩系分布范围相符,钻探表明这些局部高值异常为磁铁矿的反映。

化极后的垂向一阶导数平面等值线图上,全区背景磁异常进一步分解,局部磁异常更加醒目,单一局部磁异常长轴优势方向主要表现为北东、北西两组,但总体呈北东向展布的格局不变。区内众多的铁矿床与上述高磁异常相伴而生。

所在地区重、磁场特征(图 6-6):矿床所在地区位于霍邱隆起"磁高重高"异常带上。以宽缓背景场上叠加局部重力高异常为特征。

平面上,1:5万布格重力异常可划分为南东部重力低背景区和西(及北西)部平稳高背景异常区,两者之间以北东向宽缓的梯级带分割。北西部高背景场区占据了研究区的主体部分,异常区总体较宽缓,场值沿北西方向增大,其上叠加有椭圆状或条带状局部重力高异常。剩余重力异常图形态变化较大,高背景重力异常被分解为展布方向、形态各异的局部异常(带),除原有的张庄铁矿重力高和吴集重力高更加醒目外,向南西延伸的李老庄异常也被突出出来,形成十分醒目的北东异常带,而南部的周庄、前楼剩余重力高异常也较明显。

在1:5万磁异常等值平面图上,异常表现为中间高两边低。中间高磁异常表现以北东走向宽缓的条带状高背景叠加局部高值磁异常为特征,该高值带两边则为宽缓的负磁场区。化极后的垂向一阶导数平面等值线图上,中间北东向高磁异常进一步分解,局部磁异常更加醒目,异常边界也较清晰。

所在位置重、磁场特征(图 6-7):从张庄铁矿所在位置地质物探剖析图上可见,地面磁测异常与布格重力及剩余重力异常形态基本相似,异常均呈近椭圆状,分布范围也大致相当。在化极异常图上,异常强度高达 11 000nT,规模大。在垂向一阶导数异常图上,异常范围向中心收缩,异常边界清晰,与勘探剖面控制的矿体边界大致吻合。在布格重力异常及剩余重力异常上,重力异常比磁异常范围较小,较

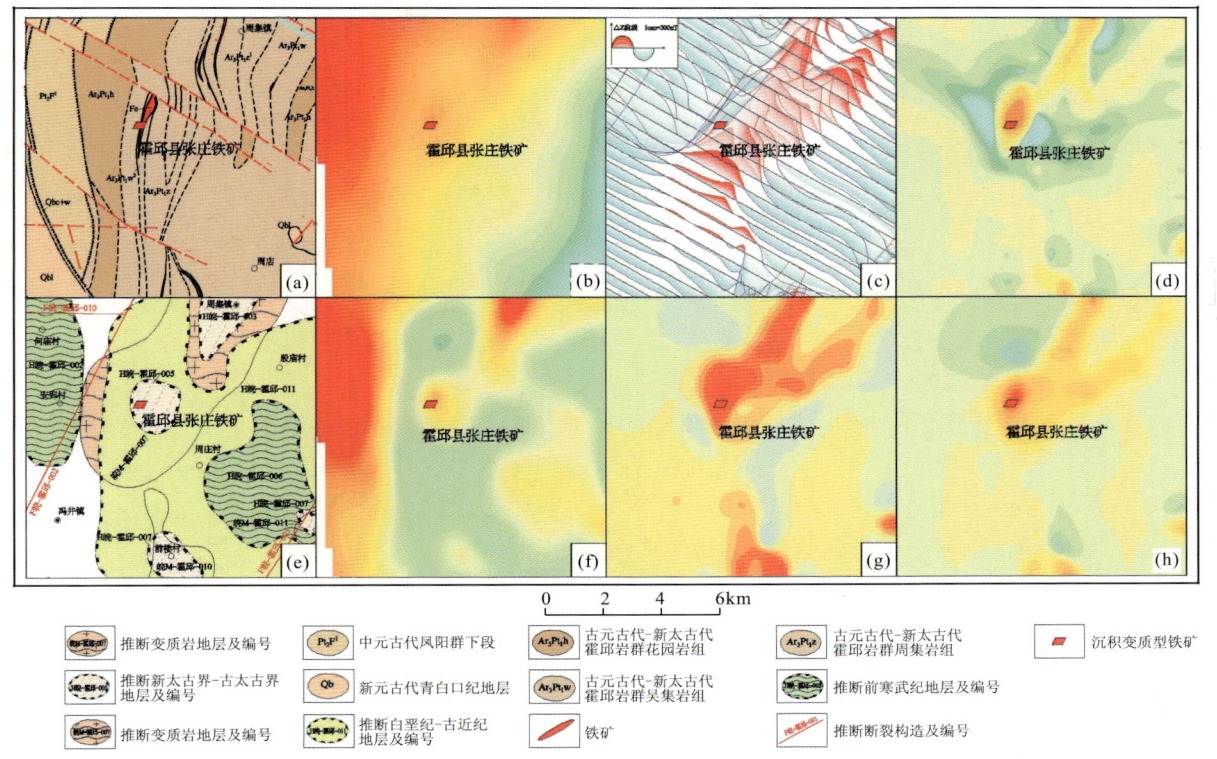

图 6-6 霍邱张庄铁矿矿床所在地区地质矿产及物探剖析图

(a)地质矿产图;(b)布格重力异常图;(c)航磁 ΔT 剖面平面图;(d)航磁 ΔT 化极垂向一阶导数异常图;
(e)重磁推断地质构造图;(f)剩余重力异常图;(g)航磁 ΔT 化极异常图;(h)航磁 ΔT 异常图

磁异常宽缓,剩余重力异常中心场值约为 $2.0×10^{-5}$ m/s²。张庄铁矿重磁异常总体呈现"重磁同高"的特征组合。

综上所述,该类铁矿的找矿标志有:矿床处于重力场相对高值区,磁场上亦处于高磁异常区,重磁场总体呈"重磁同高"的异常组合特征;新太古—古元古界霍邱岩群变质岩性地层、受断层影响的单斜褶皱,古大陆板块褶皱隆起带(花岗-绿岩带)中的复式向斜翼部、变质中基性火山-沉积岩建造及中酸性火山-沉积岩建造均可作为找矿标志,其找矿模型见表 6-3。

表 6-3 安徽省张庄式铁矿床找矿模型一览表

成因类型		沉积变质型铁矿床
构造环境		处于正阳关隐伏复背斜西南,长山穹褶断束北淮阳断褶带
控矿要素	地层控制	古元古代霍邱岩群李老庄组、周集组
	构造控制	主要有周集-吴集隐伏单斜、长山平缓单斜、西大山-峡山褶皱
	岩浆控制	成矿后侵入岩,规模较小,对矿体破坏性不大
地质标志	构造标志	受断层影响的单斜褶皱
	地层标志	古元古代霍邱岩群变质岩性地层
	围岩蚀变	矿体顶底板片岩类岩石,岩性主要有斜长云母片岩、云母石英片岩、榴片岩和云母片岩等
	矿物	磁铁矿、假象—半假象赤铁矿、磁赤铁矿、镜铁矿、角闪石、阳起石、透闪石、黑云母、石榴石等矿物组合
地球物理标志	重力	所在区域:重力高背景;所在地区:梯级带的重力高一侧;所在位置:局部重力高
	磁法	所在区域:航磁高背景;所在地区:航磁异常强—较强;所在位置:局部航(地)磁强异常

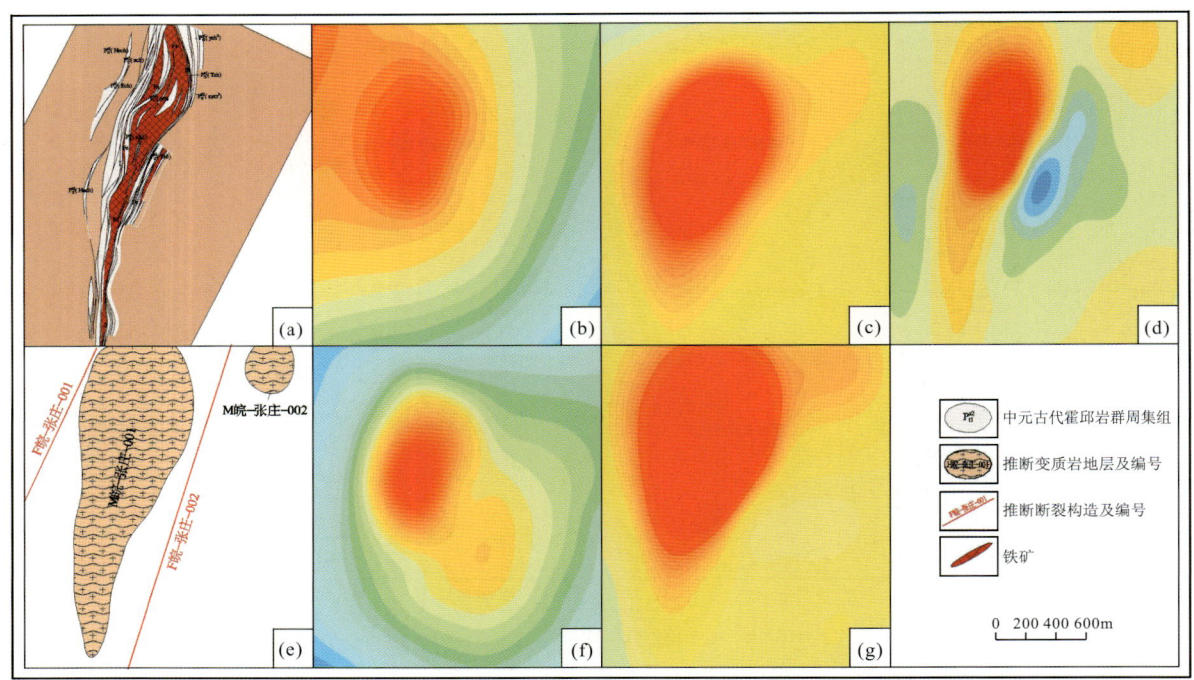

图 6-7 霍邱张庄铁矿矿床所在位置地质矿产及物探剖析图
(a)地质矿产图；(b)布格重力异常图；(c)地磁异常图；(d)地磁化极垂向一阶导数异常图；
(e)重磁推断地质构造图；(f)剩余重力异常图；(g)地磁化极异常图

第二节 铜 矿

铜矿是安徽省的优势矿产之一，截至 2009 年底，本次全省铜矿预测工作区范围内已知铜矿床、矿点及矿化点共 376 处，累计查明资源储量约 $623.62×10^4$ t。省内铜矿主要矿床类型包括矽卡岩型、斑岩型、热液型、风化淋滤型，其中矽卡岩型为铜矿的主要矿床类型。矽卡岩型铜矿已知矿床(点)228 个，累计查明资源储量 $511.71×10^4$ t，占铜矿已查明资源储量的 82.05%。

根据安徽省铜矿资源特点，安徽省铜矿潜力评价划分了 11 个预测工作区，15 个预测类型，针对不同的预测类型选取了 20 个典型矿床(表 6-4)。其预测工作区块的范围及所处位置见图 6-8，这里仅对矽卡岩型、斑岩型两种主要成矿类型的典型矿床地质地球物理场特征及找矿标志进行分析总结。

矽卡岩型铜矿

大地构造位置及成矿区带：位于下扬子前陆坳陷带，铜陵断块隆起区(凹中凸)，下扬子成矿省(Ⅱ-15A)，长江中下游铜、金、铁、铅、锌(锶、钨、钼、锑)、硫、石膏成矿带(Ⅲ-69)，Ⅲ-69-②沿江铜、铁、硫、金、多金属成矿亚带，Ⅲ-69-②-V4 铜陵铜、金、铁、钼、铅、锌、银、硫成矿区。

成矿时代：花岗闪长岩成铜时代为 140~145Ma，辉石(石英)二长闪长岩成铜金时代为 137~140Ma(燕山中期)。

含矿岩系：花岗闪长岩、石英二长闪长岩、辉石二长闪长岩、石英闪长岩等、古生代—中生代三叠纪灰岩、碎屑岩、矽卡岩。

表 6-4 安徽省铜矿矿产预测类型、典型矿床一览表

序号	预测工作区	矿产预测类型	典型矿床
1	淮北	莱芜式矽卡岩型铁铜矿	前常
		*后马场式岩浆熔离-热液型铜镍矿	后马场
2	滁州	琅琊山式矽卡岩型铜钼矿	琅琊山
3	马芜	铜井式陆相火山热液型铜矿	铜井
4	庐江	沙溪式斑岩型铜矿	沙溪
5	繁昌	凤凰山式矽卡岩型铜矿	*凤凰山(药园山)
6	宣城	麻姑山式矽卡岩型铜钼矿	麻姑山
		荞麦山式接触交代热液型铜矿	荞麦山
7	庐枞	井边式陆相火山热液型铜矿	井边
8	铜陵	铜陵式矽卡岩型铜铁矿	铜官山、东狮子山、西狮子山、冬瓜山、新桥、凤凰山(药园山)
		舒家店式斑岩型铜矿	舒家店
9	安庆	大冶式矽卡岩型铁铜矿	安庆铜矿
10	池州	复控(铜山)式矽卡岩型铁铜矿	贵池铜山
		马石式斑岩型铜矿	马石
		六峰山式风化淋滤型铜矿	六峰山
11	泾县	(泾县)铜山式矽卡岩型铜矿	泾县铜山

成因类型：包括复控式（铜官山式）、层控式（多层楼式）、叠改式（冬瓜山、新桥）、接触式（凤凰山）、隐爆角砾岩筒式（东狮子山）等矽卡岩型。

矿床实例：铜官山、西狮子山、大团山、老鸦岭、花树坡、冬瓜山、新桥、胡村、凤凰山、宝山陶、铁山头、仙人冲、东狮子山等。

预测要素：北东向断裂与东西向断裂及交会处，燕山期中酸性侵入岩，中生代三叠纪—古生代灰岩及赋矿层位 T_1n、T_1h、T_1y、P_2d、P_1q，矽卡岩，接触带，高磁、高重、高极化和低阻的"三高一低"的地球物理异常，以铜、铁、钼、金、银、锌、钨等为主的地球化学异常。

一、铜官山铜矿

铜官山铜铁矿床位于环太平洋成矿带中国东部成矿域长江中下游铜、金、铁、铅锌成矿带中部铜陵矿集区内。

铜陵矿集区位于扬子陆块的东北缘，大别造山带的前陆褶皱带。地质构造属铜陵-繁昌断褶带南段的铜陵-戴家汇岩浆断裂活动断块区，盖层构造为一系列走向北东而相间排列的短轴背斜及复式向斜。区内近东西、南北向基底构造及其交会点控制着该区岩浆活动及成岩成矿作用。

铜陵矿集区内岩浆活动强烈，岩浆岩以燕山期中酸性侵入岩为主，由橄榄玄武质系列和高钾钙碱性系列岩石组成。岩体多呈岩株、岩墙产出，岩浆活动受基底构造控制，侵入岩的形态产状则受盖层断裂控制。区内与成矿有关的岩浆活动主要为燕山期，该期一般分为早晚两期。燕山早期，岩性为闪长岩、石英闪长岩等偏中性岩类；燕山晚期岩性为偏酸性的石英闪长岩-花岗闪长岩、花岗斑岩等。这两期岩浆活动在该区相互重叠并具有一定的相关性，对成矿都有着明显的控制作用。

区域出露地层有志留系至第四系，其中含钙质的碳酸盐岩地层与成矿关系密切，主要有中石炭世黄

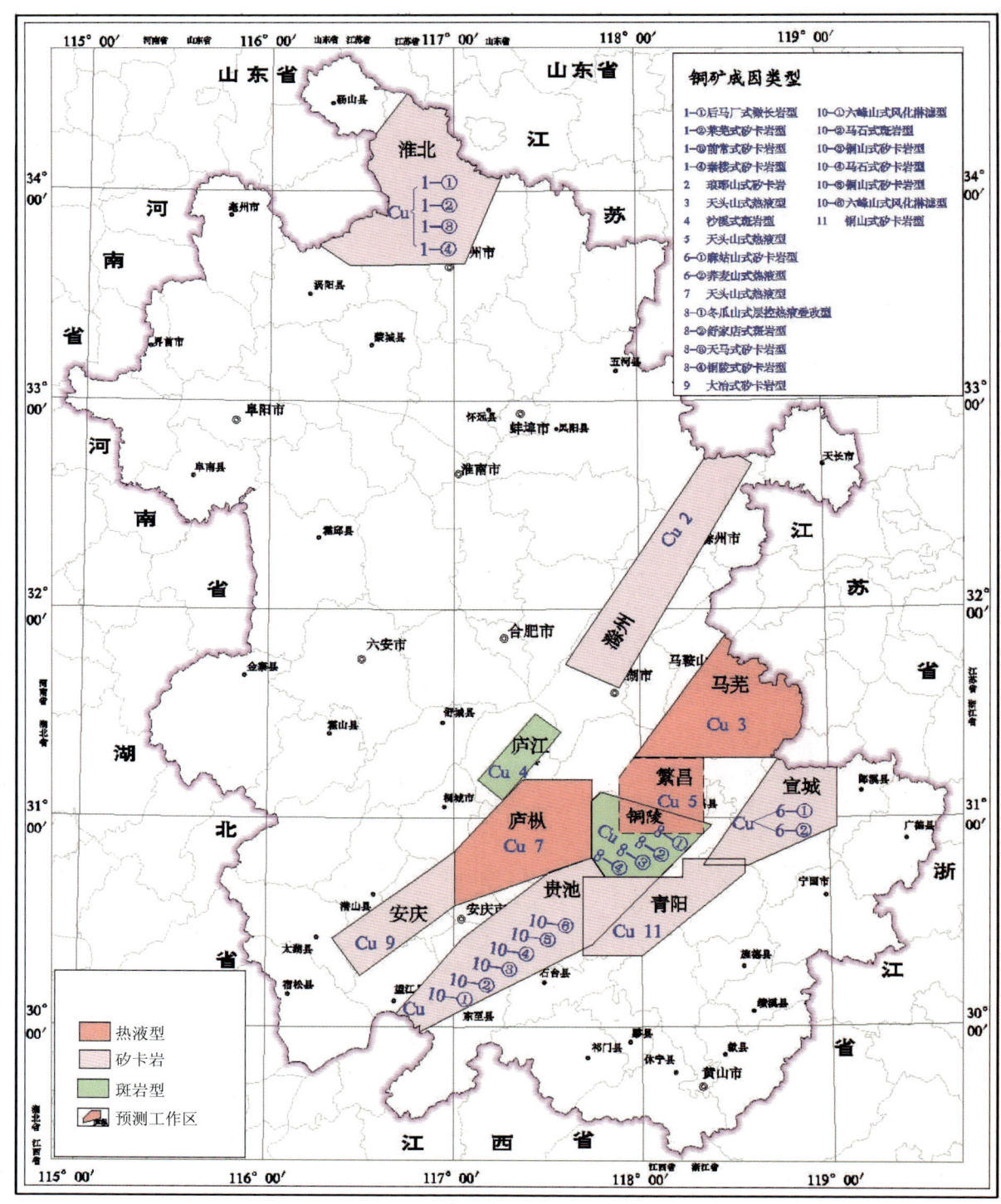

图 6-8 安徽省铜矿预测工作区分布图

龙组和晚石炭世船山组,早二叠世栖霞组和晚二叠世大隆组,早三叠世殷坑组、龙山组、南陵湖组。

铜官山铜矿位于铜陵市东南部地区,属复控式矽卡岩型矿床。矿床大地构造位置位于铜陵断块隆起的西部,区内构造格局由近东西向、近南北向基底断裂及以北东向印支期和燕山期叠加的褶皱、断裂为主的盖层构造组成。矿床构造作用经历了印支运动及燕山运动,印支期因华北、扬子陆块碰撞造山形成前陆褶皱带,并形成与褶皱轴平行的逆断层;燕山期形成近东西向、近南北向和北东向斜切断层及大规模的中酸性岩浆岩侵入活动。褶皱转折端、翼部以及不同方向构造的交会处均为该类矿床形成的有利成矿构造。

铜官山矿床位于铜陵-戴家汇东西向构造岩浆岩带西侧,北东向与东西向构造交会处的铜官山"S"形倒转背斜之北西翼。赋矿构造主要为断裂-接触带构造及层间滑脱构造。矿体主要赋存于中石炭统、晚石炭世黄龙组、船山组与石英闪长岩-闪长岩的接触带上,以及由碎屑岩向碳酸盐岩相过渡带内的层间滑脱构造中。

所在区域重、磁场特征(图6-9):所在区域1:50万航磁ΔT异常平面图上,呈现航磁负异常区和正异常区,铜官山铜矿位于铜陵地区东西向航磁异常梯度带上;经过化极后,呈现大范围航磁高值异常叠加区域,铜官山铜矿位于西侧局部异常处,异常呈花生状,强度中等,梯度陡,走向北西,$\Delta T_{max}=400nT$。所在区域1:50万布格重力及剩余重力异常平面图上,铜官山铜矿位于长江中下游成矿带重力高值背景区,$\Delta g_{max}=3\times10^{-5}m/s^2$,高值区域周围环绕低值异常,与区域构造线相吻合。从区域宏观上来看:铜官山铜矿呈现重磁同高、强度大的特点。

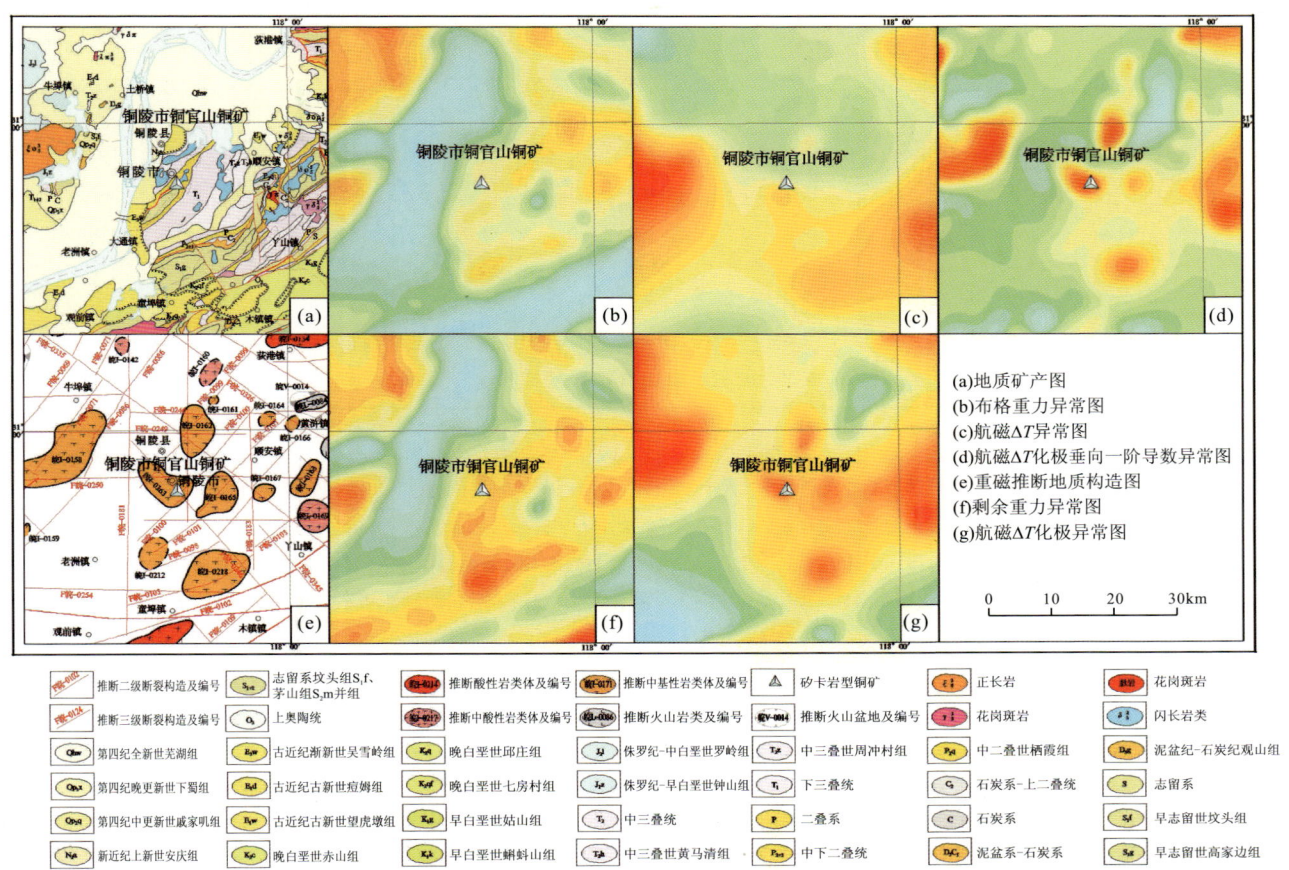

图6-9 铜官山铜矿所在区域地质矿产及物探剖析图

所在地区重、磁场特征(图6-10):所在地区1:5万航磁异常平面图上反映铜官山铜矿处在航磁异常高异常区域内,ΔT平剖图有多条尖峰反映特征,航磁化极后,航磁异常被分解多个局部异常。铜官山铜矿异常呈不规则状,南北走向,梯度陡,有南北被拉长的特征,$\Delta T_{max}=400nT$。所在地区1:5万布格重力异常图上,铜官山铜矿位于北东向重力高值带上两个圈闭中间,表明为隆起区,剩余重力异常图上显示相对重力低,为岩体引起。从地区上呈现重边磁高、异常完整的特点。

综上所述,该类矿床的找矿模型总结见表6-5。

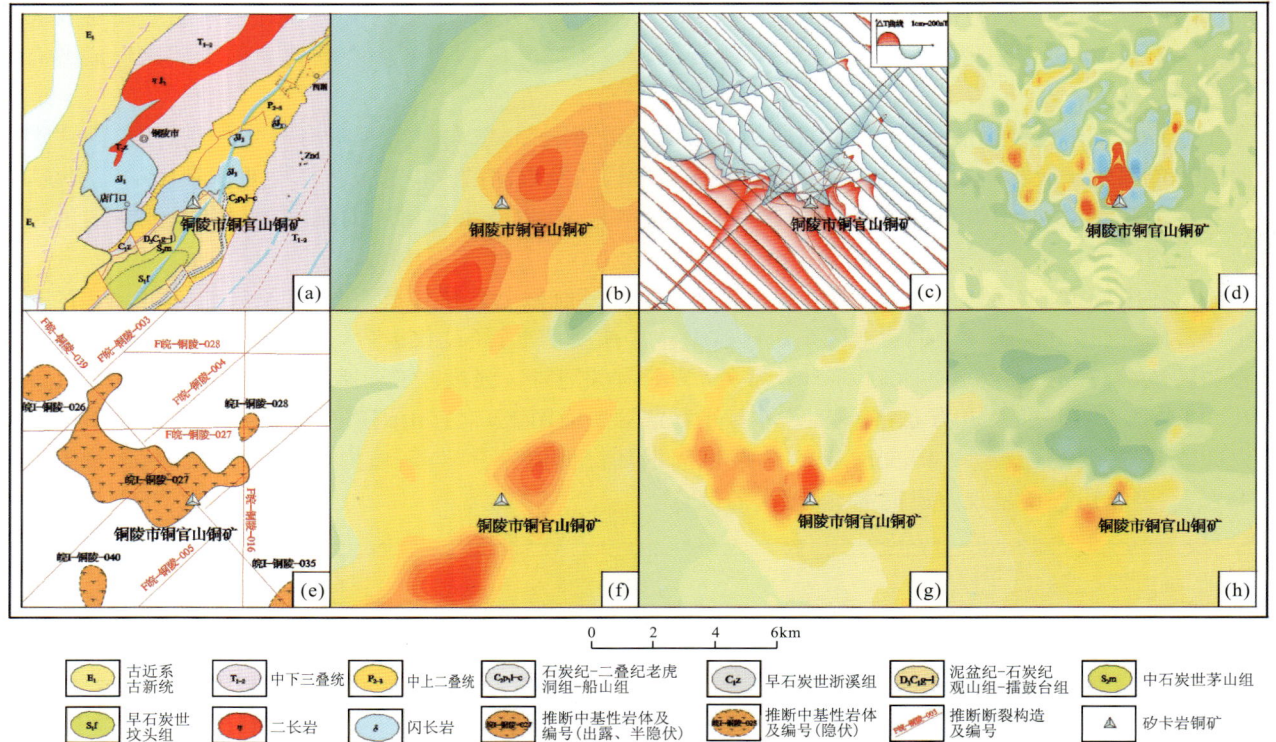

图 6-10 铜官山铜矿所在地区地质矿产及物探剖析图

(a)地质矿产图;(b)布格重力异常图;(c)航磁 ΔT 剖面平面图;(d)航磁 ΔT 化极垂向一阶导数异常图;
(e)重磁推断地质构造图;(f)剩余重力异常图;(g)航磁 ΔT 化极异常图;(h)航磁 ΔT 异常图

表 6-5 安徽省铜官山式铜矿找矿模型一览表

成因类型		复控式矽卡岩型铜铁矿床
构造环境		矿区属长江中下游铁铜硫多金属成矿带铜陵-戴家汇东西向基底断裂西端,铜官山"S"形背斜北西翼
控矿要素	地层控制	含矿岩层主要为石炭系—二叠系,矿床严格受岩体与黄龙组白云岩有利层位控制,形成接触带和似层状矿体。矿床基本上产于浅海相至滨海相的碳酸盐岩地层中,矿体赋存于由碎屑岩向碳酸盐岩相过渡带内,地层对成矿的控制作用,主要表现为碳酸盐岩地层岩性脆、化学性质活泼,有利于交代而形成容矿空间
	构造控制	侵入接触带构造、接触带断裂构造、层间构造和裂隙构造是主要的控矿构造,控制着矽卡岩型、沉积改造型和斑岩型矿体的产出
	岩浆控制	中浅成中酸性岩浆岩,是铜的主要来源。矿田内铜金矿化与岩体在空间上密切伴生,矿化时间也与侵入活动有关,成矿元素围绕岩体有水平分带现象,矿化与围岩蚀变关系密切,岩体铜金含量较高
地质标志	构造标志	侵入接触带构造、接触带断裂构造、层间构造和裂隙构造是主要的控矿构造,控制着矽卡岩型、沉积改造型和斑岩型矿体的产出
	地层标志	岩体与碳酸盐岩地层形成接触带和似层状矿体,岩体与硅质岩地层接触形成浸染状矿体。岩体附近的碳酸盐岩地层及碎屑岩向碳酸盐岩过渡带具有重要的找矿意义
	岩浆岩标志	中浅成中酸性岩浆岩,是铜的主要来源
	围岩蚀变	矿体产于接触交代矽卡岩带,矿床与热液蚀变有密切关系
地球物理标志	重力	所在区域:重力高背景;所在地区:梯级带的重力高一侧
	磁法	所在区域:航磁高背景;所在地区:航磁异常强—较强

二、西狮子山铜矿

层控矽卡岩型西狮子山铜矿床是铜陵矿集区内重要的"多层楼式"矿床的典型代表,位于环太平洋成矿带中国东部成矿域长江中下游铜金、铁、铅锌成矿带中部,贵池-繁昌凹断褶束的东段,成矿受长江断裂带的网格状构造体系控制。

区域出露地层自老至新为志留纪深海相砂岩;泥盆纪河流相、滨海相砂岩;石炭纪浅海相碳酸盐岩;二叠纪浅海相、海陆交互相碳酸盐岩、硅质岩、碎屑岩夹煤系;三叠纪浅、滨海相碳酸盐岩、碎屑岩;第四纪为松散堆积物。石炭纪黄龙组,二叠系栖霞组、大隆组是区内铜、金、硫矿床重要的控矿层位。

铜陵地区处于地幔上隆区,属扬子陆块的东北缘,大别造山带的前陆褶皱带。由于地幔上隆地壳拉张,形成与深大断裂密切相关的断裂凹陷带。基底断裂主要为东西向、近南北向断裂,盖层构造以北东向印支期褶皱、燕山期断裂为主。基底断裂和燕山期断裂构造控制着区域内岩浆活动及矿化作用。

铜陵矿集区内岩浆活动强烈,岩浆岩以燕山期中酸性侵入岩为主,由橄榄玄武质系列和高钾钙碱性系列岩石组成。岩体多呈岩株、岩墙产出,受基底构造尤其是近东西向铜陵-沙滩脚深断裂控制。侵入岩主要为花岗闪长岩和石英二长岩,部分为辉石二长闪长岩、花岗闪长斑岩和石英二长闪长玢岩。研究表明,区内铜、金、硫、铁等金属矿床的形成均与中生代中酸性岩浆侵入活动密切相关(郭文魁,1982;胡受奚等,1979;储国正等,1995;吴淦国等,2003)。

西狮子山铜矿位于铜陵市东南部,处在中燕山构造中,背斜、穹隆发育,矿床处于东西向基底构造与北东向复向斜中青山次级背斜的复合部位,主要赋矿地层为早三叠世和龙山组(T_1h)条带状灰岩。区内岩浆岩发育,有辉石闪长岩、闪长岩、闪长玢岩、正长斑岩等小岩株、岩枝和岩脉侵入,与成矿关系密切的主要为闪长岩。

所在区域重、磁场特征(图6-11):区域1:50万航磁ΔT异常图反映,西狮子山铜矿处于铜陵北东向航磁异常高值带北缘正负异常过渡带上。经过化极后,南区呈现大范围的强磁异常区,北侧有负值伴生,西狮子山铜矿化极磁异常清晰,圈闭好,似等轴状,极大值400nT,梯度较陡,应为狮子山岩体引起。在区域1:50万布格重力异常及剩余重力异常平面图上,狮子山铜矿均处在相对重力高值区,表明矿区位于隆起区,异常高值带呈北东走向,不规则状,由多个重力高圈闭组成,$\Delta g_{max}=5\times10^{-5}\text{m/s}^2$。异常区西北部存在一个长轴状北东走向的重力低异常,为沿江断陷引起。从区域总体来看:西狮子山铜矿呈重磁同高,且与矿体吻合较好。

所在地区重、磁场特征(图6-12):在地区1:5万航磁ΔT异常平面图上异常更加清晰,西狮子山铜矿位于航磁ΔT正异常区北缘,航磁ΔT剖面平面图上多条剖面有尖峰特征反映;经过化极后,异常圈闭好,范围大,强度中等,南北走向,$\Delta T_{max}=360\text{nT}$,这与当地出露的辉长岩、闪长岩体相吻合,西狮子山铜矿处在航磁化极异常的极大值中心处,当磁异常求导后,异常分解多个局部异常,呈不规则状。1:5万布格重力异常及剩余异常平面图上,西狮子山铜矿均分布在相对重力高异常区,重力高圈闭良好,异常呈等轴状,$\Delta g_{max}=3\times10^{-5}\text{m/s}^2$,呈重磁同高。

所在位置重、磁场特征(图6-13):矿区范围内开展过大比例尺重磁工作。地磁ΔZ异常形态复杂,由多峰组成,局部异常呈北西向排列,幅值高达420nT。所在位置重力异常显示西狮子山铜矿处于相对重力高异常的中心部分,异常呈北东向,椭圆状,幅值达$12\times10^{-5}\text{m/s}^2$。表明该区为穹隆构造,易于岩浆和矿浆侵入就位。

综上所述,该类矿床的找矿模型总结见表6-6。

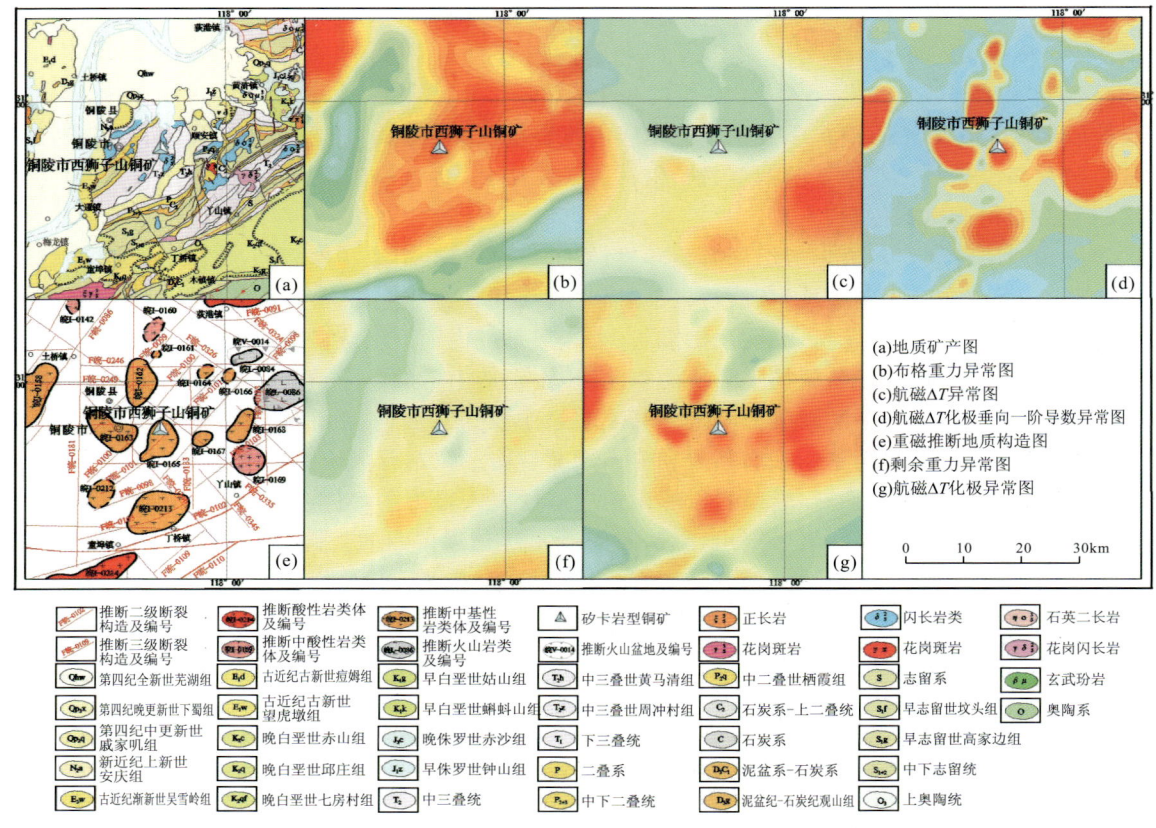

图 6-11 西狮子山铜矿所在区域地质矿产及物探剖析图

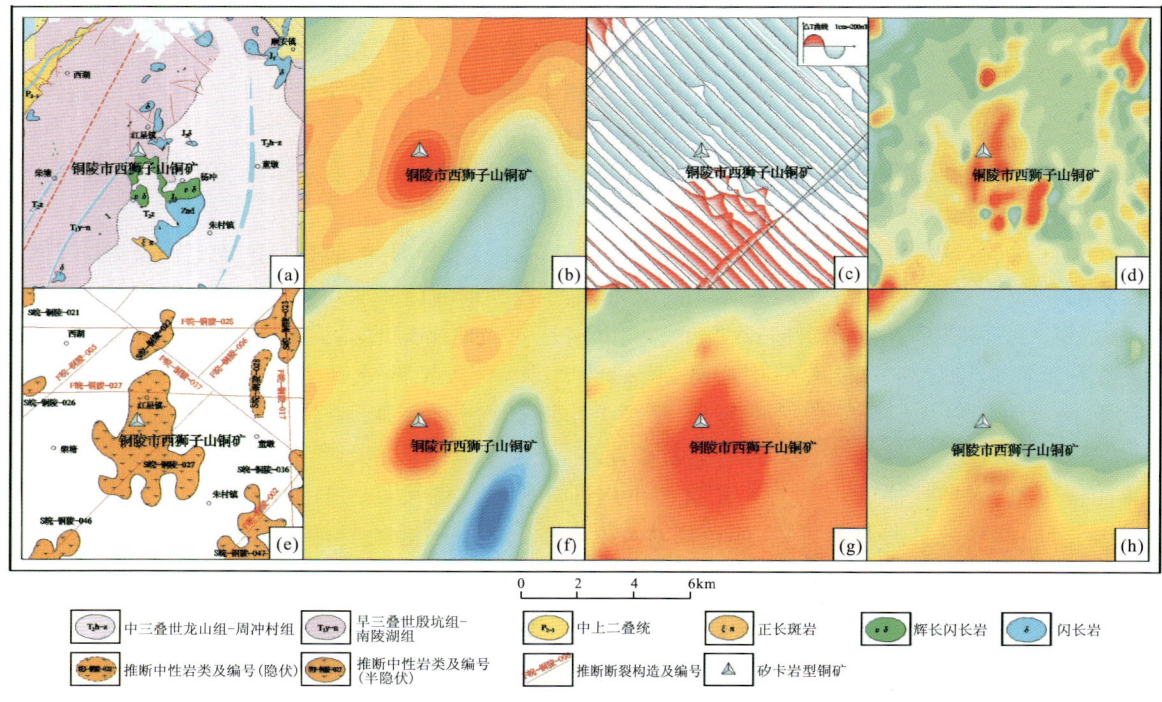

图 6-12 西狮子山铜矿所在地区地质矿产及物探剖析图
(a)地质矿产图;(b)布格重力异常图;(c)航磁 ΔT 剖面平面图;(d)航磁 ΔT 化极垂向一阶导数异常图;
(e)重磁推断地质构造图;(f)剩余重力异常图;(g)航磁 ΔT 化极异常图;(h)航磁 ΔT 异常图

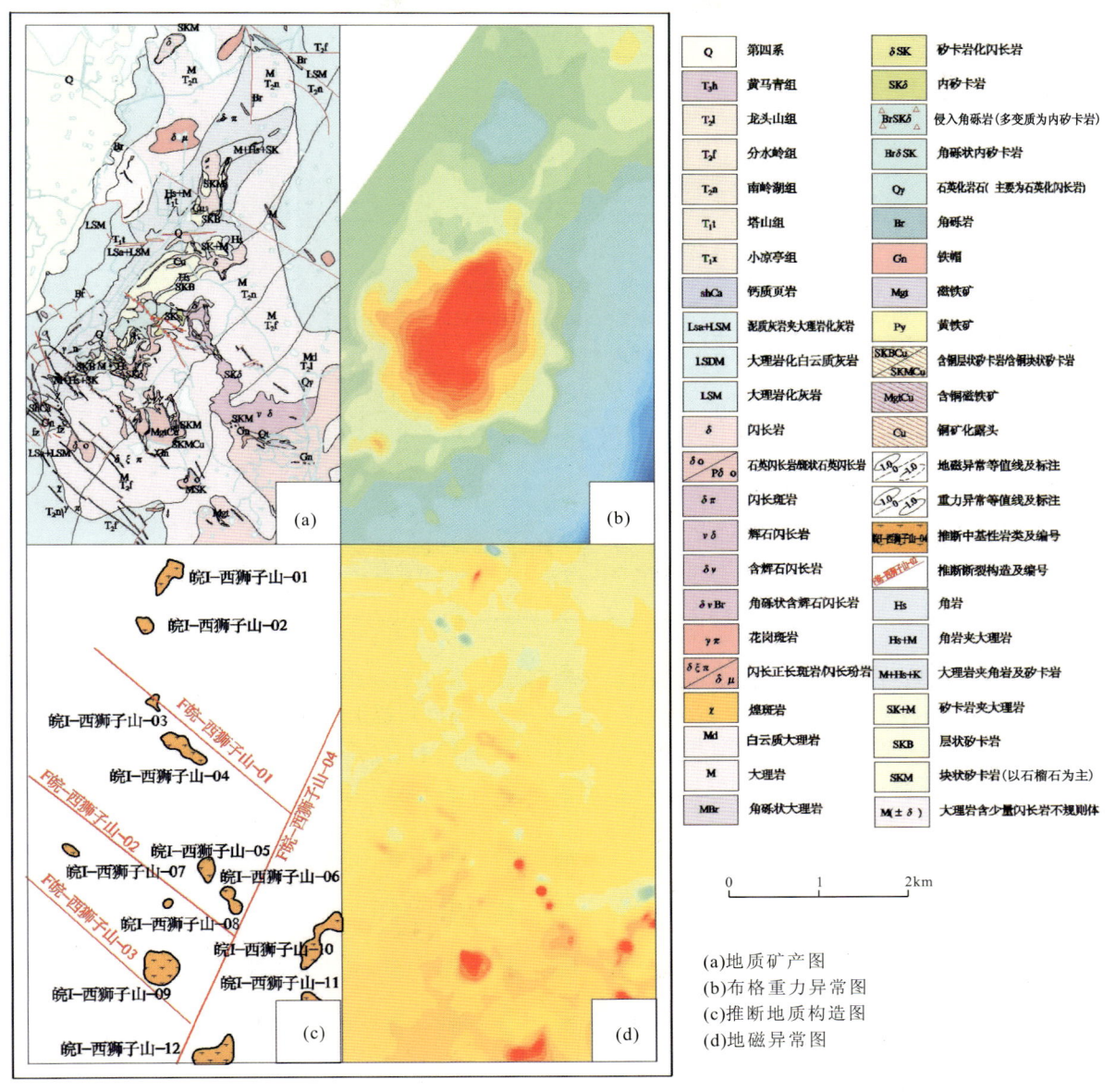

图 6-13 西狮子山铜矿所在位置地质矿产及物探剖析图
(a)地质矿产图；(b)布格重力异常图；(c)推断地质构造图；(d)地磁异常图

三、冬瓜山铜矿

层控热液叠改型冬瓜山铜（硫金）矿床是铜陵矿集区内重要的多金属矿床，位于环太平洋成矿带中国东部成矿域长江中下游铜、金、铁、铅锌成矿带中部，贵池-繁昌凹断褶束的东段，成矿受长江断裂带的网格状构造体系控制。区域出露地层自老至新为志留系、石炭系、三叠系及第四系。石炭纪黄龙组，二叠纪栖霞组、大隆组是区内铜、金、硫矿床重要的控矿层位。

铜陵地区处于地幔上隆区，属扬子陆块的东北缘、大别造山带的前陆褶皱带。基底断裂主要为东西向、近南北向断裂，盖层构造以北东向印支期褶皱、燕山期断裂为主。基底断裂及燕山期断裂构造控制着区域内岩浆活动和矿化作用。区内岩浆活动强烈，岩浆岩以燕山期中酸性侵入岩为主，侵入岩主要为花岗闪长岩和石英二长岩，部分为辉石二长闪长岩、花岗闪长斑岩和石英二长闪长玢岩。

冬瓜山铜矿位于铜陵市东南部，处在中燕山构造中，背斜、穹隆发育，矿床处于东西向基底构造与北

表 6-6 安徽省西狮子山式铜矿找矿模型一览表

成因类型		层控矽卡岩型铜矿床
构造环境		矿区位于区域近东西向的铜陵-戴家汇构造-岩浆岩带与北东向青山次级背斜交会部位,矿化发育于大通-顺安复向斜中次一级青山背斜的东翼
控矿要素	地层控制	主要赋矿地层为早三叠世和龙山组(T_1h)条带状(泥质)灰岩夹页岩地层
	构造控制	东西向基底构造与北北东向断裂以及背斜轴部附近的西狮子山断裂带中发育的纵向裂隙、旁侧羽毛裂隙和层间裂隙是主要的控矿构造
	岩浆控制	中浅成中酸性岩浆岩,是铜的主要来源。区内有石英二长闪长岩、辉石闪长岩、闪长岩、闪长玢岩、正长斑岩等小岩株、岩枝和岩脉侵入,与成矿关系密切的主要为闪长岩
地质标志	构造标志	褶皱的转折端所发育的层间滑脱构造
	地层标志	主要赋矿地层为早三叠世和龙山组(T_1h)条带状灰岩
	岩浆岩标志	高铜含量的中酸性岩体
	围岩蚀变	碳酸盐化、绿泥石化、钾长石化与矿体关系最密切,三者特别是前二者经常伴生在一起
地球物理标志	重力	所在区域:重力高背景;所在地区:相对重力高异常区;所在位置:重力高;重力高值异常反映与成矿有关的蚀变岩石的分布特点
	磁法	所在区域:航磁高背景;所在地区:高磁异常边部;所在位置:高磁异常;磁异常可用来寻找与成矿有关的岩体

东向复向斜青山次级背斜的复合部位,矿体受背斜轴部晚泥盆世五通组与晚石炭世黄龙组之间的层间滑脱构造带控制。主要赋矿地层为晚石炭世黄龙组白云岩、灰岩和船山组灰岩。区内岩浆岩发育,有辉石闪长岩、闪长岩、闪长玢岩、正长斑岩等小岩株、岩枝和岩脉侵入,与成矿关系密切的主要为闪长岩。

所在区域重、磁场特征(图 6-14):区域 1:50 万航磁 ΔT 异常图上,冬瓜山铜矿处于铜陵北东向航

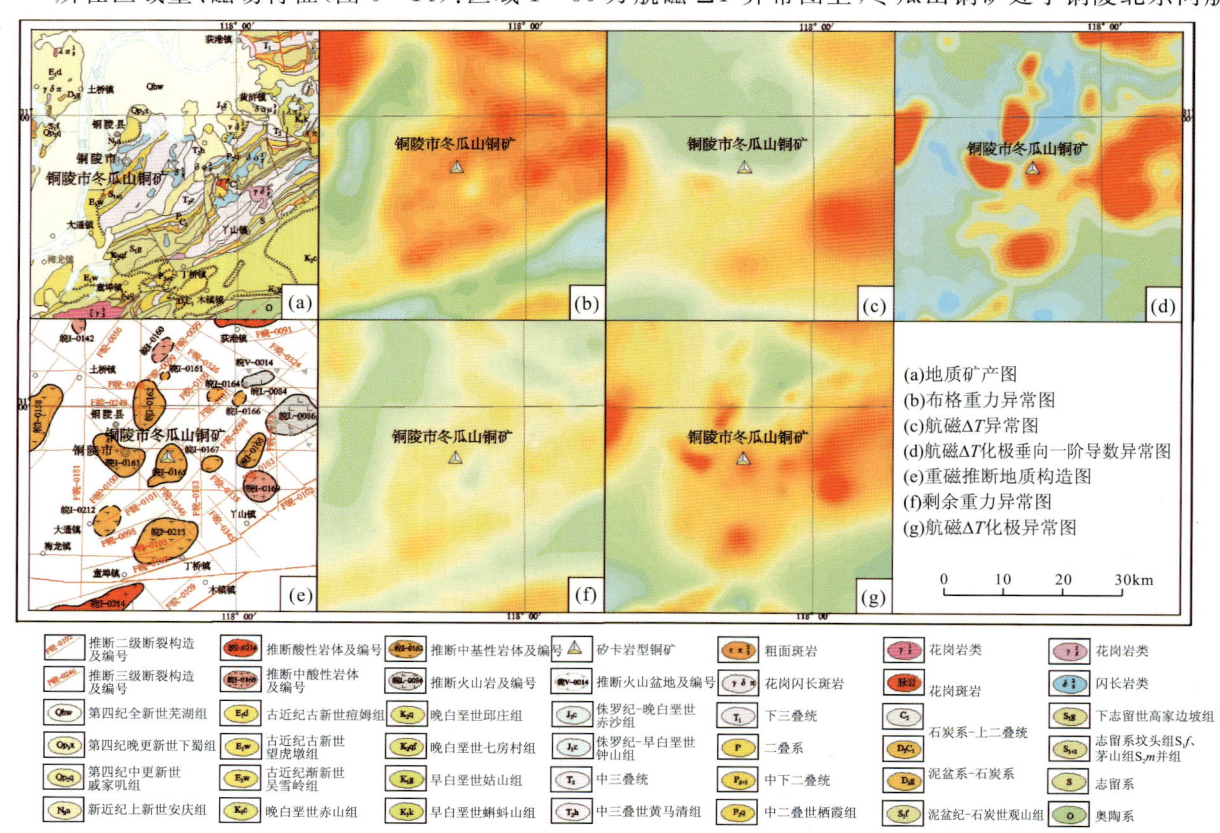

图 6-14 冬瓜山铜矿所在区域地质矿产及物探剖析图

磁异常高值带北缘正负异常过渡带上。经过化极后,呈现大范围的强磁异常区,北侧有负值伴生,冬瓜山铜矿化极磁异常清晰,圈闭好,似等轴状,极大值 400nT,梯度较陡,应为狮子山岩体引起。在区域 1∶50 万布格重力异常及剩余重力异常平面图上,冬瓜山铜矿均处在相对重力高值区,表明矿区位于隆起区,异常高值带呈北东走向,不规则状,由多个重力高圈闭组成,$\Delta G_{max}=5\times10^{-5}\mathrm{m/s^2}$。异常区西北部存在一长轴状北东走向的重力低异常,为沿江断陷引起。从区域总体来看:冬瓜山铜矿呈重磁同高,且与矿体吻合较好。

所在地区重、磁场特征(图 6-15):在地区 1∶5 万航磁 ΔT 异常平面图上异常更加清晰,冬瓜山铜矿位于航磁 ΔT 正异常区北缘交变带上,航磁 ΔT 剖面平面图上为负值区;经过化极后,高值异常圈闭好,范围大,强度中等,南北走向,$\Delta T_{max}=360\mathrm{nT}$,这与当地出露的辉长岩、闪长岩体相吻合,冬瓜山铜矿处在航磁化极异常的极大值北端突出部位,当磁异常求导后,异常分解多个局部异常,冬瓜山异常呈长条状。1∶5 万布格重力异常及剩余异常平面图上,冬瓜山铜矿均分布在北东向相对重力高异常区,局部重力高,圈闭良好,异常呈等轴状,$\Delta g_{max}=3\times10^{-5}\mathrm{m/s^2}$,矿区位于北缘,呈"重磁同高"。

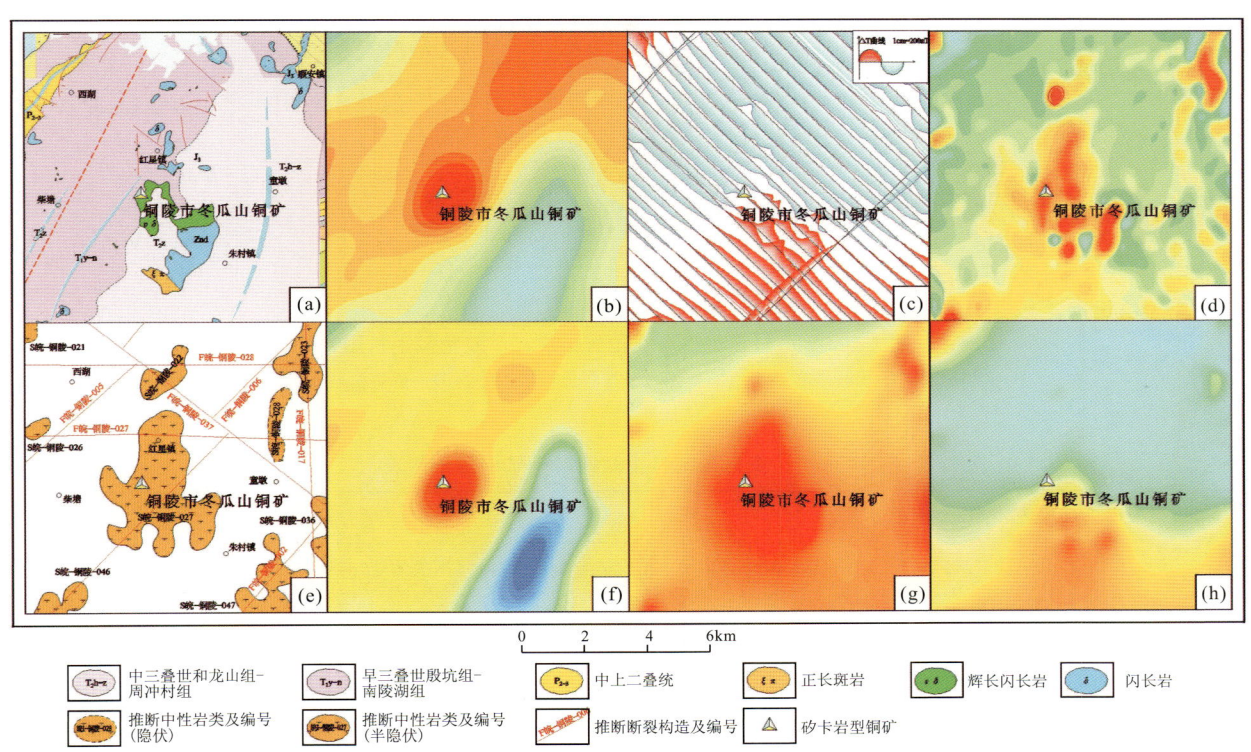

图 6-15 冬瓜山铜矿所在地区地质矿产及物探剖析图
(a)地质矿产图;(b)布格重力异常图;(c)航磁 ΔT 剖面平面图;(d)航磁 ΔT 化极垂向一阶导数等值线平面图;
(e)重磁推断地质构造;(f)剩余重力异常图;(g)航磁 ΔT 化极异常图;(h)航磁 ΔT 异常图

所在位置重、磁场特征(图 6-16):矿区范围内开展过大比例尺重磁工作。地磁 ΔZ 异常形态复杂,由多峰组成,局部异常呈北西走向,幅值高达 420nT,矿区位于北部局部异常上。所在位置重力异常显示冬瓜山铜矿处于相对重力高中心北部正负交变带处,重力高呈北东向,椭圆状,幅值达 $12\times10^{-5}\mathrm{m/s^2}$。表明该区为穹隆构造,易于岩浆和矿浆侵入就位。

综上所述,该类矿床的找矿模型总结见表 6-7。

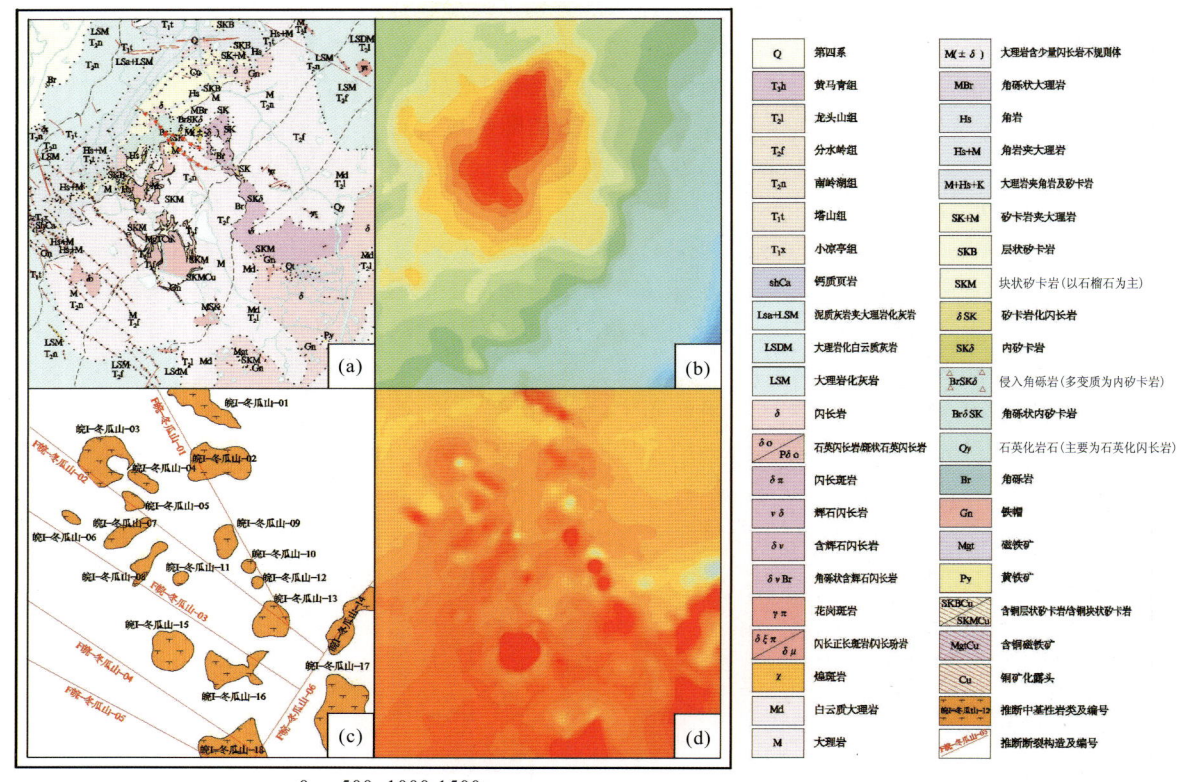

图 6-16 冬瓜山铜矿所在位置地质矿产及物探剖析图
(a)地质矿产图；(b)布格重力异常图；(c)推断地质构造图；(d)地磁等值线平面图

表 6-7 安徽省冬瓜山式铜矿找矿模型一览表

成因类型		层控热液叠改型铜矿床
构造环境		矿床处于东西向基底构造与北东向复向斜中青山次级背斜的复合部位,矿体受背斜轴部晚泥盆世五通组与晚石炭世黄龙组之间的层间滑脱构造带控制
控矿要素	地层控制	主要赋矿地层为晚石炭世黄龙组白云岩、灰岩和船山组灰岩
	构造控制	东西向基底构造与北东向青山背斜的复合部位、层间滑脱构造是主要的控矿构造,控制着层控叠改型矿体的产出
	岩浆控制	中浅成中酸性岩浆岩,是铜的主要来源。矿田内铜金等矿化与岩体在空间上密切伴生,成矿元素进一步富集的时间也与侵入活动有关。区内有辉石闪长岩、闪长岩、闪长玢岩、正长斑岩等小岩株、岩枝和岩脉侵入,与成矿关系密切的主要为闪长岩
地质标志	构造标志	东西向基底构造、北东向青山背斜、层间滑脱构造
	地层标志	晚石炭世黄龙组白云岩、灰岩和船山组灰岩
	岩浆岩标志	高铜含量的中酸性岩体
	围岩蚀变	钾化、硅化、蛇纹石化、碳酸盐化、硬石膏化与矿化关系密切
地球物理标志	重力	所在区域:重力高背景;所在地区:重力高异常区;所在位置:重力高边部
	磁法	所在区域:航磁高背景;所在地区:高磁异常上;所在位置:高磁局部异常

四、凤凰山铜矿

接触交代矽卡岩型凤凰山（药园山）铜铁矿床位于环太平洋成矿带中国东部成矿域长江中下游铜、金、铁、铅锌成矿带中部铜陵矿集区内，铜陵-贵池褶断束中段。区域构造位置位于扬子陆块的东北缘、大别造山带的前陆褶皱带。基底断裂主要为东西向、近南北向断裂，盖层构造以北东向印支期褶皱、燕山期断裂为主。基底断裂及燕山期断裂构造控制着区域内岩浆活动和矿化作用。区域地层自志留系至第四系均有出露，含钙质的碳酸盐岩地层与成矿关系密切，主要有中石炭世黄龙组和晚石炭世船山组，早二叠世栖霞组和大隆组，早三叠世殷坑组、龙山组、南陵湖组。

凤凰山铜矿区位于铜陵市东南部，处于中燕山期构造中，位于新屋里复向斜的西北翼。赋矿地层主要是早三叠世南陵湖组石灰岩、含白云质石灰岩，局部为钙质页岩条带和白云质灰岩夹层与和龙山组石灰岩、泥质灰岩、夹钙质页岩。侵入岩体为燕山早期花岗闪长岩，矿体分布于下三叠统与新屋里花岗闪长岩岩体的接触带附近。

所在区域重、磁场特征（图6-17）：在区域1:50万航磁ΔT异常平面图上，凤凰山铜矿处于近东西向铜陵-南陵磁力高值带中段、丫山镇北东向航磁异常高值背景上；经航磁化极后，北部为大范围的强磁异常区，凤凰山铜矿处于化极磁异常中段，局部异常等轴状，$\Delta T_{max}=840nT$，为隐伏侵入岩体的反映。在区域1:50万布格重力异常及剩余重力异常平面图上，凤凰山铜矿均处在相对重力高值区，表明矿区位于隆起区，为成矿有利区域，从区域整体来看，凤凰山铜矿呈现重高磁高、异常强度较大的特征。其南侧为重磁同低的条带状异常，反映的是南陵中新生代断陷。

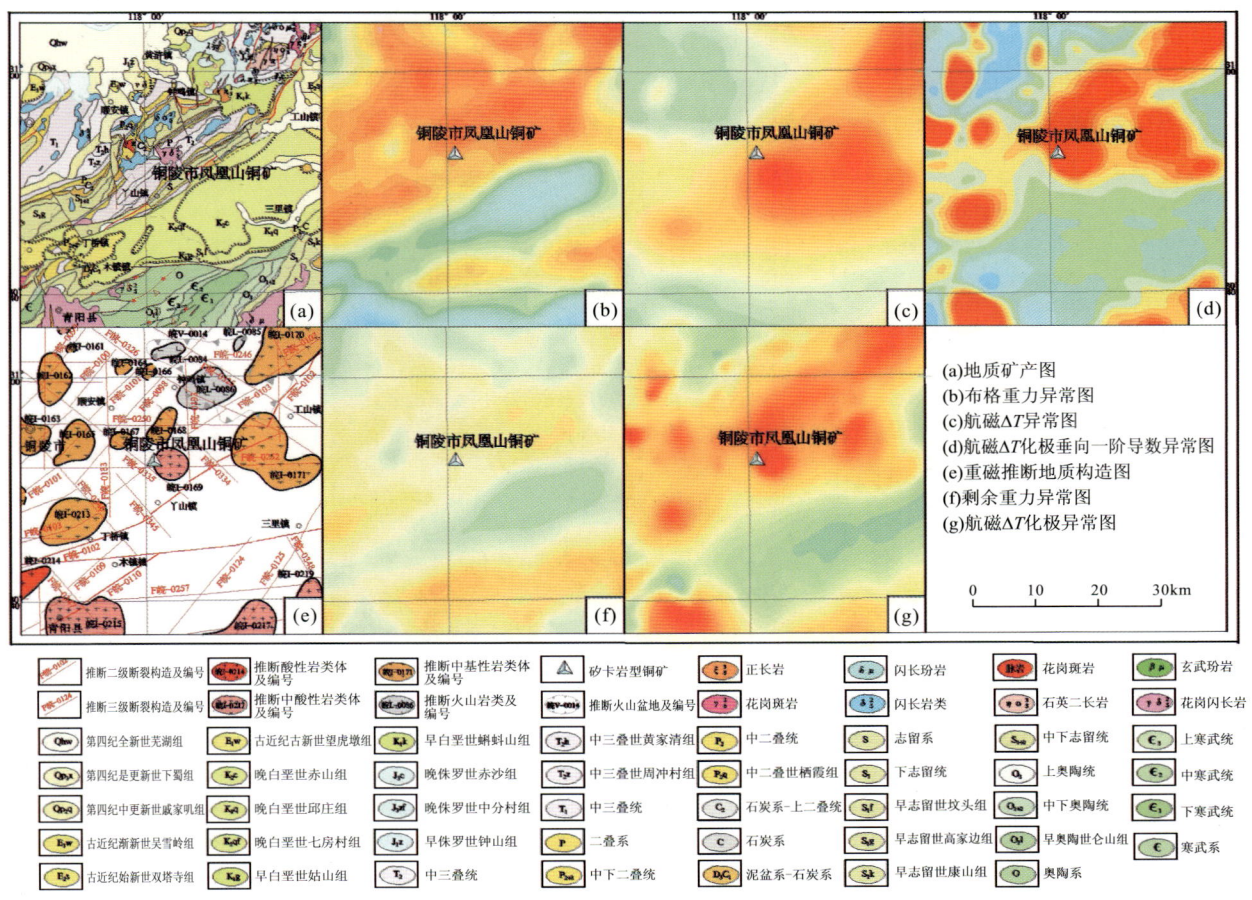

图6-17 凤凰山铜矿所在区域地质矿产及物探剖析图

所在地区重、磁场特征(图6-18):在地区1∶5万航磁 ΔT 平面图上,凤凰山铜矿异常为叠加在航磁 ΔT 高值背景西南方向的局部异常,局部异常圈闭良好,北陡南缓,呈似等轴状,强度大, ΔT_{max} = 1200nT,北有负异常伴生,航磁化极图形态变化不大,与花岗岩体相吻合。1∶5万布格重力异常及剩余异常平面图上,凤凰山铜矿均位于相对重力低部位,重力低北东向条带状特征明显,与区域向斜构造一致。

综上所述,该类矿床的找矿模型总结见表6-8。

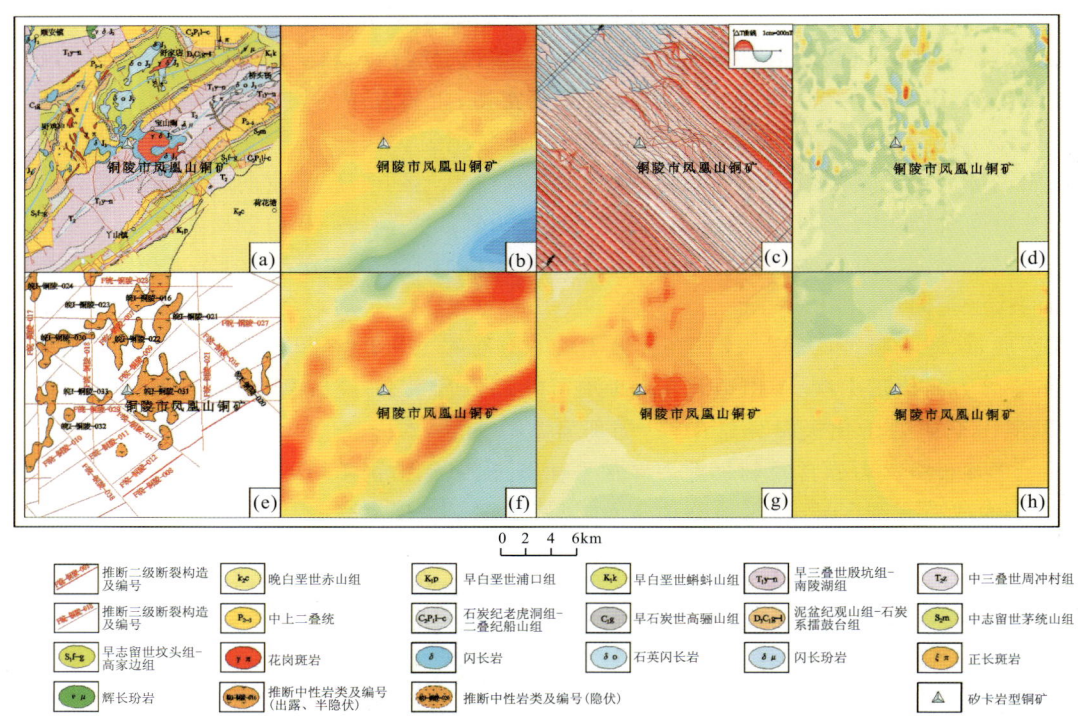

图6-18 凤凰山铜矿所在地区地质矿产及物探剖析图
(a)地质矿产图;(b)布格重力异常图;(c)航磁 ΔT 剖面平面图;(d)航磁 ΔT 化极垂向一阶导数异常图;
(e)重磁推断地质构造图;(f)剩余重力异常图;(g)航磁 ΔT 化极异常图;(h)航磁 ΔT 异常图

表6-8 安徽省凤凰山式铜矿找矿模型一览表

成因类型		接触交代矽卡岩型铜铁矿床
构造环境		位于新屋里复向斜的西北翼,下三叠统与新屋里花岗闪长岩岩体的接触带附近。新屋里花岗闪长岩岩体受区域东西向大断裂、南北向盖层断裂及北东向新屋里向斜复合控制
控矿要素	地层控制	早三叠世南陵湖组(T_1n)、和龙山组(T_1h)灰岩
	构造控制	东西向大断裂、南北向盖层断裂及北东向新屋里向斜复合控制
	岩浆控制	本矿床形成与岩浆岩有着成因上的联系,当花岗闪长岩侵入与碳酸盐类接触,由于岩浆期后气液的活动,于接触带产生双交代作用,从而形成铁、铜矿
地质标志	构造标志	新屋里花岗闪长岩体与 T_1n、T_1h 接触带、断裂构造交叉复合部位是最主要的找矿地质标志
	地层标志	早三叠世南陵湖组(T_1n)及和龙山组(T_1h)灰岩
	岩浆岩标志	高铜含量的中酸性岩体
	围岩蚀变	围岩热力变质作用——大理岩化和矽卡岩化,围岩蚀变中以碳酸盐化、绿泥石化、钾长石化具重要的找矿意义
地球物理标志	重力	所在区域:重力高背景;所在地区:重力低异常上
	磁法	所在区域:航磁高背景;所在地区:高磁异常上

五、新桥铜矿

新桥硫铁矿铜多金属矿床属于长江中下游铜、金、铅、锌成矿带中部铜陵矿集区,所处大地构造位置为地幔上隆区,属扬子陆块的东北缘,大别造山带的前陆褶皱带,铜陵-繁昌断褶带南段的铜陵-戴家汇岩浆断裂活动断块区。区内岩浆岩以燕山期中酸性侵入岩为主,由橄榄玄武质系列和高钾钙碱性系列岩石组成,岩浆活动受基底构造控制,侵入岩的形态产状则受盖层断裂控制。主要为中酸性闪长岩类,其次为正长岩类,形成深度从中深成相到浅成相,同源复式侵入体较普遍。区域出露地层有志留系至第四系,含钙质的碳酸盐岩地层与成矿关系密切,主要有中石炭世黄龙组和晚石炭世船山组,早二叠世栖霞组和晚二叠世大隆组,早三叠世殷坑组、龙山组、南陵湖组。区内矿产丰富,主要分布在铜陵—顺安深(大)断裂控制的铜陵-南陵-戴家汇近东西向成矿带中。

新桥铜矿位于铜陵市东部新桥镇境内东南方向,处于淮阳"山"字形构造前弧东翼中段,矿床处在燕山期北北东向盛冲向斜与印支期北东向舒家店-永村桥背斜相叠加形成的坳陷部位,断裂、褶皱发育。区内与成矿有关的岩浆活动主要为燕山期,与成矿有关的侵入岩为石英二长闪长岩岩体。该区地层出露为志留系—三叠系,与成矿有关的层位主要是在石炭系底部与泥盆系顶部间的灰岩—白云岩层,二叠系栖霞组部分也被交代成矿。

所在区域重、磁场特征(图6-19):区域1:50万航磁 ΔT 异常图反映新桥铜矿处于铜陵地区航磁 ΔT 异常北东向梯度带上。航磁化极后,呈现大范围的强磁异常区,北西侧有负值伴生,新桥铜矿处于航磁 ΔT 化极磁异常核心部位北西向400nT等值线附近,异常圈闭,范围大,梯度陡,呈不规则形状,北

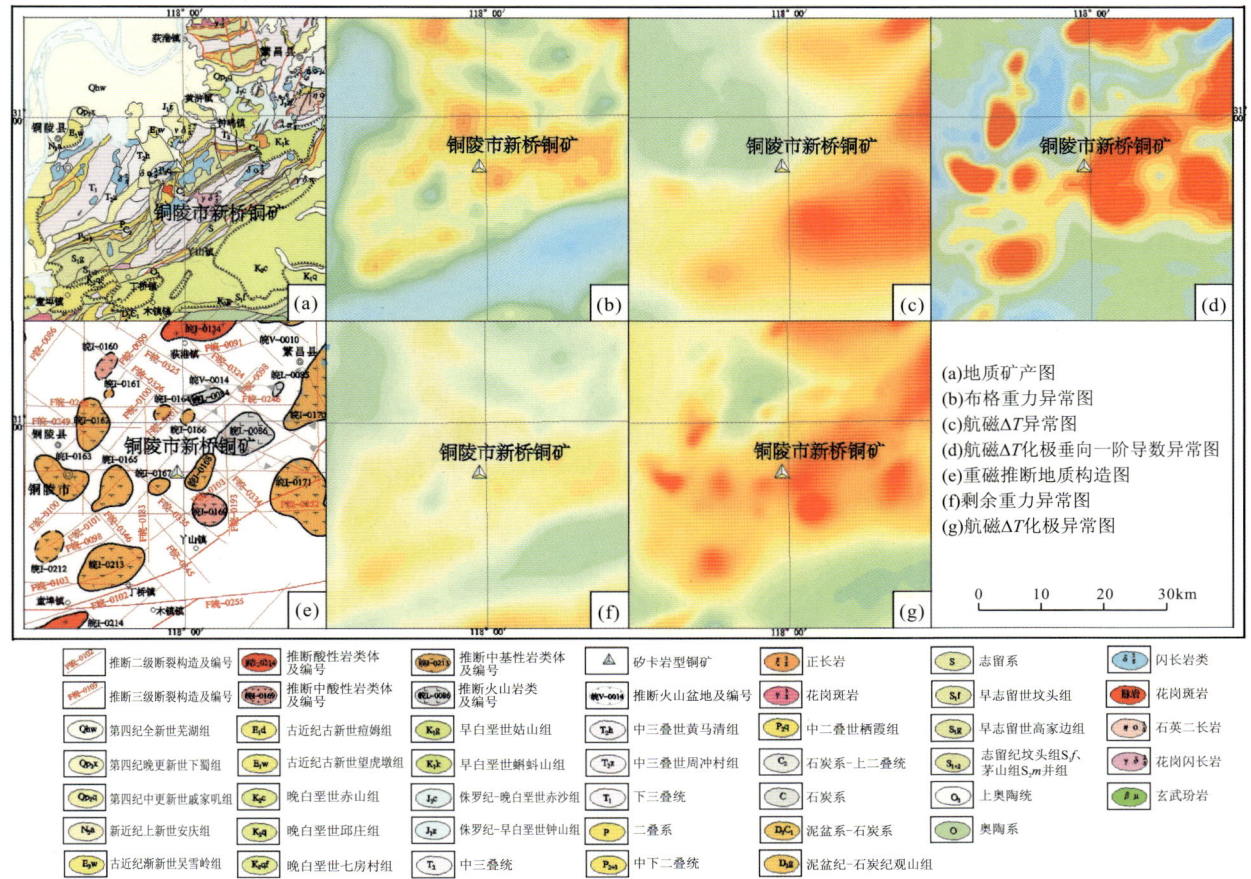

图6-19 新桥铜矿所在区域地质矿产及物探剖析图

东走向。在区域1∶50万布格重力异常及剩余重力异常平面图上,新桥铜矿位于沿江重力高值背景区内,重力异常呈北东向带状特征,与区域构造线一致,新桥铜矿局部异常呈等轴状,范围较小。从区域宏观来看,属重磁同高异常。

所在地区重、磁场特征(图6-20):在地区1∶5万航磁ΔT异常图上,新桥铜矿处在航磁ΔT异常高值背景西北缘,与新桥岩体相吻合;化极处理后,新桥铜矿局部异常呈椭圆状,南北走向,强度较大,范围较小,$\Delta T_{max}=480nT$。所在地区1∶5万布格重力异常及剩余重力异常平面图上,新桥铜矿处在局部相对重力高异常边缘,重力高异常形态完整,似圆形,梯度宽缓,推测为局部穹隆引起,为成矿有利地段。

综上所述,该类矿床的找矿模型总结见表6-9。

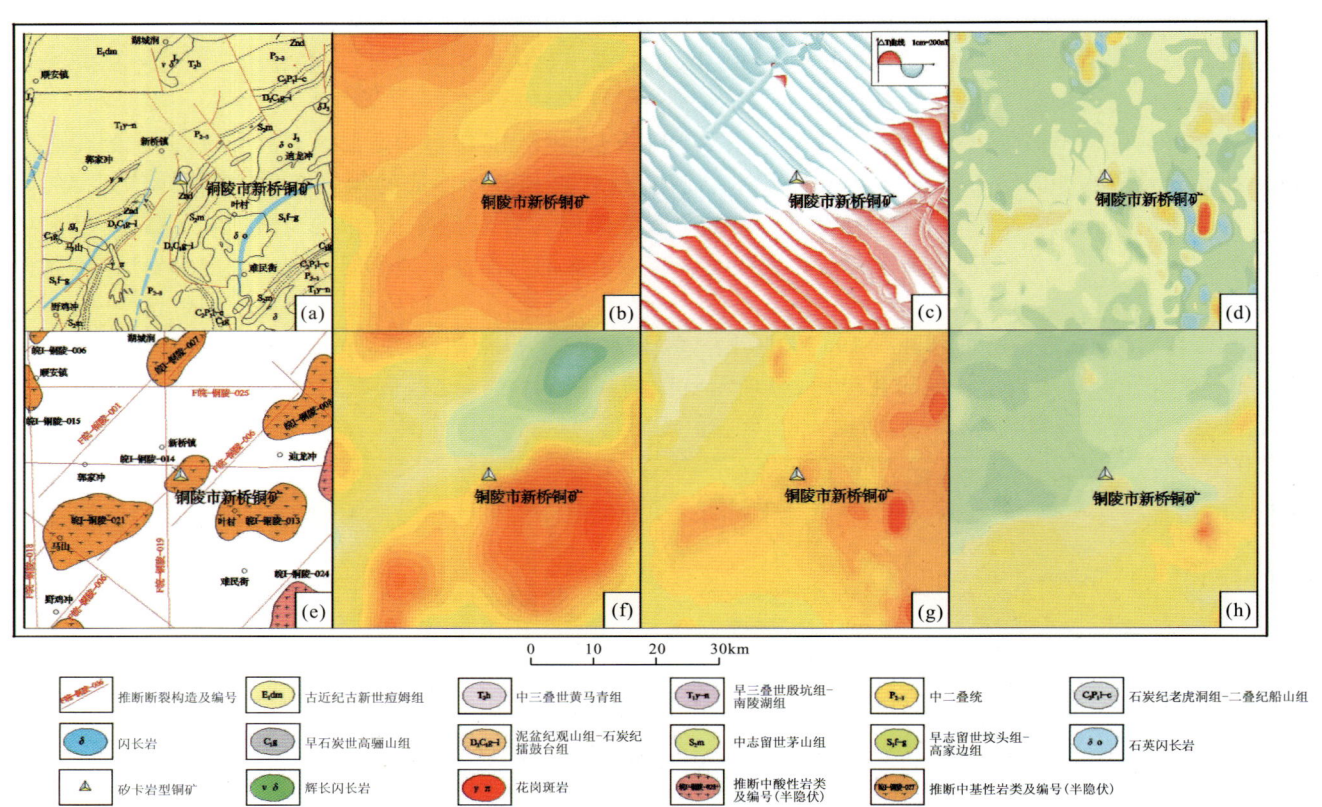

图6-20 新桥铜矿所在地区地质矿产及物探剖析图
(a)地质矿产图;(b)布格重力异常图;(c)航磁ΔT剖面平面图;(d)航磁ΔT化极垂向一阶导数异常图;
(e)重磁推断地质构造图;(f)剩余重力异常图;(g)航磁ΔT化极异常图;(h)航磁ΔT异常图

斑岩型铜矿

大地构造位置及成矿区带:位于下扬子坳陷带,庐枞火山-沉积盆地边缘隆起带,下扬子成矿省(Ⅱ-15A),长江中下游铜、金、铁、铅、锌(锶、钨、钼、锑)、硫、石膏成矿带(Ⅲ-69),Ⅲ-69-①庐江-滁州铜、金、铁、钼、铅、锌、银、硫成矿亚带,Ⅲ-69-①-V1沙溪铜、金、铅、锌、银、硫成矿区。

成矿时代:燕山早期。

含矿岩系:石英闪长斑岩、黑云母石英闪长斑岩。

成因类型:斑岩型。

矿床实例:沙溪。

表 6-9 安徽省新桥式铜矿找矿模型一览表

成因类型		层控热液叠改型铜硫铁矿床
构造环境		地质构造属铜陵-繁昌断褶带南段的铜陵-戴家汇岩浆断裂活动断块区。盖层构造为一系列走向北东而相间排列的短轴背斜及复式向斜。区内近东西、南北向基底构造及其交会点控制着该区岩浆活动及成岩成矿作用。矿床处在燕山期北北东向盛冲向斜与印支期北东向舒家店-永村桥背斜相叠加形成的坳陷部位
控矿要素	地层控制	该区地层出露为志留系—三叠系。志留系—泥盆系主要为碎屑岩;石炭系—三叠系以海相碳酸盐岩为主,夹海陆交互相的含煤碎屑岩系。与成矿有关的层位主要是在石炭系底部与泥盆系顶部间的灰岩-白云岩层,二叠纪栖霞组部分也被交代成矿
	构造控制	层间构造是主要的控矿构造,控制着沉积改造型矿体的产出。接触带构造是次要的控矿构造,局部接触带部位矿体变得厚大
	岩浆控制	中浅成中酸性岩浆岩,是铜金多金属的主要来源。
地质标志	构造标志	层间滑脱构造、侵入接触带构造
	地层标志	位于与成矿关系密切的中酸性岩体附近的石炭纪碳酸盐岩地层形层状-似层状矿体,形成的矿体在接触带附近往往变得肥大
	岩浆岩标志	高铜金多金属含量的中酸性岩体
	围岩蚀变	矿体产于接触交代矽卡岩带,矿床与热液蚀变有密切关系
地球物理标志	重力	所在区域:重力高背景;所在地区:重力低异常边部
	磁法	所在区域:航磁高背景;所在地区:高磁局部异常边部

预测要素:北东向、北北东向和近东西向 3 组构造交会部位,隆起和坳陷带的边缘,深断裂旁侧的次一级断裂,燕山期 SiO_2 过饱和或微过饱和碱钙-钙碱系列石英闪长斑岩、黑云母石英闪长斑岩等中酸性斑岩体(具复式岩体特征),重力剩余异常(负异常为主及其梯级带),航磁异常(正异常),物探推断的隐伏中酸性岩体,主元素 Cu 异常、指示元素 Au、Ag、Pb、Zn 异常,自燃重砂铜族异常。

六、庐江沙溪铜矿

沙溪铜矿区位于长江中下游成矿带庐枞铁铜成矿区的北缘,滁县-庐江构造岩浆岩带西南部的沙溪地区。处于下扬子坳陷带,庐枞火山-沉积盆地边缘隆起带,郯庐断裂带南东侧、长江深断裂北西侧,燕山期北东向褶皱、断裂带与近东西向构造带的复合部位,矿区位于巢湖-潜山断陷盆地内之次级隆起,盛桥-菖蒲山北东向复背斜的南西端。

据常印佛、汪祥云等研究,庐枞陆相火山岩系形成于晚侏罗世—早白垩世,构成庐枞火山岩盆地的主体;庐枞火山岩盆地是一个以中侏罗世象山群陆相碎屑岩建造为基底,经燕山期早期运动而发育起来的继承性火山岩盆地。喷发-喷溢物的最大厚度达 2104.07m。侏罗系出露有钟山组、罗岭组。白垩系出露下白垩统,包括属于火山岩系的砖桥组、双庙组、浮山组及属陆相粗碎屑沉积的杨湾组。

庐枞火山岩区为一开阔的向斜盆地,不整合于中下侏罗统及中三叠统之上。基底地层在火山岩盆地的北、东、南均有出露。火山岩系继承了长期相对沉降的基底构造堆积而成,其时代为晚侏罗世—早白垩世,为该区重要的金属矿产的主要成矿期。燕山运动晚期,盆地两翼凹陷,为红层堆积。

沙溪铜矿位于庐江县城东南部,矿区位于郯庐断裂带东侧、燕山期北东向褶皱、断裂带与近东西向构造带的复合部位,盛桥-菖蒲山北东向复背斜的南西端。矿区志留系—第四系均有出露,区内岩浆岩发育,火山岩和侵入岩均有,主要含矿岩体为石英闪长斑岩,其次为黑云母闪长斑岩。

所在区域重、磁场特征(图 6-21):在区域 1:50 万航磁 ΔT 异常图反映,沙溪铜矿处在大别磁力高和庐枞火山岩盆地磁力高中间的菖蒲山磁力高内,经过航磁化极后,菖蒲山磁异常突出,异常呈不规则状态,近北东向,强度高,梯度陡,$\Delta T_{max}=1400\text{nT}$,北东、西南侧有负值伴生,沙溪铜矿处于航磁 ΔT 化极异常北东向 220nT 处,推测该区深部应有中基性岩体存在。在区域 1:50 万布格重力异常及剩余重力异常平面图上,沙溪铜矿位于相对重力高异常区,且范围大,圈闭性较好,近等轴状,剩余重力异常值高达 $8\times10^{-5}\text{m/s}^2$,表明该区处在隆起区。从区域宏观上来看,沙溪铜矿区具重高磁高、强度较大的特征。

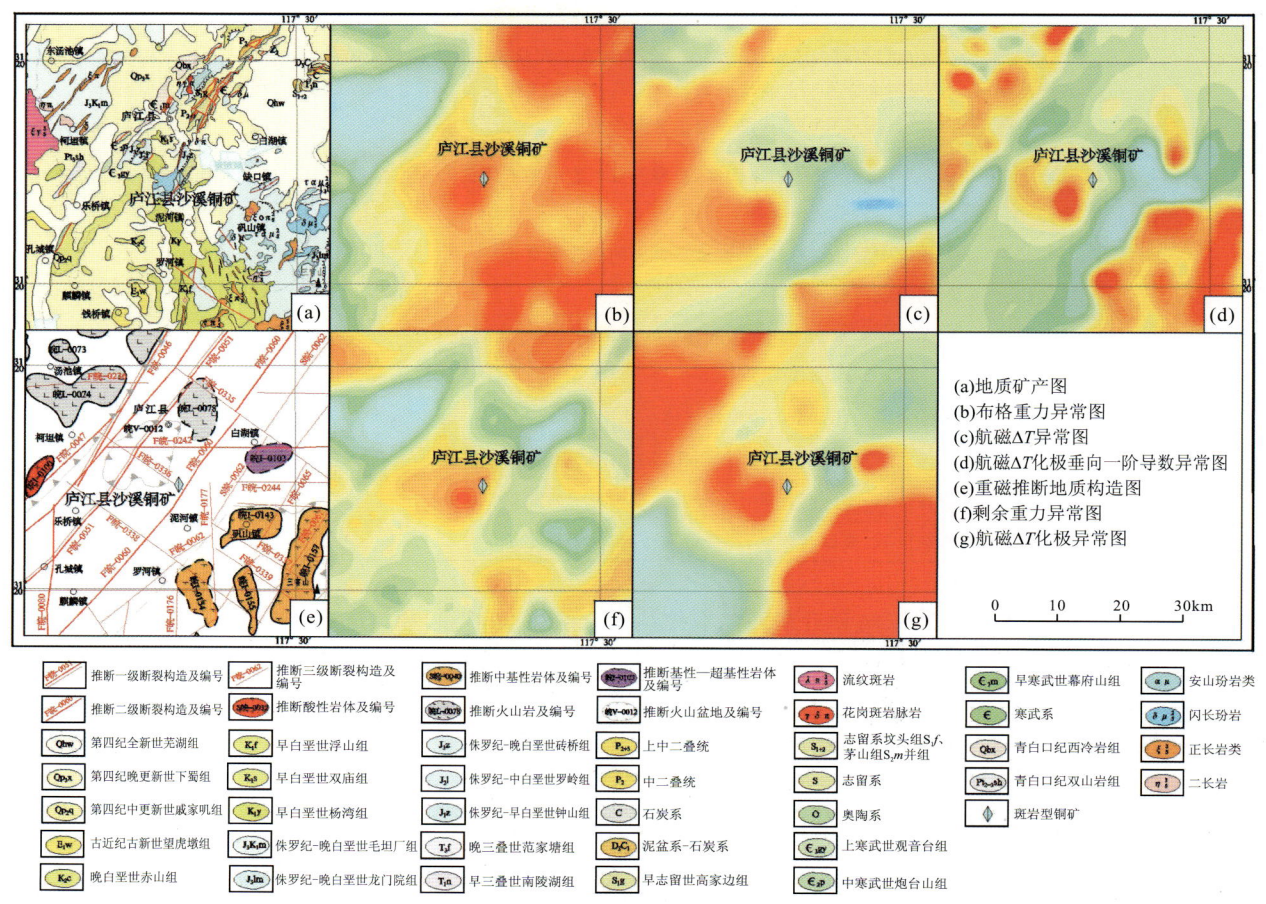

图 6-21 庐江沙溪铜矿所在区域物探剖析图

所在地区重、磁场特征(图 6-22):在地区 1:5 万航磁 ΔT 异常图上,沙溪铜矿位于菖蒲山磁力高向北东向的延伸部位,航磁 ΔT 剖面平面图上有 7 条尖峰状特征反映,经过化极后,沙溪铜矿处在菖蒲山主体航磁异常北东方向的条带状异常内,条带状异常由众多局部异常构成,形状多变,北东走向,梯度较陡,$\Delta T_{max}=800\text{nT}$,该异常应为成矿岩体的反映。在地区 1:5 万布格重力异常及剩余重力异常平面图上,沙溪铜矿位于北东向重力高上两个圈闭的剩余重力异常鞍部部位,异常外形与中沙溪隆起边缘相吻合。

所在位置剖面电阻率、极化率异常特征见表 6-10,图 6-23。

综上所述,该类矿床的找矿标志有:在区域上,矿床处于重磁场相对高值区,在局部异常上处于正异常的边部,重磁场总体呈"重边磁边"的异常组合特征,可作为找矿标志;区内控矿的象山群(钟山组、罗岭组)与下伏地层间的断层接触带,不同方向断裂的交会部位;岩体中裂隙带密集发育部位;具复式岩体特点的中酸性石英闪长斑岩和黑云母石英闪长斑岩体等均可作为找矿标志,其找矿模型见表 6-11。

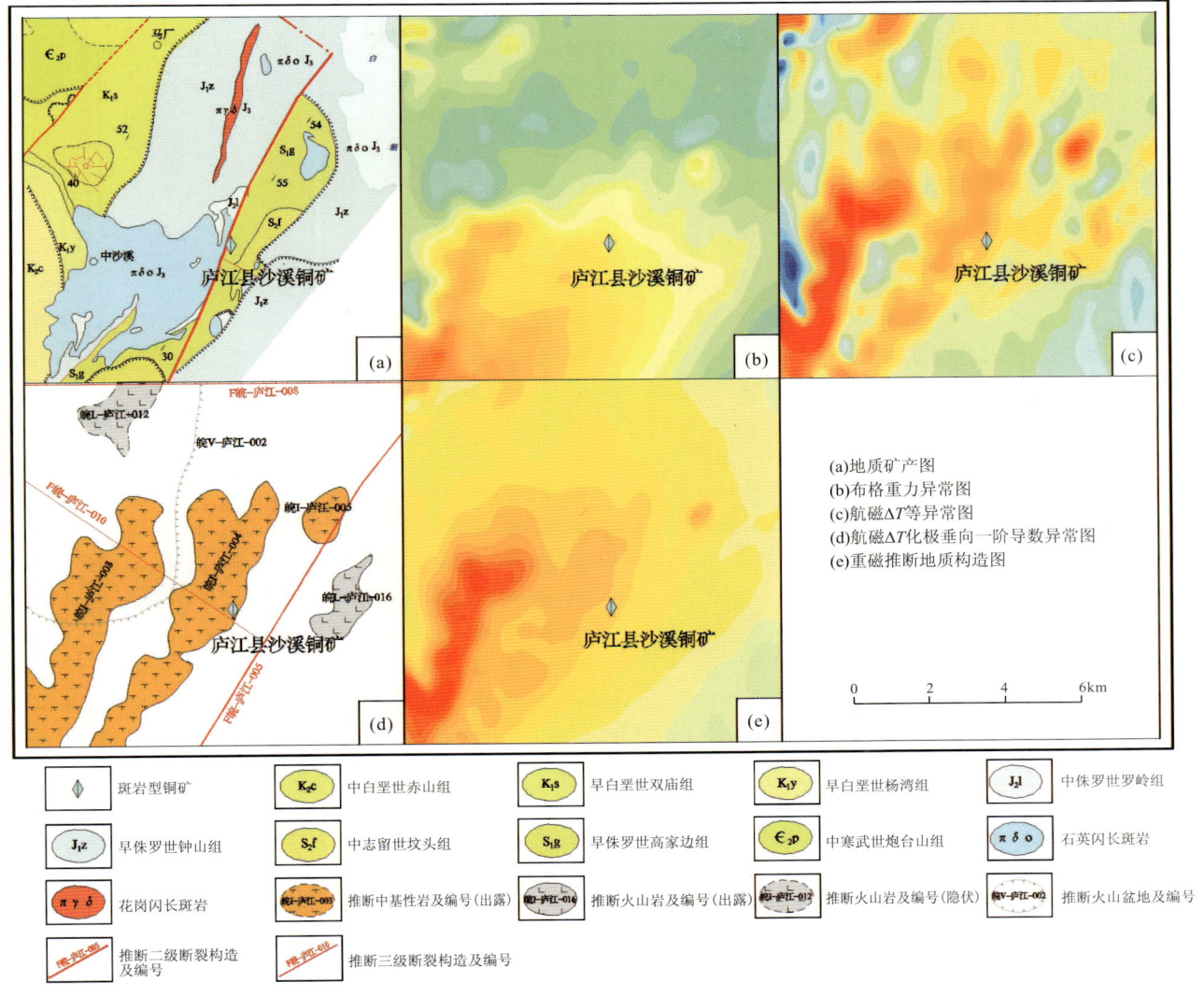

图 6-22 庐江沙溪铜矿所在地区物探剖析图

表 6-10 沙溪铜矿电阻率极化率特征表

线号	极化率		电阻率		τ_s、C_s		总体特征
	形态	极化率值(%)	形态	电阻率值($\Omega\cdot m$)	形态	数值	
6	视充电率 m_s 断面：m_s 异常核部呈团块状，两侧有"八"字形异常晕与之呼应 异常中心与矿体空间位置一致，范围大于矿体	m_s >20%	相对低阻，矿体处于低阻与高阻间的过渡带	$\rho_w=100\sim350$ $\varphi_m/\varphi_m^0=1\sim1.6$	τ_s 异常形态与 m_s 类似；C_s 异常趋势与 m_s 类似，但中部异常核部不明显	$\tau_s>4s$；$C_s<0.5$	低阻、高极化、高 τ_s、低 C_s
	极化率二维反演：高极化模型与视充电率异常形态类似。高极化模型比矿体大，模型埋藏深度比矿体浅	η_s >22%	电阻率二维反演：三层电性模型特征明显，矿体处于高阻模型所挟的低阻模型部位	$\rho=20\sim25$			

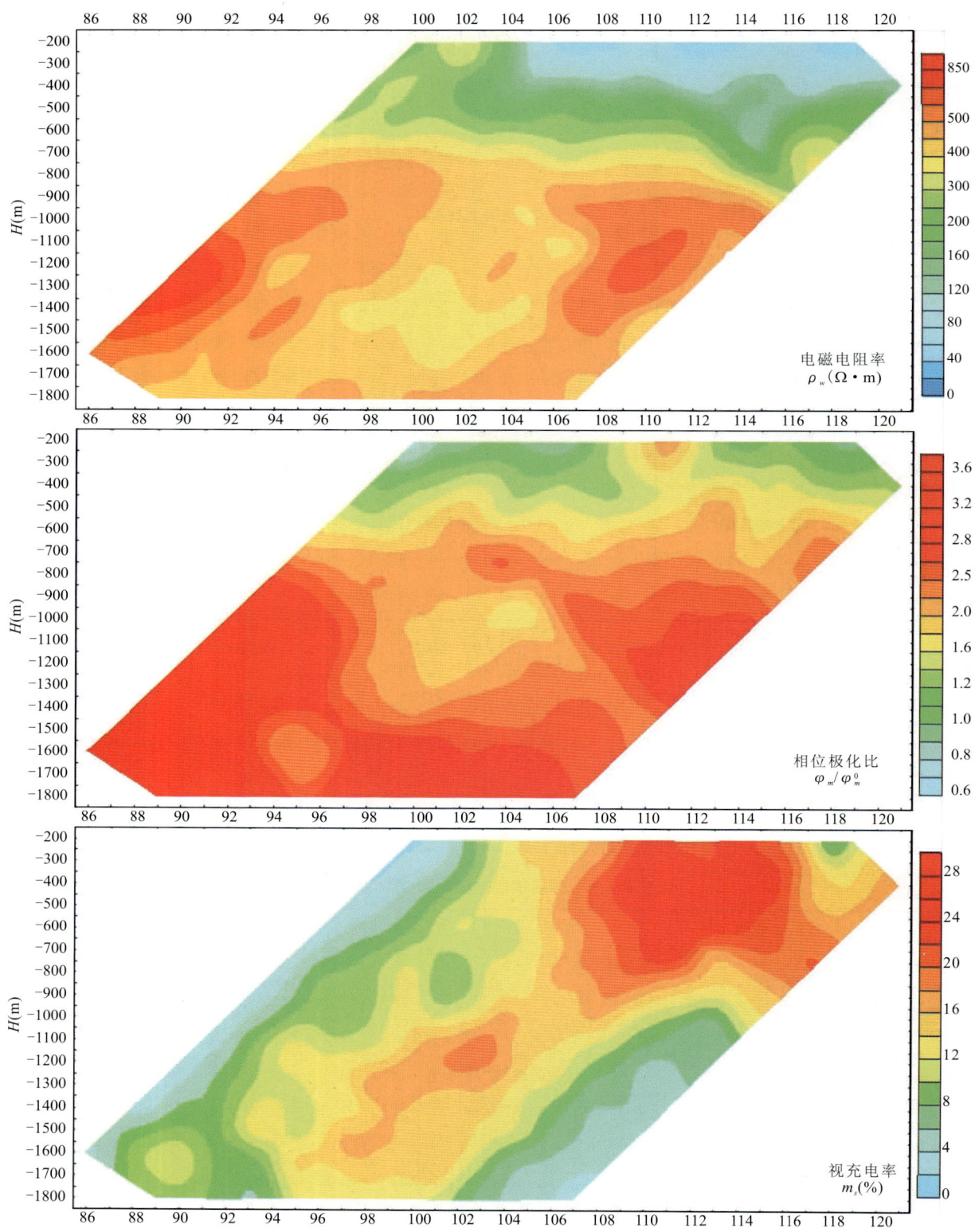

图 6-23 庐江沙溪铜矿 S10-6 复电祖率法剖面图

表 6-11　安徽省沙溪式铜矿找矿模型一览表

成因类型		斑岩型铜矿床
构造环境		该区位于郯庐断裂带东侧、长江深断裂北西侧，燕山期北东向褶皱、断裂带与近东西向构造带的复合部位。矿区位于巢湖-潜山断陷盆地内之次级隆起，盛桥-菖蒲山北东向复背斜的南西端
控矿要素	地层控制	象山群（钟山组、罗岭组）砂页岩一方面表现在对成矿热液的隔挡屏蔽方面，另一方面表现为具有良好孔隙度的砂页岩地层可以成为矿液储存的条件
	构造控制	隆起和坳陷带的边缘，深断裂旁侧的次一级断裂，是重要的控岩控矿构造；矿区次级背斜的轴部、北东向压扭性和压性与北西向张扭性和张性断裂的交会处，是矿床和矿体最有利的赋存部位；岩石裂隙的发育程度是矿化富集的重要条件；岩浆在结晶后如发生严重碎裂，靠近岩体的砂页岩节理裂隙发育有利于矿液充填，常常形成富矿，捕房体构造
	岩浆控制	石英闪长斑岩、黑云母石英闪长斑岩等中酸性斑岩体（具复式岩体特征）和侵入角砾岩等对成矿有利
地质标志	构造标志	象山群（钟山组、罗岭组）与下伏地层间的断层接触带，不同方向断裂的交会部位，岩体内的构造裂隙密集发育部位，矿化角砾岩及含铜石英脉发育部位
	岩浆岩标志	具复式岩体特点的中酸性石英闪长斑岩和黑云母石英闪长斑岩体
	围岩蚀变	蚀变带的范围越大，对成矿越有利，硅化、钾化与成矿关系最为密切
地球物理标志	重力	所在区域：重力高背景；所在地区：重力高异常边部
	磁法	所在区域：航磁高背景；所在地区：高磁异常带上
	电法	低阻、高极化、高 τ_s、低 C_s

第三节　铅锌矿

安徽省铅锌矿分布于全省各地，除祁门县三宝铅锌矿、池州市黄山岭铅锌矿、南陵县姚家岭铜铅锌矿、庐江县岳山银铅锌矿床为大中型矿床外，多为小型矿床或矿（化）点。铅锌矿含矿建造涉及多种类型，有沉积岩建造、变质岩建造、岩浆岩建造等，或者为复合型建造；与成矿有关的岩浆作用多为燕山期中酸性岩浆岩；矿床类型有热液型、矽卡岩型、斑岩型等。

本次铅锌矿资源潜力评价，全省共划分了 14 个预测工作区（图 6-24），采用的典型矿床共有 11 个。除庐枞预测工作区预测类型为斑岩型，东至-石台、繁昌预测工作区预测类型为矽卡岩型外，其余预测工作区预测类型主要为热液型，因此，本书只选取南陵县姚家岭热液型铜铅锌矿床来分析总结该类矿床地质地球物理场特征及找矿标志。

姚家岭铅锌矿位于南陵县西 15km，大地构造位置处于扬子陆块下扬子地块（前陆带）沿江褶断带近东部，铜陵至南陵多金属成矿带东段边缘。

区内褶皱构造主要为戴公山背斜，轴向北东，背斜核部地层为早志留世高家边组至中志留世坟头组，局部为晚志留世茅山组，翼部地层由晚泥盆世五通组到早三叠世南陵湖组组成。因岩体的侵入及断裂活动的影响，褶皱形态受到一定的影响。矿区处于戴公山背斜北东倾伏端附近，北面与繁昌火山凹陷接壤，东面与宣南凹陷毗邻。

矿区内断裂主要发育有北东向、近南北向、北西向 3 组断裂，破碎带及角砾岩发育。小青塘花岗闪长斑岩体及其中的灰岩捕房体中广泛发育有北东东向和南东东向两组裂隙，这些裂隙及层间裂隙构造控制了矿液的运移及矿体的赋存空间。

矿区地层属扬子地层区下扬子地层分区芜湖-石台地层小区，寒武系至第四系均有分布，志留系—泥盆系为浅海相至陆相碎屑岩沉积；石炭系—三叠系以灰岩、白云质灰岩、白云岩等海相碳酸盐岩沉积

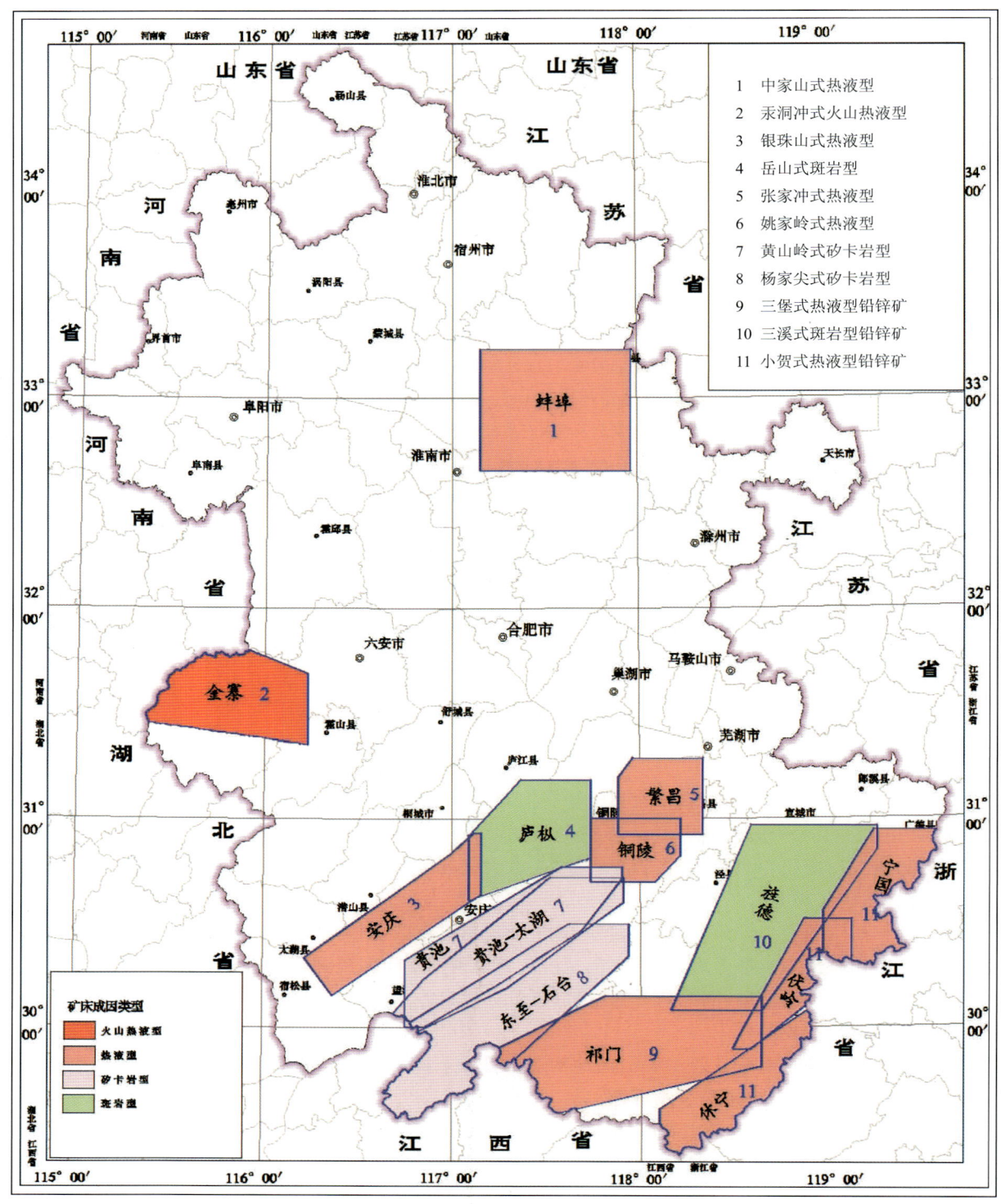

图 6-24 铅锌矿预测工作区分布图

为主,次为海陆交互相碎屑岩沉积;白垩系主要为基性—酸性火山岩及少量陆相碎屑岩;第四系主要为冲积、残坡积物。主要赋矿地层为石炭系、二叠系。

区内岩浆活动强烈,主要有小青塘和青山花岗闪长斑岩体,两岩体在深部相连,为燕山晚期同源侵入体。岩体蚀变强烈,具矿化现象。在岩体的中上部具有隐爆作用形成的角砾状构造,这种隐爆作用在岩体及灰岩捕虏体中形成南东东向和北东东向裂隙,为岩浆期后的含矿热液运移及沉淀富集创造了有利条件。

所在区域重、磁场特征(图6-25):所在区域1:50万航磁异常 ΔT 平面图上,姚家岭铅锌矿处于南陵大范围航磁北东向高异常区域内。经过化极及求导处理后,异常被分解出多个高值局部异常,姚家岭铅锌矿位于东南部一个完整局部异常的中心处,该异常呈近等轴状,梯度较陡,$\Delta T_{max}=520\mathrm{nT}$,为上侵的小型岩体引起。所在区域1:50万布格重力异常及剩余重力异常平面图上,姚家岭铅锌矿位于相对重力高值区内,局部 $\Delta g_{max}=5\mathrm{mgal}$,表明矿区位于隆起区,异常南东向为重力低异常区,反映的是南陵断陷,其间北东走向的梯级带为边界断裂的反映。

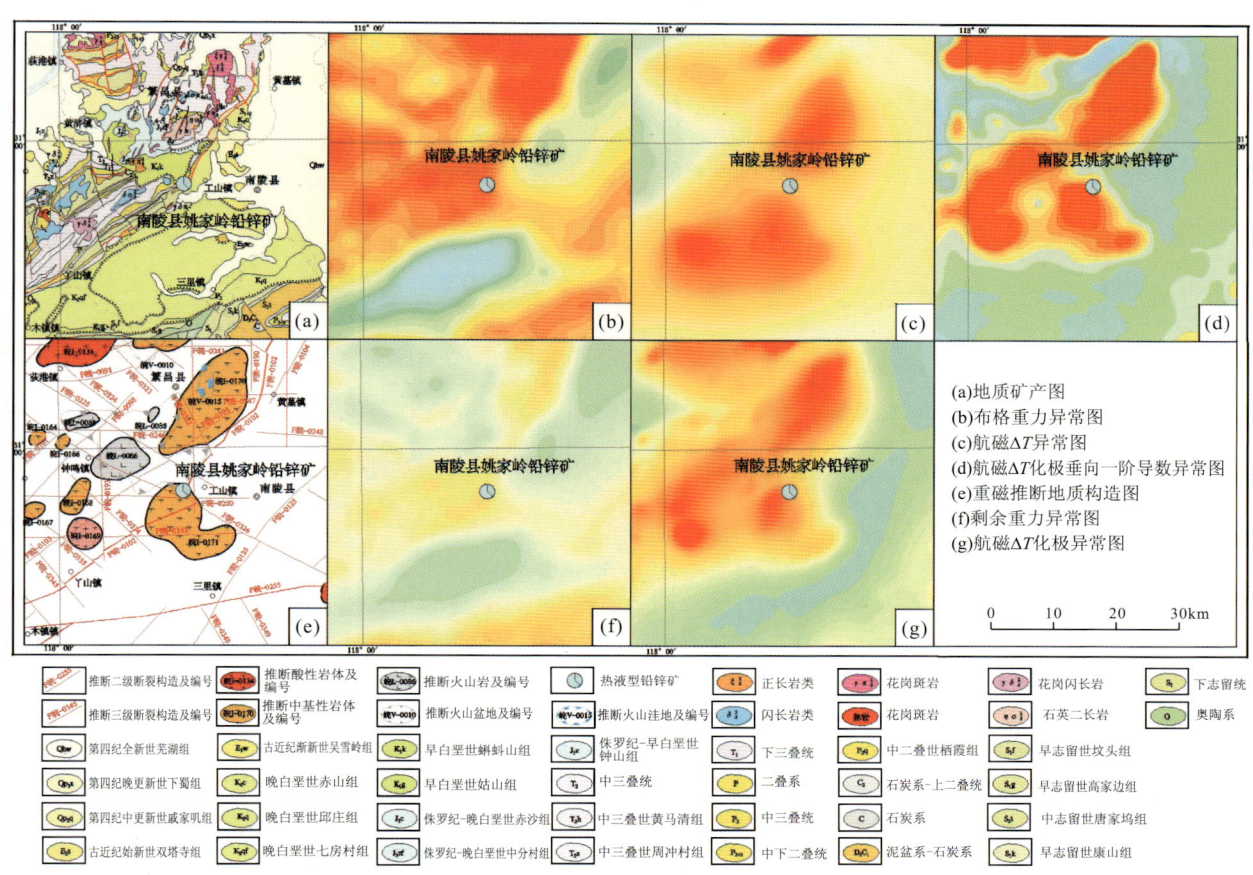

图6-25 姚家岭铅锌矿所在区域物探剖析图

所在地区重、磁场特征(图6-26):在地区1:5万航磁 ΔT 异常图上,姚家岭铅锌矿位于南部磁力高上,北侧有负异常伴生,航磁异常表现为等值线的连续扭曲;化极后,异常形态更加明显,姚家岭铅锌矿位于高值异常中心,异常呈"心"形状,强度大,梯度陡,$\Delta T_{max}=960\mathrm{nT}$。所在地区呈相对重力高的特征,北东走向,与构造线一致。

所在位置剖面电阻率异常特征(图6-27)和28线电阻率等值线断面图(图6-27)显示:电阻率等值线较为凌乱,以纵向排列为主,高低交错。除浅部白垩系(K_1k)低阻($n\times10\Omega\cdot\mathrm{m}$)和2175/28、3025/28下方小面积低阻体外,图面以中阻($n\times10^2\Omega\cdot\mathrm{m}$)为主,仅1375/28点下方出现小面积高阻($n\times10^3\Omega\cdot\mathrm{m}$)区域。28线与C-D线方向不同,CSAMT场源也不同,但在交叉点(ZK3904附近)阻值差异不大。

在1775/28~2275/28点之间有7个勘探钻孔(没有详细钻孔资料),控制深度约为标高-950m。

钻孔资料显示:浅部白垩系(K_1k)低阻($n\times10\Omega\cdot\mathrm{m}$)。白垩系下至约标高-400m为花岗闪长斑岩

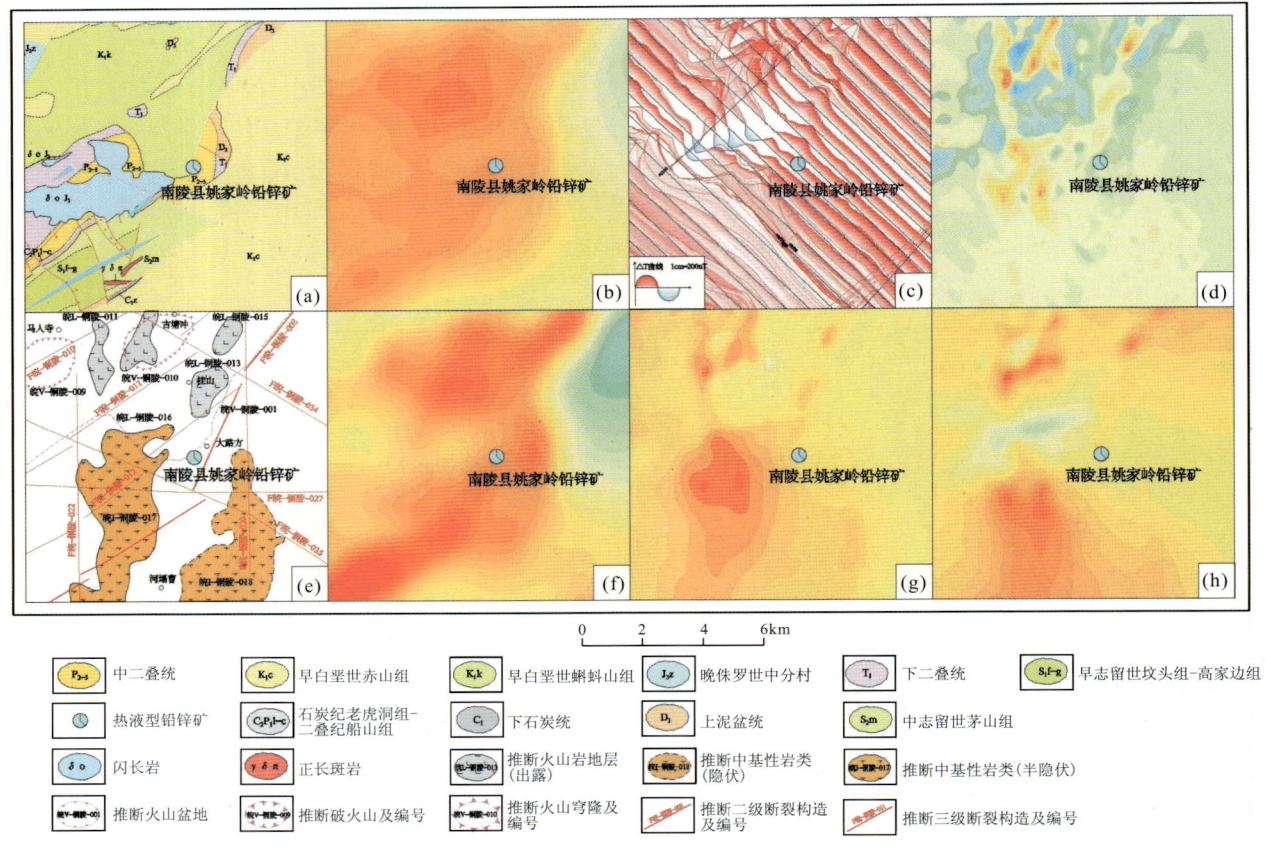

图 6-26 姚家岭铅锌矿所在地区物探剖析图

(a)地质矿产图;(b)布格重力异常图;(c)航磁 ΔT 剖面平面图;(d)航磁 ΔT 化极垂向一阶导数异常图;
(e)重磁推断地质构造图;(f)剩余重力异常图;(g)航磁 ΔT 化极异常图;(h)航磁 ΔT 异常图

($\gamma\delta\pi$)体,表现为中阻($n\times10^2\Omega\cdot m$)偏低。约标高$-400m$下部为早二叠世栖霞组(P_1q)灰岩"捕虏体"(也含有石炭纪黄龙组灰岩,钻孔剖面没有细分),是主要赋矿体,电阻率表现为中阻($n\times10^2\Omega\cdot m$)。

通过 CSAMT 法在钻孔剖面总结的电性规律,参照测区内已知地质资料及前人工作资料,对整个剖面进行认识。

1525/28 点下方电阻率等值线梯度带推测存在断层,为岩体以及早二叠世栖霞组(P_1q)灰岩"捕虏体"与志留系、泥盆系($S+D$)的界线。2225/28 点下方两侧地质体电性差异明显,推测存在隐伏断层,且与成矿关系密切。

1025/28~1425/28 点之间地表出露志留系,下部中高阻($n\times10^2\sim n\times10^3\Omega\cdot m$)体可能为志留系、泥盆系($S+D$),且深部产状陡立。

1425/28~2075/28 点之间浅部中阻($n\times10^2\Omega\cdot m$)区域为花岗闪长斑岩体($\gamma\delta\pi$);约标高$-400m$下部中阻($n\times10^2\Omega\cdot m$)偏高地质体,为早二叠世栖霞组(P_1q)灰岩"捕虏体",是主要赋矿部位。

2075/28~3075/28 点之间浅部低阻($n\times10\Omega\cdot m$)体为白垩系(K_1k)盖层。下部中阻($n\times10^2\Omega\cdot m$)偏高地质体,且存在 3 个小面积异常中心,推测为早三叠世和龙山组、南陵湖组(T_1h+T_1n);其外围两个低阻($n\times10\Omega\cdot m$)体,以及大面积中阻($n\times10^2\Omega\cdot m$)偏低地区推测为花岗闪长斑岩体。

图 6-28 所显示的 $C-D$ 线电阻率等值线较为凌乱,以纵向排列为主,高低交错。除浅部及 1275/$C-D$、1675/$C-D$、2225/$C-D$、2625/$C-D$ 下方存在低阻体($n\times10\Omega\cdot m$)外,图面以中阻($n\times10^2\Omega\cdot$

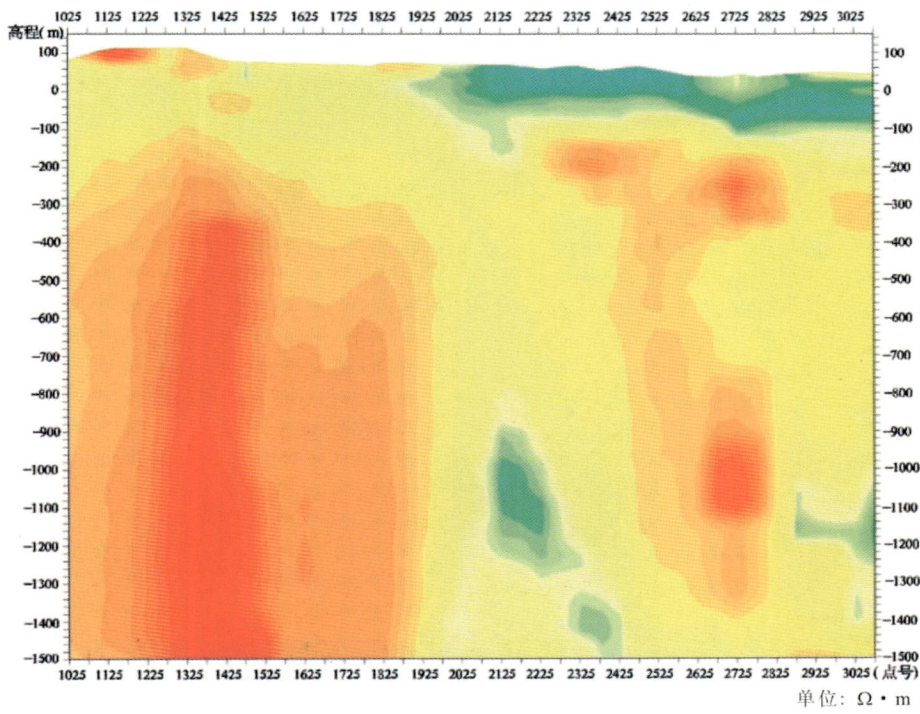

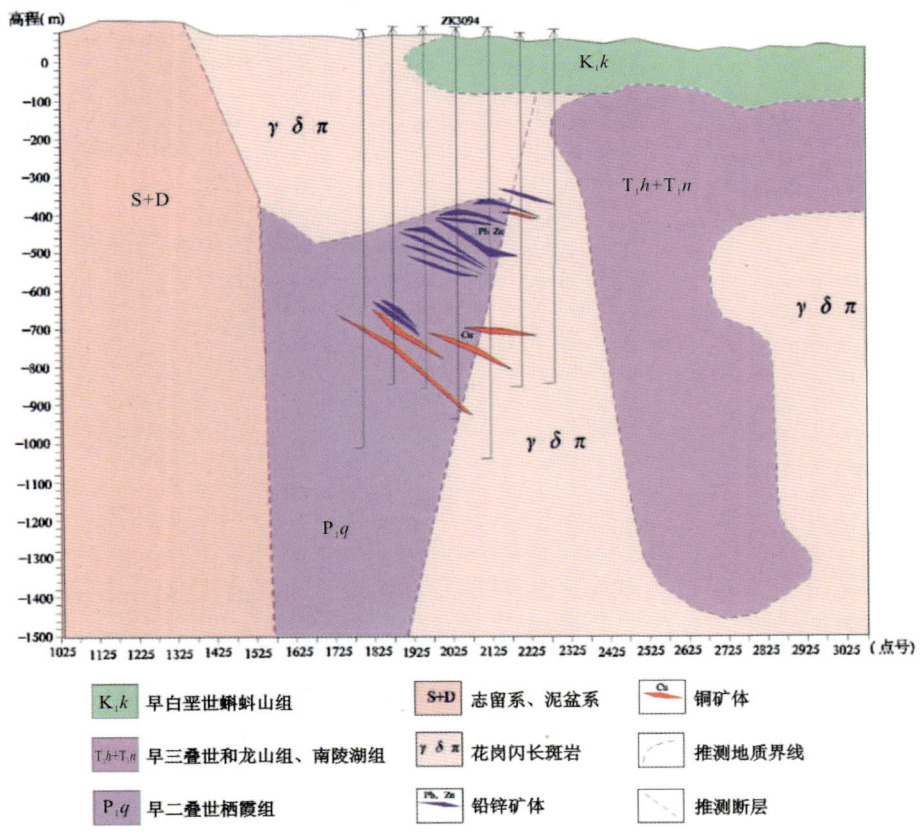

图 6-27 姚家岭铅锌矿 CSAMT 法勘查 28 线综合剖面图

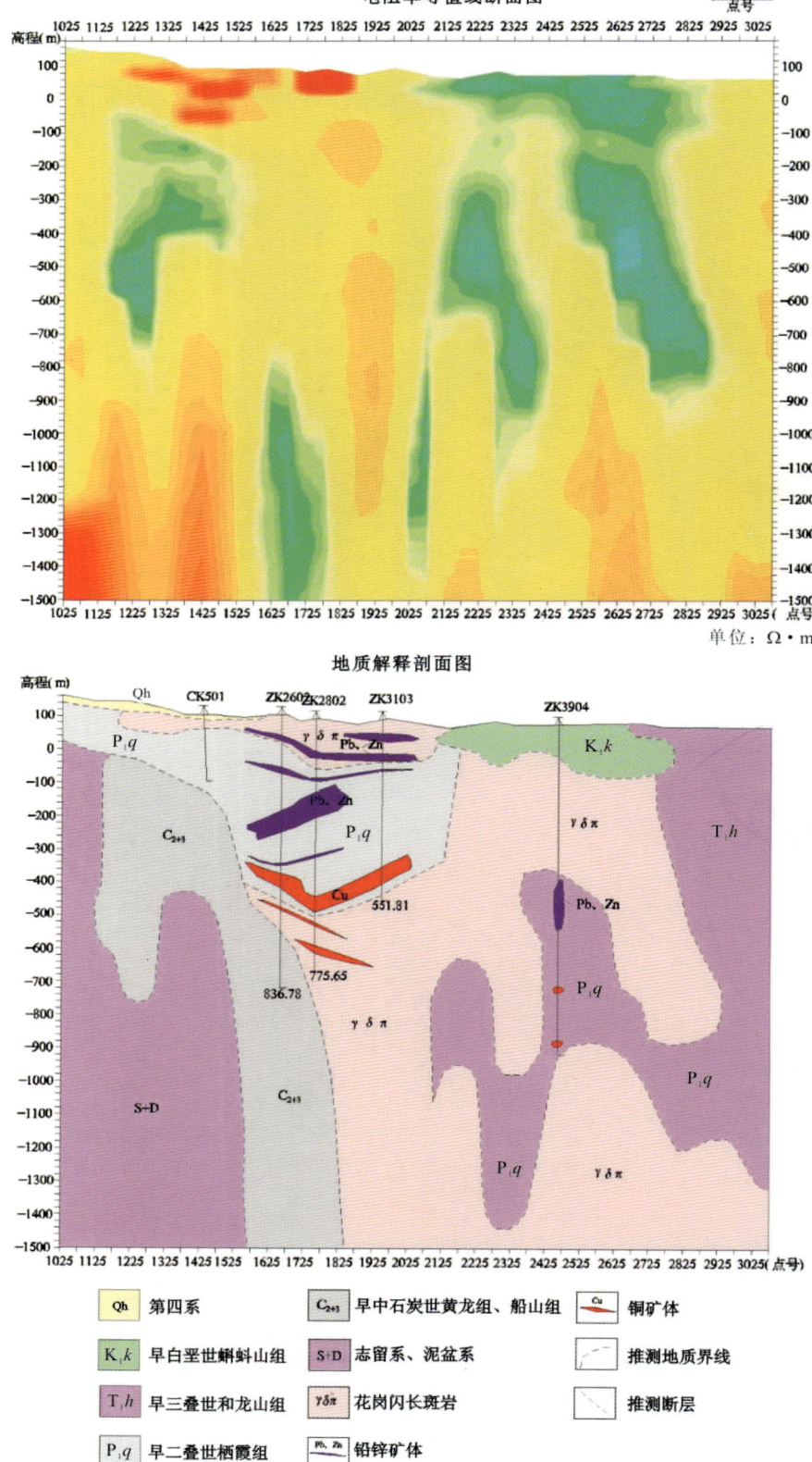

图 6-28 姚家岭铅锌矿 CSAMT 法勘查 C—D 线综合剖面图

m)为主,仅左下角、左上方出现小面积高阻($n\times10^3\Omega\cdot m$)区域。电阻率等值线整体向测线大号方向陡倾,约$-900m$往下部电阻率有渐增趋势。

在$1425/C-D\sim1925/C-D$点之间有4个勘探钻孔,控制深度约为标高$-700m$,ZK3904钻孔在$2475/C-D$点,控制深度约为标高$-900m$。

钻孔(ZK3904除外)资料显示:浅部(大于$-50m$)角砾状花岗闪长斑岩($\gamma\delta\pi$),含有部分矿体,电阻率以中阻($n\times10^2\Omega\cdot m$)为主,局部表现为高阻($n\times10^3\Omega\cdot m$)。下为早二叠世栖霞组(P_1q)灰岩、大理岩化"捕房体",局部破碎,是矿体的主要赋存部位,其内部穿插大量角砾状花岗闪长斑岩,电阻率表现为中阻($n\times10^2\Omega\cdot m$),栖霞组致密灰岩引起局部高阻(钻孔CK501下方)。二叠系下方为角砾状花岗闪长斑岩($\gamma\delta\pi$)体,夹有中晚石炭世黄龙组、船山组(C_{2+3})"捕房体",以大理岩、角砾状大理岩为主,也是主要赋矿体,电阻率表现为中阻($n\times10^2\Omega\cdot m$)。穿过岩体(钻孔ZK2602下方)为中晚石炭世黄龙组、船山组(C_{2+3}),向大号方向陡倾,以灰岩、大理岩为主,电阻率表现为中阻($n\times10^2\Omega\cdot m$)。

$C-D$线与28线交叉点附近的ZK3904钻孔揭示:浅部早白垩世蝌蚪山组(K_1k)覆盖,电阻率表现为低阻($n\times10\Omega\cdot m$)。其下至标高$-370m$为花岗闪长斑岩(没有详细钻孔柱状图资料,不知道是否为角砾状?),表现为低阻($n\times10\Omega\cdot m$)。标高$-370m$下部为早二叠世栖霞组(P_1q)灰岩"捕房体"(也含有石炭纪黄龙组灰岩,钻孔剖面没有细分),是主要赋矿体,电阻率表现为中阻($n\times10^2\Omega\cdot m$)。穿过二叠纪灰岩"捕房体"进入花岗闪长斑岩体,电阻率略高于二叠纪灰岩"捕房体",也表现为中阻。

从已知到未知,通过上述CSAMT法在钻孔剖面总结的电性规律,结合测区内已知地质资料及前人工作资料,对整个剖面进行认识。

$2175/C-D$点下方等电阻率等值线密集带,两侧电性差异明显,推测存在断层,该断层引起早二叠世栖霞组(P_1q)层位错动并与成矿关系密切。

$1025/C-D\sim2175/C-D$点间小号方向地表第四系(Q)覆盖,其余为花岗闪长斑岩体($\gamma\delta\pi$)出露;下部中阻区(钻孔控制)为早二叠世栖霞组(P_1q)灰岩、大理岩"捕房体"。其左下方两个低阻体($n\times10\Omega\cdot m$)为中晚石炭世黄龙组、船山组(C_{2+3})引起,因岩性不同、破碎、蚀变等原因造成低阻,也可能是角砾状花岗闪长斑岩破碎程度高引起低阻。左下侧中高阻($n\times10^2\sim n\times10^3\Omega\cdot m$)区域可能为志留系、泥盆系(S+D)。早二叠世栖霞组"捕房体"与下伏花岗闪长斑岩体(夹有石炭系"捕房体")阻值相近,故电性界线不明显。

$2175/C-D\sim3075/C-D$点间浅部低阻($n\times10\Omega\cdot m$)区域为白垩系(K_1k)盖层,大号方向出露早三叠世和龙山组(T_1h),表现为中阻($n\times10^2\Omega\cdot m$);白垩系下两个低阻异常是角砾状花岗闪长斑岩破碎程度高引起。低阻体下方中阻区为早二叠世栖霞组(P_1q)灰岩"捕房体",是主要赋矿部位。$-900m$下部阻值渐增部分是花岗闪长斑岩体。

综上所述,形成以下认识:

(1)依据电性分布特征,CSAMT法能较好区分灰岩、大理岩"捕房体"中阻异常和角砾状花岗闪长斑岩破碎低阻异常,而灰岩、大理岩"捕房体"是主要赋矿体。该区岩体主要为角砾状花岗闪长斑岩,阻值偏低,当其夹有灰岩、大理岩"捕房体"或破碎程度低时,阻值变高。

(2)CSAMT法反映底部花岗闪长斑岩中阻偏高异常略高于"捕房体"阻值,与上部角砾状花岗闪长斑岩电性差异明显,这些信息有利于识别成矿部位。

(3)CSAMT法电阻率等值线密集带、扭曲带往往是断层构造的反映,其两侧电性差异明显,而断层构造与成矿关系密切。

综上所述,该类矿床的找矿标志有:在区域上,矿床处于重磁场相对高值区,在局部异常上处于正异常的边部,重磁场总体呈"重边磁边"异常组合特征,控矿斑岩体电性则呈中高阻,可作为找矿标志;区内控矿的石炭系、二叠系与成矿关系密切,花岗闪长斑岩体、岩体顶部具角砾状破碎的裂隙构造等均可作为找矿标志,其找矿模型见表6-12。

表 6-12 安徽省姚家岭式铅锌矿找矿模型一览表

成因类型		热液型铅锌矿
构造环境		大地构造位置处于扬子陆块下扬子地块(前陆带)沿江褶断带近东部,铜陵至南陵多金属成矿带东段边缘。戴公山背斜北东倾伏端附近,北面与繁昌火山凹陷接壤,东面与宣南凹陷毗邻
控矿要素	地层控制	石炭系、二叠系,可为成矿提供矿源层
	构造控制	岩体及灰岩捕虏体中以北东东及南东东为主的裂隙构造是主要的控矿构造
	岩浆控制	小青塘花岗闪长斑岩,是铜的主要来源。矿田内铜、金、铅锌矿化与岩体在空间上密切伴生,矿体多产在岩体的上部,矿化与围岩蚀变关系密切,岩体成矿元素含量较高
地质标志	构造标志	岩体顶部具角砾状破碎的裂隙构造
	岩浆岩标志	石炭系、二叠系,可为成矿提供矿源层
	围岩蚀变	高铜、金、铅锌含量的花岗闪长斑岩体
地球物理标志	重力	所在区域:重力高背景;所在地区:重力高异常边部
	磁法	所在区域:航磁高背景;所在地区:高磁异常边部
	电法	中高电阻率

第四节 钼 矿

钼矿是安徽省具有很大潜力的矿种之一,截至 2011 年统计,安徽省保有钼矿资源储量为 2 230 241.42t,主要集中在长江中下游地区、皖南和皖西金寨地区,矿产成因主要涉及斑岩型、矽卡岩型、热液型 3 种类型。

安徽省钼矿资源潜力评价,项目组按照全国项目办的要求,结合安徽省钼矿成矿类型特征,在安徽省钼矿成矿的有利地段,划分 5 个钼矿预测工作区(图 6-29),在钼矿产预测类型综合研究的基础上(表 6-13),选取了金寨县沙坪沟钼矿床、池州市铜矿里钼矿床、黄山岭铅锌钼多金属矿床、泾县檀树岭钼矿

表 6-13 安徽省钼矿预测类型、预测方法类型一览表

预测工作区名称	预测方法类型	矿产预测类型	典型矿床	成矿区带(Ⅲ级)	典型矿床规模
金寨预测工作区	侵入岩体型	沙坪沟式斑岩型钼矿	金寨县沙坪沟钼矿床	北淮阳金银铅锌钼铌成矿带	超大型
池州预测工作区	复合内生型	铜矿里式矽卡岩型(斑岩型)钼矿	青阳县铜矿里钼矿床	长江中下游铜、金、铁、铅、锌(锶、钨、钼、锑)、硫、石膏成矿带	小型
九华—黄山预测工作区	复合内生型	黄山岭式矽卡岩型铅锌钼矿	池州市黄山岭铅锌钼矿床	江南隆起东段金、银、铅、锌、钨、锰、钒、萤石成矿带	大型
	侵入岩体型	檀树岭式斑岩型钼矿	泾县檀树岭钼矿床	江南隆起东段金、银、铅、锌、钨、锰、钒、萤石成矿带	中型
	复合内生型	萌坑式热液型钼矿	太平县萌坑钼矿床	江南隆起东段金、银、铅、锌、钨、锰、钒、萤石成矿带	小型
休宁南部预测工作区	侵入岩体型	里东坑式斑岩型钼矿	休宁县里东坑钼矿床	钦杭东段北部铜、铅、锌、银、金、钨、锡、铌、钽、锰、海泡石、萤石、硅灰石成矿带	小型
休宁东南部预测工作区	复合内生型	古祝式热液型钼矿	歙县古祝钼矿床	钦杭东段北部铜、铅、锌、银、金、钨、锡、铌、钽、锰、海泡石、萤石、硅灰石成矿带	小型

床、太平县萌坑钼矿床、歙县古祝钼矿床和休宁县里东坑钼矿床 7 个钼矿床，分别对 3 种成矿类型的典型矿床地质地球物理场特征及找矿标志进行分析总结。

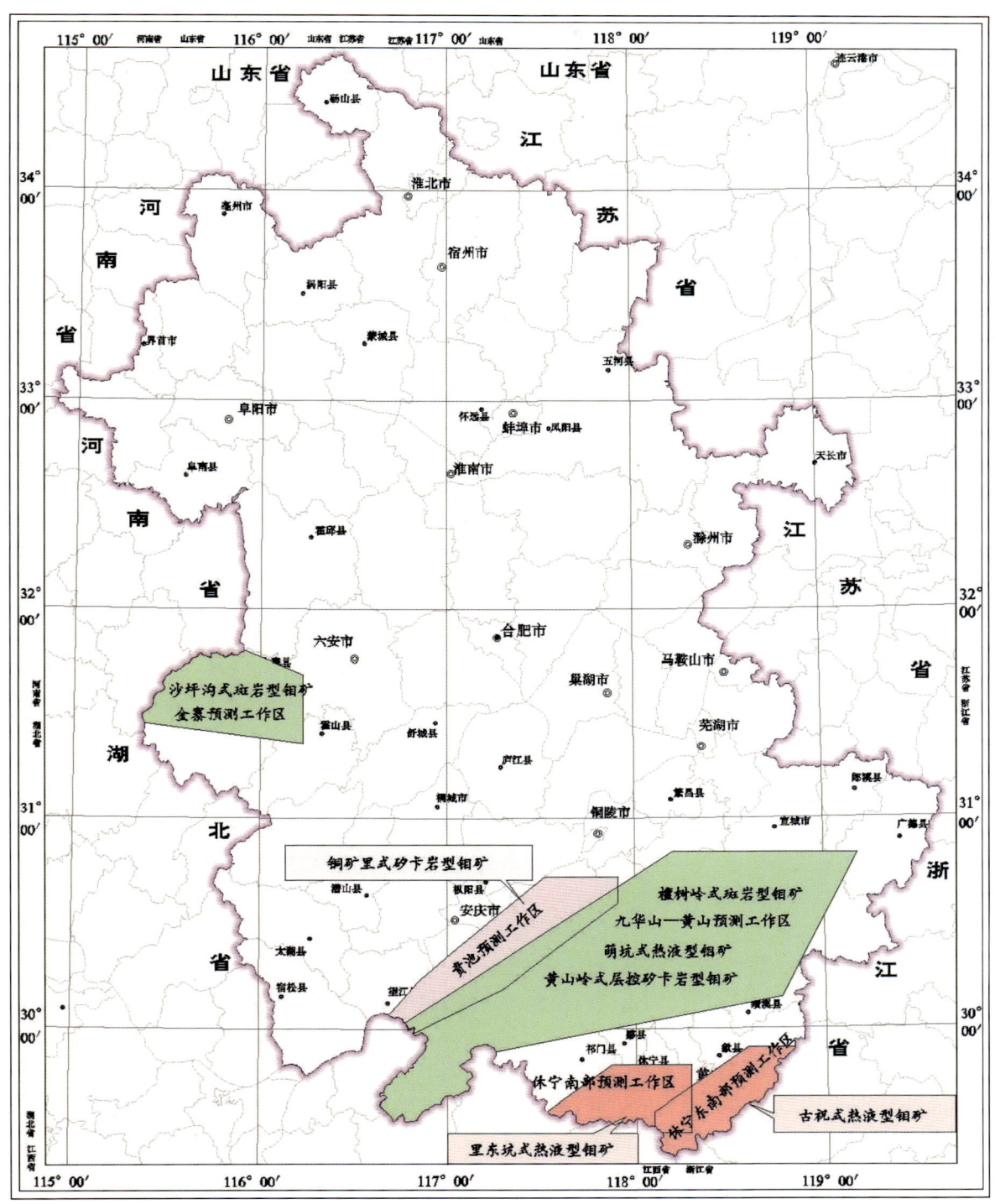

图 6-29　安徽省钼矿预测工作区分布图

一、矽卡岩型钼矿

典型矿床:青阳县铜矿里钼矿、池州市黄山岭铅锌钼矿。

该类矿产预测类型有铜矿里式矽卡岩型钼矿、黄山岭式矽卡岩型钼矿。

1. 青阳县铜矿里钼矿

铜矿里钼矿床距青阳县城北3.3km,东经117°49′08″,北纬30°39′11″。区域上,矿区位于扬子陆块北缘下扬子坳陷带中Ⅳ级构造单元铜陵褶皱束的西南缘,处于贵池-青阳近东西向基底断裂和大通—青阳北西向基底断裂的交会部位。成矿区带上位于江南隆起东段金、银、铅、锌、钨、锰、钒、萤石成矿带与下扬子成矿带结合带部位,与金属矿成矿的构造岩浆活动为两个阶段,早期为陆壳挤压加厚造山环境,主要对应与钙碱性系列中酸性花岗闪长岩类有关的钨钼铜金矿成矿系列;晚期为伸展隆升/塌陷环境,对应形成与酸性花岗岩类有关的钨钼铅锌矿化的叠加成矿。

矿区内主要出露志留系—寒武系,构造主要位于清泉岭背斜南东翼,区域次级褶皱构造及北北东向断裂为区内控岩控矿构造。构成背斜的地层层间裂隙及剪切裂隙发育矽卡岩化,这些裂隙是成矿的有利部位。区内花岗闪长岩与成矿关系较密切。岩体受次一级断裂的控制沿着背斜轴部分布,侵入杨柳岗组及团山组岩层中。花岗闪长岩体空间展布与矿区构造线方向相近一致,产状较陡,常呈不规则小岩筒、岩舌及岩支状产出,多数岩体顺层侵入,与围岩呈整合接触,并在接触带部位发育蚀变和矿化。

具体来说,区域次级褶皱构造及北北东向断裂为区内控矿构造;寒武纪青坑组、团山组和杨柳岗组上部碳酸盐岩为赋矿地层;成矿物质主要来源于花岗闪长岩岩浆,经过矽卡岩期、石英-硫化物期、表生作用期富集在层间裂隙形成矿床。该矿探明储量5311.72t,规模为小型,属于矽卡岩型钼矿。

所在区域重、磁场特征(图6-30):在区域1:50万航磁异常ΔT平面图上,青阳地区存在大范围航磁负异常区,负值场异常扭曲。铜矿里钼矿床位于航磁异常负值区,$\Delta T=-80nT$,异常梯度宽缓。经过航磁化极处理后,航磁异常分解多个局部异常,方向不一致。大范围航磁异常与矿区出露花岗闪长岩体相吻合。铜矿里钼矿床处于高值背景中强磁局部异常外缘,$\Delta T=40nT$,异常周围有负值伴生。求得一阶导数后,铜矿里钼矿床异常更加突出,异常圈闭较好,呈等轴状,南北走向。强磁异常带由马衙-九华山岩体所引起。在区域1:50万布格重力和剩余重力异常平面图上,呈现相对重力高值带,延北东展布。反映该区构造线以北东向为主。铜矿里钼矿床位于相对重力高值区域内,异常圈闭较好,呈长轴状,剩余重力异常$\Delta g=3\times10^{-5}m/s^2$,与出露的花岗闪长岩体相吻合,说明花岗闪长岩体与成矿关系密切。区域总体呈现重磁同高、强度中等的特征。

所在地区重、磁场特征(图6-31):在地区1:5万航磁异常平面图上,铜矿里钼矿床处于一个呈北东走向狭长的条带状异常中,即五溪镇向斜与青阳花岗岩体之间,异常周围负值伴生,$\Delta T=180nT$。由于铜矿里钼矿床处于青阳县城出露的花岗闪长岩体边缘,岩体中存在多个局部异常,方向不一,反映此岩体赋存多种矿体,存在多次岩浆岩活动。

综上所述,该类矿床的找矿标志有:在区域上,矿床位于重磁同高背景场上,呈现强度中等的特征,在局部异常上处于正磁、高重力异常的边部,重磁场总体呈"重边磁边"的异常组合特征,所在地区上,则位于正磁异常边部,其找矿模型总结见表6-14。

2. 池州市黄山岭铅锌钼矿床

黄山岭铅锌钼矿床区域上位于扬子陆块北缘的下扬子坳陷与江南隆起之间的过渡带中,东至-青阳深断裂呈北东向贯穿该区(梅村-牛背脊),成为下扬子与江南隆起的分界线。区域地层属扬子地层区下扬子地层分区贵池地层小区,地层发育良好,除侏罗系、第三系缺失外,自寒武系至第四系均有出露。自晚三叠世以来,区内经历了印支、燕山构造运动的影响,岩浆活动频繁,不同期次、不同成因的侵入岩广

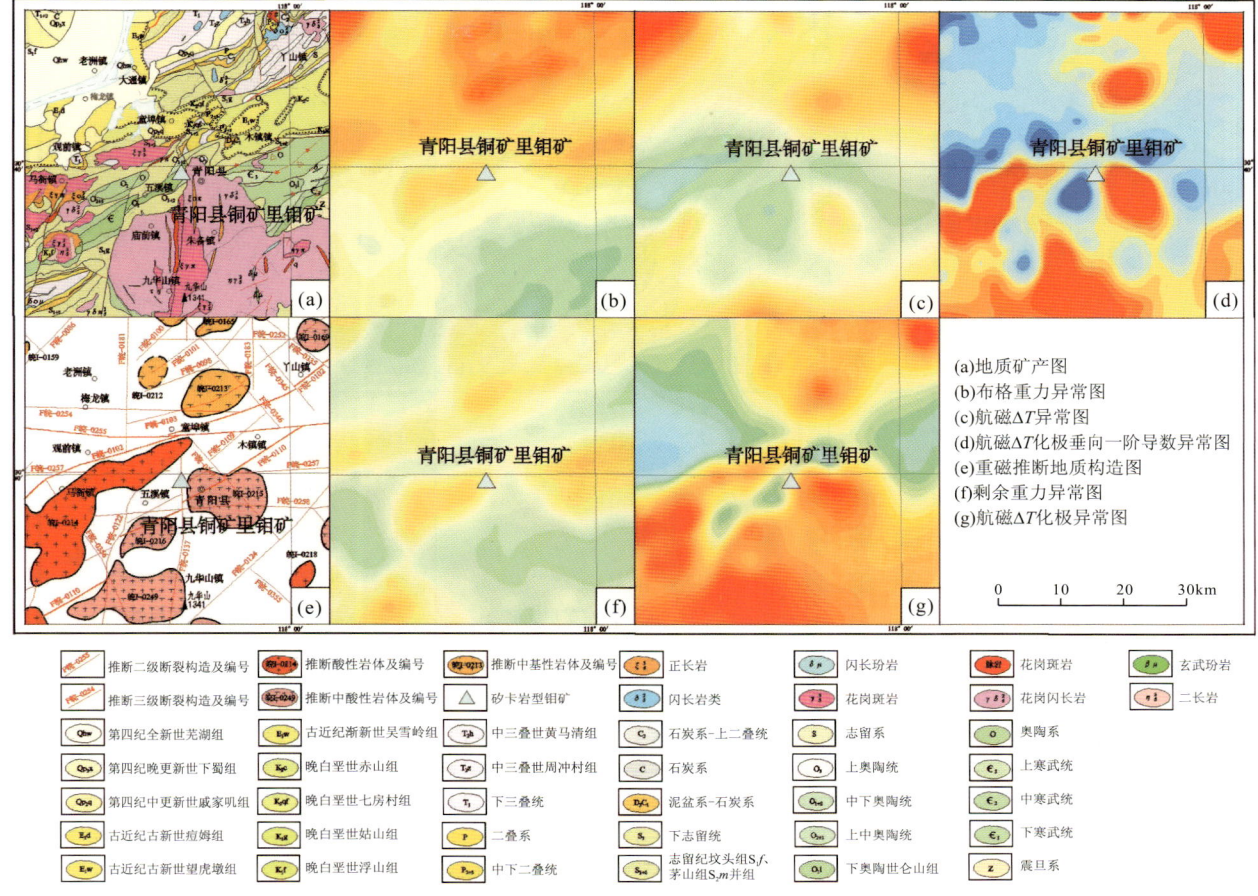

图 6-30 青阳县铜矿里钼矿所在区域物探剖析图

布,其中九华钾长花岗岩体和谭山花岗岩体对后期成矿影响较为密切。成矿区带上该矿床属于江南隆起东段金、银、铅、锌、钨、锰、钒、萤石成矿带。

表 6-14 安徽省青阳县铜矿里式钼矿找矿模型一览表

成因类型		矽卡岩型钼矿
构造环境		该区在地质构造上属于下扬子台坳中的江南过渡带,位于沿江断褶带的北缘、周王断裂南侧,青泉岭背斜的南东翼。矿区的主要构造线方向为北东向
控矿要素	地层控制	寒武纪青坑组、团山组和杨柳岗组上部与成矿关系密切,是主要的赋矿围岩
	构造控制	一方面,北北东向的次级裂隙控制了矿体的产出;另一方面,位于清泉岭背斜两翼地层的层间裂隙也是主要的容矿构造
	岩浆控制	区内发育的花岗闪长岩与成矿关系密切
地质标志	构造标志	北北东向次生断裂、背斜两翼层间裂隙
	地层标志	寒武纪青坑组、团山组和杨柳岗组上部碳酸盐岩地层
	岩浆岩标志	燕山期酸性岩体(花岗闪长岩岩体)
	围岩蚀变	硅化、大理岩化、矽卡岩化、云英岩化、绿泥石化等
地球物理标志	重力	所在区域:重力高背景
	磁法	所在区域:航磁高背景;所在地区:正磁异常边部

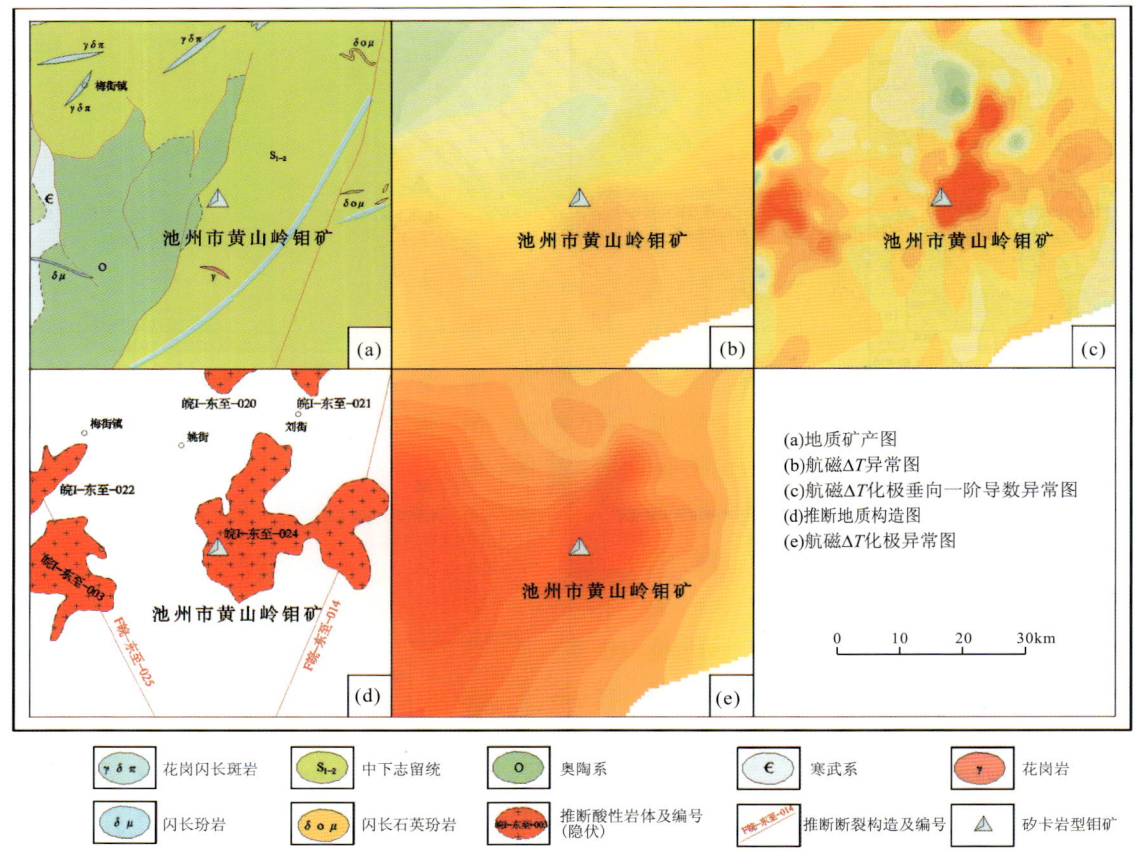

图 6-33 贵池黄山岭铅锌钼矿所在地区物探剖析图

表 6-15 安徽省贵池黄山岭式铅锌钼找矿模型一览表

成因类型		层控矽卡岩型钼矿
构造环境		矿区位于东至-青阳深断裂旁偏南部,北东向黄山岭背斜倾伏端南东翼。两翼地层自仑山组上段至早志留世高家边组依次分布
控矿要素	地层控制	矿区志留纪高家边组(或五峰组)中含 Mo、Cu、Pb、Zn(特别是 Mo)等元素含量较高,形成良好的原始"矿胚层",作为矿体的顶板,含硅质成分的岩性孔隙度小,塑性强,裂隙不发育,渗透性差,又形成了良好的屏蔽层
	构造控制	矿区晚奥陶世汤头组碳酸盐建造顶部与早志留世高家边组(或晚奥陶世五峰组)碎屑岩之间的岩性差异,在南东东-北西西向区域应力场作用下产生层间滑脱,以及仑山组、汤头组大理岩层间产生顺层裂隙。在后期区域拉伸应力作用下产生复活,为矿液贯入提供通道和聚矿空间;此外,这类"区域性滑动面"上岩石还具有强烈的脆韧性变形等构造活动又为叠加成矿作用和富矿的形成提供条件
	岩浆控制	据钻孔资料分析,奥陶系下部隐伏的花岗斑岩(桂林郑岩体)提供含矿热液,沿志留系与奥陶系层间滑脱面呈板状顺层注入的石英闪长玢岩体,其斜深达千米,应是进一步叠加的热源;晚奥陶世可能存在的海底火山喷发作用,又促使矿液同下面的碳酸盐岩层充分交代,富集形成层控矽卡岩型矿床;同时,深部富含成矿元素的花岗岩与白云岩交代形成接触矽卡岩型矿床(Ⅶ号主矿体)
地质标志	构造标志	黄山岭背斜的南东翼志留纪砂岩与奥陶纪碳酸盐岩的层间滑脱部位;北北东向断裂形成的张性裂隙
	地层标志	奥陶纪汤头组泥灰岩、仑山组白云质灰岩以及奥陶纪碳酸盐岩层与五峰组碳质、硅质页岩的"硅钙结合面"处
	岩浆岩标志	奥陶系下部隐伏的花岗斑岩体(桂林郑岩体),以及沿志留系与奥陶系层间滑脱面呈板状顺层注入的石英闪长玢岩体
	围岩蚀变	矽卡岩化、大理岩化、角岩化、绿泥石化、磁铁矿化等
地球物理标志	重力	所在区域:重力低背景
	磁法	所在区域:航磁高背景;所在地区:正磁异常上

古祝钼矿床距歙县城南南东约35km,东经118°29′38″,北纬29°38′10″。矿区位于江南地轴北东端的南东翼,控矿构造为北东向挤压破碎带、北西向张裂带和近南北向扭裂带。青白口纪井潭组酸性变质火山岩系是岩体的主要围岩和金属矿化赋存的主要部位。成矿分为多阶段、多期次的特征。第一期为与岩体的侵入活动有关系的矿液活动期,第二期为与中基性岩脉有关的热液活动期。该矿属于热液型钼矿,规模为小型。

所在区域重、磁场特征(图6-34):在区域1:50万航磁异常 ΔT 平面图上,该区航磁异常形态比较规则,等值线平滑而开阔,呈宽缓闭合状。古祝钼矿床位于航磁异常正值场内,$\Delta T=140\mathrm{nT}$。该异常呈北东向展布,异常宽缓,呈条带状,北部有负值伴生。推断异常为隐伏火山岩体引起。在区域1:50万布格重力和剩余重力异常平面图上,区域性断裂呈现重力梯级带。古祝钼矿床位于重力梯级带负异常一侧,剩余重力异常 $\Delta g=-7\times10^{-5}\mathrm{m/s^2}$,异常为局部,圈闭性完整,北东走向,重力低值异常为断裂带的反映。区域总体呈现"重低磁高"的特征。

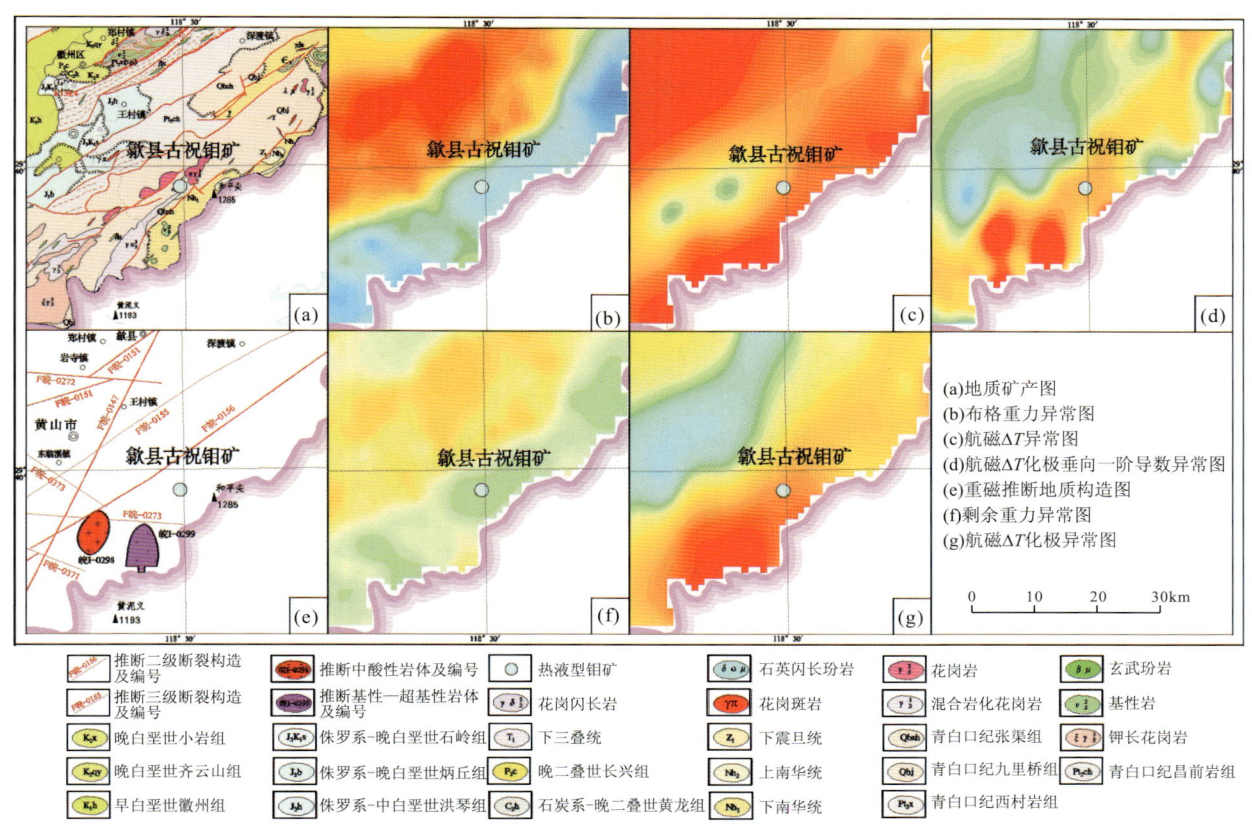

图6-34 歙县古祝钼矿所在区域物探剖析图

所在地区重、磁场特征(图6-35):所在地区1:5万航磁异常平面图上,该区呈现范围航磁正异常。大古祝钼矿床位于多个局部异常中,$\Delta T=40\mathrm{nT}$,异常形态不完整,并有负值伴生,呈北西走向。

综上所述,该类矿床的找矿标志有:在区域上,歙县古祝钼矿处于重力梯级带负异常一侧,而航磁异常则处于正磁异常边部的梯级带上,重磁场总体呈重低磁高的异常组合特征;在所在地区,矿床则位于正磁异常上,其找矿模型总结见表6-16。

2. 太平县萌坑钼矿

安徽省黄山市太平县萌坑钼矿区域上位于太平坳褶带的北西、江南断裂的南东侧,区域上出露地层为志留纪西阳山组、河沥溪组、康山组及唐家坞组的一套碎屑岩、泥岩沉积建造。区内主干断裂为北东

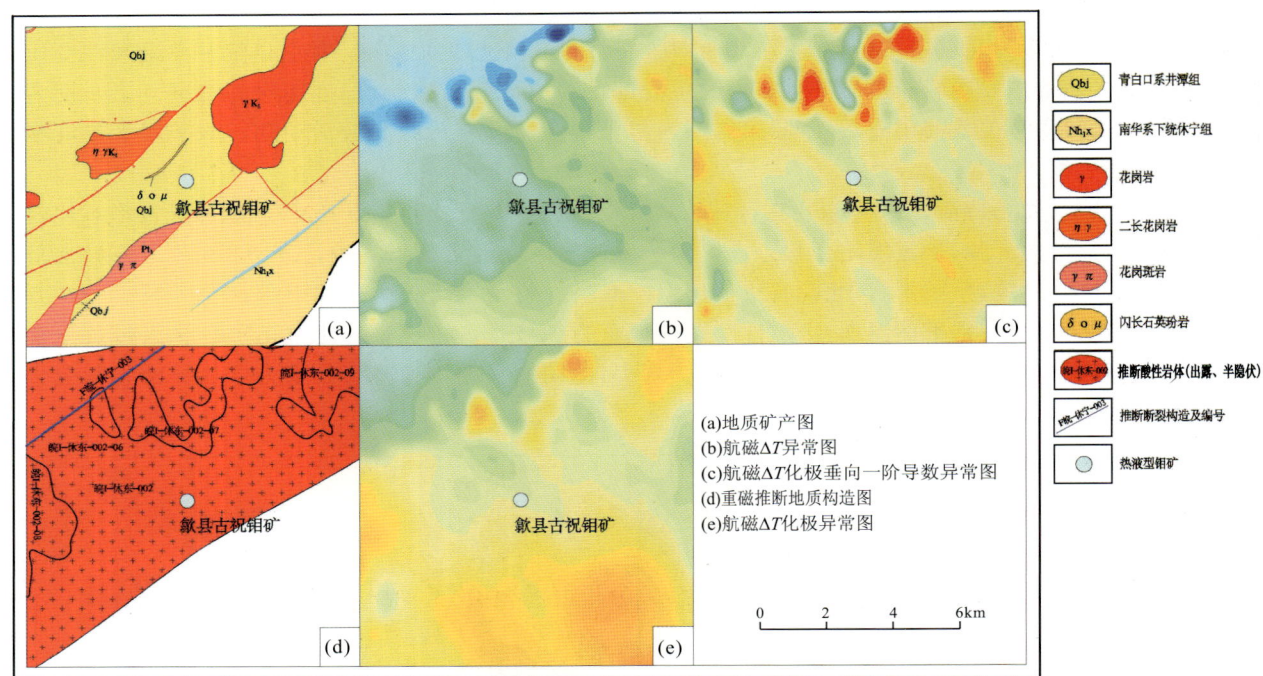

图 6-35 歙县古祝钼矿所在地区物探剖析图

向断裂,是区内的控岩构造。次级断裂有近南北向、近东西向两组。其中近东西向断裂为区内控矿构造。褶皱构造属太平复向斜次级褶皱浮丘坦背斜,浮丘坦背斜形迹呈短轴状,核部由西阳山组地层构成。出露的岩体为乌石坳岩体,该岩体侵入时代为燕山期,岩性为花岗闪长岩、二长花岗岩。出露面积大于 $50km^2$。受区域构造控制,岩体地表出露呈北东向的带状展布。成矿区带上位于江南隆起东段金、银、铅、锌、钨、锰、钒、萤石成矿带。

表 6-16 安徽省歙县古祝式钼矿找矿模型一览表

成因类型		高温热液型钼矿
构造环境		在大地构造位置上,该区处于江南地轴北东端的南东翼,位于其东南部的江湾-街口挤压破碎带之中
控矿要素	地层控制	青白口纪井潭组酸性变质火山岩系是岩体的主要围岩和金属矿化赋存的主要部位
	构造控制	受江湾-街口挤压破碎带的区域影响,矿区构造格架主要为北东向挤压破碎带、北西向张裂带和近南北向扭裂带,这些次级断裂控制了区内的岩体、矿体分布,为该区的控岩控矿构造
	岩浆控制	该区辉钼矿化主要集中在岩体内外接触带附近,尤其是岩体侵入部位较高的细粒斑状花岗闪长岩的顶部突起部分及翼部,个别矿体赋存在岩体内部
地质标志	构造标志	北东向挤压破碎带、北西向张裂带和近南北向扭裂带
	地层标志	井潭组酸性变质火山岩
	岩浆岩标志	同期同类的岩体、岩脉接触带部位,尤其是岩体的细粒斑状花岗闪长岩侵位较高的顶部突起部分,是寻找钼矿的有利地段
	围岩蚀变	硅化较强或者石英脉较发育的地段,对寻找钼矿(化)体很有帮助
地球物理标志	重力	所在区域:重力梯级带一侧低背景
	磁法	所在区域:航磁高背景;所在地区:正磁异常上

太平县萌坑钼矿位于黄山市屯溪区方位 309°,直距 10.5km 处,东经 118°02′07″,北纬 30°20′55″。

矿床控矿构造为浮丘坦背斜轴部断裂,赋矿岩体为花岗闪长岩,矿体皆分布在组成次级背斜轴部的乌石垅花岗闪长岩侵入体内部,岩体受冷凝收缩时产生的张力与以后的构造剪力之重复作用,造成既是矿液通道又是矿液沉淀场所的一系列羽毛状裂隙,即为成矿控制构造。本矿床是典型的岩浆后浅成—中深的高—中温热液裂隙充填脉状矿床,规模为小型,探明储量3728t。

所在区域重、磁场特征(图6-36):在区域1:50万航磁异常ΔT平面图上,分布一个近北东走向的航磁正值异常场,局部异常宽缓,强度中等。萌坑钼矿处于正值异常的东北部,$\Delta T=120\mathrm{nT}$。经过化极处理后,异常强度有所加强,异常形态基本不变,$\Delta T=140\mathrm{nT}$。异常呈不规则状,沿北东展布,梯度宽缓。求得一阶导数后,异常形态更加清晰、完整,呈豆状,范围小,近南北走向。推测磁异常由花岗闪长岩体引起。在区域1:50万布格重力和剩余重力异常平面图上,呈现重力场相对重力高值与低值区域,异常较平滑、宽缓。萌坑钼矿均处于一个圈闭性完好,近北东走向,相对重力低异常边缘,剩余重力异常$\Delta g=-2\times 10^{-5}\mathrm{m/s}^2$,异常形态与出露的花岗闪长岩相吻合。总体呈现"重低磁高"的特征。

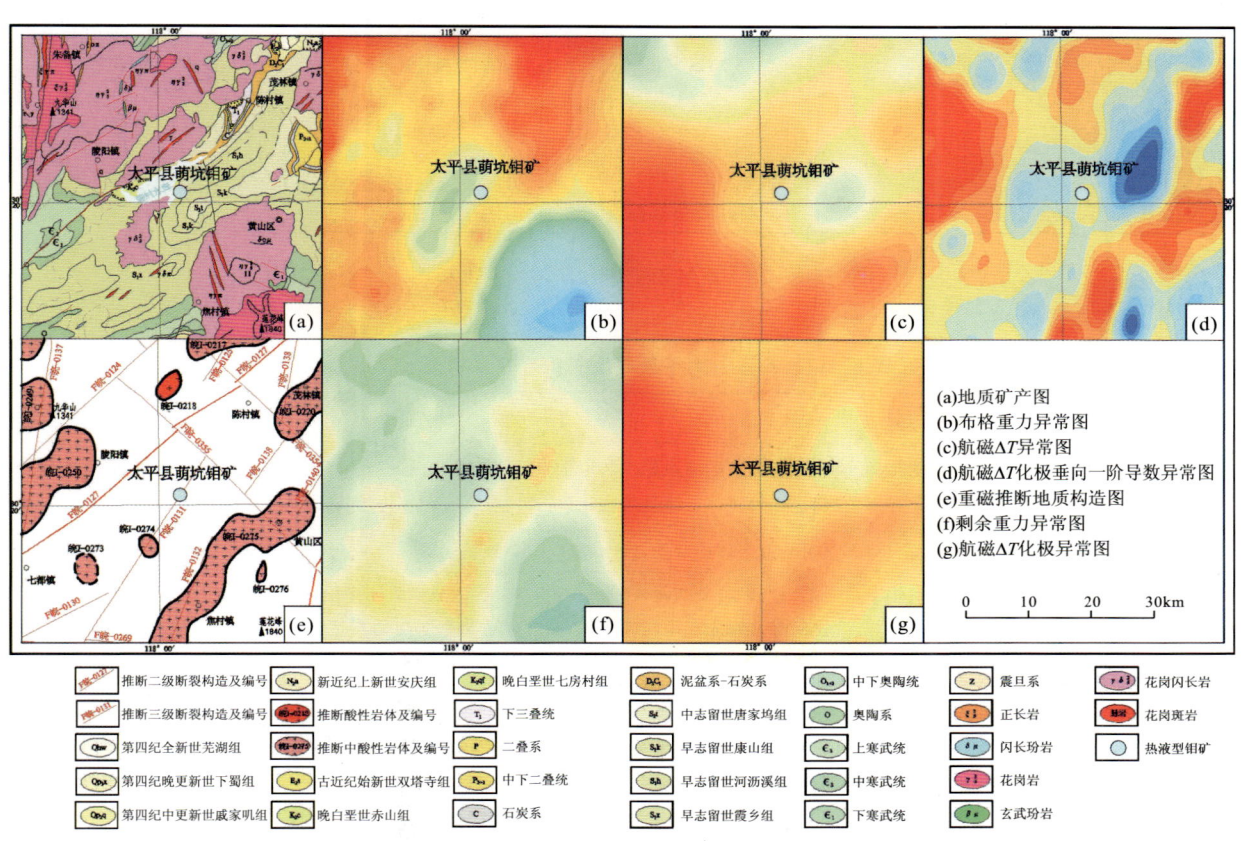

图6-36 萌坑钼矿所在区域物探剖析图

所在地区重、磁场特征(图6-37):在地区1:5万航磁ΔT平面图上,萌坑地区呈现航磁正负北东向异常场,萌坑钼矿处于一个局部异常的边缘,$\Delta T=40\mathrm{nT}$。异常呈现串珠状、强度中等的特点,推测异常是由花岗闪长岩所引起。

综上所述,该类矿床的找矿标志有:在区域上,太平县萌坑钼矿处于重力高向重力低值区过渡的梯级带上,而航磁异常则处于正磁异常边部的梯级带上,重磁场总体呈"重低磁高"的异常组合特征;所在地区,矿床则位于正磁局部异常边部上,其找矿模型总结见表6-17。

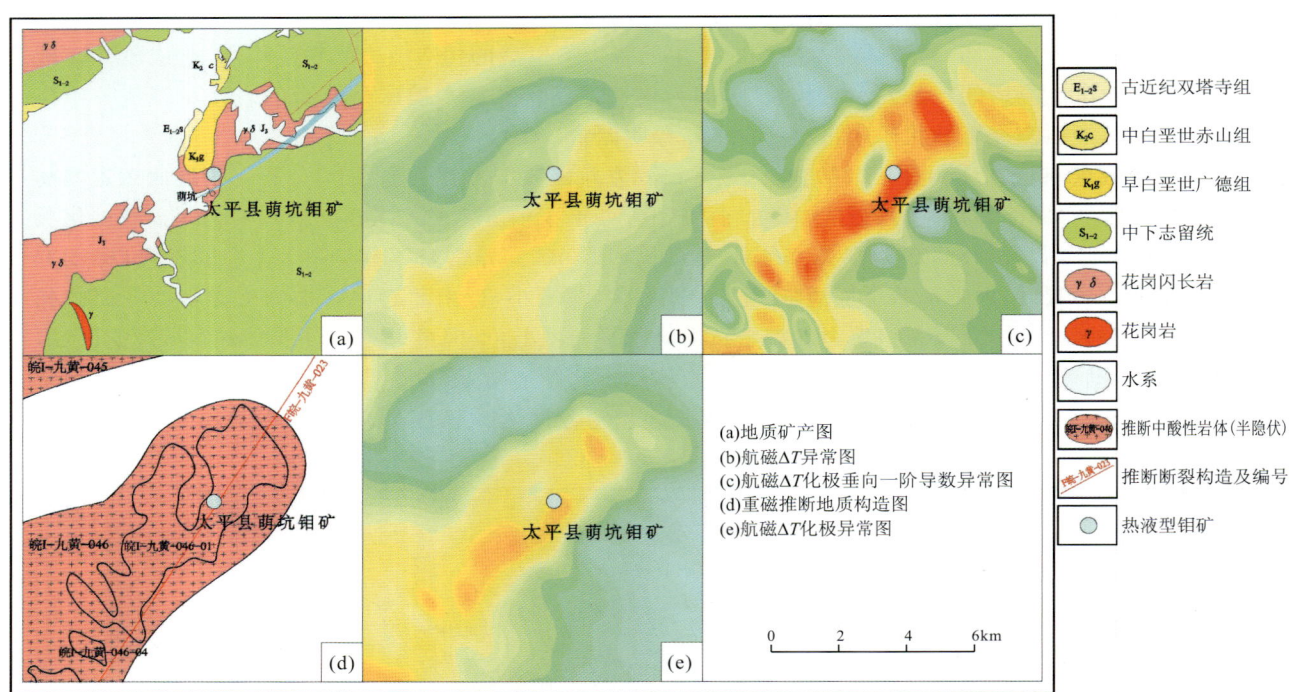

图 6-37 萌坑钼矿所在地区物探剖析图

表 6-17 安徽省太平县萌坑式钼矿找矿模型一览表

成因类型		热液型钼矿床
构造环境		矿床位于太平坳褶带的北西,江南断裂的南东侧。区内主干断裂为北东向断裂,是区内的控岩构造;褶皱构造属太平复向斜次级褶皱浮丘坦背斜,浮丘坦背斜形迹呈短轴状,核部由奥陶纪西阳山组构成
控矿要素	地层控制	志留纪河沥溪组与侵入体接触处,产生角岩化、黄铁矿化等
	构造控制	萌坑钼矿产于燕山期大型复式侵入体乌石垅岩体内部,成矿岩体侵位受太平复向斜次级褶皱控制。矿床紧邻江南断裂,受北东向江南断裂影响,区内次级北东向剪切构造发育,为区内的控矿构造,该系列构造控制了矿体,在平面上、剖面上均呈脉状雁行排列的格局
	岩浆控制	萌坑钼矿产于燕山期大型复式侵入体乌石垅岩体内部,矿床的形成则经历了主期、补充期的岩浆热液活动,甚至包括岩浆期后的热液活动。导致了该石英脉型矿床高、中、中低温热液蚀变同处一个空间位置
地质标志	构造标志	次级北东向剪切构造为控矿构造
	岩浆岩标志	燕山期酸性侵入体中密集发育的花岗闪长岩、二长花岗岩岩脉、岩株、石英脉、石英脉等
	围岩蚀变	云英岩化、硅化、钠长石化、绢云母化、碳酸盐化、绿泥石化等
地球物理标志	重力	所在区域:重力高向重力低值区过渡的梯级带上
	磁法	所在区域:航磁高背景;所在地区:正磁异常边部

三、斑岩型钼矿

该矿主要分布在北淮阳和泾县地区。矿床产于燕山期花岗闪长斑岩中,其规模为大—小型,特别是近年来新发现的金寨沙坪沟钼矿,目前估算达 67×10^4 t。典型矿床有金寨县沙坪沟钼矿、泾县茂林檀树岭钼矿、休宁县里东坑钼矿。

该类矿产预测类型有沙坪沟式斑岩型钼矿、檀树岭式斑岩型钼矿、里东坑式斑岩型钼矿。

1. 金寨沙坪沟钼矿

沙坪沟钼矿区域上位于北淮阳褶皱构造带东段(安徽部分)的西部,商城-麻城断裂的东侧。区域出露地层主体为泥盆纪佛子岭群和石炭纪梅山群,中新生代地层不整合覆于不同时代变质地层上。基底构造层为中元古代卢镇关岩群,构造主要表现为浅层次的压性、张扭性断裂,主要有北东向和北西向两组。岩浆岩活动以燕山期岩浆活动最为强烈,主要受晓天-磨子潭断裂和金寨断裂控制,岩浆岩总体呈北西西向带状展布,并侵入到佛子岭群和梅山群中,岩石种类有石英二长岩、石英闪长岩、正长斑岩、石英(黑云母)正长岩、中细粒二长花岗岩及斜长角闪岩等。与成矿有关的构造岩浆活动主要为酸性—碱性火山-侵入活动,形成钼、铅锌、铀、铌等矿床系列。

沙坪沟钼矿床位于金寨县西南部,东经115°29′00″—115°30′00″,北纬31°32′30″—31°33′30″,距县城50km。该矿成矿背景属于华北地块和扬子陆块间夹的北淮阳褶皱带东段,控矿构造为区内桐柏-磨子潭断裂带两侧的次级北西西向、北北西向、北北东向张扭性断裂。钼矿体主要赋存于花岗斑岩体内。燕山期酸性岩浆经过岩矿期、热液期和表生期充填,沉淀在岩体上部围岩中形成了多期矿化细脉叠加、范围集中、规模巨大的钼矿体,探明储量$200×10^4$t,属于斑岩型钼矿。

所在区域重、磁场特征(图6-38):在区域1:50万航磁异常ΔT平面图上,矿区分布正负航磁异常区,异常完整,梯度较缓,沙坪沟钼矿床位于一个呈等轴状异常的边缘,$\Delta T=0$nT,北西走向。经过化极处理后,异常形态基本不变,$\Delta T=180$nT。求得一阶导数后,异常更加突出,推断磁异常由花岗斑岩岩体引起。在区域1:50万布格重力和剩余重力异常平面图上,沙坪沟钼矿床处于相对重力负值区内,剩余重力异常$\Delta g=-5×10^{-5}$m/s^2,异常近似浑圆状,北西西走向,梯度宽缓。推断异常是由出露的中酸性偏碱性岩浆岩体引起。区域总体呈现"重低磁高"的特征。

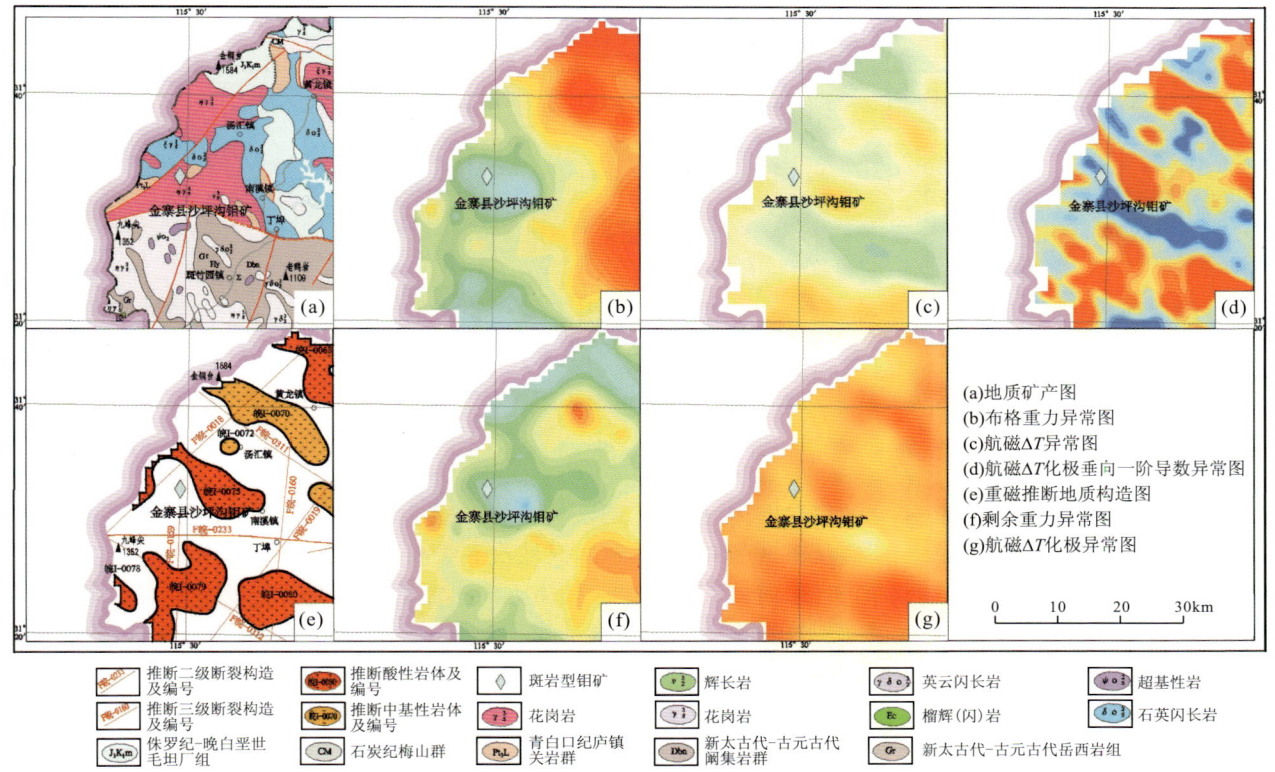

图6-38 金寨县沙坪沟钼矿所在区域物探剖析图

所在地区重、磁场特征(图6-39):在地区1:5万航磁异常平面图上,该区分布多个呈北西向局部异常,正负值异常伴生。沙坪沟钼矿床位于一个完整局部异常边缘,强度较弱,$\Delta T = -120 \sim 140 \mathrm{nT}$。求得一阶导数后,异常形态突出,呈长轴状。推测为峭尖岩体引起。

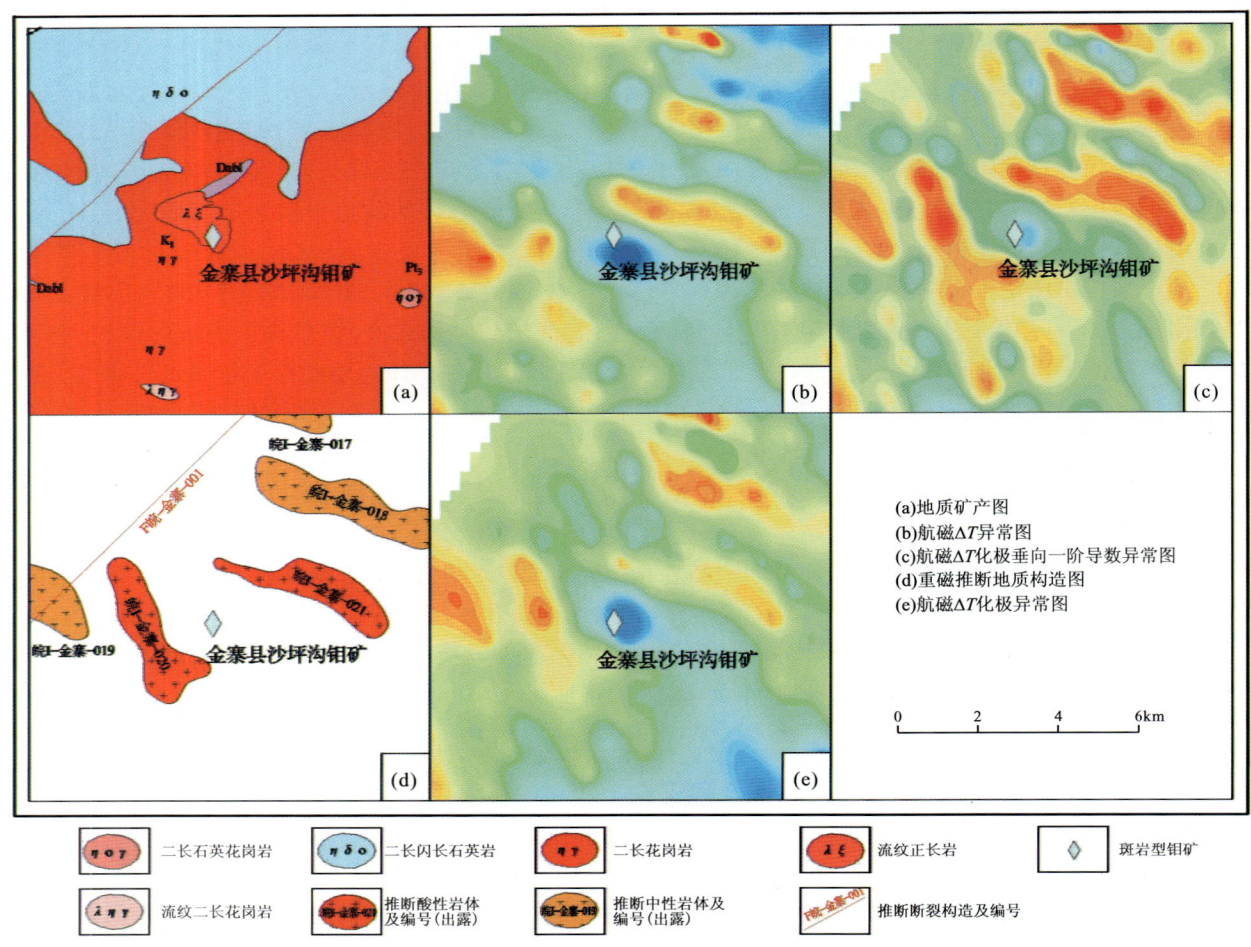

图6-39 金寨县沙坪沟钼矿所在地区物探剖析图

综上所述,该类矿床的找矿标志有:在区域上,金寨县沙坪沟钼矿处于重力低值区内,而航磁异常则处于正磁异常边部的梯级带上,重磁场总体呈"重低磁高"的异常组合特征,为基底构造隆起的反映;在所在地区,矿床则位于负磁异常边部上,其找矿模型总结见表6-18。

2. 泾县檀树岭钼矿

泾县檀树岭钼矿矿床位于太平复向斜内,区域上地层分布以出露大片志留纪康山组为特征,向南,即为太平复向斜的核部。江南断裂从矿区的北西侧通过,区域次一级断裂以南北向、近南北向张性断裂为主。同时发育有北西向、北东向、近东西向断裂。矿区西南方向出露的燕山期乌石坑岩体与矿区分布的茂林岩体构成了区域上沿江南断裂分布的北东向岩浆岩带。该岩浆岩带与钼矿化关系非常密切,该构造岩浆岩带自南西至北东相继分布有夏家钼矿、萌坑钼矿、檀树岭钼矿、湛岭钼矿及麻姑山钼矿。檀树岭钼矿床在成矿区带上位于江南隆起东段金、银、铅、锌、钨、锰、钒、萤石成矿带。

檀树岭钼矿床位于泾县县城西南凤村湛岭处,东经118°17′15″,北纬30°31′23″。矿床位于太平复向斜内。区域次一级断裂以南北向、近南北向张性断裂为主。近南北、近东西、北东、南东4组断裂是区内的主要控矿构造。钼矿化在时间和空间上与中酸性斑岩关系密切,钼矿化主要赋存于燕山期的花岗闪长斑岩内。矿床成矿时代为燕山期,该矿床矿化类型为以非浸染状为主的细脉状-石英细脉和微裂隙控矿,属"渗透漏型"斑岩型钼矿床,规模为小型,探明储量为10 897t。

表6-18 安徽省金寨县沙坪沟式钼矿找矿模型一览表

成因类型		斑岩型钼矿床
构造环境		该区位于华北陆块和扬子陆块间夹的北淮阳褶皱带东段,区域出露地层主体为泥盆纪佛子岭群和石炭纪梅山群,中新生代地层不整合覆于不同时代变质地层上。岩浆岩活动主要受晓天-磨子潭断裂和金寨断裂控制,岩浆岩总体呈北西西向带状展布,并侵入到佛子岭群和梅山群中。岩体为燕山期侵入岩,为石英二长岩、石英闪长岩、正长斑岩等
控矿要素	构造控制	矿床位于东秦岭-大别山钼成矿带东段、桐柏-磨子潭断裂的北侧、商麻断裂以东,南距桐柏-磨子潭深裂带约5km。在大别山北麓地区,沿该断裂带两侧或与之交会的北东向断裂附近,自西向东还分布有七邻、青山等钼矿点,说明桐柏-磨子潭断裂对钼矿床的形成、分布起决定性作用。矿区北西西向、北东向及近南北向断裂发育,断裂之间的围岩中派生有杂乱而密集的节理、裂隙,这些断裂和裂隙绝大多数沉淀有含钼细脉,并形成巨大的钼矿体;而较晚形成的铅锌、银、铜矿体则赋存于沙坪沟钼矿床外围的脆性断裂带中。总之,它们控制了矿体的产出,起着容矿、储矿作用
	岩浆控制	钼矿化与花岗斑岩的关系十分密切,常围绕花岗斑岩体形成矿化分带。钼矿体主要产于花岗斑岩体上部内外接触带的围岩一侧,向外,在矿区外围则形成(银)、铅锌、铜等中低温热液矿床
地质标志	构造标志	区内桐柏-磨子潭断裂带两侧的次级北西西向、北北西向、北北东向张扭性断裂多含钼、铅锌构造
	岩浆岩标志	矿区内,花岗斑岩与钼矿化关系最大
	围岩蚀变	围岩蚀变呈面状分布,强度大,范围广,自斑岩体向外依次出现钾(钠)化、绢英岩化-黄铁绢英岩化、绿泥石化-碳酸盐化组合
地球物理标志	重力	所在区域:重力低值区内
	磁法	所在区域:航磁高背景;所在地区:负磁异常边部

所在区域重、磁场特征(图6-40):在区域1:50万航磁异常ΔT平面图上,该区异常形态比较规则,等值线平滑而开阔,呈宽缓闭合状,独立性强,说明受后期运动的改造和破坏程度不深。茂林镇地区存在着航磁异常正、负背景区,檀树岭钼矿床位于航磁正异常区,$\Delta T=40$nT,大体都呈北东走向,异常宽缓。经过化极处理后,檀树岭钼矿床异常突出,明显。$\Delta T=180$nT,呈椭圆状,北东走向。北部有负值伴生。求得一阶导数后,异常形态更加清晰,与茂林花岗闪长岩体相吻合,推断异常可能由赋存矿体的花岗闪长斑岩体所引起。在区域1:50万布格重力和剩余重力异常平面图上,反映檀树岭钼矿床位于相对重力低值区,剩余重力异常突出,剩余重力异常$\Delta g=-6\times10^{-5}$m/s^2,异常圈闭,呈北东走向,重力低值异常与出露的花岗闪长斑岩岩体相吻合。区域总体呈现"重低磁高"的特征。

所在地区重、磁场特征(图6-41):该区1:5万航磁资料反映,磁异常呈等轴状,北东走向,$\Delta T=180$nT。推测由赋存矿体的花岗闪长斑岩岩体所引起。

综上所述,该类矿床的找矿标志有:在区域上,檀树岭钼矿处于重力低值区内,而航磁异常则处于正磁异常上,重磁场总体呈"重低磁高"的异常组合特征,推断异常可能为赋存矿体的花岗闪长斑岩体所引起;在所在地区,矿床则位于弱磁异常边部梯级带上,其找矿模型总结见表6-19。

3. 休宁县里东坑钼矿

休宁县里东坑钼矿位于北东向的景德镇-祁门-绩溪断裂构造带和北西西向的郭公山韧性剪切构造变形带的复核部位,尖岭庙-芳村复背斜东段的北翼。区域出露地层主要为中元古代木坑组,地层总体走向近东西向,倾角较陡,一般为60°~80°。断裂构造发育,主要有近东西向、北东东向、北西西向、北北西向4组,各组断裂与成矿之间的关系密切。区内出露较多的斑点角岩或斑点状千枚岩,主要围绕里东坑岩体分布,岩体近侧为石英绢云角岩、绿泥石化绢云母化角岩。

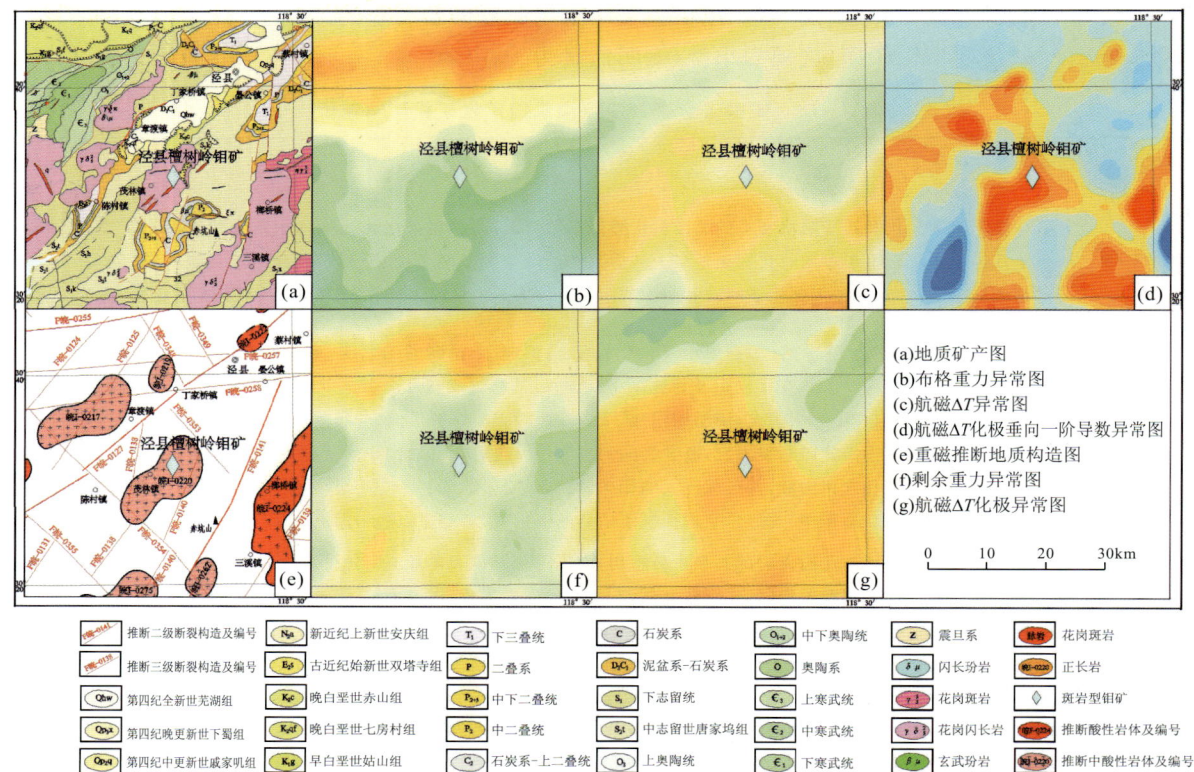

图 6-40 泾县檀树岭钼矿所在区域物探剖析图

表 6-19 安徽省泾县檀树岭式钼矿找矿模型一览表

成因类型		斑岩型钼矿床
构造环境		矿床位于太平复向斜内。江南断裂从矿区的北西侧通过,区域次一级断裂以南北向、近南北向张性断裂为主。同时发育有北西向、北东向、近东西向断裂
控矿要素	构造控制	矿区主要发育 4 组控矿构造:①走向近南北、倾向西、倾角中等到陡;②走向近东西,倾向南,倾角较陡;③走向 120°~140°,倾向南西;④走向 40°~60°,倾向南东,倾角陡
	岩浆控制	檀树岭钼矿位于茂林花岗闪长岩体的中偏北部,赋矿岩体为花岗闪长斑岩,呈岩株状产出于茂林岩体内部,岩体普遍矿化
地质标志	构造标志	近南北、近东西、北西和北东向 4 组断裂均对成矿起到一定的控制作用,可以在地表寻找矿化体(蚀变带)起到一定的指导作用
	岩浆岩标志	矿区出露的花岗闪长斑岩、花岗斑岩是主要的控矿岩体,在岩体内部寻找斑岩型钼矿(化)体。同源演化的复式岩体中,晚期出现的高位小型侵入体成矿有利,可出现"体中体"成矿
	围岩蚀变	硅化、钾长石化、绢云母化、黑云母化在矿区均有出现,根据其蚀变分带特征,寻找钼矿(化)体
地球物理标志	重力	所在区域:重力低值区内
	磁法	所在区域:航磁高背景;所在地区:弱磁异常边部梯级带

里东坑钼矿床位于 322 国道泾县茂林站 4km 处,东经 118°17′15″,北纬 30°31′23″。该矿成矿背景

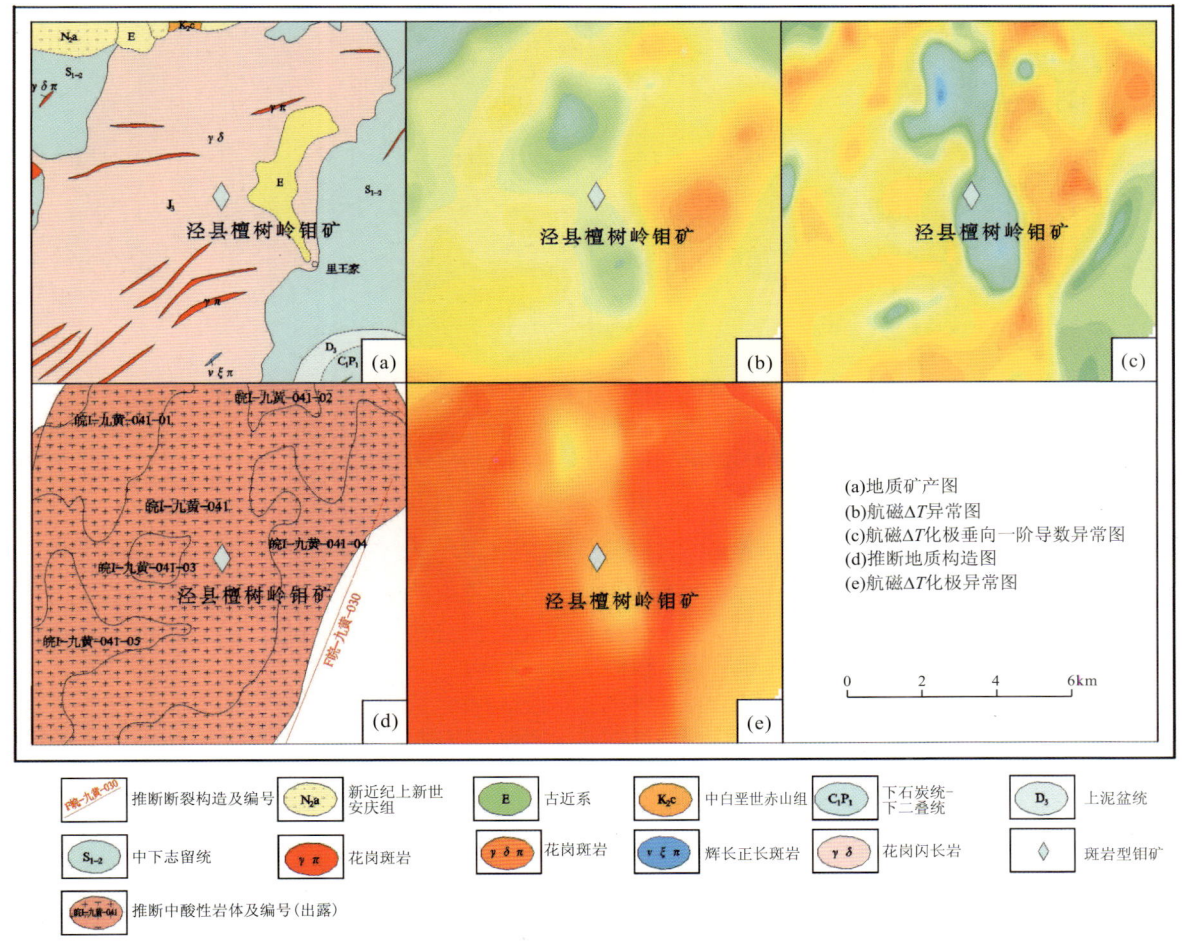

图 6-41　泾县檀树岭钼矿所在地区物探剖析图

为江南基底隆起带，鄣公山东西向褶皱带的中亚带，尖领庙-芳村复式背斜（二级）的北部，北东向断裂是主要的控矿构造。木坑组千枚岩、粉砂岩为主要的赋矿地层，晚侏罗世斜长花岗斑岩区内钼矿化密切相关。燕山期中酸性岩浆热液经过气成、热液和后期的次生改造作用形成钼矿。该矿床属于热液型钼矿，规模为小型，探明储量 10 897t。

所在区域重、磁场特征（图 6-42）：在区域 1∶50 万航磁异常 ΔT 平面图上，呈现大范围航磁正值异常分布，里东坑钼矿床处于正值场中，$\Delta T=170\text{nT}$，异常宽缓，东西走向，呈条带状。经过航磁化极，异常形态不变，$\Delta T=-40\text{nT}$。求得一阶导数后，异常圈闭，呈长轴状，范围小。推断由上侵小型岩体引起。在区域 1∶50 万布格重力和剩余重力异常平面图上，该区分布重力低值区，里东坑钼矿床处于重力负值场内，剩余重力异常 $\Delta g=-1\times10^{-5}\text{m/s}^2$，异常呈不规则状，圈闭，可推测是东坑岩体与地下隐伏体产生。从区域总体来看，呈现"重磁同低、异常宽缓"的特点。

所在地区重、磁场特征（图 6-43）：所在地区 1∶5 万航磁异常平面图上，坑口镇处于航磁负值背景场内，异常宽缓，呈长轴状，北东走向。里东坑钼矿床处于完整异常中心的边缘，$\Delta T=-25\text{nT}$，北东向展布。求得一阶导数后，异常更加清晰，突出。呈长豆状，北西走向。与燕山期中酸性岩浆岩体相吻合，推测由岩体引起。

综上所述，该类矿床的找矿标志有：在区域上，里东坑钼矿重磁场均处于宽缓的负异常场内，总体呈"重低磁低"的异常组合特征；在所在地区，矿床亦处于航磁负值背景场内，其找矿模型总结见表 6-20。

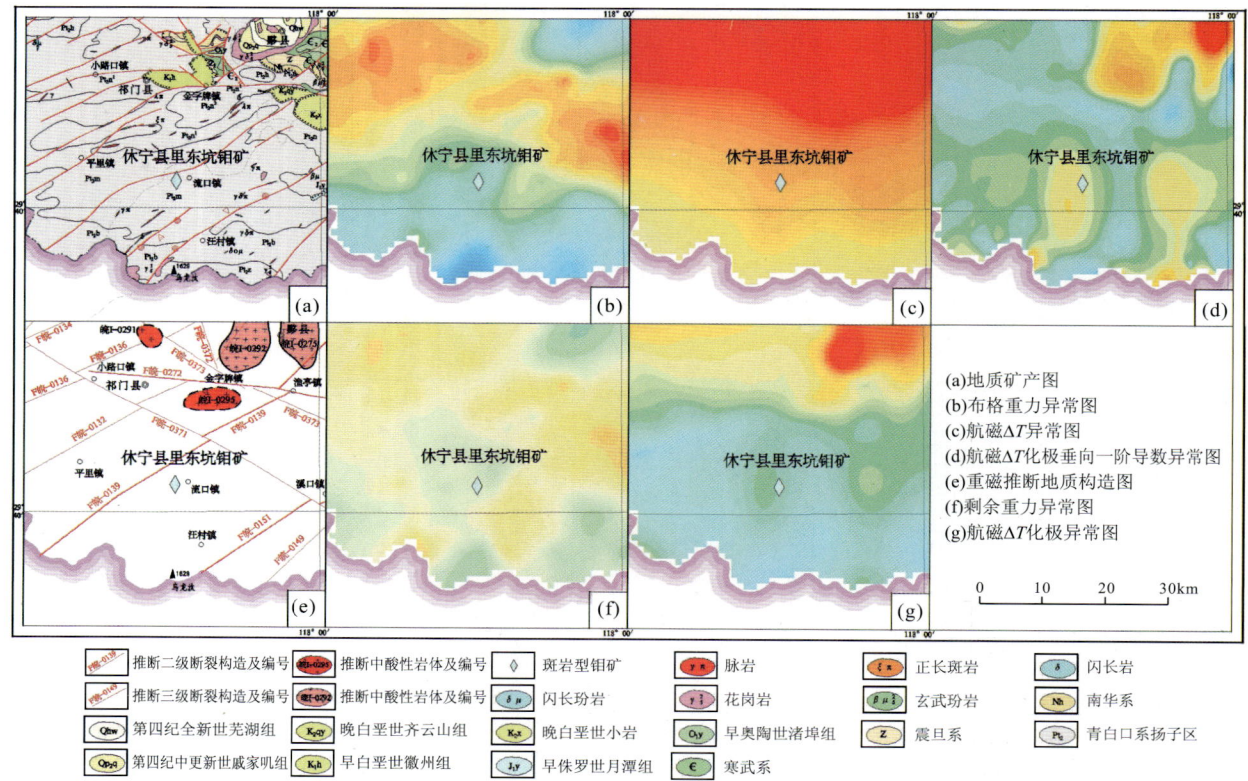

图 6-42 休宁县里东坑钼矿所在区域物探剖析图

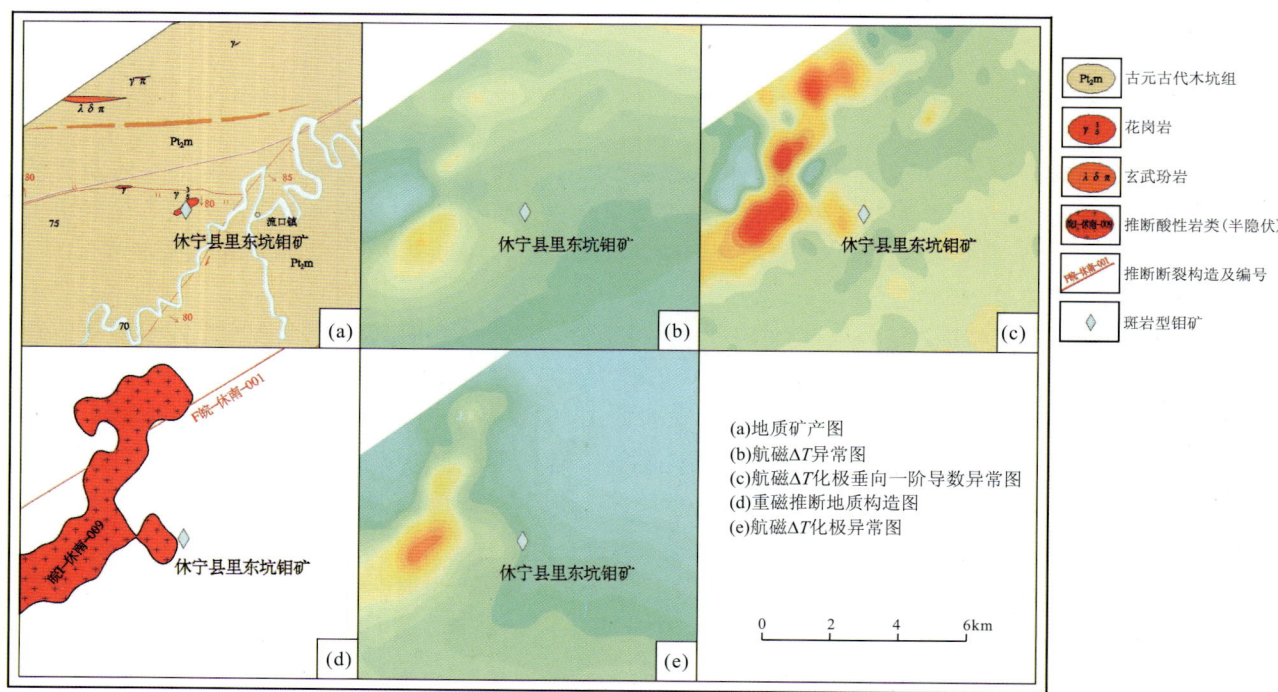

图 6-43 休宁县里东坑钼矿所在地区物探剖析图

表 6-20 安徽省泾县里东坑式钼矿找矿模型一览表

成因类型		斑岩型钼矿床
构造环境		矿床产于江南基底隆起带中,该区位于鄣公山东西向褶皱带的中亚带,尖领庙-芳村复式背斜(二级)的北部,更次一级的长丰-清风尖背斜的中段偏南
控矿要素	地层控制	矿区出露大面积木坑组千枚岩、粉砂岩,为主要的赋矿围岩之一
	构造控制	北东向断裂是主要的控矿构造
	岩浆控制	岩浆岩见有斜长花岗斑岩,侵入时代为晚侏罗世。斜长花岗斑岩呈岩枝及脉状产出,与区内钼矿化密切相关
地质标志	构造标志	东西向断裂、北东向断裂和北西西向断裂3组断裂均与成矿关系密切,其中北东向断裂为主要的控矿断裂
	岩浆岩标志	受区域上压扭性断裂构造所控制的斜长花岗斑岩、花岗闪长斑岩、正长闪长岩和闪长玢岩等具有多期的岩浆岩分布的地区,是形成钼矿(化)体的有利地段
	围岩蚀变	有云英岩化、硅化、绿泥石化、绢云母化、角岩化等明显蚀变并伴有大量黄铁矿化分布的地段,具有很好的指示意义。尤其是面型角岩化中有岩株出现,以及受共轭节理裂隙组合控制的石英脉带存在,都是寻找该类钼矿的一个很好标志
地球物理标志	重力	所在区域:重力低值区内
	磁法	所在区域:航磁负异常区背景场内;所在地区:宽缓负磁异常

第五节 菱镁矿

安徽省前寒武纪地层主要分布于淮河流域一带,而本省的沉积变质型菱镁矿分布于新太古代霍邱岩群。李老庄铁、菱镁矿矿床是本省唯一的菱镁矿矿床,其矿产预测类型是沉积变质型铁矿。

霍邱县李老庄菱镁矿处于华北陆块南缘、大别造山带东段(郯庐断裂带内)的古老变质结晶基底出露或浅覆盖地区。区域含矿建造主要为新太古代—古元古代霍邱岩群、五河岩群、阚集岩群和大别岩群高铝片岩片麻岩、变粒岩、大理岩等含铁沉积建造,成矿作用主要受沉积建造、变质建造、陆内断块构造控制。霍邱地区已探明有铁、磷、石煤、大理石、石灰石、白云岩等多个矿种,具有极大的潜在价值。

李老庄菱镁矿床位于霍邱县李老庄,东经116°00′47″—116°02′04″,北纬32°26′11″—32°27′15″。成矿背景属于华北陆块南缘、中新生代合肥坳陷的西部边缘。控矿构造为元古宙变质岩系组成的构造盆地及单斜褶皱。矿体赋存于吴集组上段下磁铁矿层夹富镁碳酸盐岩层中。成矿物质来源于这些变质岩系的含铁建造多层、分散的矿源层,经过气-液交代变质作用形成新太古代海相火山-沉积变质型矿床,属于沉积变质型菱镁矿。该矿规模为中型,探明储量 332.89×10^4 t。

所在区域重、磁场特征(图6-44):在区域1:50万航磁异常 ΔT 平面图上,该区磁场呈现北北东负值异常宽缓梯变带,异常呈北东走向,呈长轴状。李老庄菱镁矿位于负值航磁异常边缘的正值异常处,$\Delta T = 150$ nT,异常圈闭较完整,强度中等,航磁异常表现为等值线向东的连续扭曲,异常边缘分布着负值。在区域1:50万布格重力和剩余重力异常平面图上,分布着北北东梯变带,梯级带是南照集断裂的反映,李老庄菱镁矿处于相对重力低梯级带附近,剩余重力异常 $\Delta g = -1 \times 10^{-5}$ m/s², 强度较低,负值重力低异常圈闭,呈不规则长轴状,北东走向。区域呈现"重梯磁高"的特点。

所在地区重、磁场特征(图6-45):在1:5万航磁异常 ΔT 平剖图上,负值背景中突出一个明显的正值峰值。在航磁异常平面图上,李老庄菱镁矿异常被刻画得更加细腻、清晰。异常圈闭性较好,呈等轴状,正值梯度较陡,周围负值异常伴生,且负值梯变带较缓,$\Delta T = 550$ nT。从一阶导数图上,可以圈定异常范围,地区性磁异常突出,应为含矿岩体及矿体引起。在1:5万布格重力和剩余重力异常平面图

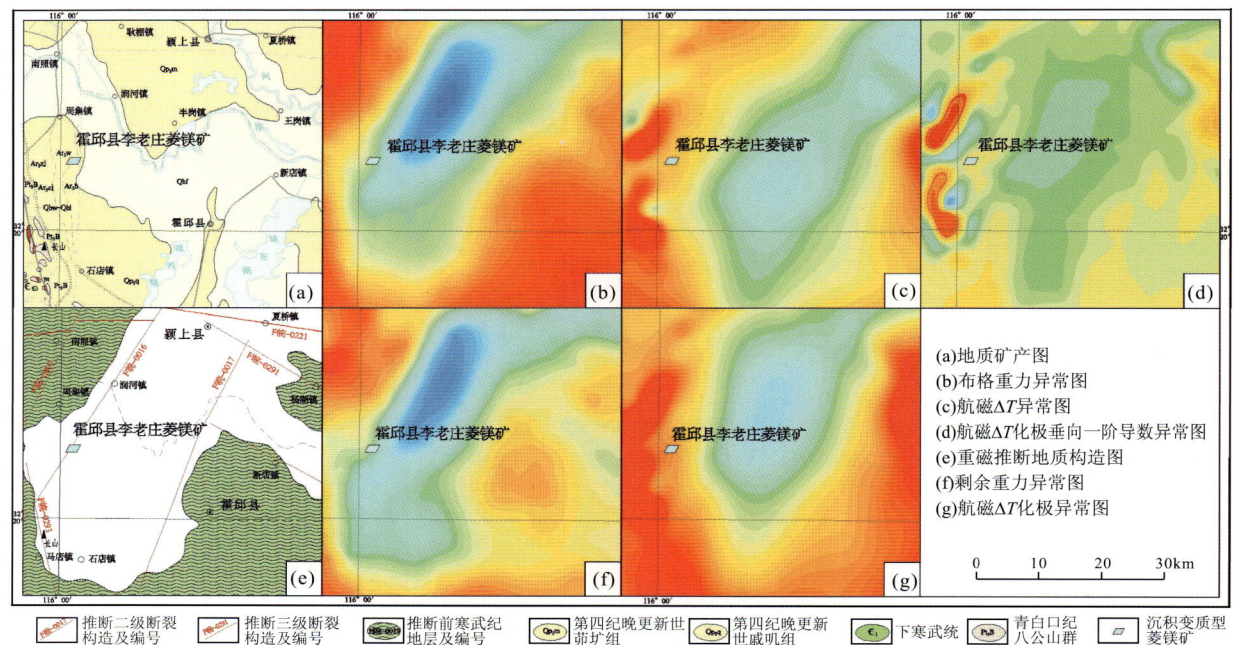

图 6-44　李老庄菱镁矿所在区域物探剖析图

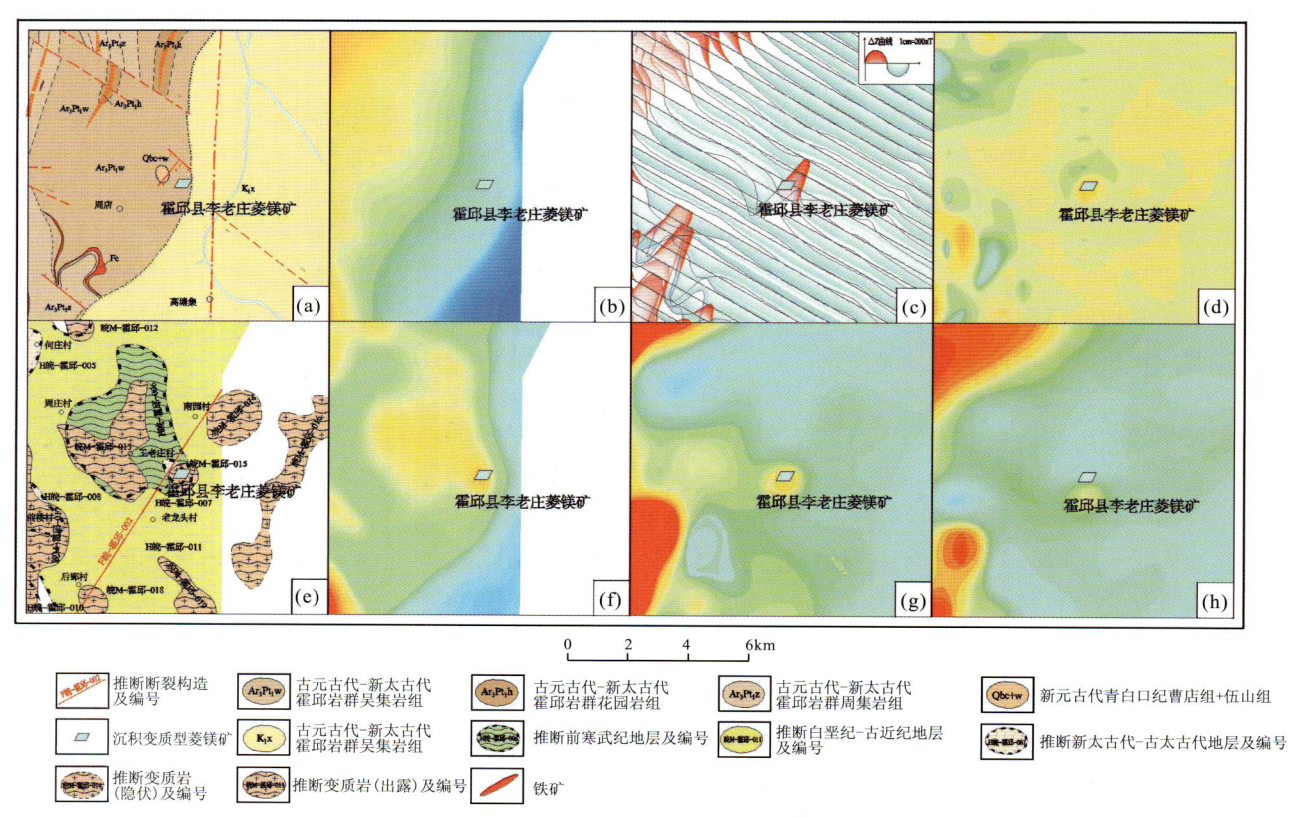

图 6-45　李老庄菱镁矿所在地区物探剖析图
（a）地质矿产图；（b）布格重力异常图；（c）航磁 ΔT 剖面平面图；（d）航磁 ΔT 化极垂向一阶导数异常图；
（e）重磁推断地质构造图；（f）剩余重力异常图；（g）航磁 ΔT 化极异常图；（h）航磁 ΔT 异常图

上显示,李老庄菱镁矿处于构造带附近,重力强度不大,剩余重力异常能反映李老庄菱镁矿形态,能刻画它的存在,是一个局部异常,圈闭性好,强度低,重力剩余异常 $\Delta g=0.8\times10^{-5}\,\mathrm{m/s^2}$,处于梯级带附近一个局部异常。可见重磁异常均由含矿岩体引起。

所在位置重、磁场特征(图6-46):所在位置大比例尺地磁、航磁异常平面图上,更能突出李老庄菱镁矿异常,异常呈等轴状,形态完整,圈闭。强度高达1500nT。

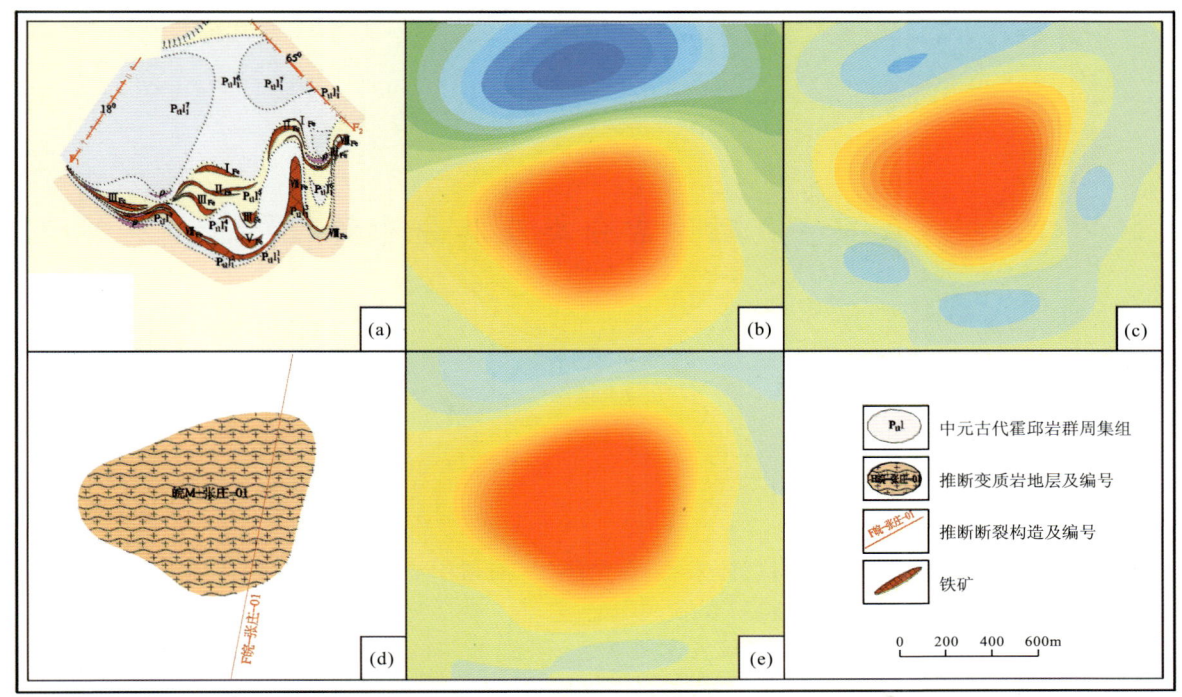

图 6-46 李老庄菱镁矿所在位置物探剖析图
(a)地质矿产图;(b)地磁异常图;(c)地磁化极垂向一阶导数异常图;(d)重磁推断地质构造图;(e)地磁化极异常图

综上所述,该类矿床的找矿标志有:在区域上,李老庄菱镁矿处于重力高背景中相对重力低梯级带上,磁场则处于高磁异常背景;在所在地区,矿床亦处于负值背景中突出一个明显的正磁异常上,重力场仍为重力低梯级带,局部异常则为重力高;而矿床所在位置,磁场表现为一个呈等轴状,形态完整圈闭的高磁异常,其找矿模型总结见表6-21。

表 6-21 安徽省霍邱县李老庄式菱镁矿找矿模型一览表

成因类型		沉积变质型菱镁矿矿床
构造环境		华北陆块南缘、中新生代合肥坳陷的西部边缘
控矿要素	地层控制	新太古代—古元古代霍邱岩群吴集组
	构造控制	元古宙变质岩系组成的构造盆地及单斜褶皱
地质标志	地层标志	新太古代—古元古代霍邱岩群变质岩性地层
	构造标志	受断层影响的单斜褶皱,古大陆板块褶皱隆起带(花岗-绿岩带)中的复式向斜翼部
	岩浆岩标志	变质中基性火山-沉积岩建造及中酸性火山-沉积岩建造
	围岩蚀变	以片状矿物为主组成的片岩类岩石,并还有变质特征矿物如十字石、蓝晶石、铁铝榴石等
地球物理标志	重力	重力高背景梯级带
	磁法	等轴状,形态完整圈闭的高磁异常

第七章 磁异常研究及磁性矿产资源量预测

第一节 磁异常分类及其分布特征

一、航磁异常圈定

（一）资料评估

（1）安徽省 29 个区块的航磁资料总体来看，由全国组（航遥中心）下发的数据体质量相对较高。仅大别山区块有两条线产生畸变，经剔除后合格。

（2）安徽省地面磁测基本上覆盖省域各主要矿区，涉及 204 个地面磁测工作区，资料精度由 20nT 到 2nT 左右。

本次利用磁测资料开展铁矿资源量计算的基础资料质量可靠。

（二）异常圈定编录

磁异常是在前人工作的基础上结合最新的异常勘查成果进行的，分为两种情况：

（1）对于以内生矿产勘查为目的的航磁测量工作，前人通常都进行了详细的圈定与编录。

（2）对于以能源勘查为目的的航磁测量，一般都没有进行异常的分类与编号，个别区块针对构造进行了划分与研究。工作中，根据地面查证资料和新的地质矿床资料，在磁异常定性解释的基础上，对磁异常重新进行圈定。

本次工作中对于第一种情况基本上以原航磁报告对异常的圈定为准，未再增加新的编号，主因是原航磁工作对异常的圈定非常详细，特别是航磁多次覆盖区，不但没有遗漏，而且多次重复编号，需要仔细比较剔除才行；对于第二种情况则进行了全新的编录与圈定，建立新的异常卡片（属性表）。

全省共清理入库航磁异常 3147 处，剔除重复点，仍有 2608 处。

（三）异常初选

安徽省物探工作程度很高，尤其是沿江地区是我国著名的铁铜硫金铅锌多金属成矿区，由于历史原因或勘查目的的不同，不同重点成矿区有航磁多次覆盖，比例尺有 1∶2.5 万～10 万不等，同一个异常可能经过了多次编录。而实际测量精度却与测量年代和工作比例尺没有直接关系。因而给异常的选取造成困难。

由于每个航飞区块的资料总体上都是合格的，本次工作中，首先将所有区块的异常图进行套合分析，选出精度最高者作为底图，并将该区块作为 A 区块，后面依次编号为 B、C 等。然后对所有异常都进行登记并投影到对应比例尺图件上。此时所有异常出现 3 种组合方式：

(1) 同一个异常连同 A 区块的编号有多个编号，此时以 A 区块的编号为最终编号。

(2) 除了 A 区块外，其余区块的异常重合，此时以地面异常查证级别高者为主取其编号，如果没有地面查证结果，则以排序优先的区块编号为准。

(3) 圈定的异常互不重合，此时 A 区块的入选，其他区块的异常如果没有地面查证成果的支持则不予考虑。

新编异常一般只对有找矿意义（或已知矿产地）的异常进行，其他不予考虑。

二、磁异常分类原则

按航磁 ΔT 异常所处的地质环境、找矿意义和以往工作程度，对磁异常进行分类，划分为甲、乙、丙、丁四大类，其中甲类异常、乙 1 类和乙 2 类异常为矿致异常，划分原则如下。

(1) 甲类异常：为矿致异常，可分 2 个亚类。

甲 1 类异常：已知矿引起、推断还有找矿潜力的异常。

甲 2 类异常：已知矿引起、推断进一步找矿潜力不大的异常。

(2) 乙类异常：推断具有找矿意义的异常，分 3 个亚类。

乙 1 类异常：推断矿体引起的异常。

乙 2 类异常：推断含矿地质体或地质构造引起的异常。

乙 3 类异常：推断具有找矿意义的地质体或构造引起的异常。

(3) 丙类异常：找矿前景不明异常。按目前工作程度和认识水平，无法判明其找矿意义的地质体或地质构造等引起的异常。

(4) 丁类异常：按目前工作程度和认识水平，认为不具备找矿意义的磁性体引起的异常。

三、磁异常分类结果及其分布特征

筛选后的安徽省航磁异常分布具有如下特征。

(1) 全省航磁异常具有成带分布、分片集中的特点，首先是大别山区、沿江江南、蚌埠—天长地区集中了全省 90% 以上的航磁异常，其他地区则分布零星。

(2) 对比全省航磁工作程度图可见，航磁工作程度高、重复率高的地区航磁异常也呈集中分布的趋势，航磁测量程度低、重复率低的地区少有航磁异常。

(3) 与全省岩浆岩图进行对比可见，航磁异常的分布集中于岩浆岩发育区，两者之间对应关系良好，反过来说明岩浆岩普遍具有磁性，说明利用航磁寻找与岩浆岩有关矿产的地球物理前提是具备的。

(4) 对比全省地质图可见，在结晶基底出露较好的霍邱地区、大别造山带、蚌埠、张八岭地区，同样是航磁异常分布集中区，反映结晶基底的原岩普遍具有磁性，可能是正变质的产物，这与地质上已经确认的基底岩系主要与火山沉积变质有关的结论是一致的。

(5) 对比全省矿产图可见，安徽省航磁异常的分布与铁矿分布关系最为密切，几乎所有的规模矿床均与航磁异常直接相关，其次还与铁铜共（伴）生的矿床紧密相关，这就为利用航磁方法直接寻找铁等磁性矿产提供了直接依据；同时，铜矿、铅锌矿、金矿、锑矿、稀土等与岩浆岩有成因联系的矿产也与航磁异常紧密相关，这也是目前普遍利用航磁方法进行此类矿床间接找矿的主要原因。

第二节 磁异常范围分布特征

一、磁异常范围圈定原则

磁异常范围的圈定分为省级和预测工作区级两种,并服务于不同的解释目的:省级航磁异常范围的圈定是在全国汇总组下发的 2km×2km 数据体基础上,针对化极后的航磁异常进行的,航磁异常范围圈定的目的主要是对结晶基底隆起、侵入岩、火山岩分布范围进行识别与概略控制。这里对异常范围的圈定完全是数学方法,即对省级航磁化极异常计算其垂向一阶导数,然后取其正向非"零"的第一条等值线作为航磁异常范围的边界;在航磁异常叠加十分严重的地区(火山岩分布区、大型花岗岩基集中区等),取第二条等值线作为其范围的边界,极个别情况下取自第三条等值线,结果见图 7-1。

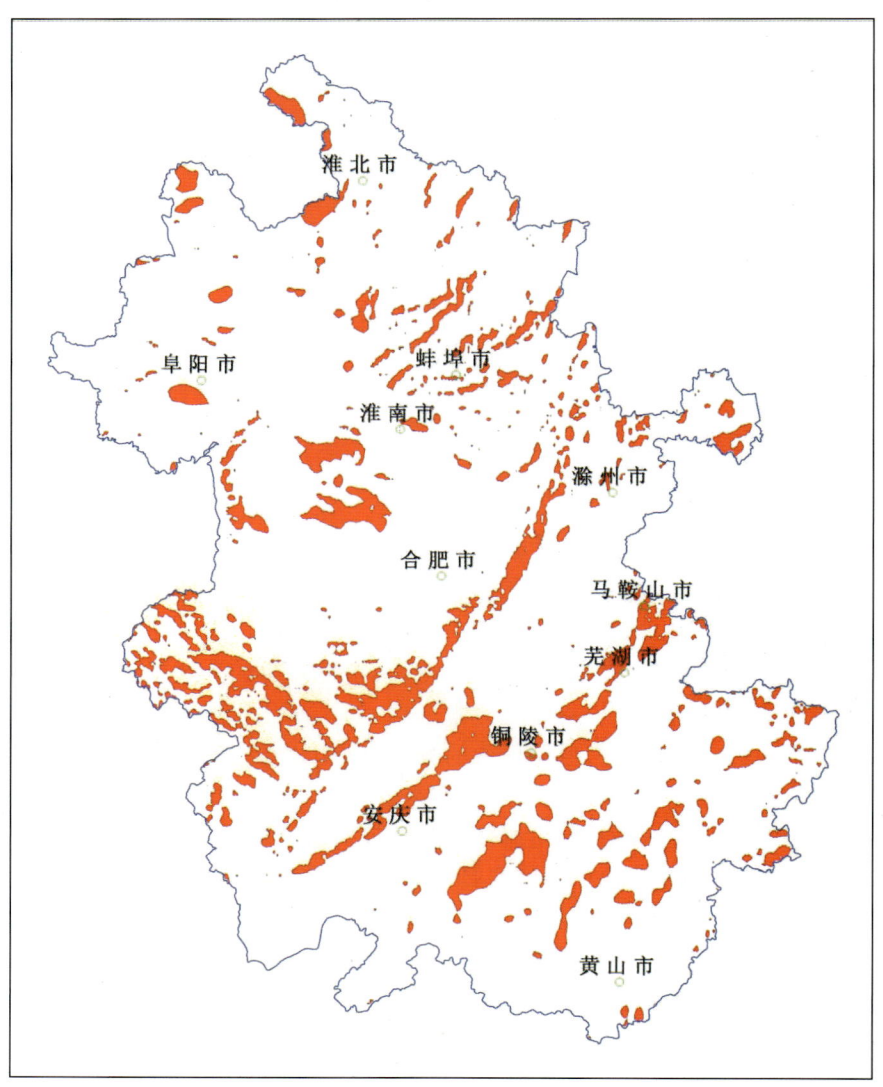

图 7-1 安徽省航磁异常范围分布图

预测工作区级航磁异常范围的圈定，一方面服务于预测工作区级的基础地质解释，另一方面是要对磁性矿产进行识别、圈定并配合进行资源量估算。该级别的磁异常范围的圈定都是基于与该预测工作区相关的精度最高的航磁资料进行的（通常也是资料最新、年代最近）。在服务于基础地质问题的解释时，异常范围的圈定与省级航磁异常范围的圈定基本一致；但对于少量异常强度较大但范围很小却有找矿意义的异常，在等值线图上往往以等值线的扭曲表现出来，其范围的圈定主要参考原始航磁平剖图的范围加以圈定。

二、磁异常范围圈定结果与分布特征

从图 7-1 中可见，安徽省航磁异常分布具有如下特征：

（1）全省航磁异常范围图反映省航磁异常具有成片、成带集中分布的特点，首先是大别山区、沿江江南、蚌埠—天长地区集中了全省大部分航磁异常，其他地区则分布零星。

（2）除了大别山地区以外，安徽省航磁异常分布区的展布方向主要为北东向，这与安徽省区域构造格架、区域地层展布方向一致，反映了印支运动以来安徽省主要构造特点。大别造山带的异常展布方向主要为北西向，反映了秦岭-大别造山带的构造特点。

（3）与全省岩浆岩图进行对比可见，航磁异常的分布集中于岩浆岩发育区，两者之间对应关系良好，反过来说明岩浆岩普遍具有磁性，说明利用航磁寻找与岩浆岩有关矿产的地球物理前提是具备的。

（4）对比全省地质图可见，在结晶基底出露较好的霍邱地区、大别造山带、蚌埠、张八岭地区，同样是航磁异常分布集中区，反映结晶基底的原岩普遍具有磁性，可能是正变质的产物，这与地质上已经确认的基底岩系主要与火山沉积变质有关的结论是一致的。

（5）对比全省矿产图可见，安徽省航磁异常的分布与铁矿分布关系最为密切，几乎所有的规模矿床均位于航磁异常分布范围之内，其次航磁异常分布范围还与铁铜共（伴）生的矿床紧密相关，这就为利用航磁方法直接寻找铁等磁性矿产提供了直接依据；同时，铜矿、铅锌矿、金矿、锑矿、稀土等与岩浆岩有成因联系的矿产也与航磁异常紧密相关，这也是目前普遍利用航磁方法进行此类矿床间接找矿的主要原因。

第三节 磁性矿产资源量预测

以陈毓川院士成矿系列理论为技术指导，安徽省区域成矿系列初步划分为 4 种类型：①与岩浆作用有关的矿床成矿系列组合；②与沉积作用有关的矿床成矿系列组合；③与变质作用有关的矿床成矿系列组合；④其他成因的矿床成矿系列组合。

区域重磁成果在安徽省资源潜力评价中发挥了不可替代的作用，在区域地质、深部构造格架研究、圈定煤田盆地范围、研究结晶基地分布与起伏、判断侵入岩性质等控矿要素方面作用显著，而且在矿产预测、矿床圈定、资源量计算方面也发挥了一定的作用。

（1）安徽省沉积变质铁矿主要分布于皖北地区，著名的霍邱铁矿就产于霍邱岩群变质岩中，其他如蚌埠地区的东鲁山铁矿则产于五河岩群变质岩中。因此，根据重磁资料圈定皖北地区变质基底并推测其深度，直接指导了铁矿资源量的预测，同时对于与变质作用有关的其他矿产的最小预测工作区圈定和资源量计算也发挥了独特的作用。

（2）长江中下游地区（当然也包括其他地区）的内生矿产均与中酸性岩浆岩关系密不可分，重力成果与航（地）磁成果相结合对于各类岩浆岩的范围圈定、类型的确定、形状的推断、下延深度的计算都发挥了不可或缺的作用。为预测课题利用体积法估算资源量奠定了基础。

（3）利用重力划分断隆和断陷，在有利条件下，重力结合钻孔、电法资料，研究基底和控矿地层的展布规律,对深部找矿、开辟第二找矿空间具有很大的指导作用。

(4)围绕火山岩盆地开展找矿工作是目前的重点方向,20世纪60年代以来陈毓川等提出的陆相火山岩盆地中的玢岩成矿模式,一直在指导着长江中下游地质找矿工作。而圈定盆地范围,确定火山岩厚度与基底深度、性质,圈定其中的次火山岩岩体,都是火山岩地区地质找矿的关键环节,本次工作在这些方面都取得了出色的成果,从而在火山岩地区的找矿和资源量预测中发挥了重要作用。

(5)直接进行矿床圈定与资源量计算重力是本项目工作中发挥的又一独特作用,如安徽庐枞大包庄铁矿、安徽芜湖雍镇铁矿田金龙铁矿圈定和资源量计算就是大比例尺重磁成果应用于潜力评价的范例。

一、磁性矿产资源量预测方法与参数

(一)铁矿矿致磁异常的确定

1. 识别标志

1) 玢岩型铁矿异常的识别标志

依据罗河铁矿总结如下:

(1)位于近北东向和近东西向的断隆交会处,以重力场和磁场"双高"组合为特征。

(2)隆起带上的火山岩保存较好,砖桥组火山岩地层未出露或未被破坏。

(3)异常位于北东(北北东)向主干控岩控矿断裂与东西向、北西向和南北向次级断裂构造交会部位。

(4)有中基性侵入岩分布(重磁推断),重磁场上表现为"重磁双高"组合。侵入体有一定的下延深度,在系列向上延拓图上消失缓慢,而重新下延或垂向求导后局部异常明显。

(5)在特殊处理后的局部异常图上呈典型的"重磁双高"同位组合。

(6)异常呈等轴状或肾状,由于异常为岩体和矿体的综合反映,因而强度大,化极后负值异常不明显。

2) 沉积热液叠加改造型铁矿异常的识别标志

依据龙桥铁矿总结如下:

(1)位于近北东向和近东西向的断隆交会处,以重力场和磁场"双高"组合为特征。

(2)隆起带上的火山岩保存较好,以J_2l为代表的火山岩基底地层未出露或未被破坏。

(3)异常位于北东(北北东)向主干控岩控矿断裂与东西向、北西向和南北向构造交会处。

(4)有中酸性侵入岩分布(重磁推断),区域上以重低(或重梯)磁高为特征;侵入体有一定的下延深度和规模,在系列向上延拓图上消失缓慢,而重新下延或垂向求导后局部异常明显。且组合形式逐渐转换为"重磁双高"的偏心组合。

(5)在特殊处理后的局部异常图上呈典型的"重磁双高"同位组合。

(6)异常呈条带状展布,埋深较大时异常面积较大但强度较小,埋深较小(钟山铁矿)时异常面积较小但依然醒目。

3) 矽卡岩型铁矿异常的识别标志

依据淮北地区前常、旗杆楼典型矿床总结如下:

(1)磁异常与成矿关系最为密切。规模以上的徐楼式铁矿、前常式铁铜矿和部分前常式铜金矿矿体均有磁异常存在。仅部分前常式铜金矿矿体没有磁异常存在。强磁异常多由铁矿引进,低缓异常也可以形成铁矿床。磁异常强度越大,梯度越高,矿致可能性越大。反之,越小。

见矿磁异常具有形态圆(如圆形、椭圆形)、面积小(多在$0.5km^2$以内)和梯度高(多为50nT/百米以上)的特征。

(2) 重力异常梯级带与成矿关系密切。重力梯级带是区内重要找矿标志,有 72.73% 矿床(或矿体)位于重力梯级带上。其次是重力高异常,有 18.18% 矿床(或矿体)位于重力高异常区。重力低异常区有磁异常存在时也有矿床(或矿体)存在,占 9.09%。

(3) 重梯磁高和重磁同高组合异常与成矿关系密切。重梯磁高和重磁同高是区内重要成矿组合异常,重梯磁高矿床(矿体)占 51.52%,重磁同高 18.18%,合计 69.7%。

(4) 矿致磁异常共有 4 个方向,北西向和北东向是区内主要控矿方向,表明此 2 组方向是区内主要控矿方向,与控矿构造分析一致。

4) 沉积变质型铁矿异常的识别标志

(1) 太古宙含矿建造分布区,铁矿体呈条带状展布。

(2) 磁铁矿石磁性强,比围岩大 1 个到几个数量级。

(3) 一般来说,航磁异常强度大,梯度陡,且呈条带状展布,延伸范围较大,且与铁矿层的走向基本一致。当飞行高度很高或矿体埋藏很深时,则形成强度不大的低缓异常。

(4) 地磁异常强度大,梯度陡,一般呈条带状展布,延伸范围较大,且与铁矿层的走向基本一致。应当注意的是,当矿床埋藏深度较大时,也可能表现为强度不大的低缓异常。

(5) 地磁异常常伴有较大的负值异常。

2. 异常分类

如果该异常进行了地面验证工作,以验证的结果为依据进行分类,没有验证的以原报告中的定性解释为基础,重新结合地质资料、矿产资料综合判定异常类别。不同类别异常的范围以不同颜色线条进行区分。

按《磁测资料应用技术要求》磁异常共分为 4 类:一类是矿致异常(甲类);二类是找矿有意义的异常(乙类);三类是性质不明异常(丙类);四类是非矿异常(丁类)。

安徽省共筛选出航磁异常 2608 处,甲类 180 处,乙 1 类 130 处,乙 2 类和乙 3 类 595 处,丙类 617 处,丁类 1086 处。

这些异常又按照矿床成因进行了分类(甲+乙 1 类),结果如下。

矽卡岩型:139 处,沉积变质型 63 处,层控热液叠改型 2 处,陆相火山岩型 89 处;热液型:39 处;次生富集型:2 处;人工堆积型:1 处。

异常编号原则:严格按照《磁测资料应用技术要求》中的有关规定执行。

3. 有找矿意义异常的进一步筛选

(1) 异常可靠性分析:①原始异常图上异常强度可靠;②不同方法处理的异常参数具有相关性和可比性;③经地面磁测验证或地质检查认为异常可靠。

(2) 异常所处构造地质环境对成矿有利:①异常处于已知或推断的与典型矿床有成因联系的构造分区;②有与矿床形成有成因联系的岩体或基底岩系的存在;③基底岩系或者侵入岩的顶面埋深处于可探测范围内;④存在有利的断裂或断裂组合。

(3) 异常特征或多参数组合异常特征与典型矿床一致,或具有可比性,例如:重磁双高同位组合等。

(4) 地质勘探资料或其他物化探参数显示成矿有利,找矿意义显著。

4. 局部磁异常的定性解释

局部异常的定性解释,是在原异常定性解释的基础上,结合新的地面查证资料和异常所在区域的地层、构造、矿产、岩性、磁法、化探等资料,判断可能引起异常的地质原因,剔除经地面查证确定的与矿无关的异常,并根据成矿地质条件和环境,与已知矿致异常进行对比分析,推断其是否为矿致异常或有找矿意义的异常,进而判断异常可能与哪些矿种或矿床类型有关等。

(二)磁性矿产资源量预测方法

磁性矿体资源量的估算方法有磁异常拟合体积法和定量类比法两种。

1. 磁法体积法

针对强磁性矿体,用 2.5D 人机交互解释软件拟合磁异常,待拟合结果满意后,便可求出磁性矿体体积。

通常情况下,2.5D 人机交互定量计算中使用的强磁性(通常磁化强度大于 $20\,000 \times 10^{-3}\,\text{A/m}$,或磁化率大于 $50\,000 \times 10^{-5}\,\text{SI}$)模型体即可视为磁性矿体,其体积就是磁性矿体的体积。

该方法也可用于与铁磁性矿体伴生的矿床资源量的计算,如安徽省安庆铜矿就是这样的例子。

磁铁矿资源量计算公式为:

$$Q = V \times d$$

式中:Q 为磁铁矿体资源量;V 为校正后磁铁矿体体积;d 为矿石平均比重。

预测工作区采用的比重为预测工作区内或邻近地区同类已知矿床的平均比重。

磁铁矿体体积计算公式为:

$$V = k \sum_{i=1}^{n} V_i$$

式中:V 为校正后磁性矿体体积;V_i 为第 i 号磁铁矿体体积;n 为磁铁矿体个数;k 为磁铁矿体体积校正系数。

体积校正系数 k 包括矿化体校正系数 T_h 和含矿系数 T_j 两项,即:

$$k = T_h \times T_j$$

使用 2.5D 人机交互定量计算中几个重要参数的选取方法如下。

1) 剖面曲线选择

用于磁异常定量解释的剖面数据,最好使用接近异常中心的原始测量剖面数据。当原始测量的剖面方向与磁异常的走向交角较小(小于 45°)时,应从等值线图上垂直磁异常走向切取过异常中心的人工剖面数据,而且制作等值线图的网格化数据的点距应尽可能小(原始测线距的 1/3～1/4)。

对于一般磁异常的定量解释,通常对一条主剖面进行计算即可。对于推断由矿体引起的磁异常,如果需要计算资源量,则应根据磁异常的平面形态,取 1 条或多条剖面数据进行计算。如磁异常宽度沿走向变化不大时,仅取 1 条剖面计算;如磁异常宽度沿走向变化较大时,应取多条剖面进行计算,但通常不多于 3 条剖面。

剖面长度以取到异常两侧正常场为宜。

2) 确定磁性体走向长度

一般采用能反映磁性矿体空间全貌的磁异常垂向一阶导数的 0 值线的走向长度范围。

3) 旁侧磁性体的考虑

2.5D 计算中,有时由于两异常靠的较近,在拟合时,异常所反映的磁性体互相会形成干扰,应作为旁侧干扰磁性体处理并进行整体拟合,资源量计算中则需要视情况作累加或单独计算。

4) 磁化强度的确定

在使用 2.5D 拟合法或 3D 拟合法对磁异常进行定量解释时,需要确定各模型体(磁性体)的磁化强度。

确定各模型体(磁性体)的磁化强度时,应根据定性解释的推断结果和研究区实测岩矿石的磁化率、剩余磁化强度综合确定,具体是用岩矿石的感应磁化强度和剩余磁化强度进行矢量合成。

此外,由于地表岩矿石都经受了风化作用,其磁性一般会降低,因此,使用的岩矿石磁化率、剩余磁化强度值可以高于地表实测值。

5) 磁化倾角的确定

在使用 2.5D 拟合法或 3D 拟合法对磁异常进行定量解释时,需要确定各模型体(磁性体)的磁化倾角。

确定各模型体(磁性体)的磁化倾角时,应根据定性解释的推断结果和研究区实测的岩矿石的剩余磁化方向,以及研究区的地磁场方向综合确定,具体是用岩矿石的剩余磁化方向与地磁场方向进行矢量合成。

对于大多数岩矿石来讲,由于剩余磁化强度很弱,因此可以忽略剩余磁化方向,而直接使用地磁场方向;但是,当岩矿石的剩余磁化强度较大时,则应考虑剩余磁化方向的影响。

6) 地磁场参数及剖面方向的确定

就目前使用的 2.5D 拟合软件(GeoExpl、RGIS、GMVPS)来说,都要求输入地磁场参数(地磁场倾角、偏角、强度)及剖面方向等,因此在开始每条剖面拟合前,一定要输入这些参数。特别要强调的是,剖面方向通常使用方位角(从北起,向东为正、向西为负)。

7) 含矿系数的确定

矿系数确定依据分 3 种情况:

(1) 用实测数据计算夹石修正系数。

(2) 用实测数据计算矿化体校正系数。

(3) 用探明资源储量 Qt 与 2.5D 拟合软件求出、并经必要校正的矿床已控制矿体的体积(不包括矿床深部及外围未控制矿体的资源量)和矿石平均密度的比值。

2. 定量类比法

定量类比法通常应用于以下两种情况。

其一:对于矿致异常分布较多的地区,一些规模较小的异常可以用定量类比法来计算磁性矿体的资源量,即用已探明储量铁矿的磁异常和开展 2.5D 拟合定量计算的磁异常作为已知模型进行回归分析,建立线性回归类比方程,进而对引起推断矿致磁异常的磁性矿体的资源量进行类比计算。

定量类比的异常,必须是经过定性解释,推断为磁性矿体引起的异常(乙 1 类异常)或推断含矿地质体及地质构造引起的异常(乙 2 类异常),且异常的规模和强度都不大,没有高精度、大比例尺磁测资料。

本次磁测资料应用使用的是回归分析方法。

其二:对于地质调查勘探工作程度很低、航磁资料精度较低的预测工作区,第一,对于单一异常的筛选与评价通常难度较大,较难给出是否矿致异常(甲乙丙丁的分类难以逐个进行)的正常估计;第二,在该区域的勘查找矿工作已经取得某些进展,显示了较为广阔的找矿前景;第三,在该预测工作区的周围,有勘探程度高、成矿地质条件极为相似的预测工作区。此时就可使用定量类比的方法进行资源量的估算,简要介绍如下。

1) 选区

(1) 已知模型区:大中小各种比例尺精度航(地)磁资料齐全,地质、矿床勘探工作程度高,已控制磁性矿产资源量可靠。

(2) 被估算区:具备最基本的、与模型区等比例尺的航磁资料,两者最好是同一次航磁测量结果。

(3) 模型区与预测工作区之间的成矿地质条件在现有工作程度被认为是非常一致的,具有很高的可比性。

2) 资料选用

为了资料的可对比性和预测工作区域资料的完整性,统一选用能同时覆盖此模型区和预测工作区的航磁成果资料。

3）参数选择

航磁化极垂向一阶导数异常对霍邱铁矿各矿区都有很好的圈定,而在上述的陶老、西贾庄两地,航磁异常的垂向一阶导数同样很好地圈定了矿体的范围,故该参数在已知区和未知区之间都能够较好地反映磁性矿床的存在。另外,航磁化极上延1km,剩余异常也有较好的显示,可资参考。

4）航磁异常与其铁矿资源量关系的建立

由磁异常体积法资源量计算以及磁异常理论可知,磁性矿产的资源量与该磁性矿产的体积成正比,而磁性矿产的体积与其磁异常的规模成正相关。

以航磁化极垂向一阶导数异常为面函数,对其进行体积分,分别计算各预测工作区异常规模。

$$Q = \sum Q_i$$

5）资源量计算

已知工作区的资源量可表达为:

$$M = K \times Q$$

从而求得 K,将此系数用于各预测工作区,进而求得各预测工作区资源量。

二、已知矿产地磁性矿产资源量预测

(一)铁矿矿产预测类型及其分布

铁矿是安徽省优势矿种之一,全省共有铁矿产地333处,累计查明资源储量为 44.13×10^8 t(含原表外矿 8.37×10^8 t),保有资源储量 39.54×10^8 t,居全国第4位。

1. 霍邱式沉积变质型铁矿(全国划分方案是鞍山式,下同)

该矿主要产于霍邱-颍上地区上太古界变质岩系霍邱岩群中,另外在蚌埠-凤阳、肥东地区也有发现。典型矿床:霍邱周集、张庄、范桥、周油坊、李楼、吴集、重新集以及凤阳的东鲁山等,均为大—中型铁矿床。预测矿种主要是铁,其中,霍邱地区同时预测菱镁矿。本类型累计查明铁矿石资源储量占全省铁矿石资源储量的37.2%。

根据安徽省的实际,分别建立了吴集式、张庄式、李老庄式3种类型代表霍邱地区沉积变质型铁矿的预测类型,其含铁建造层位主要是新太古代吴集组、周集组变质岩;其预测工作区分别是霍邱地区、正阳关地区、阜南地区,后两者是第四系覆盖区,是本次工作根据实际情况而重新划分,进行预测工作的。

东鲁山式沉积变质型铁矿主要代表蚌埠地区、固镇地区及太和地区,其含铁建造主要是新太古代五河岩群西固堆组、峰山李组变质岩石。蚌埠地区是基岩半覆盖地区,而固镇地区、太和地区为第四系全覆盖区。

肥东铜山沉积变质型铁矿主要是指肥东的阚集一带,含铁建造是阚集岩群的大横山组。该区为相对基岩出露较好的地区之一。

2. 陆相火山岩型(玢岩型)铁矿(陶村式、凹山式、姑山式、白象山式、罗河式、龙桥式、金龙式)

陶村式、姑山式、凹山式主要产于中生代宁芜火山岩盆地中,典型矿床有马鞍山和尚桥、陶村、姑山、凹山、笔架山、落星、丁山等;罗河式主要产于庐枞火山岩盆地中,典型矿床主要有庐江罗河、大包庄、何家小岭等铁硫矿床。姑山式、白象山式、龙桥式及金龙式,主要指铁矿体分布于陆相火山岩盆地基底地层(周冲村组),并且与潜火山岩有关的矿产类型组合,主要典型矿床有姑山、白象山、杨庄、龙桥及金龙、下埠圩铁矿床等。其中马芜南部的钟姑矿田主要有姑山、白象山及杨庄等,和县雍镇矿田主要是金龙、下埠圩、小六房等。玢岩型铁矿床在本省矿床规模多为大—中型,占安徽省铁矿资源储量的49.1%。

该类型铁矿床主要共伴生矿物有铜、硫、磷及金等。主要矿产预测类型有陶村式(玢岩型)火山岩型铁矿、姑山式火山岩型铁矿、凹山式火山岩型铁矿以及罗河式火山岩型铁矿等。

根据火山岩型铁矿床分布特征、成矿有利条件以及航磁异常特征等的分析,其分布范围主要是庐枞地区、马芜地区。

3. 莱芜式矽卡岩型铜铁金矿(莱芜式)

"莱芜式"铁矿主要分布于淮北的濉溪、萧县地区,"莱芜式"铁矿典型矿床:濉溪徐楼、殷庄、三铺、邹楼、前常和萧县旗杆楼等铁矿床,以濉溪县前常铜铁金矿及萧县旗杆楼铁矿床为代表,安徽省建立了前常式、旗杆楼式两种矿产预测类型。该类型与我国北方的"邯邢式"矿床特征基本一致,与全国项目办发布(表)"莱芜式"一致,为了与全国项目办保持一致,安徽省就沿用"莱芜式"。

莱芜式矽卡岩型铜铁金矿预测类型,根据成矿特征比较,安徽省的淮北地区、亳州地区与之一致。

4. 大冶式矽卡岩型铁(铜、硼)矿

大冶式矽卡岩型铁(铜、硼)矿分布在沿江的安庆、天长等地区,其典型矿床主要是安庆市的安庆铜矿、天长市的冶山铁硼矿。安庆铜矿主要是中三叠世周冲村组膏溶角砾岩、泥灰岩及白云质灰岩与石英闪长岩岩体接触带附近的铜铁矿体,与湖北省的大冶铁矿床特征基本一致。"冶山式"铁硼矿位于安徽省天长与江苏省交界处,典型矿床是冶山铁硼矿床,为小型。

大冶式矽卡岩型铁(铜、硼)矿预测工作区主要是安徽省的安庆地区、天长地区(与江苏省的六合接壤)。

5. 长龙山式矽卡岩型铁矿

该类型铁矿床是本省长江中下游铜铁金成矿带的一个特例,主要分布于繁昌一带。典型矿床包括繁昌桃冲、长龙山、顺风山等铁矿床。该铁矿床主要围岩是石炭纪黄龙组、船山组及二叠纪的栖霞组碳酸盐岩建造,铁矿体主要在矽卡岩化、大理岩化及角岩化等的碳酸盐岩建造中,矿体物质来源于深部的岩浆岩。

该类铁矿床的预测工作区主要指繁昌地区。

6. 铜陵式矽卡岩型铜铁金矿—层控热液叠改型铜铁金矿

铜陵式矽卡岩型铜铁金矿主要是指铜陵地区,其典型矿床主要有铜官山、狮子山、凤凰山、老鸦岭、东狮子山、新桥以及池州的铜山铜矿。根据矿床产出特点,进一步划分为铜官山式矽卡岩型铜铁矿、冬瓜山式(新桥式)层控热液叠改型铜铁金矿、凤凰山式矽卡岩型铜铁矿及铜山式矽卡岩型铜矿等矿产预测类型。

该类型主要预测工作区是铜陵地区,池州地区的矿产特点也归到该类型中。

另外,安徽省尚有铁帽型铁矿,该类型铁矿在安徽省分布范围较广,以长江沿岸的铜陵、贵池、繁昌等地分布最为集中,主要是晚泥盆世—早中石炭世沉积作用形成的赤铁矿和后期沿五通组与黄龙组界面充填的硫铁矿氧化形成。由于铁帽型铁矿资源比较零星,并且由于近年来地表氧化矿基本被开采,地表所剩资源量有限,所以没有什么代表性,本次工作就没有单独划分该类矿产预测类型,也没有进行该类型矿产预测工作。

其典型矿床详见第六章安徽省铁矿典型矿床成矿特征一览表。

(二)已知矿产地典型矿床资源量预测

安徽省典型矿床资源量预测统一采用航(地)磁2.5D磁法体积法计算得出,现以罗河铁矿5勘探线

剖面资源量估算过程为例,介绍如下。

1. 矿区地质

罗河铁矿位于庐江县城南 35km 的罗河镇境内。大地构造位置为扬子陆块印支期前陆盆地中生代沿江火山喷发区庐枞火山构造洼陷,地层区划属下扬子地层分区,中生代岩浆活动频繁,侵入岩主要为中基性—中酸性—碱性岩系组合,火山岩以橄榄安粗岩系列和碱性岩系列为主;东西向基底构造与印支—燕山期北东向构造的联合成为区域最重要的构造,基底断裂与火山构造复合带是重要的成矿区段。

矿床处于庐枞火山构造洼陷中西部。矿区出露地层主要为晚侏罗世—早白垩世火山岩;属于砖桥旋回的闪长玢岩(辉石粗安斑岩)、角闪粗安斑岩侵位于砖桥组火山岩中,形成岩侵型火山隆起构造;控矿构造为北东向、北西向断裂带;矿体赋存于闪长玢岩与火山碎屑岩接触带附近,东浅西深,埋深 425～856m,倾角 3°～12°。矿床受地层、岩性、次火山岩和构造联合控制。矿床类型属于玢岩型铁矿,探明铁矿石储量 4.76×10^8 t,规模为大型(图7-2)。

2. 矿床地质

罗河铁矿为该区最重要的铁矿,铁矿体计有8个,其中Ⅰ、Ⅱ号为主矿体,其余皆为小矿体。矿体埋深在 382～846m 标高区间内,东浅西深,倾角 3°～12°,距地表最浅 425m,最深 856m,矿床西北边缘由于受断裂影响,深达 910m。矿体总厚度为 2.03～270.53m,平均厚度 40.71m(富矿 13.79m)。矿体厚大部位亦是主矿体富矿赋存部位(图7-3和图7-4)。

其矿体特征见表7-1。

表7-1 罗河铁矿矿体特征一览表

主要矿体编号	赋存部位	矿体形状	赋存标高(m)		倾伏方向及倾伏角	平面投影			矿体厚度(m)			矿石矿物成分	矿石自然类型	备注
			自	至		形状	长轴(m)	短轴(m)	最小	最大	平均			
Ⅰ	主要在膏辉岩中,次为辉石碱性长石岩	似层状—透镜状。分支复合频繁	-402	-780	南西西 10°	椭圆	1850～2190,平均2000	240～1435,平均1170	2.03	141.68	60.38	主要有用矿物为磁铁矿、黄铁矿、黄铜矿。脉石矿物主要为硬石膏、辉石、磷灰石、绿泥石、碳酸盐矿物、长石等	磁铁矿矿石、赤铁矿-磁铁矿矿石、赤铁矿矿石、黄铁矿-磁铁矿(赤铁矿)矿石、菱铁矿-磁铁矿(赤铁矿)矿石	Ⅰ号矿体占总储量的78.21%
Ⅱ	主要在辉石碱性长石岩中,次为膏辉岩	透镜状似层状	-561	-846	南西西 10°	环状			2	84.19	22.74			

3. 初始参数设置

从勘探剖面来看,矿区范围内地表出露为双桥山组和砖桥组火山岩,沿剖面方向产状平缓;向下为闪长玢岩体,在岩体顶部与砖桥组火山岩之间属于矿化蚀变带夹矿体,无论是纵剖面(Ⅰ线)还是横剖面(5线)均表现出产状平缓、形态稳定的特点。由于有勘探剖面的详细控制,剖面物理模型的几何形态可以根据勘探剖面构建,自下而上主要分为闪长岩体、矿化蚀变体、矿体(位于矿化蚀变体之中)、火山岩层,相应的物性参数按照表7-2选取。

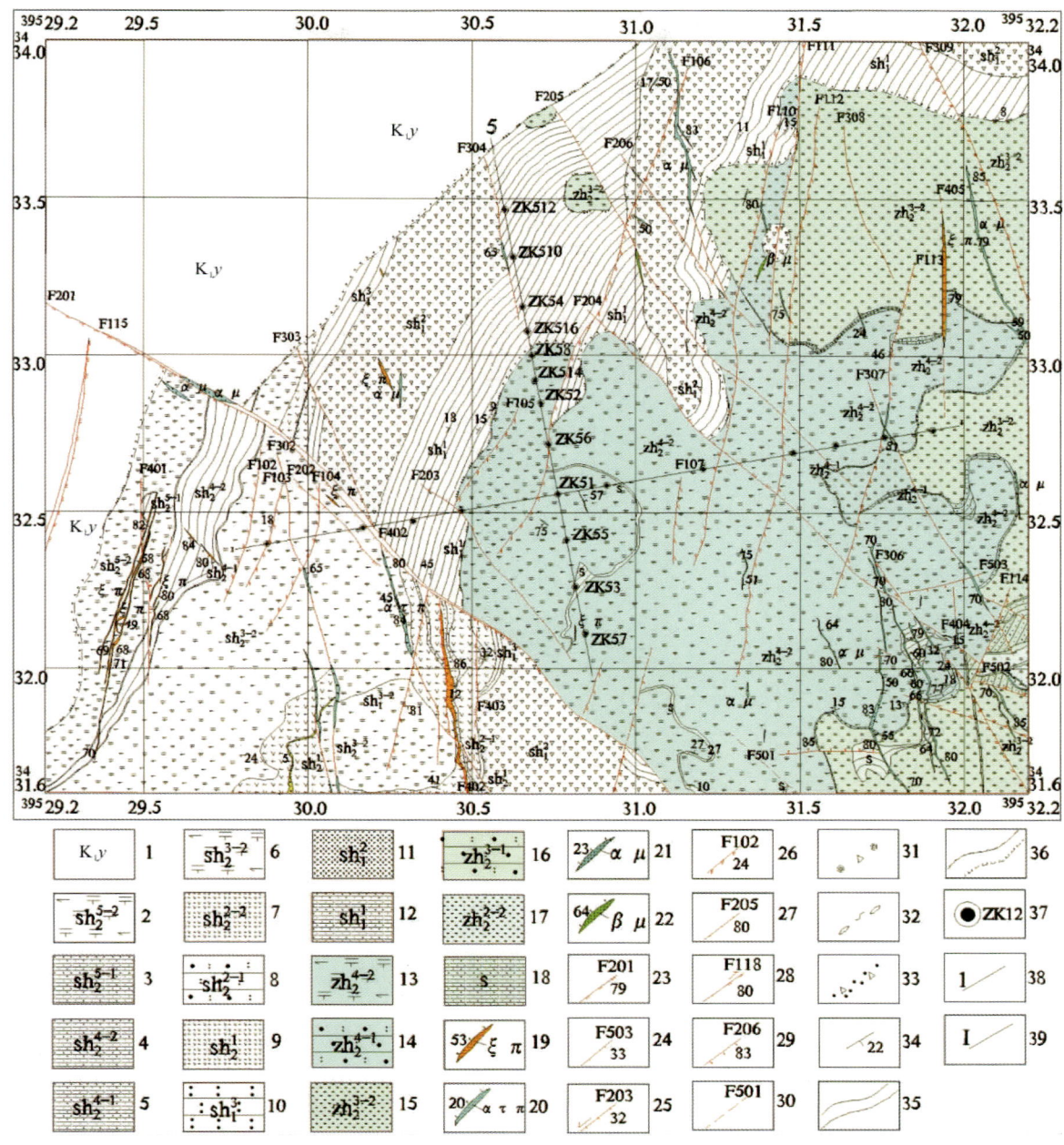

图 7-2 罗河矿区地质图

1.砖红色粉砂岩、砂岩、砂砾岩;2.第五层上部:杏仁状中细斑辉石粗安岩,夹 1~2 层不稳定薄层凝灰质粉砂岩;3.第五层下部:褐紫红色凝灰质粉砂岩;4.第四层上部:粗安质熔结角砾凝灰岩;5.第四层下部:紫红色凝灰质粉砂岩;6.第三层上部:中粗—粗斑辉石粗安岩,橄榄辉石安山岩,夹不稳定凝灰质粉砂岩;7.第二层上部:杏仁中细斑橄榄辉石安山岩,辉石粗安岩;8.第二层下部:浅紫红色凝灰质粉砂岩,夹不稳定凝灰质砂砾岩;9.第一层:杏仁状细微—细斑橄榄辉石安山岩,辉石粗安岩,粗安—安山质角砾熔岩;10.第三层:凝灰岩,夹角砾凝灰岩、沉凝灰岩;11.第二层:杂色复万分细火山角砾岩;12.第一层:凝灰质粉砂岩、泥岩,夹沉凝灰岩、沉火山角砾岩;13.第四层上部:中—中粗斑辉石粗安岩,夹不稳定凝灰岩、角砾岩;14.第四层下部:紫红色凝灰质粉砂岩、角砾岩;15.第三层上部:中—中粗斑黑云母粗安岩,夹不稳定含砾凝灰质粉砂岩;16.第三层下部:紫红色、灰绿色、凝灰质粉砂岩、角砾岩;17.第二层上部:杏仁状细微—中斑云辉粗安岩;18.类标志层:紫红色凝灰质粉砂岩;19.正长斑岩脉及产状;20.粗安斑岩脉及产状;21.安山玢岩脉及产状;22.辉绿玢岩脉及产状;23.压性断层、产状及编号;24.张性断层、产状及编号;25.扭性断层、产状及编号;26.压扭性断层、产状及编号;27.张扭性断层、产状及编号;28.复性断层、产状及编号;29.断层编号及产状;30.推测断层及编号;31.硅化断层角砾岩带;32.构造透镜体带;33.构造角砾岩带;34.地层产状;35.实测、推测地质界线;36.实测、推测岩层不整合接触界线;37.钻孔及编号;38.勘探线及编号;39.纵剖面线及编号

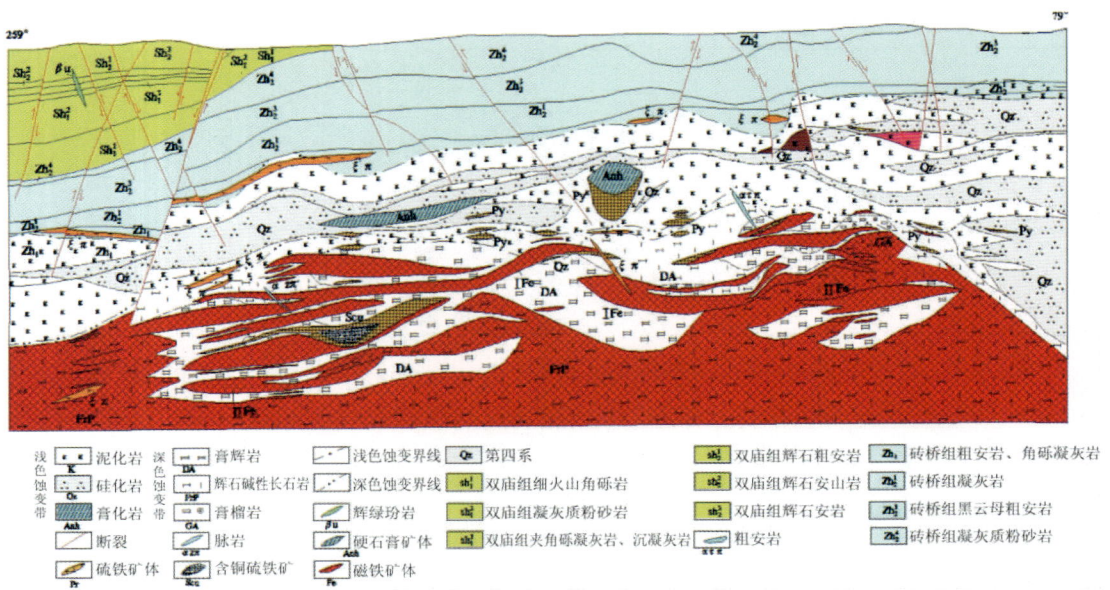

图 7-3 安徽省庐江县罗河铁矿 I 勘探线地质剖面图

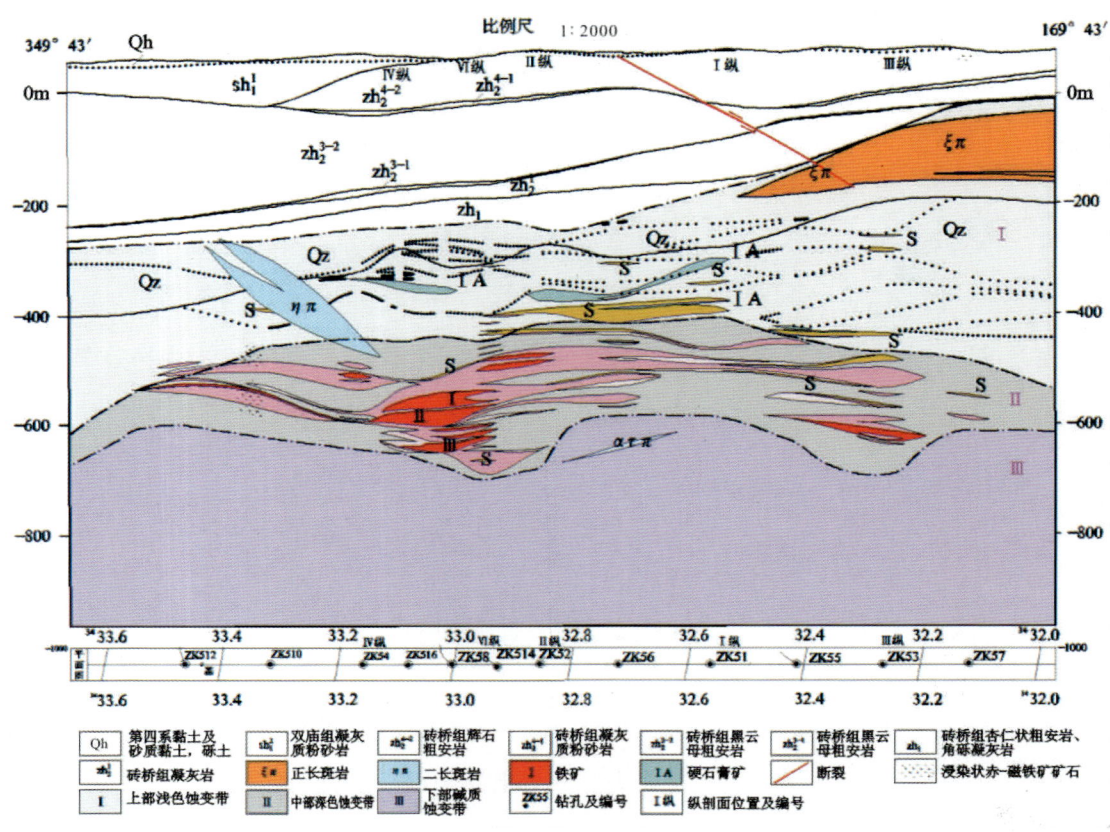

图 7-4 罗河铁矿床 5 勘探线地质剖面图

实际选取参数为：闪长岩　　3300
　　　　　　　　磁铁矿　　170 000
　　　　　　　　贫磁铁矿　 18 000

火山岩层：由于岩层产状平缓，同时，计算剖面进行了高频滤波，故作为背景场对待。

表 7-2 罗河—大包庄一带岩(矿)石磁参数一览表

采样位置	岩矿石名称	标本块数	微磁标本块数	磁化率 κ		剩余磁化强度 J_r	
				常见值	变化范围	常见值	变化范围
罗河钻孔	磁铁矿	154		170 000	25 000～200 000	15 000	2000～25 000
	黑云母辉石粗安岩	82		2500	400～3000	700	500～1000
	磁铁矿高岭石岩、磁铁矿膏辉岩、磁铁矿膏辉碱性长石岩	133		18 000	2400～70 000	5300	1500～12 000
	膏辉岩	3		7010		1100	
罗河—大包庄一带（地面）	正长岩	72	82	1900	840～4500	610	270～1400
	正长斑岩	46	97	2000	580～7200	600	260～1400
	二长岩	142	12	4400	2900～5900	700	250～2000
	闪长玢岩	15		3270		1680	
	安山岩	131	86	100	620～4700	900	300～2600
	辉石角闪安山岩	116	9	2900	1150～7000	920	210～4060
	蚀变矿化安山岩	46	21	2350	950～5600	960	430～2160
	粗安岩	209	132	1450	510～4200	940	310～3000
	黑云母辉石粗安岩	9		2760		810	
	粗面岩	52	115	1400	720～2800	600	200～2100
	凝灰岩	87	653	800	370～1700	620	240～1600
	硅化凝灰岩	32	342	880		600	
	次生石英岩	8	592	610		260	
	砂岩	101	101	微磁		微磁	

4. 定量计算

定量计算结果(图 7-5，表 7-3、表 7-4)。

表 7-3 罗河铁矿矿石品位与体重对照表

矿区名称	矿石名称	品位(%)	体重(g/cm³)
罗河矿区	富磁铁矿	51.20	4.26
	贫磁铁矿	30.55	3.55
	表外磁铁矿	22.17	3.25

矿体体积计算：

将单一模型体计算断面图输出到 MapGIS 中，计算出不同矿体的截面积 S_i，乘以该模型体长度 L_i，即为该模型体体积：$V_i = L_i \times S_i$。

资源量计算：$M = \sum(V_j \times d_j \times C_j)$

由于矿石体重 d_j 是已知的，乘以矿体的体积 V_j 即为矿石量，与对应的形态系数相乘得到相应的资源量。

由于所有典型矿床、已知矿产地的资源量计算都是采用的这一方法，故不再赘述。

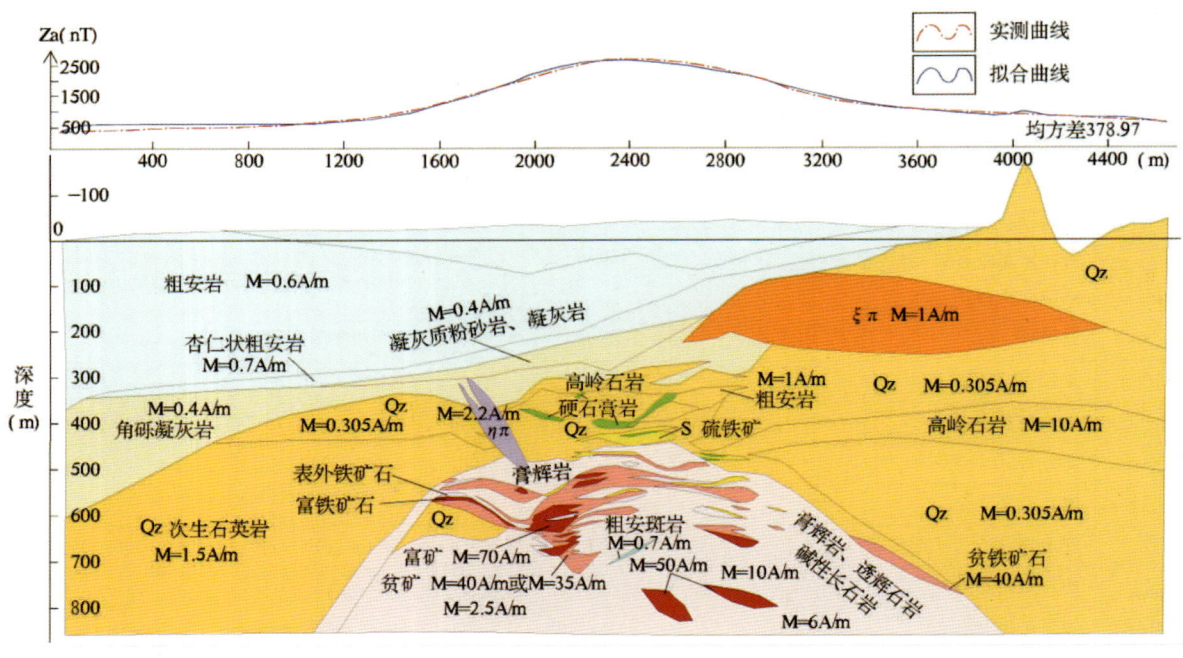

图 7-5 罗河铁矿 5 勘探线磁异常定量计算成果图

表 7-4 罗河铁矿正演拟合计算参数一览表

剖面号	异常编号	背景场	倾向	模型远端 Y 坐标	模型近端 Y 坐标	埋深顶/底面(m)
5	C-76-225	726.28	南西	1225	1225	426/750
密度(g/cm³)	磁化强度(×0.01A/m)	磁化倾角(°)	磁化偏角(°)	体积(m³)	资源量(×10⁴t)	备注
4.26	2000,2216,2600,2848	90	0	748 090 915	102 020.04	罗河

（三）已知矿产地磁性矿产资源量预测成果

详见《安徽省磁性矿床预测资源量估算报告》及估算报告中"铁矿矿致磁异常预测资源量核实表"，本书在此不再赘述。

三、预测工作区磁性矿产资源量预测

预测工作区磁性矿产资源量预测大致分为 3 种情况。

（一）地质、航地磁工作程度极高的预测工作区资源量预测

预测工作区工作程度高,已知矿床多,并进行了详细的勘探,这些地区的磁异常大多进行过大比例尺地面高精度磁异常查证,异常分类清晰,前人对这些地区的甲乙类异常大都进行了多次地面查证并进行过各类不同的计算。本次工作在前人工作的基础上按照《磁测资料应用技术要求》主要使用 2.5D 定量计算方法重新计算求得各异常的资源量,预测工作区的资源量就是以上各异常区资源量计算结果的代数之和。例如:安徽省繁昌预测工作区、铜陵预测工作区等。预测过程简单直观,这里不再赘述。

(二)地质、航地磁工作程度极低的预测工作区资源量预测

第二种情况依然十分简单,如上节所述:对于地质调查勘探工作程度很低、航磁资料精度较低的预测工作区,第一,对于单一异常的筛选与评价通常难度较大,较难给出是否矿致异常(甲乙丙丁的分类难以逐个进行)的正常估计;第二,在该区域的勘查找矿工作已经取得某些进展,显示了较为广阔的找矿前景;第三,在该预测工作区的周围,有勘探程度高、成矿地质条件极为相似的预测工作区。此时就可使用定量类比的方法进行资源量的估算,具体方法如下。

1. 选区

安徽省沉积变质型铁矿的重要基地为霍邱铁矿,该区自20世纪60年代以来陆续投入了1:5万~1:20万航磁测量和1:5000~1:10 000高精度地磁测量,主要异常区均有勘探剖面控制,获得了控制储量18×10^8 t。

安徽省皖北地区同为变质岩发育区,据地质和钻探资料结合区域航磁重力成果分析,该区的基底特征、航磁异常特点与霍邱地区十分相似。近年来,省勘查基金项目陆续在该区布置了一系列的铁铜矿勘查区块,并相继在阜南县陶老和蒙城县西贾庄(C-76-8)于基底岩系中打出了沉积变质型铁矿,显示了很好的找矿前景。本次铁矿资源量预测于皖北地区分别选定了亳州、太和、阜南、正阳关4个预测工作区进行铁矿资源量预测,由于各区均处于厚覆盖区,以往工作程度低,航空磁测也仅用于石油勘探目的的1:20万资料,精度不高,故选择采用整体估算方法。

2. 资料选用

虽然霍邱预测工作区资料丰富、精度高,但其余4个预测工作区仅有1:20万航磁成果,为了资料的可对比性和预测工作区域资料的完整性,统一选用能同时覆盖此5个预测工作区的黄河口地区(阜阳地区)的航磁成果资料。

3. 参数选择

航磁化极垂向一阶导数异常对霍邱铁矿各矿区都有很好的圈定,而在上述的陶老、西贾庄两地,航磁异常的垂向一阶导数同样很好地圈定了矿体的范围,故该参数在已知区和未知区之间都能够较好地反映磁性矿床的存在。另外,航磁化极上延1km,剩余异常也有较好的显示,可资参考。

4. 航磁异常与其铁矿资源量关系的建立

由磁异常体积法资源量计算以及磁异常理论可知,磁性矿产的资源量与该磁性矿产的体积成正比,而磁性矿产的体积与其磁异常的规模成正相关。

以航磁化极垂向一阶导数异常为面函数,对其进行体积分,分别计算各预测工作区异常规模。

$$Q = \sum Q_i$$

5. 资源量计算

已知区的资源量可表达为:

$$M = K \times Q$$

从而求得K,将此系数用于各预测工作区,进而求得各预测工作区资源量。

(三) 其他地区的资源量预测

此类地区的特点一般是地质、物化探工作程度较高,有时围绕某些重点矿床的勘查勘探工作程度甚至是很高,但由于区域成矿地质条件复杂,控矿因素多样,历来的地质学家们对此地区的找矿普遍寄予厚望。此类地区的异常(航磁)一般十分丰富,异常数量多,与成矿类型多样性对应的是异常分类的不确定性:①与众多的已知矿床相比,在成矿地质条件、控矿因素类似的情况下,许多异常的验证尚未取得理想的效果;②在成矿地质条件、控矿因素类似,以往多次验证无果的情况下,异常深部及其周围的验证却又出现重大转机甚至大的突破,指示了矿化的普遍性与复杂性。该地区的磁性矿产资源量计算一般采用 2.5D 定量计算与定量类比相结合的方法进行。以庐枞预测工作区为例:庐枞地区位于长江中下游断陷带内,地处扬子板块的北缘,郯庐断裂带的南段,接近华北与扬子两大板块的拼合带,其演化受华北与扬子板块的拼贴及陆内挤压碰撞作用、中生代太平洋-库拉板块与欧亚板块的相互作用以及郯庐断裂带的活动等因素的制约。

1. 地层与成矿

庐枞火山岩盆地直接基底为中三叠世—中侏罗世沉积海陆交互相-陆相沉积地层。

中三叠世东马鞍山组(T_2d),为一套海陆交互相碎屑岩夹碳酸盐岩沉积建造,是区域上铁、硫、铅锌、银的主要含矿层位,也是"龙桥式"沉积—热液叠加改造型铁矿最主要的成矿物质来源及赋矿层位。中三叠世铜头尖组(T_2t),为一套海陆交互相的含铜碎屑岩建造,是该区铜多矿形成的重要物质来源之一。中三叠世拉犁尖组(T_3l)为陆相含煤碎屑岩建造。

早、中侏罗世磨山组(J_1m)、罗岭组(J_2l),为陆相含煤碎屑岩建造,局部夹碳酸盐岩,构成火山岩盆地的直接基底。也是该区铁铜矿形成的重要物质来源之一和赋矿层位。

寒武纪—奥陶纪碳酸盐岩及碎屑岩,主要出露于庐枞火山岩盆地外围北部盛桥—东顾山地区。

志留纪高家边组(S_1g)和坟头组(S_2f),为一套厚层砂岩、细砂岩、泥质粉砂岩,为沙溪—东顾山地区铜矿的主要赋矿围岩。主要出露于沙溪—东顾山及庐枞火山盆地周边地区。

盆地盖层地层为早白垩世一套橄榄安粗岩系陆相火山岩,是庐枞火山岩盆地重要的铁、硫、铜、铅锌等赋矿地层,也是成矿母岩。

2. 岩浆岩与成矿专属性

区内燕山期岩浆活动强烈,既有大量的火山岩,也有超浅成—浅成的次火山岩以及大规模的侵入岩。岩石类型较多,岩石系列主要为闪长岩-二长岩-斑岩系列或高钾钙碱性系列;碱性岩(A 型花岗岩)系列。岩浆活动具有多期次的特点。

区内主要金属矿产的成矿均与燕山期岩浆活动和演化有关,尤其是与燕山期的次火山岩、浅—超浅成的中基性、中酸性斑(玢)岩密切相关。

3. 区域构造与成矿

区域构造活动强烈,基底褶皱初步证实庐枞火山盆地内印支期基底褶皱型式为两期叠加褶皱。印支早期自北而南存在近东西向大型平卧褶皱。后被稍晚(印支主期)的一系列北东向紧密复式褶皱叠加,并共同制约了前侏罗纪地层(志留系—三叠系)分布。且制约区内不同类型矿床矿源层的总体分布特征。

基底断裂主要有北东向(北北东向)、近东西向两组。主干断裂北东向缺口-罗河-义津桥基底断裂形成时间最早,活动最强烈,它不仅控制了火山盆地的形成与演化、盆地内的成矿作用,而且对盆地基底地层的空间分布有着明显的制约,甚至对庐枞地区早、中侏罗世的沉积作用也产生影响。近东西向基底断裂石马滩-黄姑闸基底断裂在火山盆地内部虽然表现不明显,但在北部地区也是一条十分重要的基底断裂,控制了龙桥铁矿含矿地层的空间分布,并使罗岭组与东马鞍山组地层直接接触,火山岩地层直接覆盖在东马鞍山组地层之上。南部城山-石矶东西向基底断裂使火山岩地层直接覆盖在罗岭组地层之上。

庐枞地区火山构造控矿作用明显,据统计有 70% 以上的潜火山气液型矿床和火山喷气-热液型黄铁矿、硬石膏矿床受火山隆起构造控制;有 80% 的火山热液型铜铁矿点、矿化点聚集在火山口周围的环状与放射状裂隙中。

庐枞火山岩盆地火山构造可分为 3 个级次:一级火山构造-庐枞火山构造洼地、庐枞盆地;二级火山构造-破火山口、层状火山残余、穹隆状副火山、侵出穹隆、岩颈等组成的中型联合火山构造区;三级火山构造。庐枞盆地大致由矾山、七家山、浮山、寨基山、大包庄、义津桥 6 个二级火山构造区组成,以火山机构为中心形成不同的矿化分区。其中,龙门院旋回和砖桥旋回的火山活动主要发育于北部和中西部,出现负向火山构造洼地;而中东部和西南部的火山构造区主要发育于双庙及浮山火山旋回。

区域构造研究推断盆地基底存在自无为凤凰山、杨桥延伸至庐江黄屯、龙桥,然后穿过火山盆地(罗河)直达盆地南缘枞阳义津桥一带的褶皱隆起带。该褶皱带核部主要由南陵组(T_1n)和东马鞍山组(T_2d)所组成,翼部则主要由铜头尖组(T_2t)和拉犁尖组(T_3l)所构成。由于庐枞火山盆地岩浆-侵入作用发育,其侵位过程中,基底沉积岩有可能被岩浆同化,从而使岩浆被混染,基底地层中硫可能成为硫的主要来源之一,地层中铁和铜也是成矿的重要来源,特别是东马鞍山组沉积的铁硫矿层是形成龙桥式铁矿床的物质基础。基底隆起带的形成与存在,不仅影响和控制了庐枞火山盆地的基底构造格局及岩浆活动,以及盆地的形成与演化,而且与庐枞火山盆地区域成矿有密切关系。庐枞地区矿床(点)的成因类型复杂多变,但成矿元素却存在着明显的分布性和空间分布规律。各种类型的铁、硫矿床(点)主要集中分布在盆地的中西部,呈明显的北东向展布,与基底隆起带的核部空间分布范围相一致。而主要的铜矿床(点)则集中分布在矿区的东部,与基底隆起带东南翼分布范围相吻合。庐枞火山盆地内主要类型的铁、硫矿床均产于北东向的基底隆起带上,而脉状铜(金)矿床则主要分布于基底隆起带的东南翼。

4. 物探异常特征

1) 区域物探异常特征

庐枞地区位于怀宁-庐江"磁高重高"一级异常带。以查巴岗—泥河—浮山—官埠桥一线为界,重磁场又划分为两个次级异常区。西北侧为庐江-义津桥"重高磁缓"异常区,由沙溪、下含山"重磁同高"异常组成,重磁异常相对宽缓。重力异常走向北东,磁异常较为零乱,总体走向仍以北东向为主。东南侧为矾山"重磁同高"异常区,异常总体形态呈北东走向的"契形",东北宽、西南窄。围绕矾山重力低,重力场形成环形结构,局部重力高异常分布于环形异常区的外围,磁场也具类似特征。重磁异常具有多级叠加特点,经位场分离后形成的局部重磁场具强度高、范围大、重磁同高、异常走向顺环切线变化的特点。规模较大的重力高异常反映了火山盆基底古生界地层的隆起及隐伏中酸性岩体,而重力低异常则为火山穹隆或中、新生代盆地所在。

2) 局部异常特征

庐枞火山岩盆地局部异常较多,且异常特征也较复杂。从浅源场图宏观来看,盆地航磁局部异常总体以北东向带状展布为主要特征,北部异常强度大,南部相对为缓。大致以白柳—孙家坂一带为界,火山岩盆地北部有北北东—北东向清水塘-罗河、何家大小岭-砖桥-大岭脚、焦冲—将军庙异常带和北缘近东西向清水塘-龙桥-阳家畈异常带,南部有北东向下含山-浮山异常带和北东东向会宫-杨家市异常带。

盆地北侧沙溪地区磁异常强度和规模大于下含山地区,主要由沙溪闪长岩体引起。局部磁异常与局部重力异常有较好的对应关系,如义津桥南的重、磁局部异常多具有相伴出现的特点。

3) 异常与矿床

庐枞地区矿床与重、磁、电异常具有密切的对应关系,铜铁矿无一例外地处于相对剩余重力高值区,且有航磁异常与之对应。在北东向、北西向重力梯级带交会部位出现的孤立相对剩余重力高值区成矿最为有利,如沙溪斑岩型铜矿、罗河玢岩型铁矿、泥河玢岩型铁矿、龙桥沉积叠加改造型铁矿等;在航磁特征上,矿致异常多在高值异常(大型侵入体)一侧形成孤立或串珠状小异常、低缓异常(小侵入体或矿体)。除罗河铁矿由规模大、异常峰值高的磁异常(重、磁同源异常)引起外,其他如沙溪铜矿为串珠状磁异常,泥河铁矿、龙桥铁矿则属于低缓磁异常。沙溪地区在剩余重力异常图中为明显的相对重力高值区。沙溪地区磁场以平稳负磁场为特征,ΔT等值线近似平行,走向北东。在此背景上叠加着串珠状展布的局部正异常群,总体走向也为北东向。根据1∶5万航磁所提取的浅源异常,由多个大体等距的呈北东向展布的局部异常所组成,异常带总体长达10km,其南部的4个异常分别与沙溪斑岩铜矿田中已知的4个矿床(点)相对应。

但值得注意的是:区域内有多处地球物理场特征与泥河铁矿、罗河铁矿、大鲍庄铁矿相似,部分与上述处于同一航磁异常带上。在罗河铁矿区外圈存在一环型低缓异常带,在经化极提取的浅源异常图上反映极为明显。内部为正异常,走向由北西转为北东向,长约3.5km,宽约2km,幅值达1100nT,该异常与罗河铁矿区对应,已证实为罗河铁矿体引起;矿化异常中部为负异常环绕,负异常由多个次级异常组成;外侧由若干局部正异常沿环带分布,主要有清水塘、牛头山、袁庄、李家楼、青山水库、龙城山、烟墩、黄寅冲等局部组成。类比霍家院子异常,形态异常、规模、幅值以及异常所处的构造位置、成矿地质背景均十分相似。

5. 异常筛选

玢岩型铁矿异常的识别标志。

(1)位于近北东向和近东西向的断隆交会处,以重力场和磁场"双高"组合为特征。

(2)隆起带上的火山岩保存较好,砖桥组火山岩地层未出露或未被破坏。

(3)异常位于北东(北北东)向主干控岩控矿断裂与东西向、北西向和南北向次级断裂构造交会部位。

(4)有中基性侵入岩分布(重磁推断),重磁场上表现为"重磁双高"组合。侵入体有一定的下延深度,在系列向上延拓图上消失缓慢,而重新下延或垂向求导后局部异常明显。

(5)在特殊处理后的局部异常图上呈典型的"重磁双高"同位组合。

(6)异常呈等轴状或肾状,由于异常为岩体和矿体的综合反映,因而强度大,化极后负值异常不明显。

根据以上识别标志,庐枞预测工作区工区圈定矿致磁异常49处,其中矿致地磁ΔZ异常9处、矿致航磁异常40处。

6. 模型区的选择与定量类比异常的确定

安徽省庐枞典型示范区,推断矿致磁异常48处,其中矿致地磁ΔZ异常9处、矿致航磁异常40处,详见表7-5。

对9处矿致地磁ΔZ异常,均采用磁异常拟合体积法估算了铁矿资源量。

将40处矿致航磁异常分为2类,其中强度较大、异常完整的航磁ΔT异常为第一类异常,共计13处,其余航磁异常为第二类异常,共计26处。对第一类异常采用磁异常拟合体积法估算了铁矿资源量,对第二类异常采用定量类比法计算资源量。

从庐枞预测工作区的磁性矿床、航地磁异常分布和已经完成的2.5D异常资源量计算的异常数量等综合情况分析,该预测工作区的已知模型区选择具有4种情况可资利用:

(1)采用5个已知矿床的控制资源量进行预测。

(2)采用9个具有地磁异常的2.5D资源量计算成果作为已知模型区。

(3)选用13个具有航磁异常2.5D资源量计算成果作为已知模型区。

(4)选用22个具有航地磁异常2.5D资源量计算成果作为已知模型区。

表 7-5　庐枞预测工作区磁异常筛选成果表

磁异常编号	预测工作区	异常(矿床)名称	异常类别	控制储量($\times 10^3$ t)	磁异常编号	预测工作区	异常(矿床)名称	异常类别	控制储量($\times 10^3$ t)
皖 C4-1976-204	庐枞	钟山	甲	19 137	皖 C2-1992-20	庐枞		乙1	
皖 C4-1990-17	庐枞	杨山	甲	5958	皖 C1-1976-233	庐枞		乙1	
皖 C4-1976-225	庐枞	罗河	甲	371 925	皖 C1-1976-234	庐枞		乙1	
皖 C4-1976-203	庐枞	龙桥	甲	111 335	皖 C1-1976-252	庐枞		乙1	
皖 C4-1976-190	庐枞	小铺岭铁矿	甲		皖 C1-1976-264	庐枞		乙1	
皖 C4-1988-1060	庐枞		乙1		皖 C2-1982-100	庐枞		乙1	
皖 C4-1988-1061	庐枞		乙1		皖 C2-1982-98	庐枞		乙1	
皖 C4-1988-1062	庐枞		乙1		皖 C2-1992-19	庐枞		乙1	
皖 C4-1976-227	庐枞	青山水库	乙1		皖 C2-1992-33	庐枞		乙1	
皖 C1-1976-265	庐枞	罗岭	乙1		皖 C2-1992-37	庐枞		乙1	
皖 C1-1976-260	庐枞	大缸窑	乙1		皖 C4-1976-228	庐枞		乙1	
皖 C1-1957-4	庐枞	石矶	乙1		皖 C4-1988-1057	庐枞		乙1	
皖 C1-1957-5	庐枞	麻布山(贾庄)	乙1		皖 C1-1976-230	庐枞		乙1	
皖 C1-1976-262	庐枞	花山	乙1		皖 C1-1976-232	庐枞		乙1	
皖 C4-1976-285	庐枞	泥河	甲	120 000	皖 C1-1976-263	庐枞		乙1	
皖 C4-1990-18	庐枞	泥河南	乙1		皖 C1-1976-267	庐枞		乙1	
皖 C4-1976-205	庐枞	牛头山	乙1		皖 C1-1976-286	庐枞		乙1	
皖 C1-1976-256	庐枞	义津桥	乙1		皖 C2-1982-15	庐枞		乙1	
皖 C1-1976-250	庐枞	胡家老屋	乙1		皖 C2-1992-32	庐枞		乙1	
皖 C1-1976-196	庐枞	蜀山镇	乙1		皖 C2-1992-64	庐枞		乙1	
皖 C4-1976-202	庐枞	新生店	乙1		皖 C4-1976-214	庐枞		乙1	
皖 C4-1976-212	庐枞	砖桥	乙1		皖 C4-1990-1	庐枞		乙1	
皖 C2-1992-21	庐枞		乙1		皖 C4-1990-15	庐枞		乙1	
皖 C2-1982-119	庐枞		乙1		皖 C4-1990-19	庐枞		乙1	

实际计算与检验结果表明,采用 5 个已知矿床的控制资源量进行预测其效果最为可靠,这里仅给出各种计算过程的 F 检验结果做一简单说明。

5 个模型、1 个变量时的 F 统计量为:

$$F = \frac{(N-p-1) \times R^2}{p \times (1-R^2)} = \frac{(5-1-1) \times 0.9677}{1 \times (1-0.9677)} = 89.879$$

查表得 $F_{1.11}^{0.05} = 34.12$。因此 F 统计量远大于 $F_{1.3}^{0.01}$,表明回归高度显著。因此,所求回归方程可以用于定量类比航磁异常的资源量。

9 个模型、1 个变量时的 F 统计量为:

$$F = \frac{(N-p-1) \times R^2}{p \times (1-R^2)} = \frac{(9-1-1) \times 0.5359}{1 \times (1-0.5359)} = 8.08$$

查表得 $F_{1,11}^{0.05} = 4.32$。

13 个模型、1 个变量时的 F 统计量为：

$$F = \frac{(N-p-1) \times R^2}{p \times (1-R^2)} = \frac{(13-1-1) \times 0.3774}{1 \times (1-0.3774)} = 6.667$$

查表得 $F_{1,11}^{0.05} = 4.32$。

22 个模型、1 个变量时的 F 统计量为：

$$F = \frac{(N-p-1) \times R^2}{p \times (1-R^2)} = \frac{(22-1-1) \times 0.5071}{1 \times (1-0.5071)} = 20.576$$

查表得 $F_{1,21}^{0.05} = 4.32$。

7. 定量类比

1）相关性分析

以 5 个已知矿床的控制储量的自然对数作为因变量 y，以异常的面积与幅值之乘积的自然对数作为自变量 x，作如图 7-6 所示的散点图。图 7-6 表明，矿致磁异常的资源量与异常规模之间存在明显的线性关系。

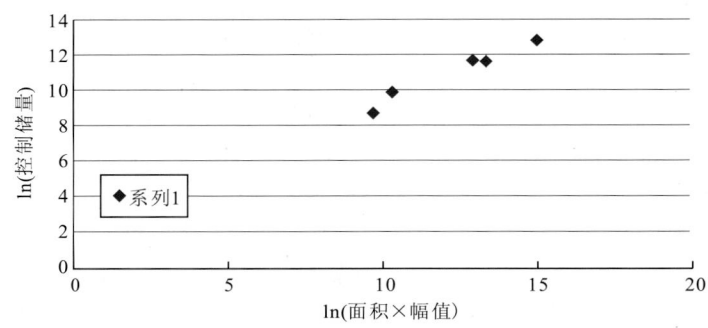

图 7-6　磁异常规模与控制储量散点图

2）回归方程建立

以 5 处已知矿床控制储量的自然对数作为因变量 y，以异常的面积与幅值之乘积的自然对数作为自变量 x，进行一元线性回归分析，求得回归方程为：

$$y = 0.7362x + 1.9625$$

求得磁异常规模的自然对数与资源量的自然对数之间的相关系数平方 R^2 为 0.9677，表明显著相关。

3）F 检验

5 个模型、1 个变量时的 F 统计量为：

$$F = \frac{(N-p-1) \times R^2}{p \times (1-R^2)} = \frac{(5-1-1) \times 0.9677}{1 \times (1-0.9677)} = 89.879$$

查表得 $F_{1,3}^{0.01} = 34.12$。因此 F 统计量远大于 $F_{1,3}^{0.01}$，表明回归高度显著。因此，所求回归方程可以用于定量类比航磁异常的资源量。

4）定量类比求资源量

在航磁异常图上量取 26 处第二类异常的幅值 T、平面面积 S，则航磁异常规模的自然对数为：

$$x = \ln(T \times S)$$

航磁异常的资源量 Q 为：

$$Q = \mathrm{Exp}(0.7362x + 1.9625)$$

据此公式,估算出 26 处第二类异常的资源量共计 7.919×10^8 t。

8. 预测工作区资源量估算

连同该区 2.5D 磁法体积法计算资源量 42.315×10^8 t 在内,庐枞预测工作区共求得磁铁矿资源量 50.234×10^8 t。

四、磁性矿产资源量预测结果

(一)按方法统计

按预测方法类别,以省为单位统计资源量。经统计,安徽省磁法体积法预测资源量 90.24×10^8 t,定量类比法预测资源量 116.67×10^8 t,结果见表 7-6。

表 7-6 安徽省预测资源量方法统计表

省(市区)名称	预测资源量($\times10^4$ t)		
	磁法体积法	定量类比法	合计
安徽省	902 404.8	1 166 731	2 069 136

(二)按精度统计

按预测精度,以省为单位统计资源量。经统计,本省预测资源量精度为 334-1 的有 14.25×10^8 t,精度为 334-2 的有 75.98×10^8 t,精度为 334-3 的有 116.8×10^8 t,结果见表 7-7。

表 7-7 安徽省预测资源量精度统计表

省(市区)名称	预测资源量($\times10^4$ t)		
	334-1	334-2	334-3
安徽省	142 541.3	759 863.5	1 166 731

(三)按延深统计

以省(自治区或直辖市)为单位,按照 500m 以浅、1000m 以浅和 2000m 以浅统计预测资源量。经统计,本省预测资源量 500m 以浅精度为 334-1 的有 0.7×10^8 t,精度为 334-2 的有 51.7×10^8 t,精度为 334-3 的有 10.96×10^8 t;1000m 以浅精度为 334-1 的有 14.25×10^8 t,精度为 334-2 的有 75.98×10^8 t、精度为 334-3 的有 14.1×10^8 t;2000m 以浅精度为 334-1 的有 14.25×10^8 t,精度为 334-2 的有 75.99×10^8 t、精度为 334-3 的有 116.67×10^8 t,结果见表 7-8。

表 7-8 安徽省预测资源量深度统计表

500m 以浅资源量				1000m 以浅资源量				2000m 以浅资源量			
查明	334-1	334-2	334-3	查明	334-1	334-2	334-3	查明	334-1	334-2	334-3
313 835.1	7035.5	516 645.6	109 631.4	495 027.1	142 541.3	759 863.5	140 972.3	495 027.1	142 541.3	759 863.5	1 166 731

(四) 按矿床预测类型统计

以省(自治区或直辖市)为单位,按矿产预测类型,以预测工作区为单位统计资源量。经统计,本省预测沉积变质型铁矿资源量有 $146 \times 10^8 t$,矽卡岩型铁矿资源量有 $43.5 \times 10^8 t$,陆相火山岩型铁矿有 $48.1 \times 10^8 t$,其他类型铁矿有 $20.6 \times 10^8 t$。结果见表 7-9。

表 7-9 安徽省预测资源量矿产类型统计表

省(市区)名称	沉积变质型			岩浆型			矽卡岩型		
	1	2	3	1	2	3	1	2	3
安徽省	147 676.4	433 808.1	1 459 567	0	0	0	234 380.2	434 308.8	434 308.8

省(市区)名称	其他			海相火山岩型			陆相火山岩型		
	1	2	3	1	2	3	1	2	3
安徽省	68 418.3	205 775	205 775	0	0	0	306 605.9	481 190.4	481 190.4

(五) 安徽省磁性矿产资源潜力评价

安徽省磁性矿产资源潜力评价以铁(磁)矿为主,共对 16 个预测工作区进行了资源量定量计算,其中 4 个预测工作区采用整体类比估算,其他 12 个预测工作区采用以 2.5D 剖面反演的磁法体积法为主、定量类比法为辅的混合法进行资源量计算。其中在计算 12 个预测工作区 318 个异常单剖面拟合计算资源量中,地磁剖面 81 个,利用前人计算成果 12 个,典型矿床剖面 21 条。

连同 4 个整体估算的预测工作区(亳州、太和、阜南、正阳关),本省共估算资源量 $256.4 \times 10^8 t$,扣除实际控制储量 $49.5 \times 10^8 t$,预测新增资源量 $206.9 \times 10^8 t$(其中磁法体积法预测新增资源量 $90.24 \times 10^8 t$)。

(1)在这些新增资源量当中,以 4 个整体估算预测工作区增长贡献最大,究其原因,一方面是由于这 4 个预测工作区面积较大,航磁异常规模较大,因此估算的量其数字较大;另一方面是这几个预测工作区为金属矿产的接近空白区,以往工作程度很低,近几年来,在河南、山东等周边地区铁矿勘查有重大突破的带动下,安徽省地勘基金投入了部分综合物探(地磁为先导)与勘探工作,分别在阜南陶老和蒙城西贾庄取得了突破,进一步证实这一地区的巨大找矿潜力,安徽省国土资源厅已将皖北地区列为全省下一个鞍本铁矿的重要后备基地。

(2)另一部分新增资源量主要来自于以往勘查未被控制的部分,如庐枞、马芜地区尚有大量以往未被认真查证的异常,以往工作虽然也做过一些评价,但都不够深入,本次工作在综合重力和磁法成果的基础上,认为这些异常均具有典型的重磁同位双高组合,具有典型的矿致异常的组合特征;通过多种模型的定量计算,在目前掌握的物性资料的基础上,只有加入铁矿体的作用,才能较好地拟合异常,因而其作为矿致异常的推断是可靠的;同时也意味着在传统的已知成矿带、以往重要矿产地,其找矿潜力巨大。

(3)安徽省已查明的铁矿资源量大都分布在 500m 以浅,预测资源量主要集中在 500m 以深,尤其是近几年来的找矿突破从 700~2000m 均有分布,例如:枞阳石矶铁矿(沉积叠加改造型)于 740m 见矿,当涂白象山铁矿深部与 650m 以下的矽岩底界面重新发现铁矿,著名的泥河铁矿均分布于 700~1200m 深度之间,南陵姚家岭铅锌(金)矿(矽卡岩型_捕房体)初始见矿深度只有 500 余米,向东(盆地)发展目前已钻探至 1200m,仍未对矿体完全控制。阜南县陶老铁矿在 1600m 深度钻遇,而整个皖北地区大都被巨厚的新生代盖层覆盖,大部分的找矿深度当在 1000m 以深。由此来看,安徽省深部找矿工作还刚刚开始。

(4)从已发现的矿床分布来看,安徽省磁性矿产集中分布于长江中下游地区和霍邱地区,淮北地区、蚌埠地区、肥东地区零星分布,规模也很小,而占省域面积70%以上的皖中、皖北、大别、皖南地区虽然也分布着大量的磁异常,但磁性矿产找矿工作鲜有突破,随着今后新的找矿理论的发展,以及找矿实践的扩大,这些地区的找矿突破将会呈现更加光明的前景。

第四节　最小预测工作区圈定与物探异常

以蚌埠金矿预测工作区为例,说明安徽省最小预测工作区圈定方法。

一、地质特征

大地构造位置为华北陆块南缘变质结晶基底——蚌埠隆起,东邻郯庐断裂带,南邻大别造山带北部的合肥盆地,总体呈东西向带状展布(图7-7)。古生代地层齐全,中生代陆相断陷盆地覆盖。北部由

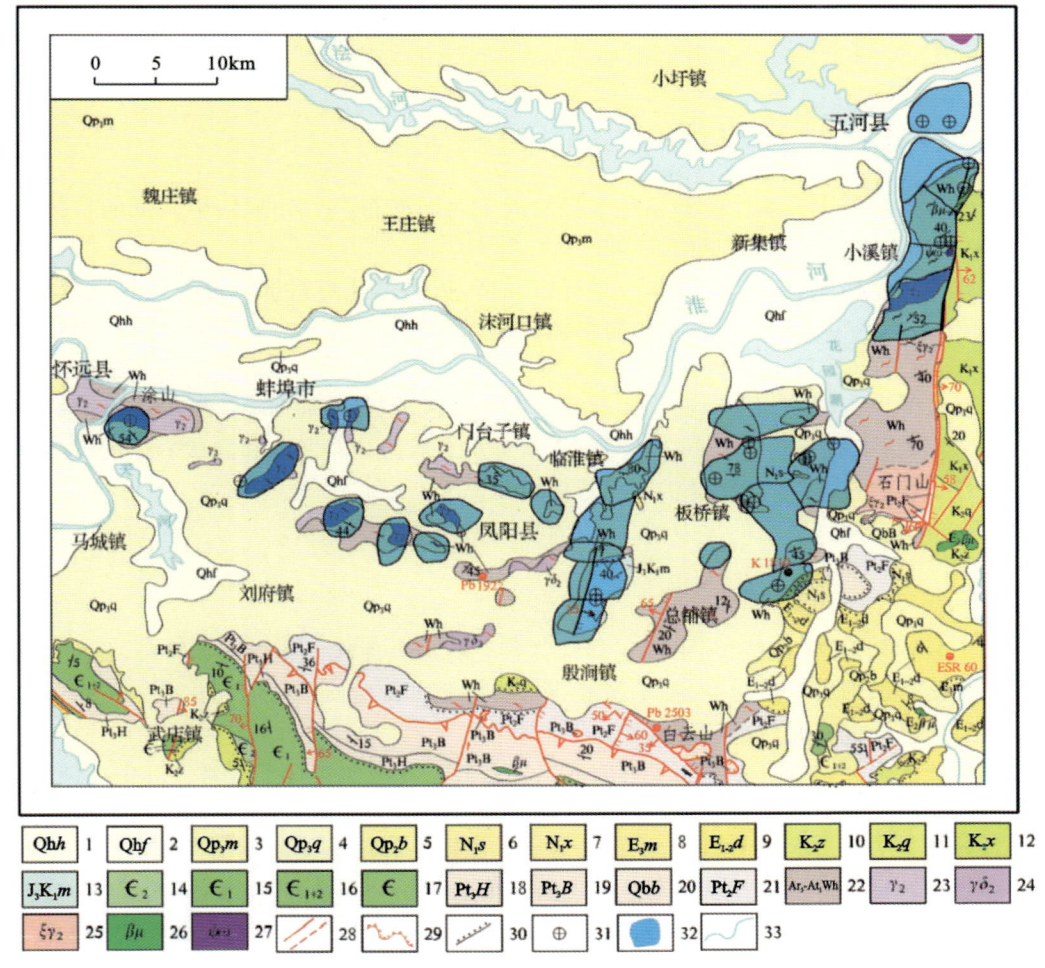

图7-7　蚌埠预测工作区地质矿产与金矿最小预测工作区图

1.第四纪怀远组;2.第四纪丰乐镇组;3.第四纪茆圹组;4.第四纪戚嘴组;5.第四纪泊岗组;6.新近纪石门山组;7.新近纪下草湾组;8.古近纪明光组;9.古近纪定远组;10.白垩纪张桥组;11.白垩纪邱庄组;12.白垩纪新庄组;13.侏罗纪—白垩纪毛坦厂组;14.中寒武统;15.下寒武统;16.寒武系中下统并组;17.寒武系;18.青白口纪淮南群;19.青白口纪八公山群;20.青白口纪北将军岩组;21.青白口纪凤阳群;22.新太古代—古元古代五河岩群;23.元古宙混合岩化花岗岩;24.元古宙混合岩化花岗闪长岩;25.元古宙混合岩化钾长花岗岩;26.玄武岩;27.蛇纹岩;28.实测和推测断层;29.滑覆断层;30.实测不整合财层界线;31.金矿矿产地;32.最小预测区范围;33.行政区界线;34.河流;35.市政府;36.县政府;37.镇政府

厚达数百米的新生代沉积物广泛覆盖,南部和东部为第四系半覆盖区及浅覆盖区,只有零星基岩露头。大部分地区为古中元古代变质岩系所占据,地质构造复杂,矿化普遍,地层区划属华北地层区华北南缘地层分区,岩浆岩发育,主要为中酸性岩株和岩脉,混合岩化作用强烈。区内东部属郯庐断裂带,是我国东部的主要金矿成矿带,主要矿种有铁、钛、金多金属等。在该断裂带的旁侧次级破碎带中已探明了毛山、太巩山、西畈子和长淮等金矿床。而中、西部的蚌埠—凤阳一带,东西向断裂是一组形成较早又长期活动的断裂,是区内主要的控矿构造,而垂直东西向断裂尚发育有一系列平行且近似等距状分布的北北东向断裂(构造破碎带),沿该带重、磁异常,化探异常,航电异常众多,在露头区自东向西已发现中家山、大王府铅锌矿床和吴段家、陈家湾、东西芦山、陶山、铅山子等数十处铅锌矿点和矿化点。金矿类型为岩浆热液型金矿和砂金矿。前者主要分布于该区中南部和东部,是金矿预测的重点地区。金矿床点主要分布在五河大巩山、凤阳板桥,其次为曹山、涂山、大庙等地区,原生金矿以石英脉型为主,其次为破碎带蚀变岩型,次生金矿为残破积、冲积型,基本为2个成因系列,3种矿床类型。预测工作区为安徽省重要铁、铅锌、金矿成矿区带之一。

二、物探异常特征

1. 重力

该区处于蚌埠隆起带上。测区的布格重力异常近东西向展布,呈南北高、中间低的特征,反映了该区东西走向、南北分带的构造格局,见图7-8。

北部重力高值区东西向展布于仁和集—小圩镇一带,依据钻孔资料推测为五河岩群变质基底隆起区;南部重力高值区沿西泉镇-大溪河-东侧的小溪镇呈弧形展布,其上叠加椭圆状或长条状重力高,最高值在曹店附近,达 $29\times10^{-5}\mathrm{m/s^2}$。在地质图上可见,南部凤阳山区广泛出露前志留纪地层,推测重力高值带为早古生代及凤阳群隆起带引起。中部为低值异常区,东西向展布,局部异常呈等轴状或近东西向长条状,有蚌埠和新集两个低值中心,其中梅桥-新集重力低为相对凹陷和隐伏岩体的综合反映,而蚌埠重力低有磁异常伴生,为蚌埠大型隐伏花岗岩体引起。

重力高和重力低之间为密集的重力梯级带,为东西向断裂带的反映。

2. 航磁

该区异常十分复杂,总体以宽缓、平静正异常背景上叠加大片高值磁异常为特征,见图7-9。区内南部和东部广泛出露凤阳群变质岩系,推测平静背景场由元古宙变质基底引起。

该区以淮河为界分成南北两个正磁区块。

北部区块异常范围大,东西向展布,主要有张八郢、高湖、双河集等局部异常。其中高湖异常规模较大,东西向扇贝状分布,北陡南缓,中心值720nT,向东逐渐发展为平缓的低值异常,与22双河集异常相接。在重力异常图上为重力低值区,推测上述磁异常为隐伏中酸性岩体引起。

南区磁场呈高背景场上叠加众多小型异常为特征。异常多呈长条状,幅值中等,东西向和北东向排列,主要集中在临淮镇—板桥镇—大溪河镇一带。吴小街、沫河口、临淮关,李楼等异常为南区强度较高的异常,尤以李楼异常最为突出,呈纺锤状,北东东向展布,北侧有负异常伴生,极值达1320nT。结合地质图和钻探资料推测,这些异常多为后期侵入的花岗岩体或花岗闪长岩体引起。

该区中酸性岩体发育,当侵入就位于变质基底或早古生代地层时,其热液交代作用有利于金、铅锌、银多金属矿的生成。

在该区东南角马岗一带发育有众多小型异常,可能有火山岩分布。

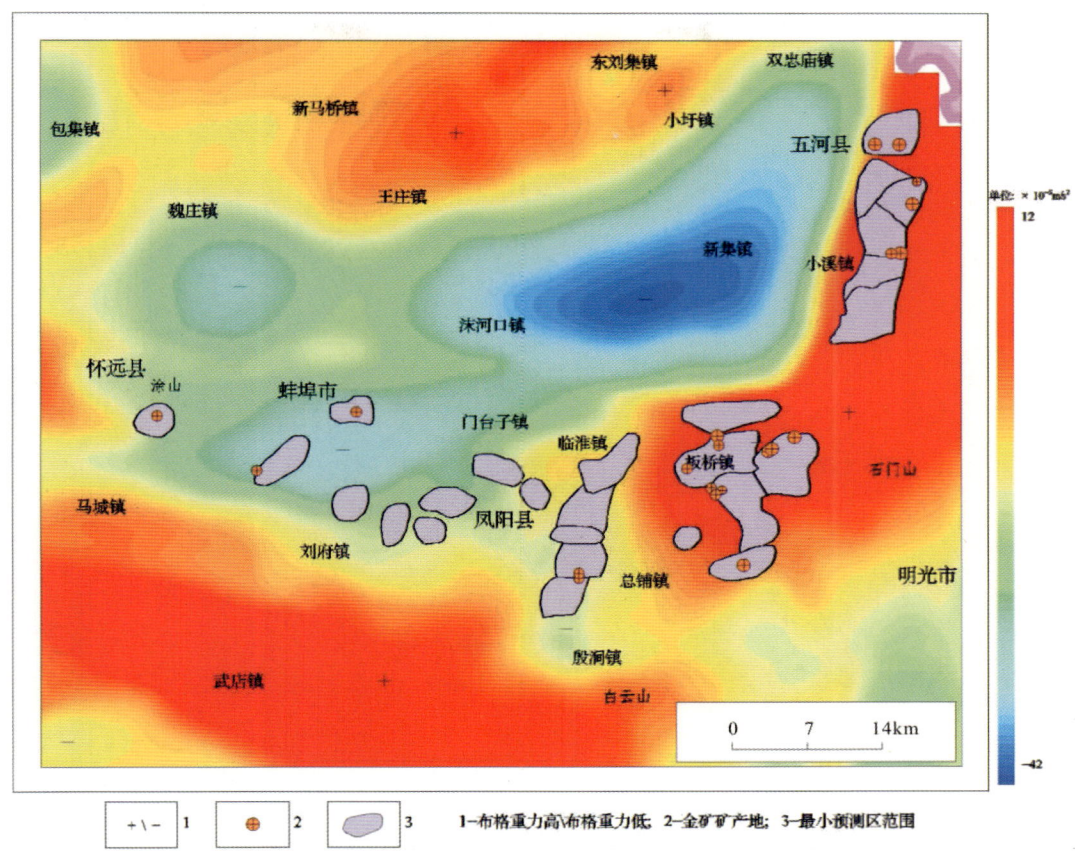

图 7-8　最小预测工作区与布格重力异常关系图
1.布格重力高/布格重力低;2.金矿矿产地;3.最小预测区范围

三、典型矿床与控矿要素

蚌埠地区内生矿产丰富,主要矿种有铁、铜、金、铅锌等,典型矿床如蚌埠大巩山金矿、凤阳中家山铅锌(金银)矿。主要矿床成因类型分别为沉积变质型、热液蚀变型,通过典型矿床成因类型的研究,与金矿有关的控矿要素主要有如下特征。

1. 岩石地层控矿要素

区内出露地层主要为新太古代五河杂岩,金矿主要产于变质的基性、超基性火山岩中,与构造破碎带密切相关。金多金属矿体的产出受岩层的层位和岩性的控制比较明显。五河岩群下部广泛发育有混合岩及混合花岗岩。

2. 岩浆岩控矿要素

该区中生代岩浆活动强烈,区内所有金、铅锌矿床、矿(化)点与岩浆活动关系密切。它们一般位于岩体港湾状拐弯处、倾伏端以及内外接触带附近。

3. 褶皱、断裂构造控矿要素

郯庐断裂带还控制了预测工作区金矿化带的形成,为金的成矿作用提供了深部岩浆及热液活动的

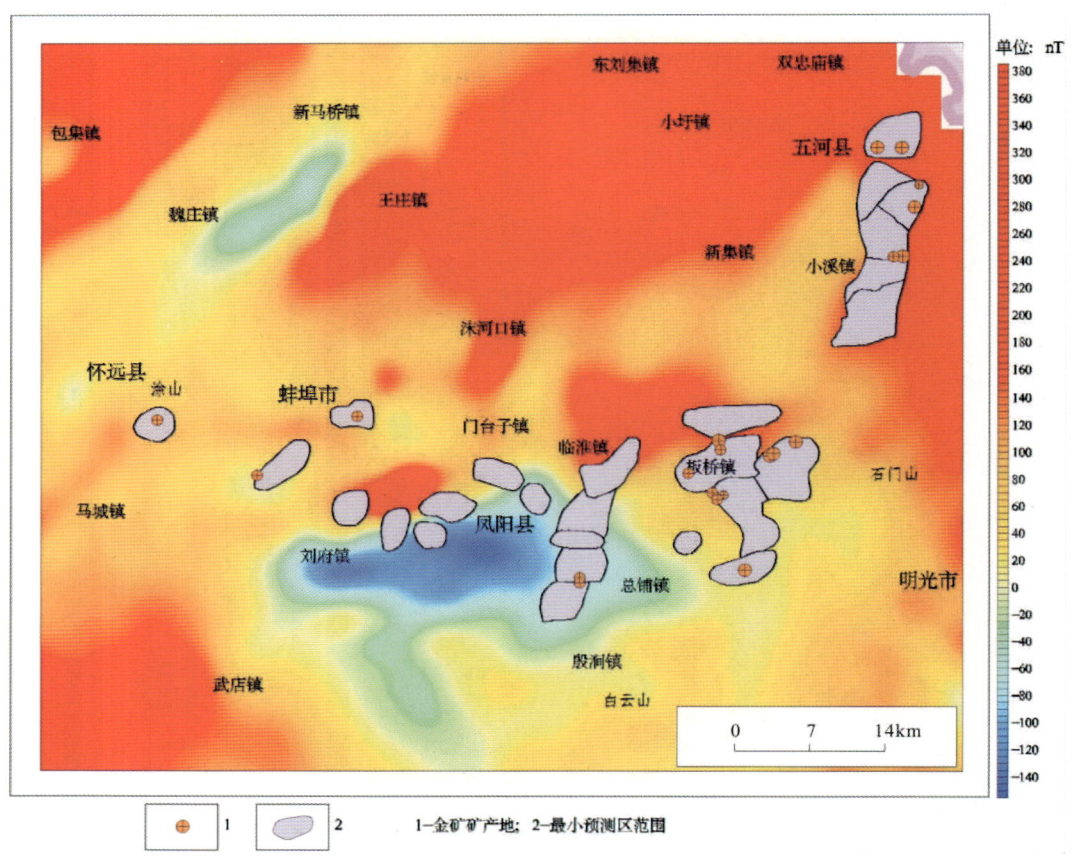

图 7-9 最小预测工作区与航磁化极异常关系图
1.金矿矿产地；2.最小预测区范围

构造场所。

复背斜由五河杂岩构成，为金、铅锌矿的重要赋矿围岩。而近东西向断裂、北北东向断裂与金属矿的关系密不可分，它们分别是导矿储矿构造。

近东西向基底断裂构造控制了变质建造的展布，对矿床分布有重要影响。

4. 基底对成矿的控制作用

由于金的深源性及亲铁性，在金矿找矿工作中，基性—超基性岩受到特别的重视。镁铁、超镁铁变质岩系受到多期强烈的构造运动及较深的变质作用，可能直接形成金矿或成为良好的金的矿源层。

四、已知矿产与重磁异常关系

蚌埠地区重、磁异常显示了含矿建造的埋深特征。重力异常总体具东西向负异常特征，局部显北东向变异，反映了结晶基底的展布和断裂构造特征。磁异常在总体东西向磁异常背景上叠加了北北东向局部圈闭异常，与含矿建造和隐伏岩体吻合。因此可以判定含矿建造大致分布范围与埋深。所以局部重、磁异常是预测工作区重要控矿要素之一。

五、物探资料解释推断

应用物探资料推断解释地表浅覆盖区的地质构造图元，与地质资料相互结合，以推断深部地质体、含矿建造、隐伏岩体及隐伏构造，尤其是与矿产有关的航磁剩余异常、重力异常资料的应用，极大地提高了研究的深度和精度，见图7-10、图7-11。

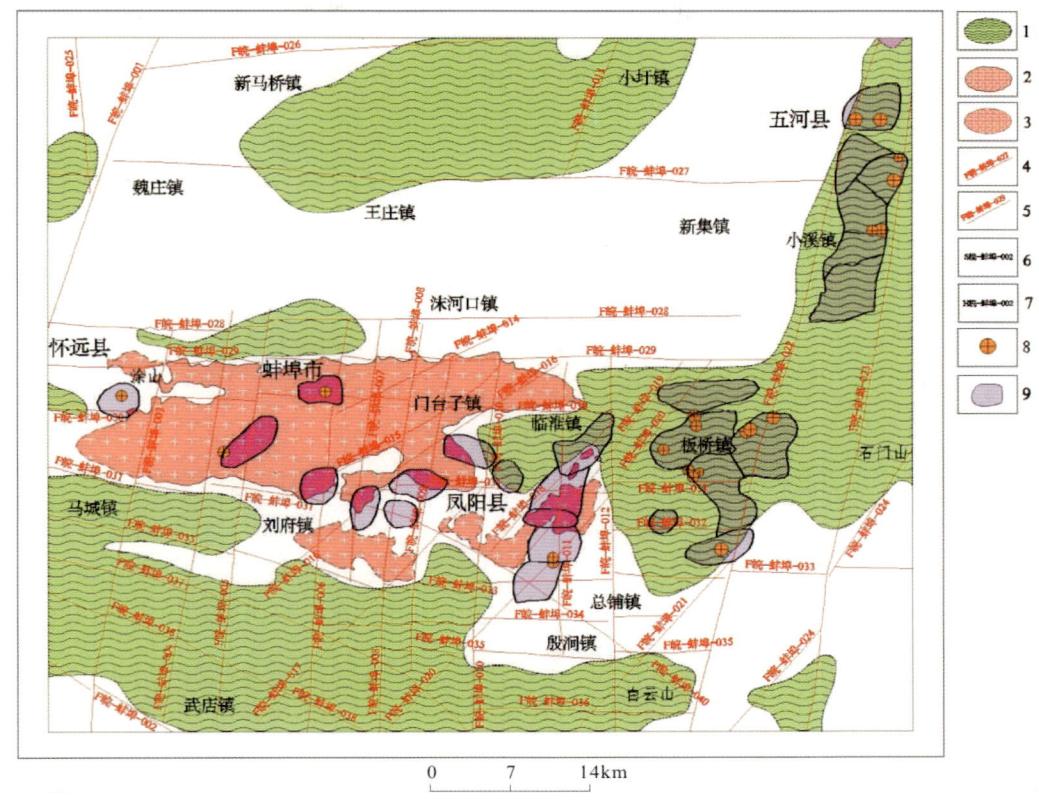

图7-10 最小预测工作区与重力推断地质体关系图

1.推断前寒武纪地层；2.推断酸性—中酸性岩类（出露）；3.推断酸性—中酸性岩类（隐伏）；4.推断二级断裂构造及编号；5.推断三级断裂构造及编号；6.推断侵入岩体编号；7.推断前寒武纪地层编号；8.金矿矿产地；9.最小预测区范围；10.市政府；11.县政府；12.镇政府；13.行政区界线；14.山峰

六、最小预测工作区圈定与物探异常

该区处于是覆盖、半覆盖地区，局部覆盖深度达到500m以上，矿产预测工作难度比较大。所以，蚌埠地区最小预测单元的圈定采用物探解释成果与地表地质成果相结合的方式确定，预测单元具体的圈定细则是：

（1）以含矿建造边界作为蚀变岩型金矿最小预测工作区控制边界。

（2）以控矿、容矿断裂作为预测工作区的具体位置。

（3）以燕山期以来的岩浆岩（已知＋重磁推断）的分布范围及其与围岩的接触带作为热液型金矿的重要预测控制区域。

（4）岩体＋断裂圈定预测工作区具体位置。

由此圈定的最小预测工作区与物探异常的关系如下：

（1）最小预测工作区与重磁推断的基底隆起区相对应。

（2）最小预测工作区与重磁推断的断裂构造相吻合。

（3）最小预测工作区与重磁推断的岩浆岩相对应，多位于其上部或接触带上。

（4）最小预测工作区的分布与物探推断的区域构造格架具有一致性。

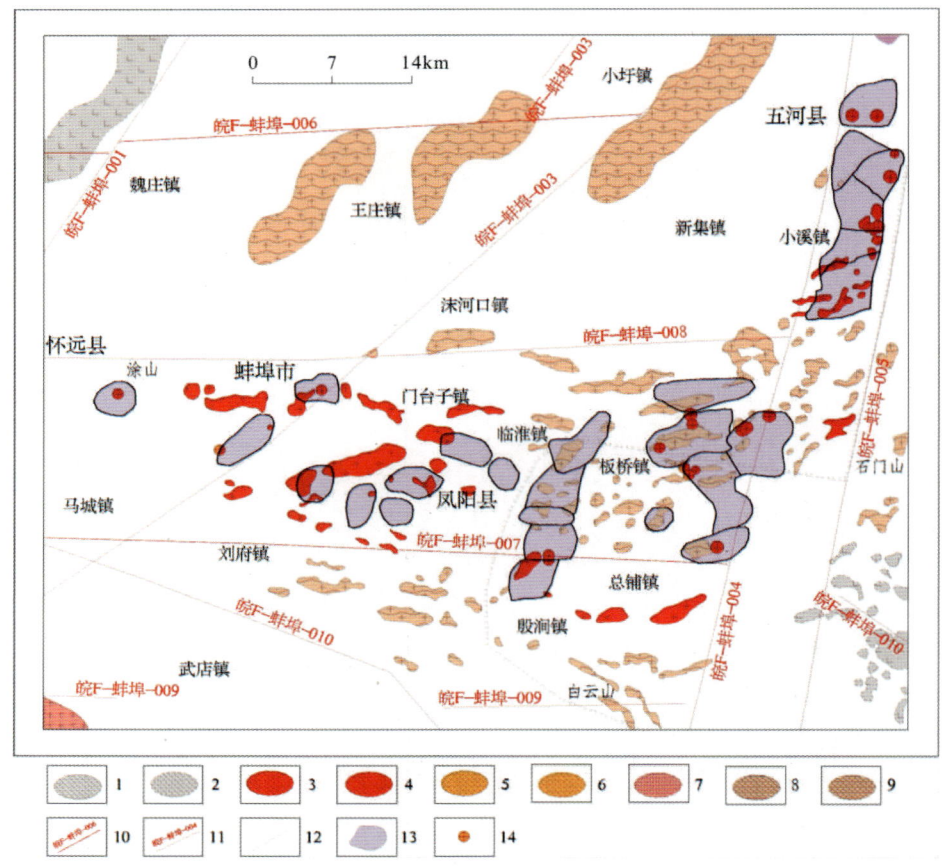

图7-11 最小预测工作区与航磁推断地质体关系图

1.推断火山岩类(出露);2.推断火山岩类(隐伏);3.推断酸性岩体(出露);4.推断酸性岩体(隐伏);5.推断中基性岩类(出露);6.推断中基性岩类(隐伏);7.推断中酸性岩类(隐伏);8.推断变质岩类(出露);9.推断变质岩类(隐伏);10.推断二级断裂构造及编号;11.推断三级断裂构造及编号;12.推断火山构造(隐伏);13.最小预测区范围;14.金矿矿产地;15.市政府;16.县政府;17.镇政府;18.行政区界线;19.山峰

七、结论

金矿乃至全部矿种的最小预测工作区的圈定,是在地质和物探综合研究的基础上,结合区域成矿规律以及典型矿床控矿要素确定的,与区域物探异常反映的基础地质规律相一致,与中大比例尺物探异常紧密相关。

第八章 基础地质研究重大成果

第一节 基础研究重大成果

一、大地构造单元边界厘定

"徐淮地块与六安地块边界断裂"(从"颍上-定远断裂"到"洞山断裂")。

华北南缘陆缘盆地位于安徽省六安断裂以北、郯庐断裂带以西,分为皖北褶断带和六安后陆盆地两个四级构造单元。在以往的划分方案中,将颍上-定远断裂定为两个四级构造单元的分界线,本书通过研究认为两者应以洞山断裂带为界。

1. 两侧区域重磁场差异(图 8-1、图 8-2)

洞山断裂北边,区域重力场总体以重力高背景为特征,属皖北隆起的反映,局部重力异常沿东西向呈带状展布,高低相间,而局部异常本身则以北东向为主,偶有北西向。在布格重力异常上,洞山断裂带东端的仓镇重力高处于郯庐断裂带西边缘,呈北东走向;定远重力低与靠近断裂带的淮南-凤台重力高以北西向呈带状分布,两者异常的梯度变化较大,异常中心呈尖峰状。淮南-凤台重力高布格重力值一般高于-10×10^{-5} m/s^2,异常中心场值最高可达3×10^{-5} m/s^2。与重力场相似,该部分的磁场总体以平缓正磁背景上叠加高磁异常为特征,磁异常大多呈北东向,其中的仓镇磁高、定远磁低、淮南-凤台磁高

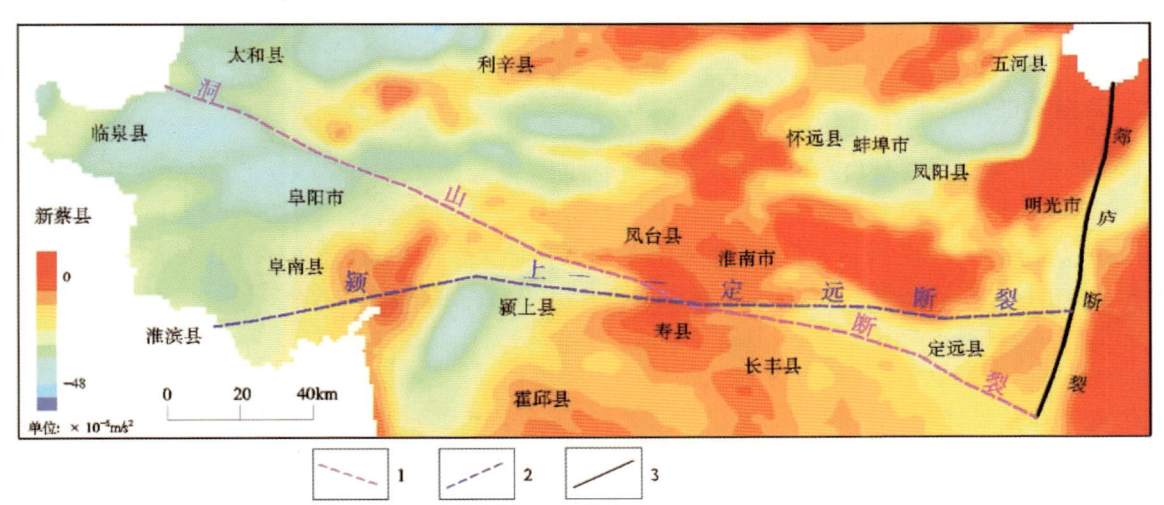

图 8-1 边界断裂两侧布格重力异常图
1.洞山断裂;2.颍上-定远断裂;3.郯庐断裂

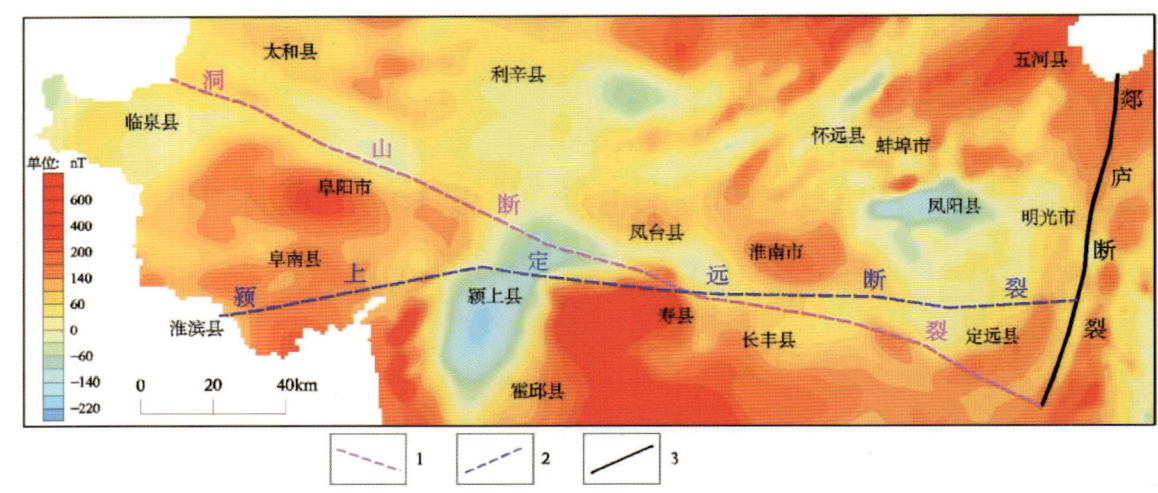

图 8-2 边界断裂航磁 ΔT 化极异常图
1.洞山断裂;2.颍上-定远断裂;3.郯庐断裂

等异常的走向与重力相对应。

洞山断裂南边,区域重力场以相对重力低为背景,反映了合肥中新生代盆地的轮廓,其内以阶梯状重力高为特征。在布格重力异常上,重力场主要由霍邱重力高、颍上重力低及正阳关重力高组成,其中正阳关重力高以近东西向呈带状分布,且较北边的淮南-凤台重力高分布面积大,异常也平缓,布格重力场值一般高于 $-6\times 10^{-5}\,\mathrm{m/s^2}$;霍邱重力高及定远重力低走向均为北北东向,异常的梯度变化也快,与北边北西向的重力场明显不同。磁异常与重力异常相似,主要有霍邱磁高、颍上磁低、正阳关磁高等,其磁场变化较快,异常等值线较密集,与断裂带北部平缓的正磁场区别明显。反映合肥中新生代盆地中的古老基底总体赋存相对稳定,与霍邱岩群变质基地隆升相对应,为省内鞍山式铁矿的集中分布地区。

另外,在布格重力图上,洞山断裂沿寿县穿过寿县-凤台重力高,断裂带北边凤台重力场值较高,约为 $3\times 10^{-5}\,\mathrm{m/s^2}$,其南侧重力场值较低,最高约为 $1\times 10^{-5}\,\mathrm{m/s^2}$,且异常平缓,沿寿县—双桥镇向南递减。断裂带两侧布格重力值相差为 $(2\sim 8)\times 10^{-5}\,\mathrm{m/s^2}$。在航磁异常图上,断裂南北两侧差异更加明显,北侧为凤台负磁异常,南侧为正阳关强磁异常区。在地质图上,合肥盆地内有白垩系及后期陆相碎屑岩沉积。综合以上证据说明,合肥盆地(六安后陆盆地)先期逆掩推覆于徐淮地块之上,后期正断下降并接受中新生代沉积,最终导致中新生代沉积厚度较徐淮地块大,但结晶基底埋深反而出现较浅的现代地质景观。

2. 两侧局部异常差异

洞山断裂带南北两侧的局部异常特征差异明显:断裂北侧的局部重力异常大多呈条带状展布,等轴状较少,异常梯度大,中心形态多呈山峰状。其中,断裂带附近的仓镇局部重力高以北东向呈椭圆状分布,剩余重力值约 $7\times 10^{-5}\,\mathrm{m/s^2}$;定远局部重力低以北西向呈带状展布,异常边界梯度大,凤台-谢桥镇局部重力高也以北东向条带状展布,异常场值变化较快,剩余重力值最高约 $7\times 10^{-5}\,\mathrm{m/s^2}$。断裂带北侧的磁异常走向与局部重力异常相似,但磁异常的梯度小,异常平缓。

断裂带南侧局部重力异常多呈平缓的条带状或等轴状,局部异常轴向优势走向北西。其中位于断裂带附近的张桥、吴圩、长丰局部重力高沿着断裂带分布,异常十分平缓,剩余重力场值也不大,一般不高于 $2\times 10^{-5}\,\mathrm{m/s^2}$;寿县西部的毛集局部重力低走向北西,但与颍上重力低连成一片,优势走向仍为北东向,剩余重力值约 $-10\times 10^{-5}\,\mathrm{m/s^2}$;新集局部重力高以北北东向呈近椭圆状展布,剩余异常场值较大,约 $-10\times 10^{-5}\,\mathrm{m/s^2}$。断裂带南侧的磁异常强度大,梯度也大,与断裂带北侧磁异常明显不同。磁异常与重力异常相似,以平缓正磁背景场叠加局部高磁异常为特征。

3. 沿断裂自身特点

在布格重力异常图上,洞山断裂主要位于异常的梯级带上。在断裂西端、阜阳一带,洞山断裂是局部重力高、低异常的分界线;在颍上一带,洞山断裂是不同走向的局部重力高异常的分界线;在凤台-淮南一带,洞山断裂位于区域重力高异常的扭曲部位;在定远一带,洞山断裂又是局部重力高、低异常的分界线。

洞山断裂在区域航磁场上,位于梯级带上。其南侧自西向东,分别是阜阳北西西向高磁异常、正阳关北东东向高磁异常、定远北西向弱高磁异常。洞山断裂北侧,则依次是太和北西向高磁异常、凤台-淮南北西西向弱高磁异常、凤阳负磁异常。

总体来看,洞山断裂两侧重磁异常的走向、形态、强度、梯度都具有明显差异。南侧异常范围、幅值、梯度明显大于北侧。洞山断裂应是重要的场区分界线。

4. 两侧出露地质特点

洞山断裂带北侧地层分区属华北地层区两淮地层分区,自前震旦纪以来,基本上是一个接受沉积地区,除上奥陶统至下石炭统缺失外,其他各时代地层均发育齐全,大致分为新太古代五河岩群、中元古代凤阳群、新元古代青白口纪、古生代含煤岩系和中新生代盆地沉积地层。

区内岩浆活动主要发生在元古代(蚌埠期)、晚侏罗世—早白垩世(燕山期)及晚白垩世—新近纪(喜马拉雅期),以侵入岩为主,喷出岩零星出露。蚌埠期火山岩建造为殷家洞旋回和小张庄旋回,为一套酸性—基性火山岩组合。燕山期火山岩不发育,仅出露于凤阳山区及郯庐断裂带西侧,岩石为安粗岩-英安岩-流纹岩及其火山碎屑岩建造,属钙碱性岩系。喜马拉雅期火山岩主要分布于明光、定远及合肥一带,出露于断陷盆地边缘或深大断裂带附近。蚌埠期侵入岩岩石构造组合为花岗闪长岩、二长花岗岩、正长花岗岩组合,局部发育近东西向、强弱不均的片麻理构造,为一套岩浆型混合岩化片麻状花岗岩建造,岩浆来源主要为壳源。燕山期侵入岩不甚发育,多为零散或隐伏的小岩株、岩枝或岩脉状产出。岩石为辉绿岩-辉长辉绿岩-辉长岩组合和(石英)闪长(玢)岩-石英二长闪长(玢)岩-花岗闪长斑岩组合,属陆壳改造型碱钙性浅成花岗岩类。燕山晚期超基性—中基性侵入岩呈岩墙状侵入于奥陶纪地层,与奥陶纪白云质灰岩接触处产生大理岩化和矽卡岩化。

洞山断裂带南侧同属华北地层区两淮地层分区,除部分古生代地层缺失外,自新太古代至新生代第四纪均有发育,大致分为新太古代霍邱岩群、古元古代凤阳群、新元古代青白口纪地层、古生代含煤岩系和中新生代山前盆地沉积地层。成矿带内燕山期岩浆活动较少,岩浆岩不发育,主要为混合花岗岩和混合花岗伟晶岩,次为辉绿岩(辉绿玢岩),少量煌斑岩、石英脉。

5. 矿产特点

洞山断裂北侧主要矿产有金、铅锌、铁、银、重晶石、磷等。铁矿成因类型主要为沉积变质型,分布于蚌埠东鲁山—中家山一带,矿体赋存于新太古代五河岩群古老变质岩系中,为铁硅质沉积建造受区域变质作用形成的矿床。金矿以含金石英脉型为主,构造蚀变型次之,主要分布在五河大巩山、凤阳板桥,其次为曹山、涂山、大庙等地区。铅锌矿成矿类型主要为热液型,主要分布于蚌埠隆起范围内片麻状花岗岩组合和燕山期后造山花岗岩、脉岩发育区段。重晶石矿成因类型主要有沉积型和热液型两种,主要分布在郯庐断裂带西侧五河岩群分布区。另外,在成矿亚带东南角、嘉庐深断裂之西,定远—明光一带定远次级凹陷盆地有陆相盐湖蒸发沉积型石膏、石盐岩、钙、芒硝矿床分布。

洞山断裂南侧矿产主要有铁、菱镁矿、磷等。铁矿、菱镁矿成因类型为沉积变质型,赋存于新太古代霍邱岩群古老变质岩系中,为铁硅质沉积建造受区域变质作用形成的矿床,主要分布在霍邱西部四十里长山一带,呈线状展布。

6. 陶老钻孔的地质意义

一直以来，皖西北地区找矿未有大的突破，而与之相连河南新蔡地区却发现了新蔡大型铁矿，极大地刺激了皖西北地区寻找类似铁矿的热情。临泉县陶老钻孔揭露的岩性有①第四系：厚634.01m，为细砂、钙质黏土、亚黏土、砂质黏土、黏土。②第三系：厚605.45m，主要有泥岩、细砂岩、粉砂岩、泥岩、中砾岩、角砾。其中角砾岩成分复杂，以角闪斜长片麻岩为主，次为变粒岩，角闪岩、板岩等。③太古宙变质岩系：1239.46m见片麻岩，以下为花岗岩、混合岩、变粒岩为主交替出现，终孔于1805.64m的花岗岩中，揭露变质岩厚566.18m，变质岩中角闪石含量较高，蚀变强烈。在1487.44～1492.63m见到厚5.19m混合岩化的白云石大理岩。1492.63m以下磁铁矿含量逐渐增多，矿化蚀变也随之增强。

经过钻孔揭露，该地区新太古界岩性，主要为角闪斜长片麻岩，混合岩化角闪斜长片麻岩，含磁铁矿斜长角闪片麻岩、变粒岩等，从含铁岩系与邻区霍邱铁矿有可比性来看，可能更接近霍邱变质岩群地层。"虽是'一孔之见'，但意义重大，3号钻孔的铁矿可能与安徽霍邱、河南新蔡等地大中型铁矿属于同一基底，这意味着皖西北地区也可能如同霍邱、新蔡一样，地下存在大面积铁矿。"

7. 原划分方案存在的问题

根据现有的地质图面表达内容来看，原方案以颍上-定远断裂作为徐淮地块和六安地块的分界线，是有一定依据的：

（1）颍上-定远断裂南北两侧地层突变。在断裂北侧淮南—蚌埠一带，出露震旦系、寒武系至白垩系地层，而断裂南侧大部被第四系覆盖，偶有出露白垩系。

（2）寿县-凤台重力异常中心极大值南北差异。颍上-定远断裂穿过寿县-凤台布格重力异常区，断裂北侧异常等值线较密集，南侧等值线则相对宽缓，而且异常极大值呈北高南低，南北落差达2×10^{-5} m/s^2，正是合肥断陷盆地的反映。

但是，原方案也有不合理的地方：

（1）从现有地质图上来看，断裂两侧地层不连续性仅在定远-寿县段有显示，在寿县以西，断裂两侧并无类似现象。

（2）磁法、重力异常在寿县—定远一带，断裂两侧差异明显，但向西部不能连续追踪。

（3）相比之下，洞山断裂两侧重磁场的特征迥然不同。在更大范围异常图上，沿淮南市—许昌市有一条醒目的串珠状航磁异常带，重力上也表现为一条走向北西的可追踪的局部异常带，该带的南西侧，重磁异常无论是区域背景还是局部异常均表现为北西走向，且与北淮阳带平行展布，该带的北东侧，区域背景异常为大的面状或者团块状，而局部异常虽然形态各异，但却被分割成几个近南北向（或者北北东向）条带。

（4）最新勘探资料（陶老钻井以及南照集系列钻井）表明，起自河南的舞阳-新蔡铁矿成矿带向南东经阜南与霍邱矿集区联为一体，与区域重磁异常特征相符。

（5）寿县-凤台重力异常南低北高，是合肥断陷盆地的反映。而磁背景异常却南高北低，说明合肥盆地结晶基底的上顶面埋深远小于淮南复向斜，合肥盆地只是一个中新生代断陷盆地。印支期，霍邱式基底逆冲到五河基底之上，合肥盆地的石炭纪、二叠纪地层遭到剥蚀，这也是合肥盆地没有含煤地层的原因。到了燕山期，颍上-定远断裂南侧，合肥盆地下降，接受沉积。这说明洞山断裂要比颍上-定远断裂要早得多，是霍邱、五河基底分界线。而颍上-定远断裂仅代表形成合肥盆地的新构造。

综上所述，在新的划分方案中，将洞山断裂作为徐淮地块和六安地块的分界线是合理的。

二、Ⅲ级成矿带边界修订

"钦杭成矿带(安徽段)北界修订"(从"绩溪-五城断裂"到"休宁-宁国西断裂—三阳断裂")

在安徽省成矿区带划分方案中,将皖南地区分为江南隆起东段成矿带和钦杭东段北部成矿带。在以往的划分方案中,两成矿带大致以绩溪-五城断裂(图8-3中粉色虚线)为界,在本次潜力评价项目中,主要根据两成矿带重磁场特征的不同,将分界断裂进行了调整,休宁以北以休宁-宁国西断裂为界,休宁以南以三阳断裂为界(图8-3中粉色实线)。

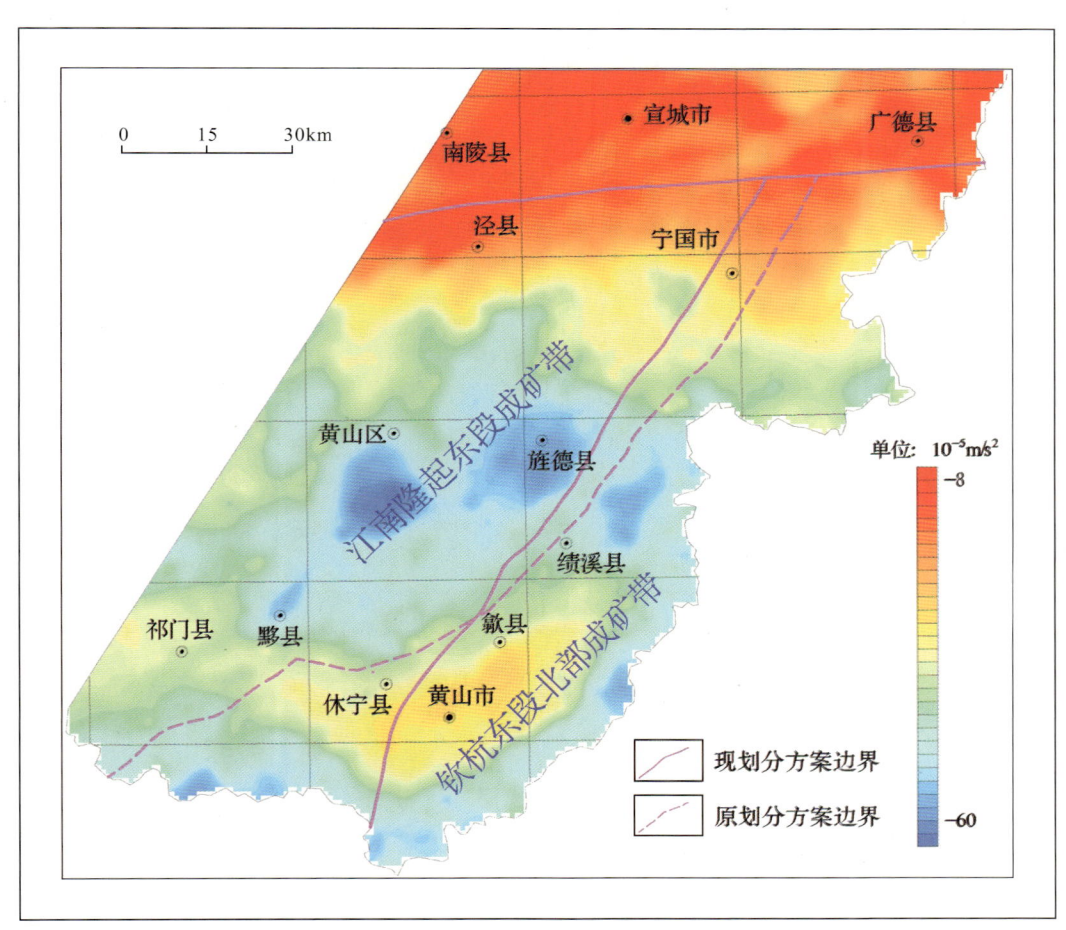

图8-3 布格重力异常图

1. 区域重磁场差异(图8-3、图8-4)

休宁-宁国西断裂、三阳断裂一线西北部,在布格重力异常图上,主体为皖南重力低,重力场总体呈北东走向,在该重力低背景上,布格重力异常主要表现为大块团状的重力低;在航磁 ΔT 化极异常图上,该部分磁场为皖南磁高异常的主体部分,磁场背景主体呈近东西走向,局部异常主要为大块团状正异常,与重力场相似。

休宁-宁国西断裂、三阳断裂一线东南部,布格重力场总体以北北东向呈条带状,该条带状重力场南西部重力场为一平缓的北东向相对重力高值带,主要为胡乐镇-溪头镇相对重力高值带,其上异常均呈北东向带状展布,边界场值变化快,梯度大;其北东部则为北东展布的条带状重力低。磁场与重力场相似,航磁异常总体呈北东走向条带状,且明显分为两部分,北东部为北东走向的负磁异常区,南西部为北东走向带状正磁异常区。

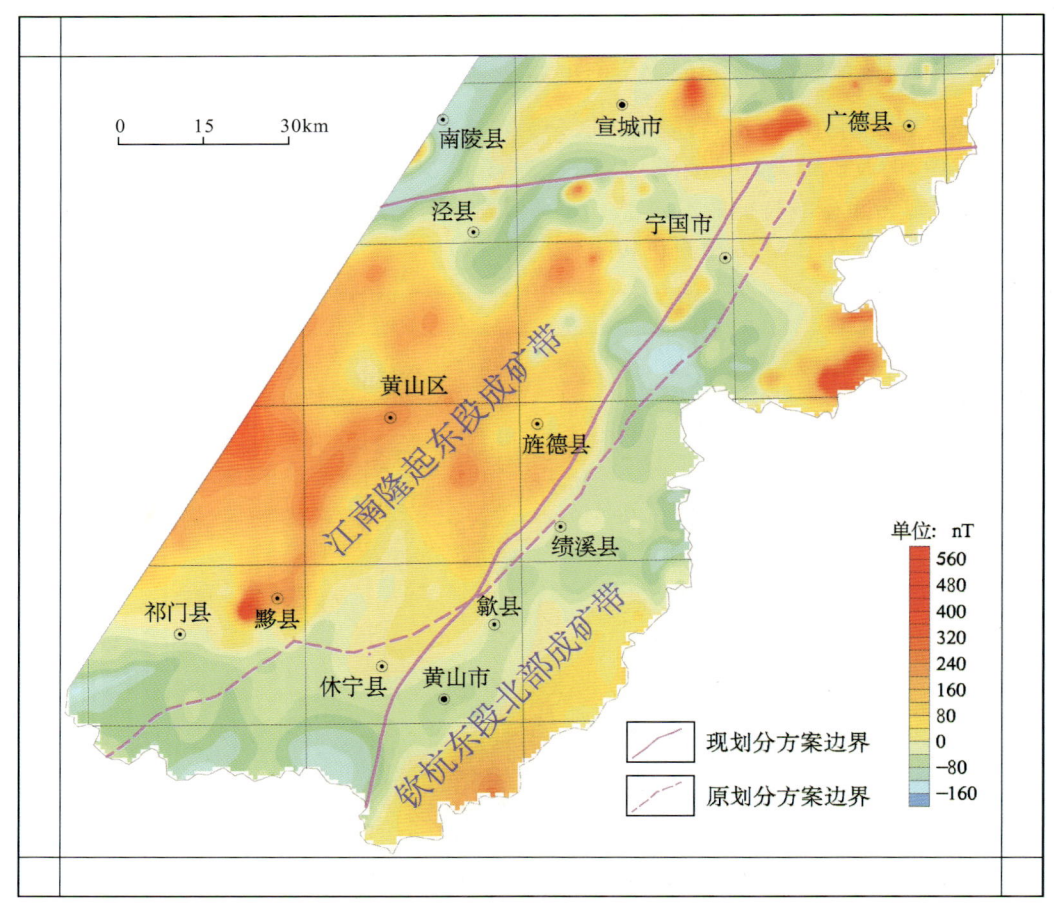

图 8-4 航磁 ΔT 化极异常图

2. 两侧局部异常差异(图 8-5)

休宁-宁国西断裂、三阳断裂一线西北部,局部重力异常轴向优势走向北东,呈高低相间的带状展布,且异常分布面积较大;局部磁异常与局部重力异常形态相似,但高低相反,磁异常走向并不一致,但总体呈北东走向,高低相间分布。

休宁-宁国西断裂、三阳断裂一线东南部,局部重力异常以北东向呈长条带分布,与分界线北部的局部异常明显不同;该部航磁局部异常总体呈北东走向,但异常幅值较低,范围较小。与航磁区域场一致,局部异常也分为两部分,北西侧北东走向,条带状负磁异常区和南东侧北东走向,条带状弱正磁异常区。

3. 沿断裂自身特点

休宁-宁国西断裂在重力场上,断裂位于北东向条带状局部重力高的北西梯级带上。重磁场总体表现为"重梯磁梯"特征。在航磁异常场上位于皖南高磁异常向南西方向降低的梯级带上,异常强度由北西向南东急剧下降。

4. 两侧出露地质特点

休宁-宁国西断裂北西侧出露地质情况复杂,主要出露大规模的花岗岩体,出露地层主要为志留

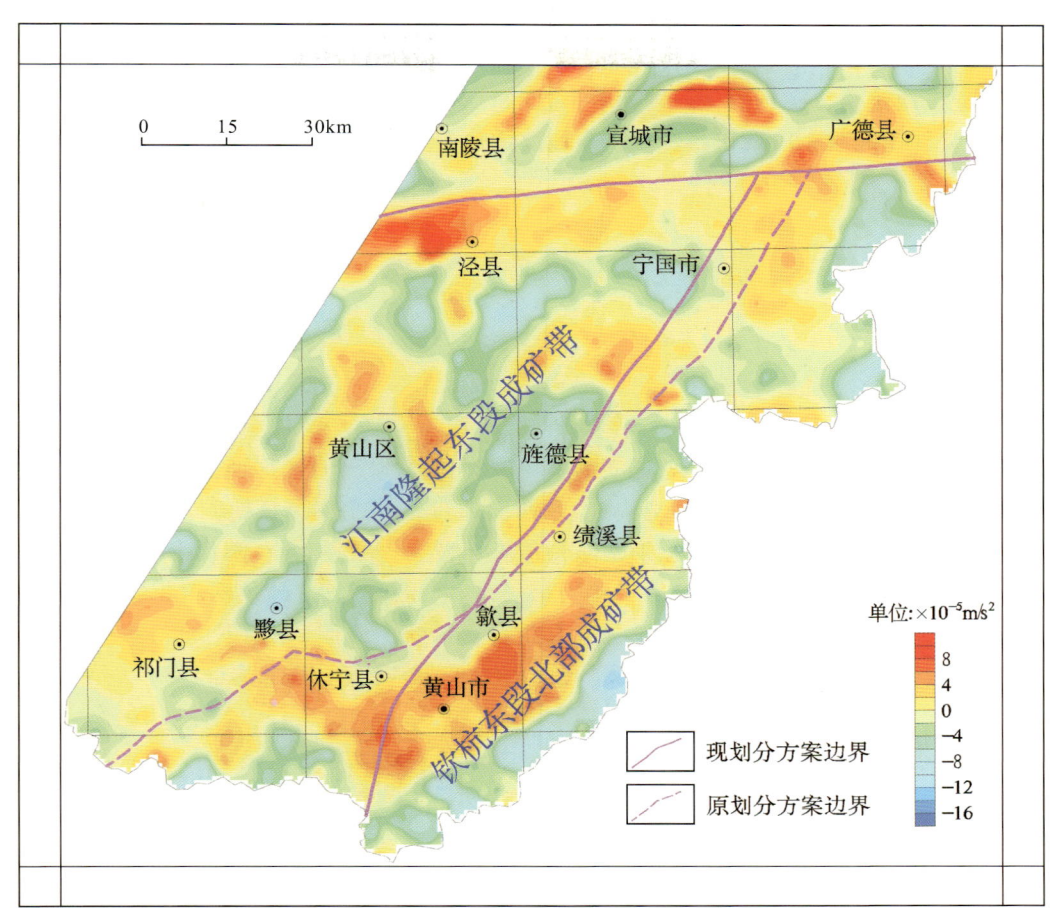

图 8-5 剩余重力异常图

系—寒武系,而南东侧则主要出露奥陶系、寒武系、震旦系、南华系以及更老地层。

5. 矿产特点

休宁-宁国西断裂北西侧主要有金、锑、钼、铅锌、钨、萤石等矿种,矿床成因类型以热液型、矽卡岩型、斑岩型为主,矿产主要分布于江南隆起带、燕山期花岗岩化发育区及深大断裂附近较大岩体(包括隐伏岩体)分布区。

休宁-宁国西断裂南东侧主要以金、锰、钼、钨、萤石、重晶石等矿种为主,矿床成因类型有热液型、矽卡岩型、石英脉蚀变岩型、沉积型、离子吸附型等,矿床主要分布于碳酸盐岩基底褶断带及花岗岩化发育区。

休宁以南,三阳断裂以东地区矿产主要为钨、钼、银、金、萤石等,矿床规模较大,且矿床总体呈北东走向,与区域构造线方向一致。而三阳断裂以西,汪村地区矿产主要有钨、钼、银,但矿床规模较小,且矿床总体走向为近东西向。

6. 原划分方案存在的问题

(1)依据重磁场特征分析,在原边界划分方案中,休宁以北两侧重磁场反映的基底构造一致,特别是原划分方案边界在磁场上表现不明显,且北部边界部分穿过负磁异常区。

(2)休宁以北,新旧划分边界间条带状相对重力高及磁低异常带与钦杭成矿带(安徽段)重磁场主体特征即局部异常特征一致,原方案将其划分到江南隆起东段成矿带中不太合适。

(3)在休宁以南,汪村地区重磁场表现为近东西向的重磁双低,其构造线方向及出露地层也以近东西向为主,这与钦杭成矿带(安徽段)主体为北东走向的重磁场及地层展布方向均不一致,反而与江南隆起东段成矿带近东西走向重磁场类似。因而,可将汪村地区划归江南隆起东段成矿带。

综上分析,将江南隆起东段成矿带和钦杭东段北部成矿带的边界定为休宁-宁国西断裂—三阳断裂是合适的。

三、大型变形构造

(一)宿北(符离集)断裂性质讨论

宿北(符离集)断裂是物探解译、钻探证实的隐伏断裂,大致位置自东向西处于高娄镇—符离镇—新兴镇—大杨镇一线。这是一条区域性断裂构造,东西向通过宿州北部。它切割了北北东—近南北向褶皱和断层,对一系列北北东—近南北向弧形褶皱构造破坏最大。断裂北侧:东部由震旦系及古生界组成北东向紧密褶皱;西部钻探揭示,至-24m下仍为第三系,电测深换算该地层深约3000~4000m,厚可达8000m。沙土集一带地震波组错断明显,视电阻率曲线显示断面北倾,北盘下降420~9130m。断裂南侧:东部由古生界构成短轴状宽缓褶皱,西部钻孔中,在2910m处便见霍邱岩群。

1. 断裂东端位置(从宿北盆地南界到北界)

从1:20万布格重力异常等值线图(图8-6)来看,利用重力推断的宿北断裂与航磁推断的相比,总体保持一致。断裂东端穿过宿北盆地北缘,宿北盆地南北两侧均为明显的重力背景高异常区。在求取区域重力异常后,发现断裂南侧灵璧-固镇地区区域重力场值较断裂北侧淮北地区要高出8×10^{-5} m/s^2,这代表两侧地层的不对称——南侧隆起,北侧凹陷,粗略计算认为两侧地层高差可达4km。

从1:20万航磁化极异常等值线图(图8-7)来看,宿北断裂东端南北两侧航磁区域场有明显差别,

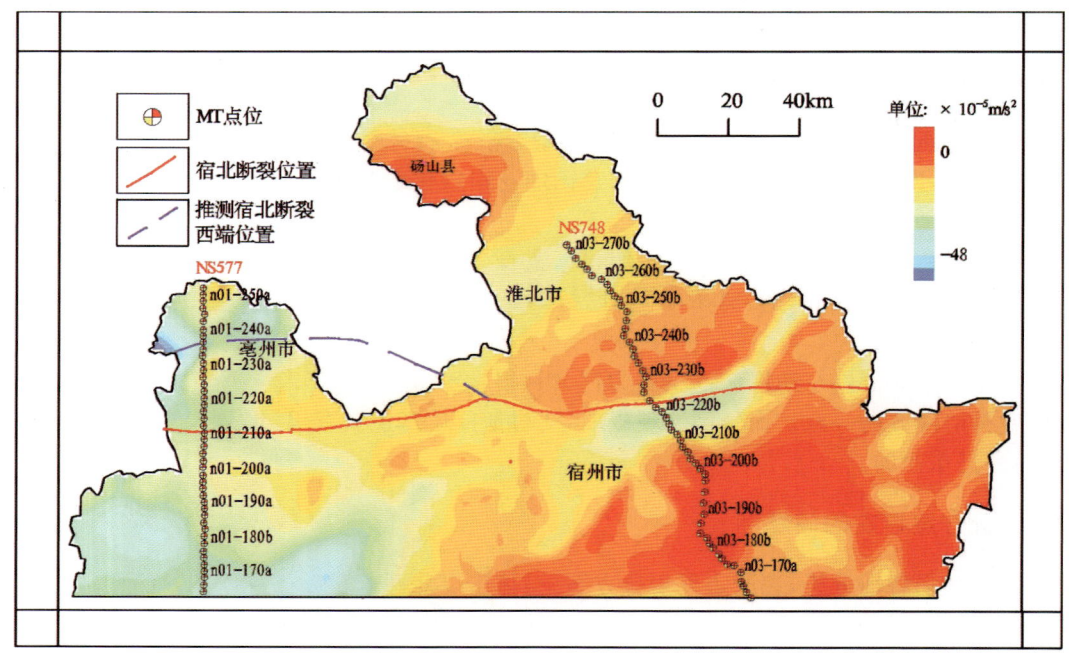

图8-6 淮北地区布格重力异常图及MT点位分布图

南侧背景异常明显较高,局部异常也以范围大、幅值高为特点,而北侧背景异常较低,局部异常多呈北东向条带状走向,幅值较低。

而从宿北盆地南北两侧布格重力异常等值线来看,盆地北界等值线密集,梯度陡,而南界等值线相对稀疏,梯度较缓。结合地质资料分析认为,在早期阶段,南侧灵璧-固镇地区隆起,北侧淮北地区下降,在古近系沉积后,北侧抬升,南侧相对下降。宿北盆地布格重力等值线南缓北陡的情况说明,宿北盆地北侧断陷,南侧超覆。因此认为宿北断裂应从宿北盆地的北界通过。

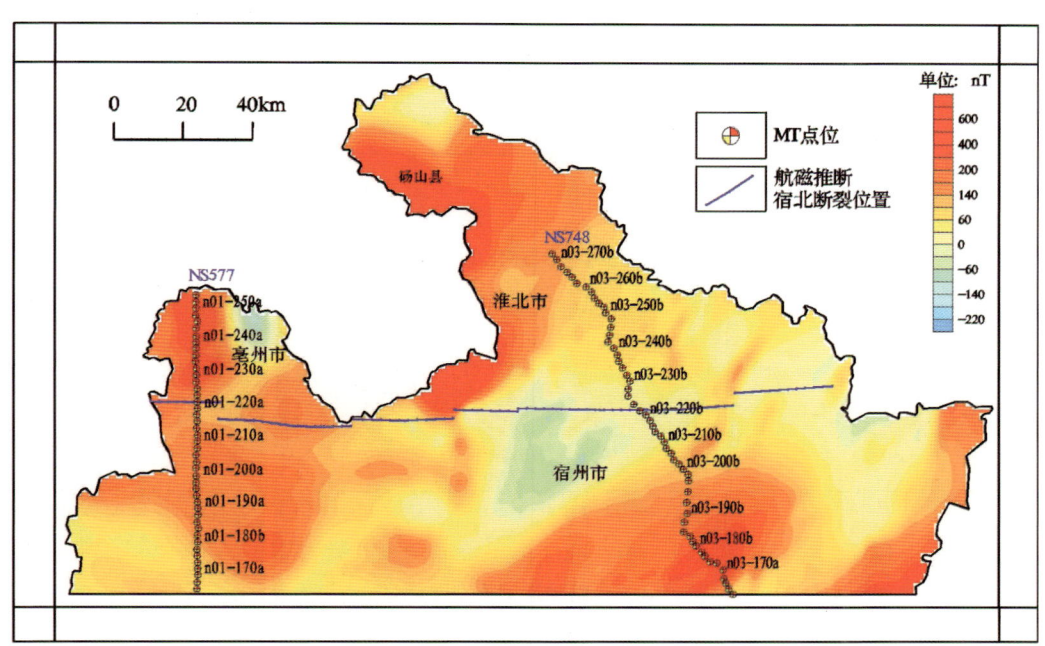

图 8-7 淮北地区 1:20 万航磁化极异常图

收集到的皖北 NS748 MT 剖面也支持这一观点。从 MT 反演结果来看,首先,宿北盆地北界断陷、南界超覆的构造一目了然,反演结果反映盆地南界并无深断裂,而盆地北界的深断裂很清晰。其次,断裂北侧与东部北盘(NS748)上升不同(图 8-8),西部北盘表现为高阻,是前寒武纪及古生代地层的发育,推测其北盘应为下降,断层面应朝南倾,这一现象与之前划定的宿北断裂西部(NS577 线 214a 点)在 MT 反演剖面上的表现不同,因此,断裂带极有可能跨过省界,在西部沿亳州—安淄镇一线展布(NS577 线 240a 点)。

因此,我们认为宿北断裂东端应从宿北盆地北界通过。

2. 宿北断裂安徽西端位置

无论是从航磁图还是布格重力图上来看,宿北断裂东端的位置都很明确,重、磁异常均反映为近东西向的梯变带。但是自东向西,断裂通过宿北盆地,到百善镇附近,向西的异常并不清晰。由于缺少河南永城一带的航磁、重力资料,亳州以东、百善以西的断裂位置暂不做讨论。这里仅从物探方面对亳州一带断裂的位置做一讨论。

仅从航磁化极等值线图和布格重力异常图来看,亳州地区将宿北断裂位置定在大杨镇—新兴镇一线是有理由的:这一线是航磁异常的梯级带,也是布格重力异常等值线的转折端。

但是,从我们收集来的通过亳州地区的 NS577 线 MT 剖面反演结果来看(图 8-9),目前的符离集断裂并不是深大断裂,而且断裂倾向于宿北断裂东端也不一致。我们认为,亳州附近的深断裂更应该是不同地质构造单元的分界断裂,这应该是符离集断裂的西端位置。

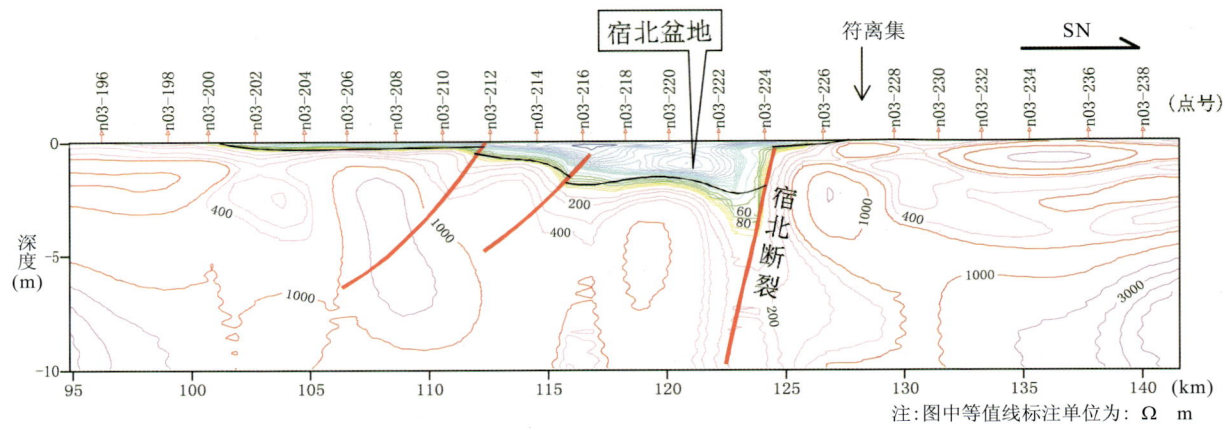

图 8-8 淮北地区 NS748 线 MT 剖面反演图

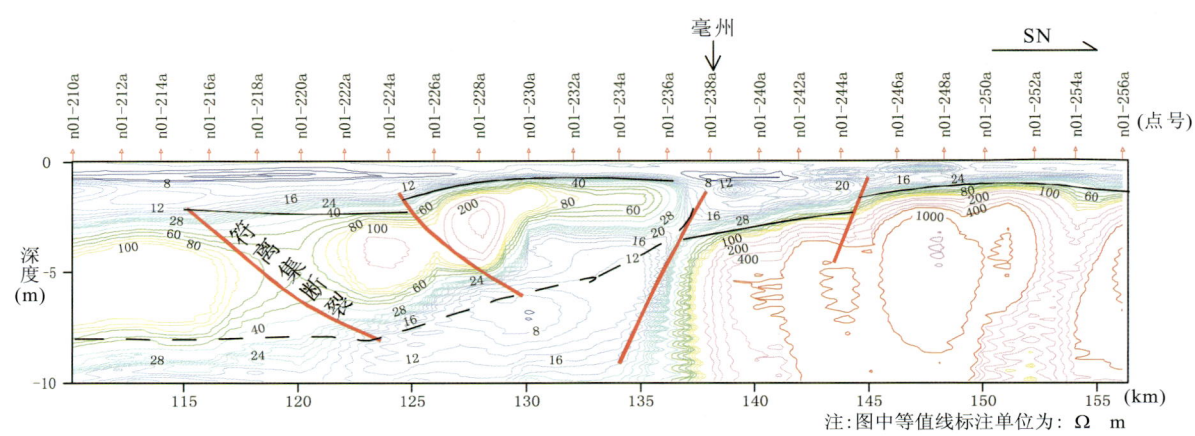

图 8-9 亳州地区 NS577 线 MT 剖面反演图

另外,在亳州市南北两侧存在两个块状航磁、重力异常,我们推断是变质基底隆起所引起的。通过 NS577 线 MT 剖面反演结果来看,引起这两个异常的变质基底并不是连成一片,这对于亳州地区寻找沉积变质型铁矿具有重要的指导意义。

(二)郯庐断裂带

著名的郯庐断裂带,是中国东部重要的线性构造之一,也是分割华北地块与大别造山带的重要构造边界。这是一条北北东走向的巨型深大断裂,由一系列北北东向斜列的次级断裂组成。郯庐断裂带的研究已进行了相当长的时间,有众多的国内外专家、学者对此进行了多方面的研究,对其发生、发展及动力学演化的诸多方面都有专著和论文发表。本书不进行系统论述,仅从地球物理场特征提出一些看法。

1. 郯庐断裂带南延问题——未过长江

郯庐断裂带在庐江以北形迹清晰,在 1∶50 万航磁图上显示为醒目的北北东走向的高磁异常带及重力梯级带,自明光以北延出省界。郯庐断裂带向南过庐江之后,其延伸方向及延伸距离长期存在分歧。

对比观察该区各类重磁成果图件,过庐江之后,郯庐断裂在北段的北北东向重磁场展布特征折转为北东走向,沿着潜山-宿松方向展伸并至长江边消失,从重力梯级带及条带正磁异常可推测,郯庐断裂过庐江后的主体断裂应在潜山盆地北缘,与池太、黄破深断裂叠合为一体;黄破断裂为扬子陆块与大别造山带的拼贴线,在潜山断陷盆地内被掩覆于中新生界之下;池太断裂在卫星影像线性特征较明显,该段可能形成时期较晚,为拉张期的产物。这两条断裂在各类重、磁异常图上均有明显反映。因此,把郯庐断裂过庐江后的延伸方向界定为潜山—宿松一线是合理的。

关于郯庐断裂带是否南延过长江,并与华南地区出现的方向和性质相似的断裂相连,也是一个争议较大的问题。

从安徽省重磁异常图上来看,北东向重、磁力梯级带南延到宿松、黄梅一带形迹已不清楚,被北西西向重、磁力线所切截,表明郯庐断裂带没有跨越长江;在遥感影像图上清晰显示,大别山东南缘的古生界盖层褶冲带地层连续地从北西西向转变为北东向,表明地层没有发生明显断错,这一资料也支持郯庐断裂没有过长江的观点。有观点认为,郯庐断裂沿孔城—怀宁一线向南西延伸,过望江盆地与江西的湖口-星子断裂相接,本次所获资料显示均不清楚,不仅重磁场反映不明显,多条 MT 剖面亦无反映,故即使有断裂存在,可以肯定地说,断裂规模也不大,这种断裂不能与郯庐断裂相提并论。

从更大范围的布格重力异常图(图 8-10)来看,郯庐断裂带南延到宿松、黄梅后,再向南过长江无法连续追索,反而沿长江北岸转向北西方向明显。从航磁化极图(图 8-11)上来看,也是如此。

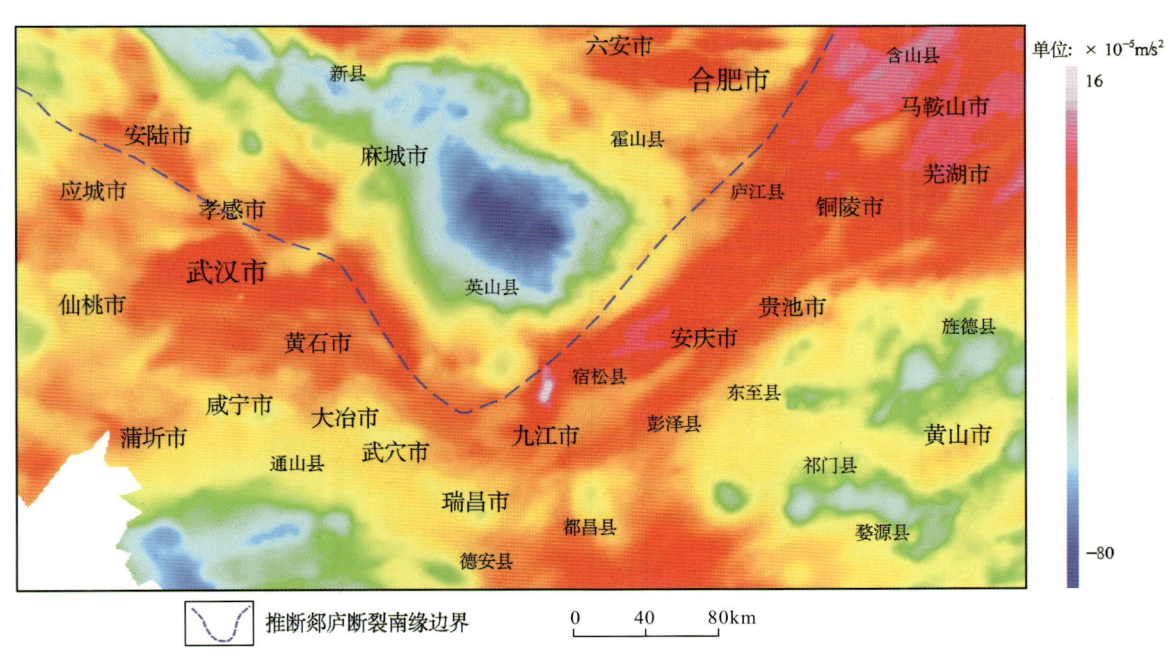

图 8-10 郯庐断裂带南缘布格重力异常图

在湖北境内,郯庐断裂带的南延称黄梅断裂,地面资料和卫星图片解译均未越过长江,更难与江西、湖北境内的北东向断裂相连,并有可能与北西西向襄樊-广济断裂相连。黄梅地区的煤田地质勘探和地球物理资料表明,第四系隐伏下的古生代褶皱带自西向东,由近东西向渐转为北东向,不存在与郯庐断裂方向一致的平移断层。

从地质图(图 8-12)上来看,在长江南岸,没有与大别造山带可对比的地层,而根据现有的地质资料来看,安庆地区长江北岸出露地层主要为三叠系、侏罗系,可以和黄石地区的地层相对比;安庆地区长江南岸和九江以西地区,出露地层均为古生代地层,这表明地层没有发生明显断错,也证明了郯庐断裂

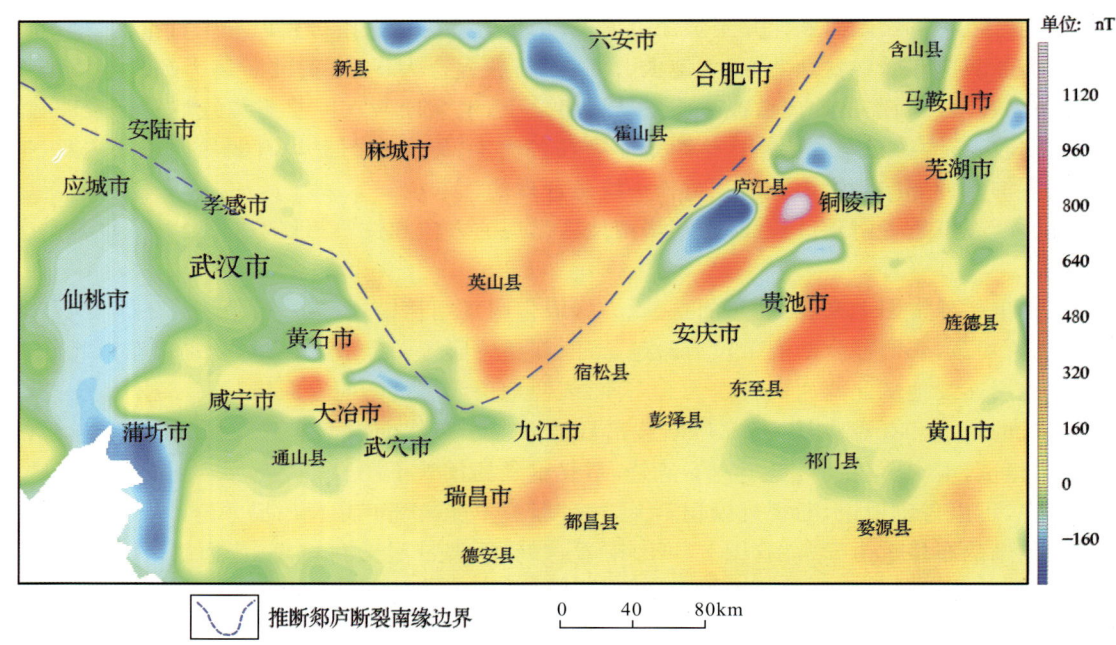

图 8-11　郯庐断裂带南缘航磁 ΔT 化极异常图

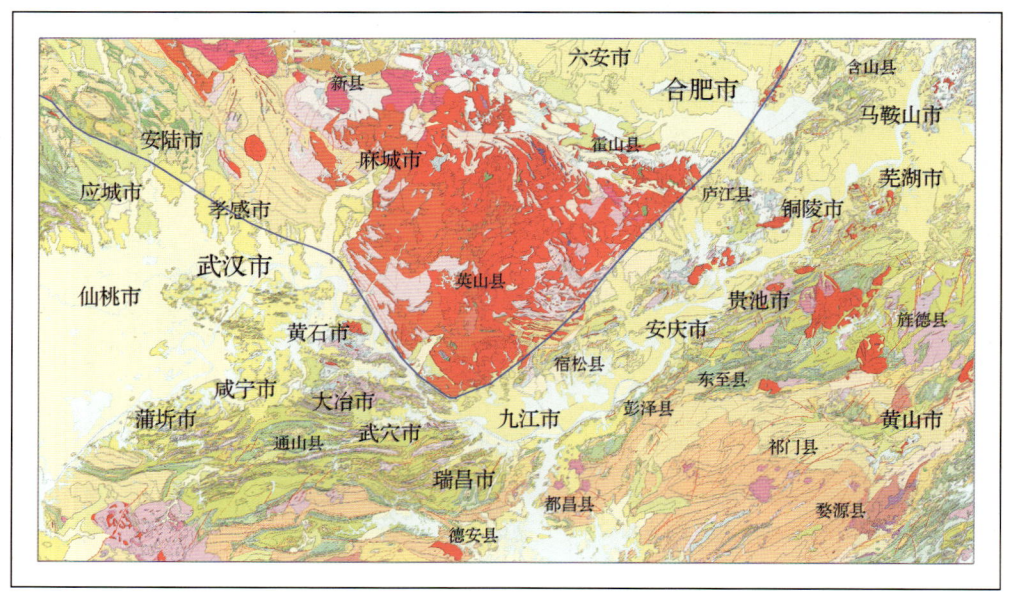

图 8-12　郯庐断裂带南缘地质图

带并没有南延过长江,而是沿着长江北岸转向北西。

2. 郯庐断裂带的西界断裂——掩伏于合肥盆地之下

郯庐断裂带是我国东部一条十分重要的巨型断裂带,呈北北东向延伸,斜贯安徽中部,为华北陆块、大别造山带、扬子陆块分划性边界。该断裂带宽约 20~40km,它由 4 条主要断裂构成,自西向东分别为五河-合肥深断裂、石门断裂、池河-太湖深断裂、嘉山-庐江深断裂。

郯庐断裂带具有长期、复杂的多期活动过程,早期韧性变形构造作用主要发生于晋宁期,并以强烈的压剪性作用为特征。郯庐断裂带左行走滑可能起始于印支运动,并控制了侧向斜列分布的中、晚三叠世沉积盆地的发育。燕山期强烈的左行剪切,对燕山期花岗岩、白垩纪沉积盆地有明显的控制作用,反映了断裂活动力学性质的复杂性、运动方式的交替性。

根据断裂带以上特性以及本次收集的 MT 资料分析认为,郯庐断裂带西界应以黄圩镇—长沟镇—东刘集镇—殷涧镇一线与五河-合肥深断裂带相交。

(1)在布格重力异常图上(图 8-13),黄圩镇—长沟镇—东刘集镇—殷涧镇一线以西重力场多为东西向展布,以条带、条块状重力高与重力低相间或镶嵌分布为主要特征;该线以东重力场则多为北东向展布的一系列等轴状或带状重力低,重力低为沉积盆地,反映了与郯庐断裂带重力场相一致。

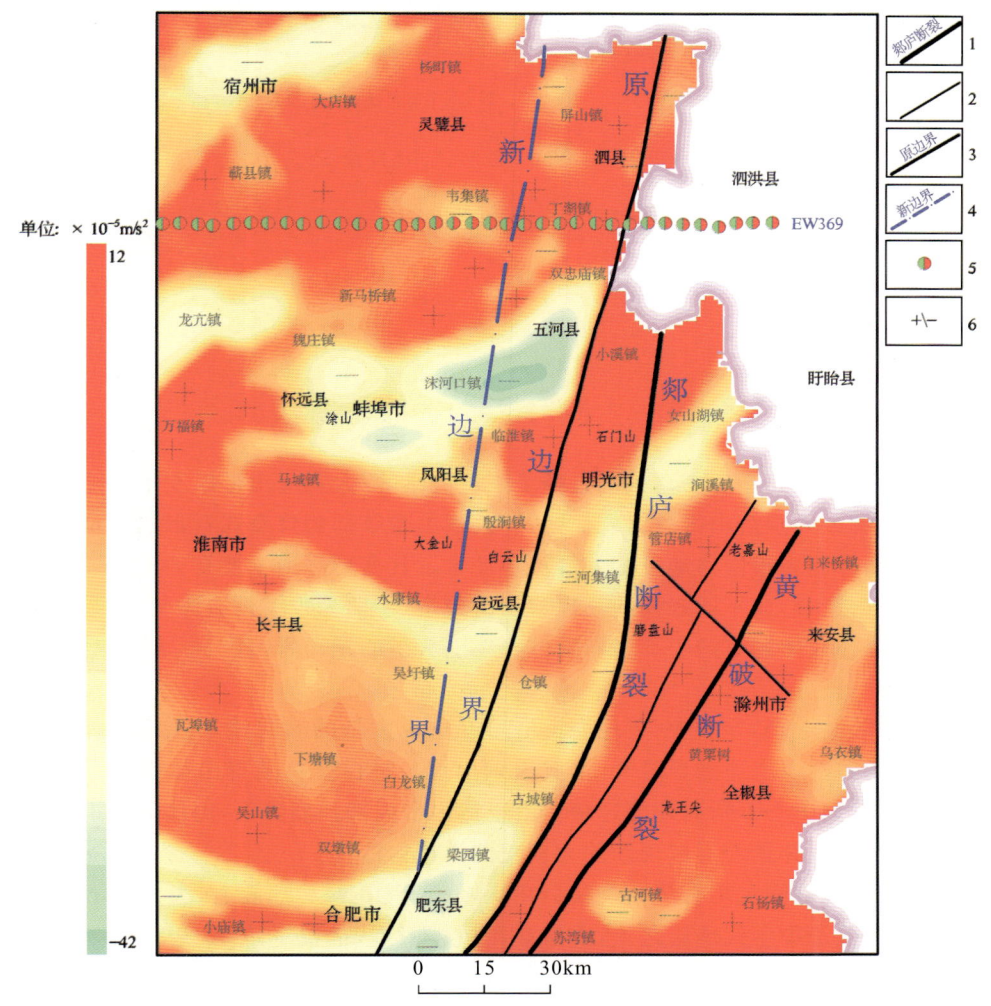

图 8-13 郯庐断裂带布格重力异常图及 MT 点位分布图

1.一级断裂构造;2.二级断裂构造;3.原郯庐断裂西界;4.新推断炎庐断裂西界;5.MT 点位;6.布格重力高/布格重力低

(2)从收集到的 MT 反演剖面可知(图 8-14),262~270 号点之间有一高阻体,结合地质图,其南部有青白口系出露,泗县以北的屏山镇地区亦有青白口系出露,因此推断泗县这一重力高阻体或为飞来峰。

综上所述,郯庐断裂带西界可能延伸至黄圩镇—长沟镇—东刘集镇—殷涧镇一线。

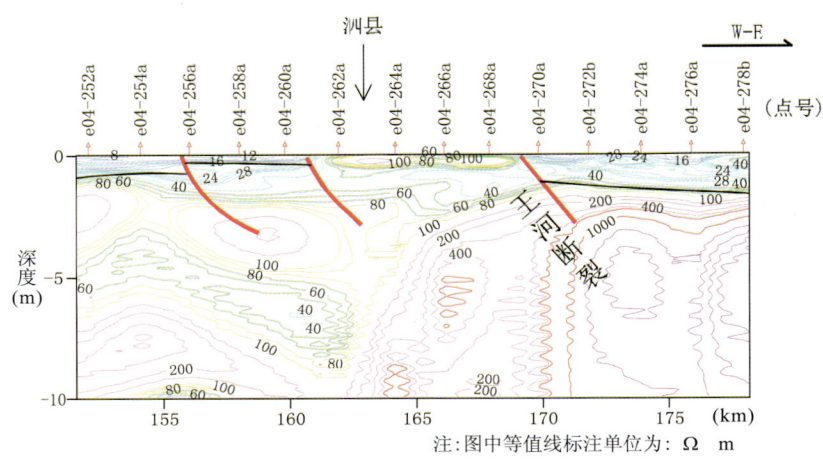

图 8-14 EW369 线 MT 剖面反演图

四、大型推覆构造

（一）大别双向推覆体构造

大别造山带中生代构造运动的驱动机制是扬子陆块与秦岭-大别造山带以及华北陆块发生陆-陆碰撞所产生的挤压应力场。大别造山带总体变形样式为：造山带核部为穹隆式背形构造，两侧为平行造山带方向的线状褶皱带，外侧为指向盆地一侧的滑覆逆冲带。其变形序列主要有3期：早期为伸展构造体制下多层次拆离滑脱构造，形成不同规模的韧性剪切滑脱带；中期为收缩构造体制下形成的双侧挤压褶皱变形带；晚期为热隆构造体制下的中部强烈隆升并伴随大量的花岗岩侵位，形成两侧向盆地一侧的滑覆逆冲带。

当华北与扬子两陆块会聚，导致中、下地壳拆沉熔融形成大量的岩浆流，并沿构造活动带迁移和上侵，进一步导致造山带各断块迅速差异隆升，形成大别山地。早白垩世随着山体的进一步隆升，相邻盆地进一步扩张、下陷，盆地中心不断向外侧迁移。由于造山带内部强烈隆升，山体体积扩张，导致两侧褶皱带向盆地一侧滑覆逆冲，并最终形成现今的大别双向推覆构造。

大别推覆构造在物探剖面上均有清晰反映。在麻城-九宫山 MT 剖面上，大别群沿着广济-黄破断裂面由北向南推覆，掩覆于中生代地层之上，前锋在团风镇附近，推覆平距10余米，其应力影响直至长江以南。在 HQ-3MT 剖面上，大别造山带向南的推覆活动最为突出，大别群仰冲距离达30km以上，前锋在黄梅一带，其推覆力影响到整个怀宁隆起带，构成郯庐断裂带的主干断裂——黄破断裂及其南侧断裂均为逆冲断层，倾向北西。在 YL06 剖面上（图 8-15），推覆运动与 HQ-3 剖面基本一致，推覆作用直达长江北岸的长岭隆起，只是该处黄破断裂北倾角度更小，低角度逆推特征更为明显。在太湖西部存在局部重力高，与磁力低相对应，表明变质岩之下应有高密度、低磁岩系存在，推测应为古生代碳酸盐岩，Y06 剖面在058号点处亦反映出这一地质现象。HQ-6 及桐城-宁国剖面，由于北端多被岩体充填，推覆构造不甚明显，同时也表明，潜山以东地段已处于走滑扭转地段，该处的推覆活动较之西部地区已大大减弱。

从该项目收集的 MT-lr 二维连续介质剖面图来看，大别双向推覆构造很清晰地反映出来，在大别造山带南侧，与 MT-YL06 剖面反映一致，大别造山带向南推覆，仰冲于下扬子前陆带之上。在大别造

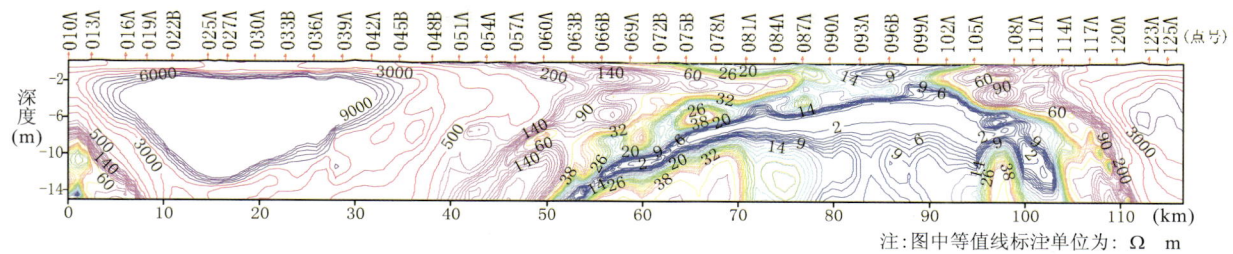

图 8-15 MT-YL06 剖面二维连续介质剖面图

山带北侧,由于华北陆块向南运动,挤压大别造山带,造成大别造山带隆升,并逆冲于华北陆块之上。

在安徽省1:20万区域航磁图上(图8-16),大别山正磁场区范围较大、强度高,主要是由于新太古代大别岩群变质岩抬升引起。大别山正磁异常区与北部负磁场区分界线为一条从东北到西南快速升高的北西向线性梯级带构成,说明大别山群变质岩与北侧中生代地层接触面较陡。而大别造山带与扬子陆块相接的地方,除受郯庐断裂带控制的东侧磁异常等值线梯度较大,大别山正磁场向南逐渐降低,反映了大别造山带与扬子陆块接触面较缓。这与 MT-lr 剖面反演结果相吻合,反映了大别双向推覆构造北陡南缓的特点。

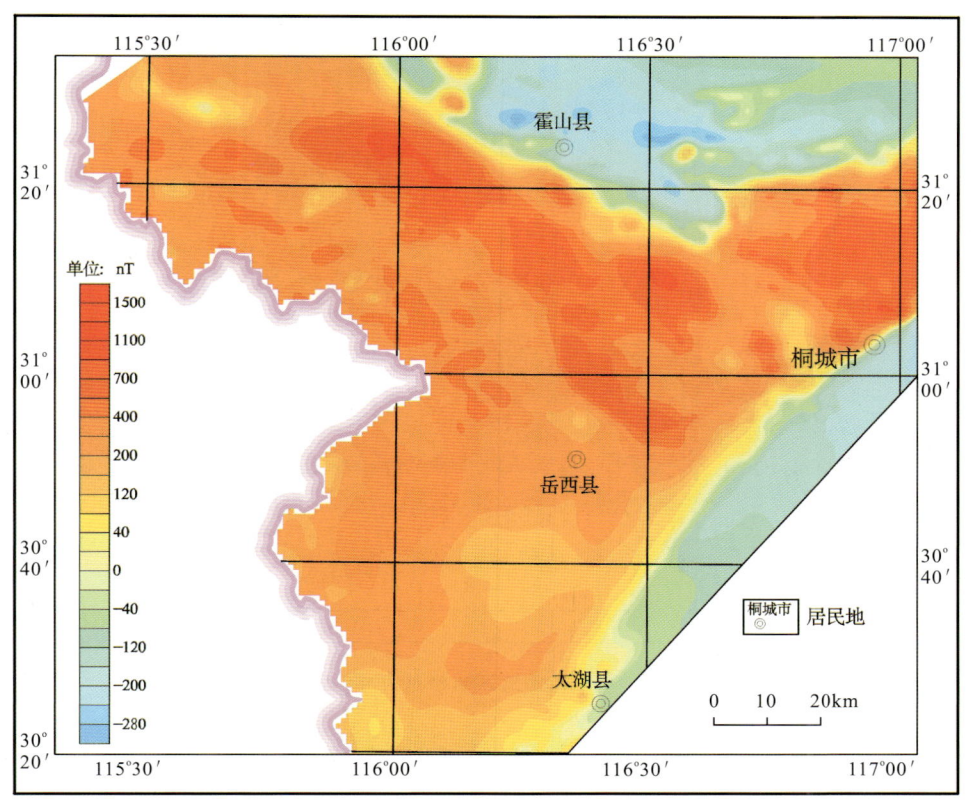

图 8-16 安徽省大别山地区航磁 ΔT 化极异常图

(二)浙西地块(安徽段)多重推覆构造

浙西地块位于皖浙赣地体边界汇聚带中段,皖浙赣构造—岩浆岩带呈北北东向贯穿区内。晋宁晚期斜向碰撞造山运动,导致新元古代以酸性火山岩为主体的岛弧地体斜向碰撞于鄣公山地体,与其伴生的造山后晋宁晚期灵山-白际花岗岩体沿构造带产出。经历晋宁晚期造山运动,江南元古宙岛弧地体与扬子大陆边缘拼贴成统一体。中生代晚三叠世早期,随着岛弧地体向北西方向仰冲,在陆内造山过程中形成了北东走向叠瓦状逆冲推覆构造和十分发育的褶皱带。然而,该项目组认为,该区不但存在上述高角度逆冲断裂,甚至存在大规模的逆掩推覆构造,证据如下:

(1)在布格异常图上(图8-17),浙西地块(安徽段)重力场总体以北东向展布,呈北高南低的特征,最高值在黄山一带,布格重力场值约为-26×10^{-5} m/s^2,以此为中心,重力值向南东、北西向逐步降低;皖浙交界处为白际-和平尖重力低值区,峰值一般低于-55×10^{-5} m/s^2。与此对应,局部重力异常形成两条高低平行的异常带,走向与区域重力场一致。

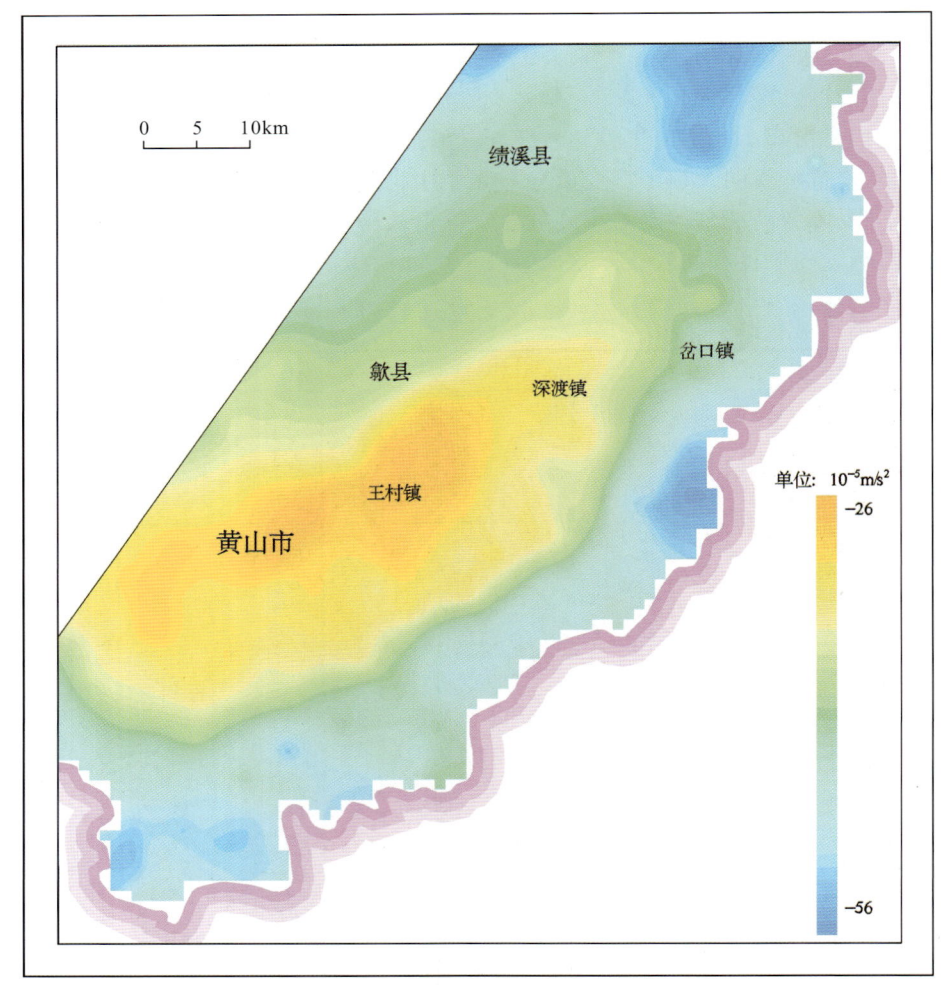

图8-17 黄山地区布格重力异常图

(2)在航磁ΔT化极异常图上(图8-18),磁场总体以北东向条带状展布,主体由宁国-黄山低磁异常区、南东部白际-和平尖高磁异常区组成。其中黄山负磁异常区较平缓,南东部条带状高磁异常区被省界所限,在省内不完整,其上叠加有白际等一系列高磁异常带。航磁异常与布格重力异常形成两条醒目的重高磁低(宁国-黄山)和重低磁高(白际-和平尖)组合异常带。

(3)在地质图上(图8-19),宁国-黄山地区地表主要分布有古生代以来的盖层沉积以及中生代碎屑沉积,东南部白际—和平尖—岔口镇一带则主要有中新元古代基底岩系和晋宁期基性—中酸性岩浆岩出露。从区域物性上来看,前者代表了低磁中低密度岩性组合而后者则代表了高磁高密度岩性组合。

不难看出,研究区近地表岩石组合所对应的重磁异常特征与测量获得的重磁异常组合特征不符,结

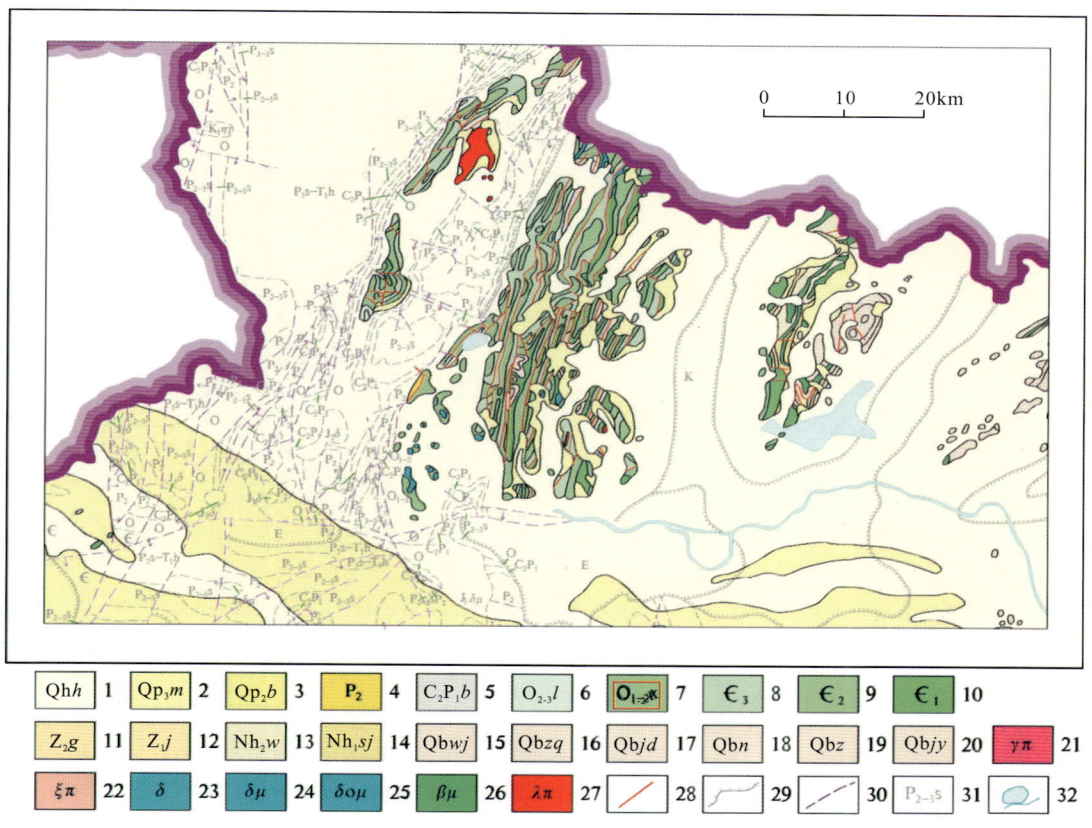

图 8-24 淮北地区(基岩)地质图

1.第四纪怀远组;2.第四纪茆圹组;3.第四纪泊岗组;4.中二叠统;5.石炭纪太原组;6.奥陶纪老虎山组;7.奥陶纪萧县组;
8.上寒武统;9.中寒武统;10.下寒武统;11.震旦纪沟后组;12.震旦纪金山寨组;13.南华纪望山组;14.南华纪史家组;
15.青白口纪魏集组;16.青白口纪张渠组;17.青白口纪九顶山组;18.青白口纪倪园组;19.青白口纪赵圩组;20.青白口纪
贾园组;21.花岗斑岩;22.正长斑岩;23.闪长岩;24.闪长玢岩;25.石英闪长玢岩;26.玄武玢岩;27.流纹斑岩;28.断层;
29.不整合岩层界线;30.隐伏断层;31.隐伏地层;32.河流湖泊

(3)本次工作过程中,我们收集到了淮北地区 MT 剖面(NS660 线),从剖面反演(图 8-25)可知,在符离集断裂带北 290~300 号点之间分别有两个低阻层:290~296 号点之间在 460m 处见厚约 1150m 的低阻层,296~300 号点之间在 1100m 处见厚约 1100m 的低阻层。结合当地钻探及地质资料分析,推测低阻层位石炭纪—二叠纪沉积岩地层,而高阻层则为寒武系—奥陶系。这一推断结果表明,该地与徐宿推覆体地层序列一致,沿该 MT 剖面北西方向应有推覆体延伸。

五、基底性质

(一)沿江基底性质

槽台理论中,基底是针对地台的双层结构特征而提出的,系指稳定沉积盖层之下的经受了变质的变质岩系,并根据混合岩化和变质程度分为结晶基底和褶皱基底。板块理论的变质基底构造含义指板块俯冲作用赖以发生、发展的古老陆块岩系,与槽台理论中的基底含义基本一致。

安徽沿江地区前震旦系基底,由于绝大部分被掩覆于盖层之下,长期以来对地层时代归属、划分对比、基底原始建造类型及大地构造意义等,均有不同看法,近年来成为地质学家研究的热门课题。本书不可能就这一问题作出准确的讨论,只能依据综合物探成果提出基本认识。

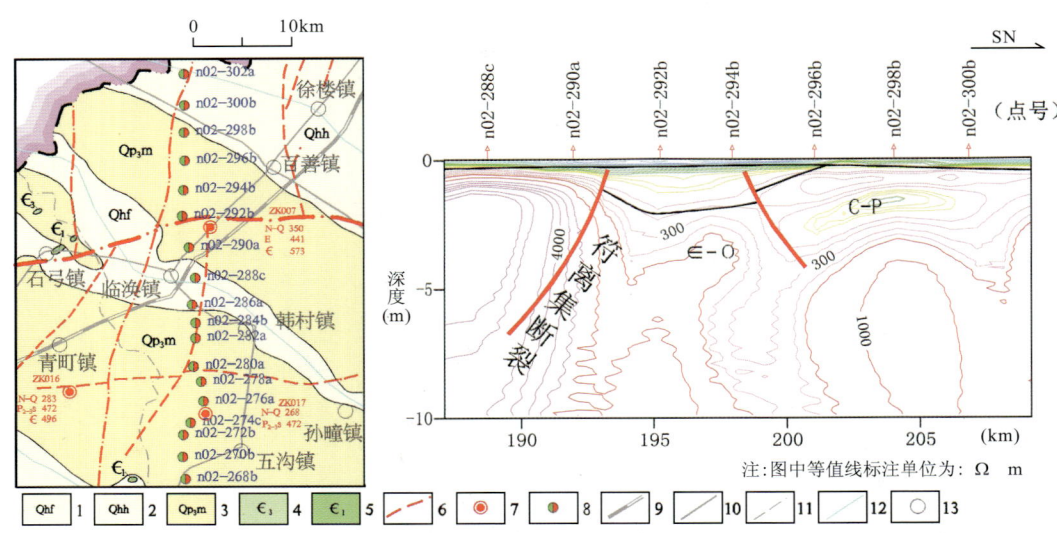

图 8-25 淮北地区 NS660 线 MT 点位及剖面反演图

1.丰乐镇组;2.怀远组;3.茆圹组;4.寒武系中统;5.下寒武统;6.推断断裂;7.已知钻孔;8.MT 点位;
9.铁路;10.公路;11.行政区界线;12.河流;13.镇政府

《安徽省区域地质志》中提出沿江地区存在 3 种类型的基底,即大别式深变质基底、江南式浅变质基底和沿江一线的下扬子双层基底。后来的研究成果虽然提出诸多新的认识,但总体上没有改变上述 3 类基底的论点。

大别地区由于深变质岩系广泛出露地表,虽然地层年龄测定结果差异巨大,有人提出该套岩系可能为造山运动时高压、高温变质的产物,但基底仍为深变质岩系无法否定,不同的是有人将其归入太古宇,有人将其划入古元古界。在多条 MT 剖面上,大别地区上层均显示为高阻层,视电阻率在 $2000\Omega \cdot m$,最高达 $5000\Omega \cdot m$ 以上。由于大别造山带后期中酸性岩体大规模侵入,结合航磁资料推断这一高阻层为深变质岩系和中酸性岩体的共同反映,所以大别山式基底为深变质岩系。在大别地体南缘见有宿松群和张八岭群中浅变质岩系,它们仅是黄破断裂以北大别深变质岩系上覆地层的残留部分。

江南隆起带中,东至—泾县一带几乎被燕山期侵入岩充填,在 MT 剖面上为高阻显示。其彭泽、东至以南地区,中新元古代的上溪群浅变质岩大面积出露(相当于江西的双桥山群),为一套浊积复理石沉积岩系夹有海相火山岩,近来研究报告将其分为上溪群和历口群,但它们都是一套浅变质岩系。其上局部被震旦和上古生界覆盖。在 MT 剖面上,上溪群和历口群反映为中高阻,视电阻率约 $2000\Omega \cdot m$,厚约 4km,表明扬子陆块上的中新元古界为一套中高阻岩系。值得注意的是,在视电阻率 $2000\Omega \cdot m$ 之下还有 $5000\Omega \cdot m$ 电性层存在,该高阻层一直向南延伸,推测在上溪群地层之下应还有一套厚度巨大的高阻岩系。从航磁异常图来看,该区处于高背景平稳场,不具有岩体异常特征,因此,完全可以排除是深部隐伏岩体所致,故这一高阻岩系是深变质岩系无疑,有可能和江西的星子岩群及安徽的董岭群相类似。由此,我们认为江南隆起带具有双层基底,以往认为江南式基底仅存在上溪群和历口群浅变质岩系的观点值得重新认识。

区内沿江一带为扬子前陆区。江西庐山东麓见有星子岩群,由云母石英片岩、角闪斜长片岩、片麻岩组成,江西地学界将其归为古元古界;安庆地区有董岭岩群出露,其下段主要由低角闪岩相的浅灰-肉红色斜长片麻岩类组成,原岩为一套基性火山岩和火山碎屑岩,燕山期花岗岩使其以底辟形式出露地表,目前地学界将董岭杂岩划归古中元古界,均为中深变质岩。此外,在江苏埤城亦出露中深变质岩系,岩性与董岭相近,因此,这套岩系应具有高密度、高磁、高阻物性特征。本次处理的通过扬子前陆带的所有电法 MT 剖面,均反映在深部存在一个高阻电性层,推测即为中深变质岩系,埋深在 10km 左右,证明扬子前陆区具有统一的变质基底,只是埋深较大,且受浅部褶皱和岩体的影响严重,重磁场只能将其视为背景场考虑。

关键的问题是,扬子前陆区是否存在双层基底,即在深变质基底之上是否存在浅变质岩系(褶皱基底)。依据区内岩石电性特征,深变质基底和震旦纪—奥陶纪碳酸盐岩在MT剖面上均反映为高阻,在这两个高阻电性层之间,区内普遍存在一沿剖面方向连续性较好的低阻电性层,其视电阻率值一般很低。如果统一考虑区内的MT剖面,则这一低阻层在扬子前陆带普遍存在。由于区内MT剖面不是同一时段、同一仪器实测,可以排除测量结果的不可靠性,证明这一低阻层客观存在。

MT剖面明显反映江南隆起带上的上溪群浅变质岩系视电阻率一般在2000Ω·m,显然不能与前陆带这套低电性层类比,故可以肯定下扬子地区存在一套与江南隆起区上溪群等差异较大的中新元古代的地层。结合地质成果分析,这套低阻电性层应为前震旦纪的陆缘碎屑岩层的反映,也可能包含早震旦世的一些沉积碎屑岩系,即目前所说的南华系和青白口系。这套低阻岩系有相当的厚度,应含泥质较多,且很可能未发生变质或变质程度很低。那么这套低阻岩系是否为褶皱基底呢?若将其视为褶皱基底,似乎与基底的定义相悖,如果将其归入盖层序列,下扬子基底的双重性将要重新定义其内容。

目前地学界多认为江南基底和下扬子基底有个过渡带,该带约在安庆—铜陵一线。以上述分析结果来看,江南和扬子两种基底性质差异较大,并不存在两种基底的拼合问题,也不存在过渡问题。实际上由于江南隆起向北的推覆运动,扬子前陆带基底的南缘、包括基底之上的部分盖层已被江南隆起所逆掩。

综上所述,安徽沿江地区存在3种基底类型:大别式基底为磁性深变质基底,江南隆起带应为双层基底,扬子前陆带基底较复杂,星子、董岭、埤城式变质基底之上一套低阻层的归宿,尚有待地学界仔细分析研究。

(二)庐枞盆地基底讨论

庐枞地区是安徽省著名的岩浆岩分布区,位于长江北岸,西起太湖,过怀宁枞阳至庐江县境内,北东走向,长约150km,北东宽,南西窄,最宽约40km。北侧为潜山盆地,南侧为沿江断陷。在地质图上,该带地层极为复杂。周边被白垩系和第四系覆盖,中间大面积出露晚侏罗世—白垩纪火山岩及侵入岩,并有古生代地层出露,在安庆以西董岭地区还出露有古元古代董岭岩群深变质岩。

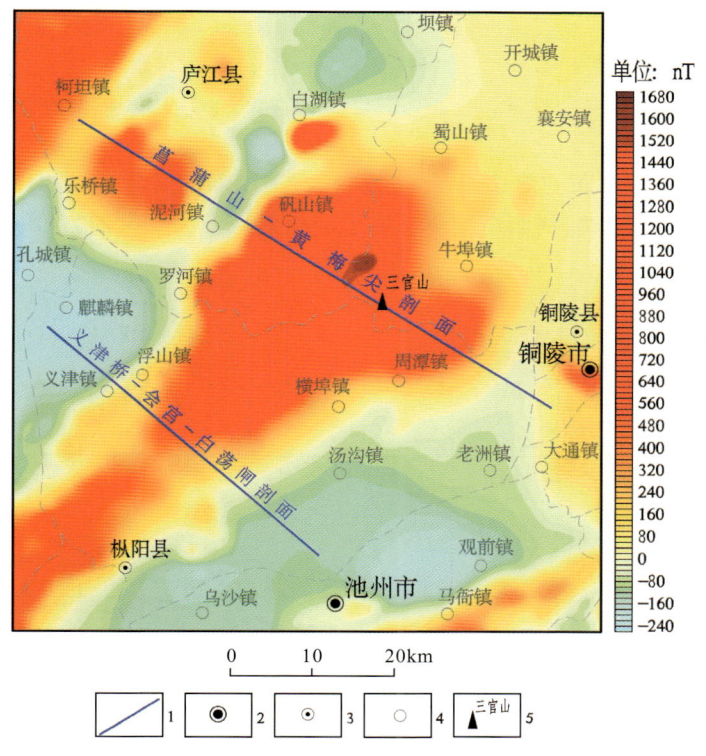

图8-26 庐枞盆地磁异常等值线及菖蒲山-黄梅尖剖面位置图
1.2.5D反演剖面;2.市、地区政府;3.县政府;4.镇政府;5.山峰

庐枞盆地的磁异常(图8-26),是由侵入体与浅部火山岩叠加形成。在地表火山岩广泛出露,自怀宁西至庐江,北东向断续延伸数十千米,沿带亦断续有侵入岩露头呈斑块状分布,最大露头面积可达20多平方千米。总体来说,火山岩各处虽厚薄不匀,而侵入岩部分深埋地下,其规模大小、形态、延深情况皆属未知,故两者叠加后形成的异常十分复杂。根据地表露头情况判断,侵入岩与火山岩相互穿插,其横向上的赋存状态虽可大致推定,但纵向上的关系即火山岩盆地以下是否存在

大范围深部岩体(基),则属于一个需要推定的重要问题,特别对于庐枞火山岩盆地尤显重要,因为这与金属矿找矿,尤其是深部隐伏矿床的找矿远景有很密切的关系。

为了探讨庐枞火山岩盆地深部情况,我们选取了两条剖面进行2.5D定量反演。第一条剖面选择了穿过庐枞盆地的主体部位的庐枞菖莆山-黄梅尖剖面,剖面计算结果(图8-27)说明,庐枞盆地地下8km以上为一岩浆房。

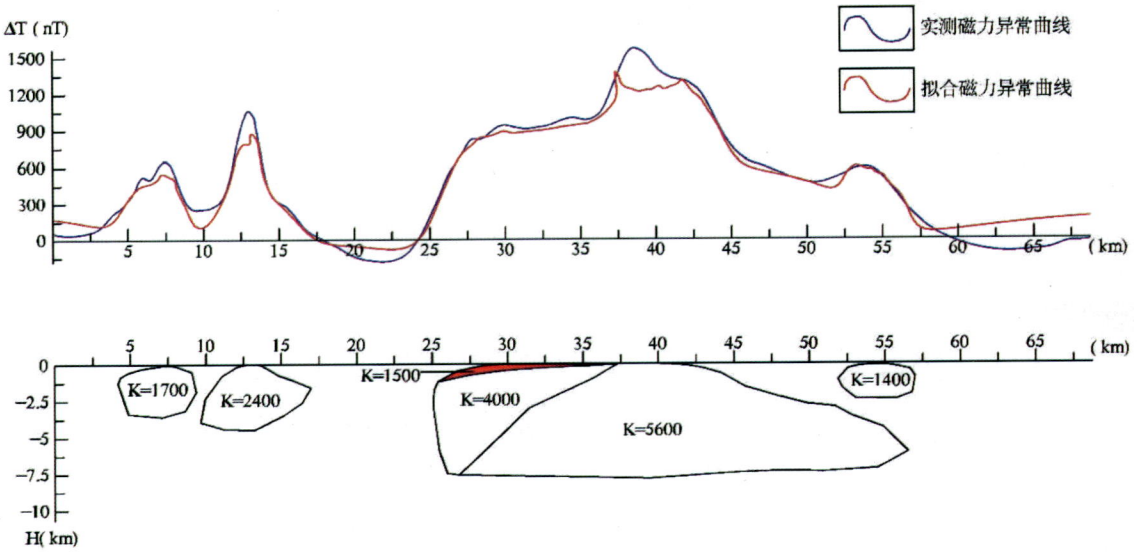

图8-27 庐枞菖莆山-黄梅尖剖面反演解释图

第二条剖面选择了穿过庐枞盆地南部的义津桥-会宫-白荡闸剖面,剖面位置见图8-26,反演结果见图8-28,剖面结果亦证明了庐枞盆地下为一大的岩浆房。

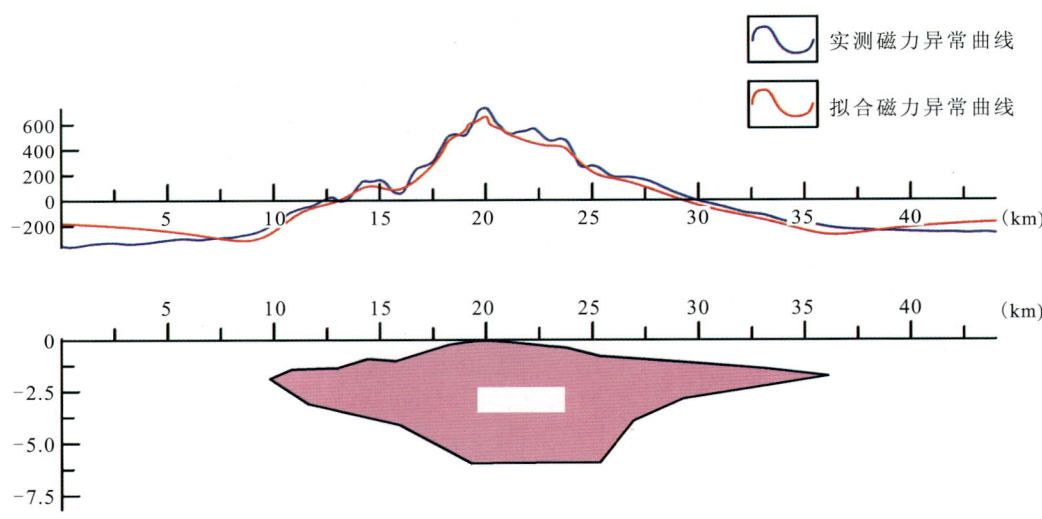

图8-28 义津桥-会宫-白荡闸剖面图

为了进一步说明庐枞盆地基底情况,我们假设庐枞盆地不存在大的岩基,进行正演,结果见图8-30,正演结果显示,当火山岩盆地磁化率选择为$3000\times10^{-6}\cdot4\pi SI$,厚度为3km时,正演场值仅为450nT,而庐枞地区磁场高达1000nT以上,该模型无法解释,反过来说明庐枞盆地下面应该存在一岩浆房。

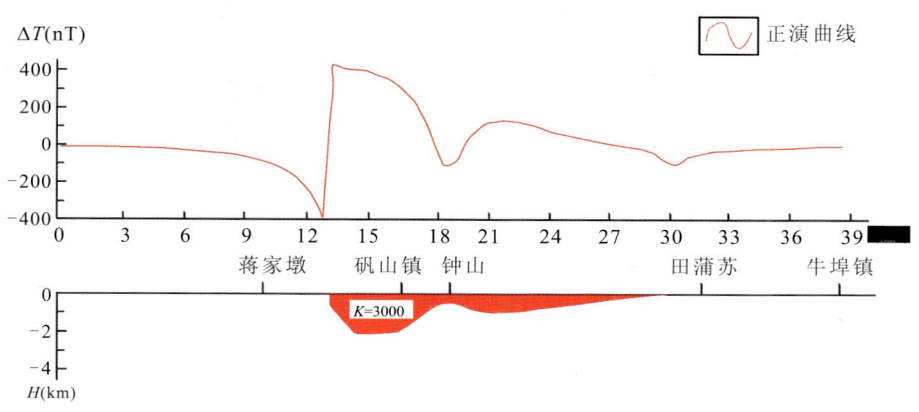

图8-29 蒋家墩-田蒲苏剖面正演结果图

另外,我们收集了庐枞地区的 MT 电测深剖面(图8-30),电测深结果与反演解释剖面吻合,也与区域磁场分离的结果相符,证明庐枞盆地下方为一岩浆房的结论是可信的。

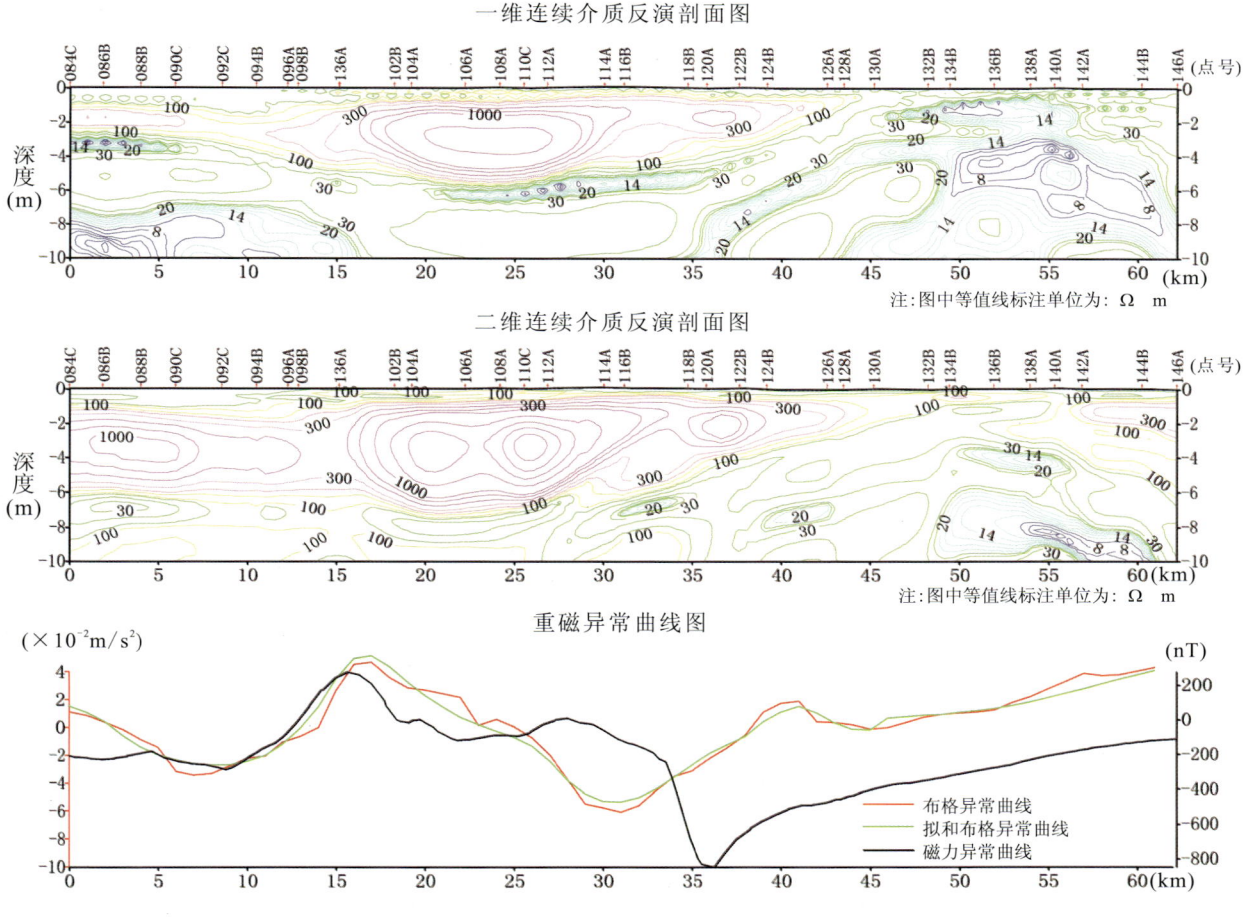

图8-30 庐枞地区 MT 剖面综合解释剖面图

第二节 重力方法在资源潜力评价中的应用创新

一、重磁组合识别铁矿异常的方法

本次矿产资源潜力评价中,总结出利用重磁组合异常判别铁矿异常评价方法,为分析安徽省航磁异常的找矿意义提供了重要依据,发挥了不可替代的作用。

(一)玢岩型铁矿异常的识别

(1)位于近北东向和近东西向的断隆交会处,以重力场和磁场双高组合为特征(图8-31)。

(2)隆起带上的火山岩保存较好,砖桥组火山岩地层未出露或未被破坏。

(3)异常位于北东(北北东)向主干控岩控矿断裂与东西向、北西向和南北向次级断裂构造交会部位。

(4)有中基性侵入岩分布(重磁推断),重磁场上表现为重磁双高组合。侵入体有一定的下延深度,在系列向上延拓图上消失缓慢,而重新下延或垂向求导后局部异常明显。

(5)在特殊处理后的局部异常图上呈典型的重磁双高同位组合。

(6)异常呈等轴状或肾状,由于异常为岩体和矿体的综合反映,因而强度大,化极后负值异常不明显。

(二)沉积热液叠加改造型铁矿异常的识别

(1)位于近北东向和近东西向的断隆交会处,以重力场和磁场双高组合为特征。

(2)隆起带上的火山岩保存较好,以 J_2l 为代表的火山岩基底地层未出露或未被破坏。

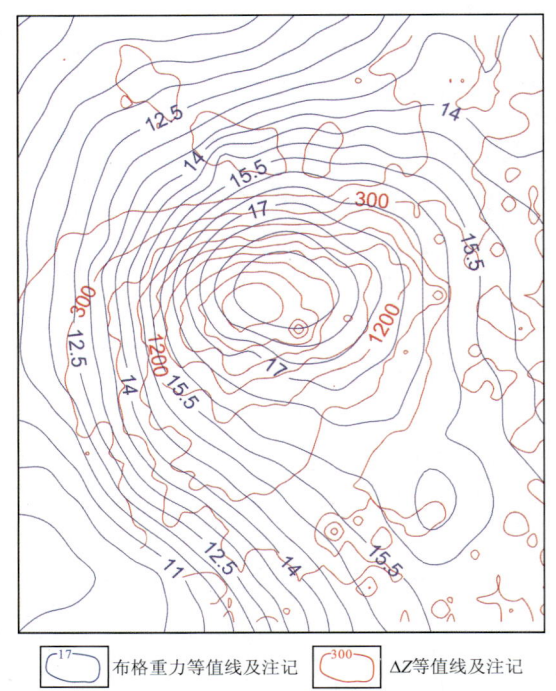

图8-31 罗河铁矿区重、磁异常平面图

(3)异常位于北东(北北东)向主干控岩控矿断裂与东西向、北西向和南北向构造交会处。

(4)有中酸性侵入岩分布(重磁推断),区域上以重低(或重梯)磁高为特征;侵入体有一定的下延深度和规模,在系列向上延拓图上消失缓慢,而重新下延或垂向求导后局部异常明显。且组合形式逐渐转换为重磁双高的偏心组合。

(5)在特殊处理后的局部异常图上呈典型的重磁双高同位组合。

(6)异常呈条带状展布,埋深较大时异常面积较大但强度较小,埋深较小(钟山铁矿)时异常面积较小但依然醒目。

(三)矽卡岩型铁矿异常的识别

(1)重力异常梯级带与成矿关系密切。重力梯级带是区内重要找矿标志,有72.73%矿床(或矿体)

位于重力梯级带上。其次是重力高异常,有18.18%矿床(或矿体)位于重力高异常区。重力低异常区有磁异常存在时也有矿床(或矿体)存在,占9.09%。

(2)磁异常与成矿关系最为密切。省内规模以上的徐楼式铁矿、前常式铁铜矿和部分前常式铜金矿矿体均有磁异常存在。仅部分前常式铜金矿矿体没有磁异常存在。强磁异常多由铁矿引进,低缓异常也可以形成铁矿床。磁异常强度越大、梯度越高,矿致可能性越大。反之,越小。

(3)重梯磁高和重磁同高组合异常与成矿关系密切。重梯磁高和重磁同高是区内重要成矿组合异常,重梯磁高矿床(矿体)占51.52%,重磁同高占18.18%,合计69.7%。

(4)矿致磁异常共有4个方向,北西向和北东向是区内主要控矿方向,表明此两组方向是省内主要控矿方向,与控矿构造分析一致。

(四)沉积变质型铁矿异常的识别

(1)太古宙含矿建造分布区,铁矿体呈条带状展布。
(2)磁铁矿石磁性强,比围岩大1个到几个数量级。
(3)一般来说,航磁异常强度大,梯度陡,呈条带状展布,延伸范围较大,且与铁矿层的走向基本一致。当飞行高度很高或矿体埋藏很深时,则形成强度不大的低缓异常。
(4)地磁异常强度大,梯度陡,一般呈条带状展布,延伸范围较大,且与铁矿层的走向基本一致。应当注意的是,当矿床埋藏深度大时,也可能表现为强度不大的低缓异常。
(5)地磁异常常伴有较大的负值异常。

二、矿产资源量估算方法

安徽省矿产资源潜力评价中选取的铁、铜、金等17个矿种中,只有磁铁矿是有磁性的,可以通过磁法结合重力直接进行资源量的估算,其他矿种主要是利用重力资料分析矿床所处的地质环境、成矿的有利程度,对各类与矿有关的侵入岩体、变质岩及断裂的分布、几何形态、延伸、延深等要素的解释与推断,通过圈定控矿要素的方法,间接预测矿产资源量。

(一)磁性铁矿资源量估算方法(玢岩型)

玢岩型铁矿异常在重力场和磁场上呈"重磁双高"组合特征,因此,该类矿产资源量主要以重力结合磁法、采用2.5D人机交互解释软件拟合法进行资源估算,具体方法如下。

用2.5D人机交互解释软件拟合重磁异常,待拟合结果满意后,便可求出磁性矿体体积。

通常情况下,2.5D人机交互定量计算中使用的强磁性(通常磁化强度大于$20\ 000 \times 10^{-3}$ A/m、或磁化率大于$50\ 000 \times 10^{-5}$ SI)模型体即可视为磁性矿体,其体积就是磁性矿体的体积。

该方法也可用于与铁磁性矿体伴生的矿床资源量的计算,如安徽省安庆铜矿就是这样的例子。

资源量计算公式为:
$$Q = V \times d$$
式中:Q为磁铁矿体资源量;V为校正后磁铁矿体体积;d为矿石平均密度。

预测工作区采用的密度为预测工作区内或邻近地区同类已知矿床的平均密度。

磁铁矿体体积计算公式为:
$$V = k \sum_{i=1}^{n} V_i$$
式中:V为校正后磁性矿体体积;V_i为第i号磁铁矿体体积;n为磁铁矿体个数;k为磁铁矿体体积校正

系数。

体积校正系数 k 包括矿化体校正系数 T_h 和含矿系数 T_j 两项,即:
$$k = T_h \times T_j$$

使用 2.5D 人机交互定量计算中几个重要参数的选取方法如下。

1) 剖面曲线选择

进行定量解释的重力异常,一般选择一条有较好代表性的完整剖面,剖面重力异常数据采用图切法获得,少量为原始精测剖面。重力剖面选取,主要根据异常形态确定。非等轴异常的解释剖面尽量选择与异常长轴方向垂直,且向两端延伸到正常场区;延伸较长或条带状异常,尽量多选取几条剖面,以全面反演场源体在不同部位的形态。对选取的异常剖面,采用人机联作二度半或三维反演等方法进行解释。

用于磁异常定量解释的剖面数据,最好使用接近异常中心的原始测量剖面数据。当原始测量的剖面方向与磁异常的走向交角较小(小于 45°)时,应从等值线图上垂直磁异常走向切取过异常中心的人工剖面数据,而且制作等值线图的网格化数据的点距应尽可能小(原始测线距的 1/3~1/4)。

对于一般磁异常的定量解释,通常对 1 条主剖面进行计算即可。对于推断由矿体引起的磁异常,如果需要计算资源量,则应根据磁异常的平面形态,取 1 条或多条剖面数据进行计算。如磁异常宽度沿走向变化不大时,仅取 1 条剖面计算;如磁异常宽度沿走向变化较大时,应取多条剖面进行计算,但通常不多于 3 条剖面。剖面长度以取到异常两侧正常场为宜。

2) 确定地质体走向长度

结合资料异常形态特征,一般采用能反映磁性矿体空间全貌的磁异常的垂向一阶导数的零值线的走向长度范围。

3) 旁侧地质体的考虑

2.5D 计算中,有时由于两异常靠的较近,在拟合时,异常所反映的地质体互相会形成干扰,应作为旁侧干扰地质体处理并进行整体拟合,资源量计算中则需要视情况作累加或单独计算。

4) 密度、磁化强度的确定

在使用 2.5D 拟合法或 3D 拟合法对异常进行定量解释时,需要确定各模型体的密度及磁化强度。

确定各模型体物性参数时,应根据定性解释的推断结果和研究区实测岩矿石的密度、磁化率、剩余磁化强度综合确定,特别是磁化强度具体要用岩矿石的感应磁化强度和剩余磁化强度进行矢量合成。

此外,由于地表岩矿石都经受了风化作用,其磁性一般会降低,因此,使用的岩矿石磁化率、剩余磁化强度值可以高于地表实测值。

5) 磁化倾角的确定

在使用 2.5D 拟合法或 3D 拟合法对磁异常进行定量解释时,需要确定各模型体(磁性体)的磁化倾角。

确定各模型体(磁性体)的磁化倾角时,应根据定性解释的推断结果和研究区实测的岩矿石的剩余磁化方向,以及研究区的地磁场方向综合确定,具体是用岩矿石的剩余磁化方向与地磁场方向进行矢量合成。

对于大多数岩矿石来讲,由于剩余磁化强度很弱,因此可以忽略剩余磁化方向,而直接使用地磁场方向;但是,当岩矿石的剩余磁化强度较大时,则应考虑剩余磁化方向的影响。

6) 模型背景物性及剖面方向的确定

就目前使用的 2.5D 拟合软件(GeoExpl、RGIS、GMVPS)来说,都要求输入模型的背景密度,地磁场参数(地磁场倾角、偏角、强度)及剖面方向等,因此在开始每条剖面拟合前,一定要输入这些参数。特别要强调的是,剖面方向通常使用方位角(从北起,向东为正、向西为负)。

7) 含矿系数的确定

矿系数确定依据分 3 种情况:①用实测数据计算夹石修正系数;②用实测数据计算矿化体校正系数;③用探明资源储量 Q_r 与 2.5D 拟合软件求出,并经必要校正的矿床已控制矿体的体积(不包括矿床深部及外围未控制矿体的资源量)和矿石平均密度的比值。

重力定量解释实例见"大包庄铁矿51线与Ⅱ线勘探线剖面资源量估算过程介绍"。

(二) 矽卡岩型矿产资源量估算方法

安徽省矽卡岩型矿产众多,以矽卡岩型铜矿为例,介绍其资源量预测方法。

矽卡岩型铜矿体产于岩浆岩与碳酸盐岩接触交代矽卡岩内外及附近围岩中。主要分布在沿江一带及淮北地区。岩浆岩为燕山期中酸性侵入体,碳酸盐岩在沿江一带主要为下石炭统至中下三叠统,在滁县及淮北为寒武系、奥陶系。矿床规模以中小型为主,个别矿床为大型。矿体成群出现,形态多变。含铜品位较高,共伴生矿产种类较多,有铁、硫铁矿、金、银等,为省内最重要的铜矿床类型。矽卡岩型铜矿资源量计算涉及以下两种情况。

1) 与磁铁矿伴生

安徽省矽卡岩型铁铜矿床较多,如濉溪前常铁铜矿、铜陵市安庆铜矿、铜陵铜官山铜矿等,此类矿床与高密度的碳酸岩关系密切,达到一定规模的矿体均有"重高磁高"重磁异常显示。强磁异常多由铁矿引起,个别矿体埋深较大时,则形成低缓磁异常。一般来说,磁异常强度越大,梯度越高,矿致可能性越大。

通常情况下,2.5D人机交互定量计算中使用的强磁性(通常磁化强度大于 $20\,000\times10^{-3}$ A/m,或磁化率大于 $50\,000\times10^{-5}$ SI)模型体即可视为磁铁矿,其体积就是磁铁矿的体积。

而铜矿体的体积就可以由磁铁矿的体积乘以体积校正系数得到。该体积校正系数为典型矿床已控制矿体中的磁铁矿与铜矿体积之比。

铜矿体积乘以预测工作区同类典型矿床的平均密度,可得到铜矿资源量。

2) 独立铜矿或与其他矿种伴生

由于铜矿体本身不具磁性,因此通过航磁直接估算铜矿资源量是行不通的,但可以通过重力结合磁法定量计算赋矿岩体间接达到估算资源量的目的。

矽卡岩本身具有高密度和一定磁性,当岩体形成一定规模时,可以引起较强的重磁异常。通过2.5D人机交互解释软件拟合,可以计算出矽卡岩体的规模。

通过典型矿床已有勘探剖面估算沿岩体与地层接触带分布的矿体厚度,结合定量计算结果,可以估算出铜矿石的体积,结合密度参数,可以估算铜矿资源量。

资源量计算公式为:
$$Q = V \times d$$
式中:Q 为矽卡岩型铜矿资源量;V 为铜矿体体积;d 为矿石平均密度。

预测工作区采用的密度为预测工作区内或邻近地区同类已知矿床的平均密度。

(三) 斑岩型矿产资源量估算方法

安徽省斑岩型矿产主要有斑岩型铜矿和钨、钼矿。

斑岩型铜矿主要产于石英闪长斑岩、花岗闪长斑岩岩内,少量产于靠近接触带或呈捕虏体的志留纪砂页岩中。矿床规模可达中型。矿体成群出现,厚度较大,形态主要为扁豆体。此类矿床有庐江沙溪铜矿、贵池马石铜矿等。

斑岩型钼矿主要分布在金寨县东南、祁门南部和泾县地区等。金寨县沙坪沟为近年在大别造山带北部北淮阳构造带东段发现的超大型钼矿,钼矿化与花岗斑岩的关系十分密切,常围绕花岗斑岩体形成矿化分带。钼矿体主要产于花岗斑岩体上部内外接触带的围岩一侧。泾县茂林檀树岭钼矿的矿体产于花岗闪长斑岩体内,呈岩株状产出于茂林岩体内部,岩体普遍矿化。祁门县里东坑钼矿床主要产于晚侏罗世斜长花岗斑岩内，区内岩枝及岩脉较发育，与钼矿化关系密切，围岩蚀变有硅化、云英岩化、绢云母化等，伴生有少量钨、铜、金等，矿床规模为小型。

斑岩型矿产的赋矿岩体，如石英闪长斑岩、花岗闪长斑岩、花岗斑岩等均具有低密度较强磁性的特点，当岩体达到一定规模时，可以引起"重低磁高"异常，通过2.5D人机交互解释软件拟合重力异常（部分磁异常），可以计算出斑岩体的体积。

再通过铜矿的体积校正系数、密度，估算铜矿石量。铜矿的体积校正系数通过典型矿床已有勘探剖面计算出岩体的体积与铜矿体积之比得出。

斑岩型铜矿资源量计算公式为：
$$Q = V \times d$$
式中：Q 为斑岩型铜矿资源量；V 为铜矿体体积；d 为矿石平均密度。

预测工作区采用的密度为预测工作区内或邻近地区同类已知矿床的平均密度。

斑岩型铜矿体体积计算公式为：
$$V = kV_1$$
式中：V 为铜矿体体积；V_1 为2.5D定量计算出的岩体体积；k 为铜矿体体积校正系数。

体积校正系数 k 为该预测工作区典型矿床铜矿体体积与岩体体积之比，即：$k = V_{铜矿体}/V_{岩体}$。

（四）沉积变质型矿产资源量估算方法

安徽省沉积变质型矿产除铁矿外，主要为菱镁矿和磷矿。

沉积变质型菱镁矿主要分布在霍邱地区，含菱镁矿地层为新太古代吴集组和周集组，与区域含铁岩组一致。根据重力推断了前寒武纪地层的分布范围，由于含铁岩组是有磁性的，所以只要在重力推断前寒武纪地层的基础上再剔除无磁性的部分，剩下的区域就是菱镁矿的成矿有利地区。利用预测工作区内已知矿床物探、化探、钻孔、地质等相关资料，估算出控矿地层中菱镁矿石的厚度。最后根据由典型矿床统计的密度、矿石品位以及含矿系数，可以估算预测工作区的菱镁矿资源量。

沉积变质型磷矿分布在宿松、肥东两地，为安徽省主要磷矿类型，探明资源量占全省的94%。

含矿地层分别为元古宙宿松群柳坪组、虎踏石组及肥东群双山组，含矿岩系（或岩段）为中等程度变质的区域变质岩，其磁性中等，密度较高。在重力资料推断前寒武纪地层的基础上剔除无磁性部分，剩下的就是变质岩的分布范围，即沉积变质型磷矿的成矿有利地区。利用预测工作区内已知矿床物探、化探、钻孔、地质等相关资料，估算出控矿地层中磷矿石的厚度。之后根据由典型矿床统计的密度、矿石品位以及含矿系数，可以估算预测工作区的磷矿资源量。

与此类似的还有张八岭热液型重晶石矿预测工作区和蚌埠热液型重晶石矿预测工作区。张八岭预测工作区重晶石矿控矿地层西冷组为变质海相火山岩地层，蚌埠预测工作区西固堆岩组为黑云母变粒岩、角闪变粒岩、斜长角闪岩、浅粒岩，也属于重磁同高的特征，可以使用相同的方法圈定，进而估算重晶石资源量。

（五）沉积风化型矿产资源量估算方法

(1) 利用重力资料，结合磁测资料对目标工作区断裂、岩浆岩、变质基底等地质构造做定性定量解释。

(2) 利用重力资料对目标区内盆地解释，计算出盆地等深面。

(3) 利用重力垂向二阶导数零值线作为隐伏区的控矿地层深部边界，估算出控矿地层的面积（S）。

(4) 利用搜集的目标区内已知矿床物探、化探、钻孔、地质等相关资料，采用加权平均的方法统计估算出矿体的垂向平均厚度（h）。

(5) 最后统计矿体的密度（σ）及含矿系数（K）。

(6)综合以上因素,估算了目标区沉积风化型资源量(M),即:$M=\sigma\times(S\times h)\times K$。

应用实例见锰矿资源潜力评价中宣城预测工作区沉积风化型锰矿资源量估算、银矿资源潜力评价中黟县预测工作区层控叠改型银矿资源量估算、硫矿资源潜力评价中歙县岔口预测工作区沉积型硫矿资源量估算、菱镁矿资源潜力评价中霍邱预测工作区沉积变质型菱镁矿资源量估算等。

(六)沉积热液叠改型矿产资源量估算方法

(1)利用重力资料,结合磁测资料对目标工作区断裂、岩浆岩、变质基底等地质构造做定性定量解释。
(2)利用重力资料对目标区内盆地解释,计算出盆地等深面。
(3)利用重力垂向二阶导数零值线作为隐伏区的控矿地层深部边界,估算出控矿地层的面积(S)。
(4)利用搜集的目标区内已知矿床物探、化探、钻孔、地质等相关资料,以出露控矿地层为准,向下延伸根据地层产状及剖面定量计算结果确定(h)。
(5)最后统计矿体的密度(σ)及含矿系数(K)。
(6)综合以上因素,估算了目标区沉积风化型资源量(M),即:$M=\sigma\times(S\times h)\times K$。

应用实例见锰矿资源潜力评价中宁国-绩溪预测工作区沉积热液叠改型锰矿资源量估算、重晶石矿资源潜力评价中东至-石台及宁国-绩溪预测工作区重晶石矿资源量估算等。

应潜力评价任务要求,以上对沉积型矿产资源量估算方法的初步尝试,其实际应用效果有待实践检验。

三、迭代延拓剩余异常计算

在大量试验、计算对比的基础上,总结出迭代延拓剩余异常计算的异常信息提取方法以及在火山岩、侵入岩发育区的火山岩厚度计算方法的突破,为安徽省玢岩型铁矿(罗河式)和沉积叠加改造型铁矿(龙桥式)预测奠定了良好的基础。

第九章　勘查部署建议

根据安徽省地质工作程度和近年勘查工作的主要进展，就省内主要金属矿产资源勘查工作，在工作部署上将体现"立足深部、拓展外围、开辟新区"的指导思想，主要采取"理论指导、技术优先、综合研究、重点突破"的技术路线。根据《安徽省 861 行动计划》《安徽省第二轮矿产资源总体规划》《安徽省地质勘查规划》和《安徽新一轮铁矿勘查方案》(2008—2012)《长江中下游成矿带地质找矿工作部署方案》《安徽庐枞地区铁铜矿整体勘查方案》等一系列规划和统一部署方案，结合本次全省铁、铜、铅锌、金、钨、锑、磷、稀土、锰、锡、钼、银、硫、萤石、菱镁矿、重晶石等矿产资源潜力评价成果，就安徽省重要矿产资源勘查工作部署提出以下建议：以科学发展观为统领，落实《国务院关于加强地质工作的决定》和 2009 年 8 月李克强副总理在国土资源部视察时的指示精神，安徽省矿产勘查工作将以科学为指导，利用公益性地质调查为先导，省国土资源厅统筹中央、地方和社会资金投入的地质工作，充分发挥各方积极性，取得具有重要影响的找矿成果，实现区域找矿重大突破。

一、部署原则

（1）坚持统一部署。根据区域成矿地质背景、成矿规律，在前人工作的基础上，对全省地质找矿工作实行统一部署，合理安排中央、地方和社会资金投入的地质工作。

（2）突出重点。围绕国家、地方急缺矿产，突出区内找矿最有利的地段，首先实施勘查验证试点、示范，指导下一步地质找矿工作。

（3）坚持统一协调、多方联动。安徽省国土资源厅负责全省地质找矿的统一管理、统一部署。中国地质调查局负责安徽省境内地质矿产保障工程、国土资源大调查项目的实施，引导勘查基金和商业性矿产勘查；制订统一的技术标准，指导区内各类地质找矿项目的实施。安徽省地质勘查基金负责重要成矿靶区的勘查验证，进一步提升国土资源大调查成果。充分调动参与全省地质找矿的地勘单位、国有大型企业的积极性，切实保护参与单位的合法权益。

（4）以国家、省级整装勘查区为引领，潜力评价重力(航磁)研究成果阐明的重点找矿区带为目标，科学部署：①新发现的大范围有利成矿区带，主要部署新一代航磁测量，同时兼顾其他综合方法；②国家级重要成矿区带(如钦杭成矿带)等工作程度较低的远景区带上主要部署 1∶5 万重力测量，配以 1∶2.5 万～1∶5 万地磁；③具有重要找矿意义的矿集区，主要部署 1∶2.5 万～1∶5 万重力测量，同时辅以 1∶1 万～1∶2.5 万高磁测量；④新确立的省级整装勘查区，主要部署 1∶2.5 万～1∶5 万重力测量，同时辅以 1∶1 万～1∶2.5 万高磁测量；⑤对于重点找矿有重要突破意义的地区部署 1∶1 万重磁详查；⑥以以往重磁工作程度为基础，以找矿突破为目的，以基础数据更新为手段，走综合探测的路线；杜绝重复部署。

二、技术路线

在全省矿产资源潜力评价项目成果的基础上，择优选区，利用综合地球物理、地球化学勘查、数据处理技术方法进行隐伏矿、深部矿的勘查技术方法试验与验证,实现安徽省地质找矿的新突破。

三、具体工作部署建议

(一)重力工作部署建议

根据安徽省潜力评价重力研究成果,对全省重点找矿区带重力调查工作做了部署(图9-1),具体部署工作如下。

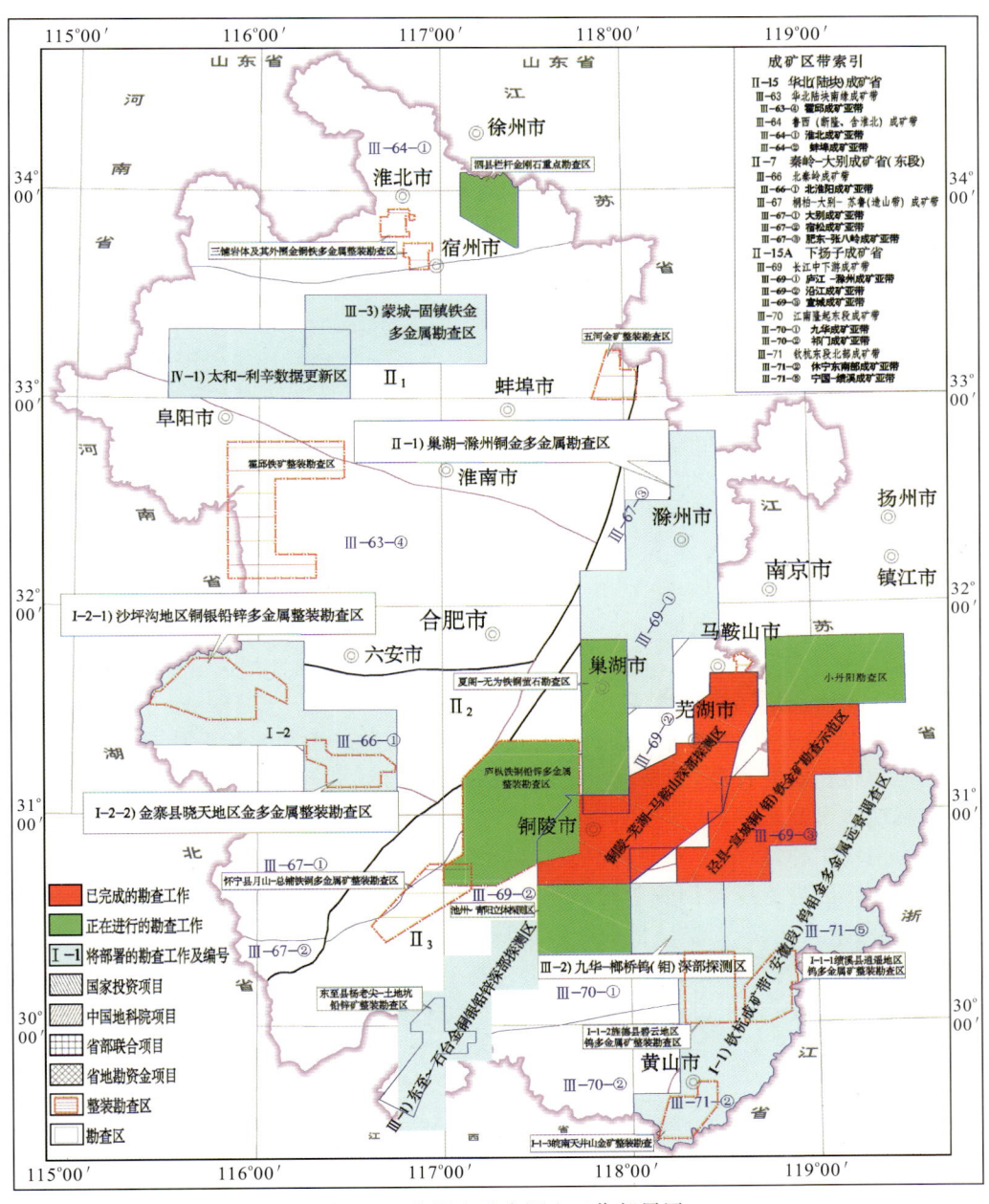

图9-1 安徽省重力调查工作部署图

1. 钦杭成矿带(安徽段)勘查区(I-1)

主要任务:通过实施整装勘查,实现皖南找矿重大突破,提高我国钨钼等优势矿产资源保障程度。提高区内基础地质工作研究程度,开展区域矿产资源调查评价;进行重大基础地质问题的科技攻关,全面提升区内基础地质研究水平,基本查明成矿地质背景,为找矿突破提供方法技术支撑。

主要工作内容:

(1)以钨钼银为主攻矿种,以矽卡岩型钨钼银矿为主攻方向,兼顾斑岩型钼银矿、热液型(石英脉型)铅锌、金、银矿。综合分析地物化异常和矿(化)线索,通过1:5万高精度地球物理(重磁)等综合调查手段(其中1:5万高精度重力面积约11 608km^2)圈定矿致异常、矿(化)点和找矿靶区。

(2)对有利找矿靶区进行择优勘查验证,根据就矿找矿的原则,对已有矿化信息的矿区进行重点勘查,争取实现找矿的重大突破,新增一批勘查后备基地,探求333+334类资源量。

(3)综合已有地质调查的各种资料,开展钦杭成矿带(安徽段)立体探测,围绕解决区域性关键地质问题,编制系列基础图件,探讨华南前寒武纪大地构造格局,研究区域成矿地质背景。

(4)本勘查区包括3个勘查子区:①绩溪县逍遥地区钨多金属矿整装勘查区;②皖南天井山地区金矿整装勘查区;③皖南天井山地区金矿整装勘查区。

主攻矿种:钨、钼、银、铅锌、铜、金。

预期成果:新发现一批异常,提供找矿靶区10处。

该区3个子勘查区具体工作部署如下。

1) 绩溪县逍遥地区钨多金属矿整装勘查区

主要任务:大致查明区内地层、构造、岩浆岩与成矿关系。建立该区找矿标志及模型,对区内的主要矿种钨、铜、银及多金属矿系统开展普查评价工作。

主要工作内容:在区内开展1:5万地面重力调查工作,同时开展1:5万磁测及面积性可控源音频大地电磁测量工作,总面积约1500km^2。利用重、磁、电综合物探正、反演技术,结合地质、钻探验证等手段建立该区找矿标志及模型。

主攻矿种:钨、钼、银。

预期成果:提交大中型矿产地3~5处,提交钨10×10^{4}t,铜50×10^{4}t,银2000t,金20t,铅锌20×10^{4}t。

2) 旌德县碧云地区钨多金属矿整装勘查区

主要任务:通过实施整装勘查,实现皖南找矿重大突破,提高我国钨钼等优势矿产资源保障程度。提高区内基础地质工作研究程度,开展区域矿产资源调查评价;进行重大基础地质问题的科技攻关,全面提升区内基础地质研究水平,基本查明成矿地质背景,为找矿突破提供方法技术支撑。

以钨钼银为主攻矿种,以矽卡岩型钨钼银矿为主攻方向,兼顾斑岩型钼银矿、热液型(石英脉型)金、银矿。对有利找矿靶区进行择优勘查验证,根据就矿找矿的原则,对已有矿化信息的矿区进行重点勘查,争取实现找矿的重大突破,新增一批勘查后备基地,探求333+334类资源量。

主要工作内容:在区内开展1:5万地面重力调查工作,同时开展1:5万磁测及面积性可控源音频大地电磁测量工作,总面积约950km^2。利用重、磁、电综合物探正、反演技术,寻找有利找矿靶区,实现找矿突破。

主攻矿种:钨、钼、银。

预期成果:预计新增333+334类资源储量,分布为钨矿(20~30)×10^{4}t、钼20×10^{4}t,金20t,银1000t。形成5~6处大中型矿产资源基地。

3) 皖南天井山地区金矿整装勘查区

主要任务:系统收集分析区内各类成果资料,根据区域成矿规律和成矿地质条件,以天井山、小贺等金矿床成矿模式为指导,以构造蚀变岩型金矿为主攻方向,通过地质测量、物化探等工作,选择工作靶区,并以钻探等手段开展验证工作,以期在皖南金矿勘查有新的突破。

主要工作内容:在区内开展1∶2.5万地面重力调查,同时开展面积性磁测、大地电磁、化探等工作,总面积约571km²。利用重、磁、电、化等综合物探正、反演技术,寻找有利找矿靶区,实现找矿突破。

主攻矿种:金。

预期成果:力争3~5年取得重大突破,提交金矿20~50t。

2. 北淮阳-大别成矿亚带勘查区(Ⅰ-2)

1) 沙坪沟整装勘查区(Ⅰ-2-1)

主要任务:通过实施整装勘查,全面提高区内地质工作程度,在调查评价和综合分析研究工作的基础上,总结区域成矿规律,优选找矿有利地区,以寻找"沙坪沟"式钼矿、"汞洞冲式"铅锌矿、"银水寺"式铅锌矿等为重点,兼顾其他类型的金及多金属矿,通过择优勘查和重点勘查,实施必要的勘查工程,提供可进一步工作的普查矿产地5~8处,预期提交大—中型矿产地3~5处。

主要工作内容:在区内实施整装勘查,其中开展1∶2.5万地面重力调查,面积约1470km²。

主攻矿种:钼、铅锌。

预期成果:预计提交钼矿资源量(50~80)×10⁴t(333及以上),铅锌矿资源量(50~80)×10⁴t(333及以上),金矿资源量10t(333+334)。

2) 金寨县晓天地区金多金属矿整装勘查区(Ⅰ-2-2)

主要任务:通过实施整装勘查,全面提高区内地质工作程度,在面上调查评价和综合分析研究工作的基础上,总结区域成矿规律,优选成矿有利地区,以寻找"东溪、南关岭"式火山热液型金矿、"隆兴"式次火山岩型金矿、"戴家河"式浅成火山-次火山热液充填交代型金矿为重点,力争找矿取得突破。同时兼顾寻找斑岩型金、铜矿床和韧性剪切带型金矿床。

主要工作内容:在区内开展1∶2.5万地面重力调查,同时开展面积性磁测、大地电磁、化探等工作,总面积约640km²。利用重、磁、电、化等综合物探正、反演技术,寻找有利找矿靶区,实现找矿突破。

主攻矿种:金。

预期成果:提交金矿10~20t,提供可进一步工作的普查矿产地5~8处,预期提交矿产地2~4处。

3. 无为-巢湖-滁州勘查区(Ⅱ-2)

主要任务:在充分收集、分析研究前人1∶20万重力成果和区域地质调查的基础上,开展1∶5万重力测量,查明测区区域地球物理场分布规律和特征,圈定重力异常;开展测区地球物理综合研究,推断隐伏地质构造、岩体、火山岩等分布。研究区内金、铜、铁矿床与地球物理场的关系。圈定找矿靶区,开展地球物理找矿预测,进行找矿潜力分析。

主要工作内容:在区内开展1∶5万重力测量,面积约8301km²。

主攻矿种:金、铜、铁。

预期成果:①安徽1∶5万无为-巢湖-滁州勘查区重力调查成果报告及相关附图;②1∶5万无为-巢湖-滁州勘查区分幅重力基础图件;③测点重力数据;④进行以金、铜(铁)矿为主的找矿靶区预测。

4. 东至县杨老尖-土地坑铅锌矿整装勘查区(Ⅲ-1)

主要任务:通过加强兆吉口、土地坑、赵家岭等已知矿床(点)的勘查,扩大铅锌、金矿找矿成果;通过对重点异常区查证、矿化点的勘查,寻找新的金多金属矿矿产地;系统开展矿区外围及成矿地质条件有利区段及物化探异常区的找矿,对该区银、多金属矿资源潜力作出初步评价,寻找新的普查靶区。

主要工作内容:在区内系统开展物化探异常区找矿,其中开展1∶5万重力测量,面积约1066km²。

主攻矿种:铅锌、金、银。

预期成果:①预期提交333+334铅锌资源量50×10⁴t,金资源量5~10t,银200t;②提交矿产地4

处;③提交找矿靶区 6 处。

5. 榔桥-九华银铜钨钼多金属立体探测区(Ⅲ-2)

主要任务:

(1)深部结构和控矿地质体的重磁探测研究。在补充采集研究区各类岩矿石物性标本,测量密度、磁性和电性参数,在完善区域物性数据库的基础上,使用区域重磁等方法,对青阳-石台-东至勘查区实施综合地球物理探测,开展相应的数据处理方法技术研究;开展构造解释,大致查明盆地及上部地壳结构,主要控矿地质体的空间分布。使用新技术对区域重磁数据进行处理,提取成矿信息。

(2)深部成矿信息提取与靶区圈定。开展重磁异常分离技术研究,对重磁数据进行位场分离、分量转换、梯度模计算、正反演模拟等处理解释,研究异常形态,判别异常性质,提取深部异常信息;开展区域重磁异常与矿体对应关系分析,结合构造、岩石和成矿特征,总结找矿标志,建立区域找矿模式。按照区域找矿模式,在全区进行重磁异常筛选,结合其他找矿标志,圈定深部找矿靶区。

主要工作内容:补充采集研究区各类岩矿石物性标本及其参数测定;在勘查区实施综合地球物理探测及解释;圈定深部找矿靶区。其中 1:5 万高精度重力测量面积约 3550km^2。

预期成果:

(1)完成勘查区 1:5 万重力测量,提交 1:5 万高精度重力资料。

(2)补充测量研究区物性标本,完善区域物性数据库。

(3)提交勘查区针对"SK 岩型"、"斑岩型"钨钼矿、热液型(石英脉型)银、铅锌、金矿深部勘查的重磁关键技术及技术组合;针对南华纪以来盖层结构探测的重磁关键技术。

(4)提交榔桥-九华上地壳结构 3D 地质-地球物理模型、构造解释图件,以及对成矿/控矿地质体空间分布的认识成果。

(5)对区内低缓重磁异常进行评价筛选,应用综合勘查技术组合预测 3~5 处深部钨、钼、银、铅锌、金矿找矿靶区,提交金及多金属矿勘查基地 2~3 处。

(6)提交本专题重磁勘查原始数据 1 份。

6. 蒙城-固镇勘查区(Ⅲ-3)

主要任务:开展蒙城-固镇地区 1:5 万重力测量,结合 1:2.5 万高精度航磁测量,更新区域物探基础资料,了解勘查区地球物理场特征,圈定综合异常;结合大比例尺综合物探剖面测量,与邻区对比进行构造研究,分析异常起因,为隐伏区深部找矿(铁、铜、金、铅锌多金属)提供物探异常信息依据。

主要工作内容:在区内开展 1:5 万重力测量和 1:2.5 万高精度地磁测量,其中 1:5 万高精度重力测量面积约 3442km^2。

主攻矿种:铁、金。

预期成果:①安徽 1:5 万蒙城-固镇勘查区重力调查成果报告及相关附图;②1:5 万蒙城-固镇勘查区分幅重力基础图件;③测点重力数据;④进行以铁、金(铜)矿为主的找矿靶区预测。

7. 太和-利辛勘查区(Ⅳ-1)

主要任务:开展太和-利辛地区 1:5 万重力测量和 1:5 万高精度地磁测量,更新资料,了解勘查区地球物理场特征,进一步圈定异常,进行大比例尺综合物探剖面测量,与邻区对比进行构造研究,分析异常起因,解剖异常源,缩小靶区,为隐伏区深部找矿(铁、铜、金、铅锌多金属)提供物探异常信息依据。

主要工作内容:在区内开展 1:5 万重力测量和 1:5 万高精度地磁测量及大比例尺综合物探剖面测量,其中 1:5 万高精度重力测量面积约 3449km^2。

主攻矿种:铁、金。

预期成果:①安徽 1:5 万太和-利辛勘查区重力调查成果报告及相关附图;②1:5 万太和-利辛勘

查区分幅重力基础图件；③测点重力数据；④进行以铁、金（铜）矿为主的找矿靶区预测。

(二) 磁测工作部署建议

具体工作部署见图9-2。

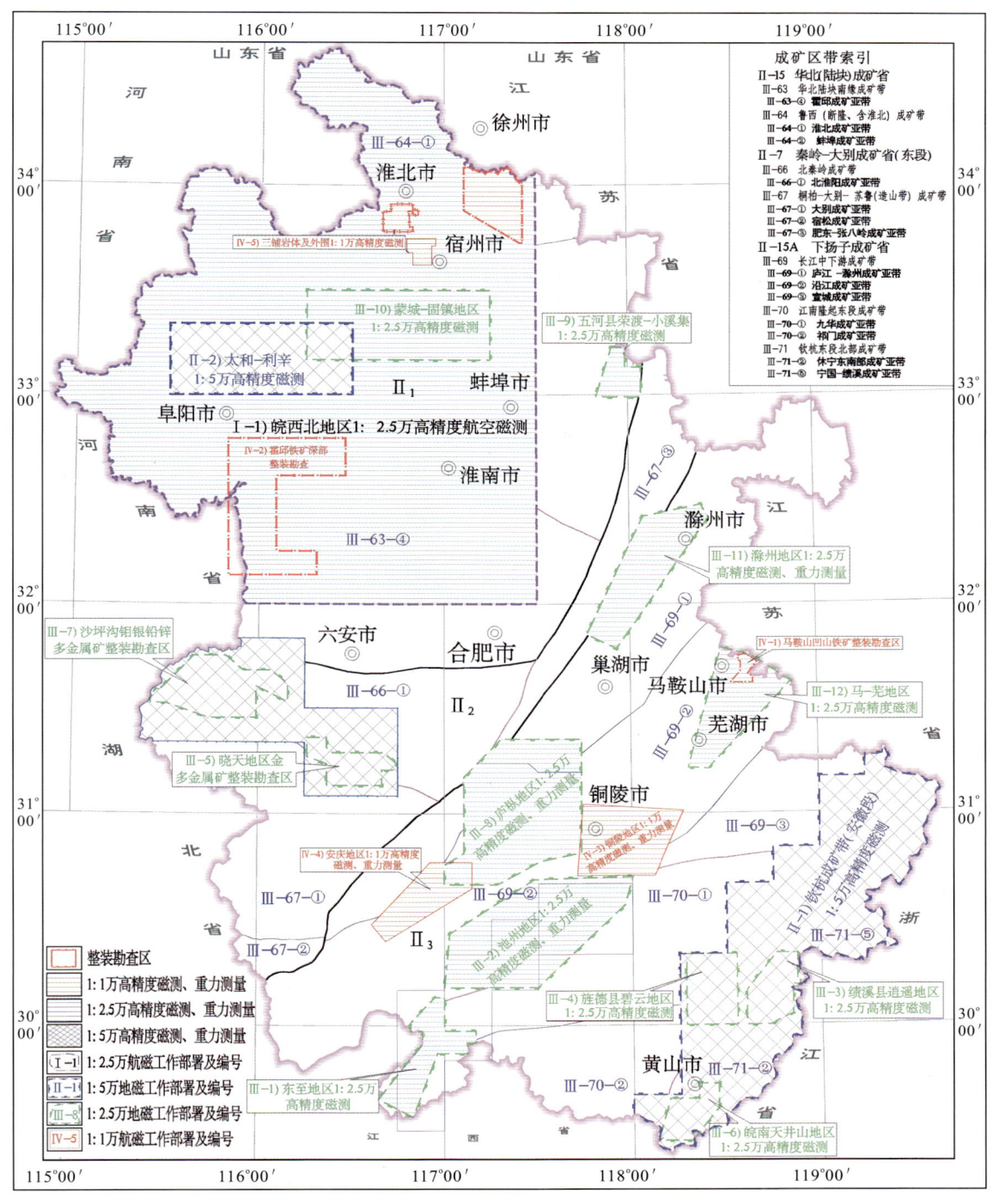

图9-2 安徽省航(地)磁测量工作部署图

1. 皖西北地区 1∶2.5 万高精度航空磁测(Ⅰ-1)

以寻找沉积变质型铁矿为主攻方向,兼顾金、铅锌等矿产,寻找新的铁矿资源勘查后备基地。

主要工作内容:首先开展 1∶2.5 万高精度航空磁测工作,总面积为 45 566 km²;开展皖北地区前寒武纪变质基底的划分、对比及含矿性研究;开展原 1∶5 万航磁资料的综合研究,筛选异常进行查证,主要异常包括阜南—临泉一带与河南新蔡成矿带相连部分,以及磁异常的查证,对引起异常的地质背景进行研究。

主攻矿种:铁、金、铅锌。

资金来源:中国地质调查局。

预期成果:提交新的找矿靶区 10~15 处。

2. 钦杭成矿带(安徽段勘查区)(Ⅱ-1)

通过实施整装勘查,实现皖南找矿重大突破,提高我国钨钼等优势矿产资源保障程度。提高区内基础地质工作研究程度,开展区域矿产资源调查评价;进行重大基础地质问题的科技攻关,全面提升区内基础地质研究水平,基本查明成矿地质背景,为找矿突破提供方法技术支撑。

主要工作内容:

(1)以钨钼银为主攻矿种,以矽卡岩型钨钼银矿为主攻方向,兼顾斑岩型钼银矿、热液型(石英脉型)铅锌、金、银矿。综合分析地物化异常和矿(化)线索,通过 1∶5 万高精度地球物理(重磁,面积 11 608 km²)等综合调查手段,圈定矿致异常、矿(化)点和找矿靶区。

(2)对有利找矿靶区进行择优勘查验证,根据就矿找矿的原则,对已有矿化信息的矿区进行重点勘查,争取实现找矿的重大突破,新增一批勘查后备基地,探求 333+334 类资源量。

(3)综合已有地质调查的各种资料,开展钦杭成矿带(安徽段)立体探测,围绕解决区域性关键地质问题,编制系列基础图件,探讨华南前寒武纪大地构造格局,研究区域成矿地质背景。

主攻矿种:钨、钼、银、铅锌、铜、金。

资金来源:省部联合。

预期成果:新发现一批异常,提供找矿靶区 10 处。

3. 太和-利辛勘查区(Ⅱ-2)

开展太和-利辛地区 1∶5 万重力测量和 1∶5 万高精度地磁测量(面积 3449 km²)。更新资料,了解勘查区地球物理场特征,进一步圈定异常,进行大比例尺综合物探剖面测量,与邻区对比进行构造研究,分析异常起因,解剖异常源,缩小靶区,为隐伏区深部找矿(铁、铜、金、铅锌多金属)提供物探异常信息依据。

主攻矿种:铁、金。

资金来源:省勘查基金。

预期成果:

(1)安徽 1∶5 万蒙城-固镇勘查区重力调查成果报告及相关附图。

(2)1∶5 万蒙城-固镇勘查区分幅重力基础图件。

(3)测点重力数据。

(4)进行以铁、金(铜)矿为主的找矿靶区预测。

4. 东至县杨老尖-土地坑铅锌矿整装勘查区(Ⅲ-1)

通过加强兆吉口、土地坑、赵家岭等已知矿床(点)的勘查,扩大铅锌、金矿找矿成果;通过对重点异常区查证、矿化点的勘查,寻找新的金多金属矿矿产地;系统开展矿区外围及成矿地质条件有利区段和物化探异常区的找矿,对该区银、多金属矿资源潜力作出初步评价,寻找新的普查靶区。

主要工作内容:东至地区1:2.5万高精度磁测。

主攻矿种:铅锌、金、银。

资金来源:省勘查基金。

预期成果:

(1)预期提交333+334铅锌资源量50×10^4t,金资源量5~10t,银200t。

(2)提交矿产地4处。

(3)提交找矿靶区6处。

5. 青阳-石台-东至勘查区(Ⅲ-2)

主要任务:

(1)深部结构和控矿地质体的重磁探测研究。在补充采集研究区各类岩矿石物性标本,测量密度、磁性和电性参数,完善区域物性数据库的基础上,使用区域重磁等方法,对青阳-石台-东至勘查区实施综合地球物理探测,开展相应的数据处理方法技术研究;开展构造解释,大致查明盆地及上部地壳结构、主要控矿地质体的空间分布。使用新技术对区域重磁数据进行处理,提取成矿信息。

(2)深部成矿信息提取与靶区圈定。开展重磁异常分离技术研究,对重磁数据进行位场分离、分量转换、梯度模计算、正反演模拟等处理解释,研究异常形态,判别异常性质,提取深部异常信息;开展区域重磁异常与矿体对应关系分析,结合构造、岩石和成矿特征,总结找矿标志,建立区域找矿模式。按照区域找矿模式,在全区进行重磁异常筛选,结合其他找矿标志,圈定深部找矿靶区。

(3)该勘查区包括3个勘查子区:①池州-青阳钨钼铅锌银铜立体探测区;②榔桥-九华银铜钨钼多金属立体探测区;③东至-石台银铅锌金多金属立体探测区。

主要工作内容:池州地区1:2.5万高精度磁测、重力测量。

主攻矿种:银、铅锌、钨、钼、金。

资金来源:中国地质科学研究院。

预期成果:

(1)完成勘查区1:5万重力测量,提交1:5万高精度重力资料。

(2)补充测量研究区物性标本,完善区域物性数据库。

(3)提交勘查区针对"SK岩型"、"斑岩型"钨钼矿、热液型(石英脉型)银、铅锌、金矿深部勘查的重磁关键技术及技术组合;针对南华纪以来盖层结构探测的重磁关键技术。

(4)提交青阳-石台-东至上地壳结构3D地质-地球物理模型、构造解释图件,以及对成矿/控矿地质体空间分布的认识成果。

(5)对区内低缓重磁异常进行评价筛选,应用综合勘查技术组合预测3~5处深部钨、钼、银、铅锌、金矿找矿靶区,提交金及多金属矿勘查基地2~3处。

(6)提交本专题重磁勘查原始数据一份。

6. 绩溪县逍遥地区钨多金属矿整装勘查区(Ⅲ-3)

大致查明区内地层、构造、岩浆岩与成矿关系。建立该区找矿标志及模型,对区内的主要矿种钨、铜、银及多金属矿系统开展普查评价工作。

主要工作内容:绩溪县逍遥地区1:2.5万高精度磁测。

主攻矿种:钨、铜、银。

资金来源:省勘查基金。

预期成果:提交大中型矿产地3~5处,提交钨10×10^4t,铜50×10^4t,银2000t,金20t,铅锌20×10^4t。

7. 旌德县碧云地区钨多金属矿整装勘查区(Ⅲ-4)

通过实施整装勘查,实现皖南找矿重大突破,提高我国钨钼等优势矿产资源保障程度。提高区内基础地质工作研究程度,开展区域矿产资源调查评价;进行重大基础地质问题的科技攻关,全面提升区内基础地质研究水平,基本查明成矿地质背景,为找矿突破提供方法技术支撑。

以钨钼银为主攻矿种,以矽卡岩型钨钼银矿为主攻方向,兼顾斑岩型钼银矿、热液型(石英脉型)金、银矿。对有利找矿靶区进行择优勘查验证,根据就矿找矿的原则,对已有矿化信息的矿区进行重点勘查,争取实现找矿的重大突破,新增一批勘查后备基地,探求333+334类资源量。

主要工作内容:旌德县碧云地区1∶2.5万高精度磁测。

主攻矿种:钨、钼、银。

资金来源:省勘查基金。

预期成果:预计新增333+334类资源储量:钨矿$(20\sim30)\times10^4$t,钼20×10^4t,金20t,银1000t。形成5~6处大中型矿产资源基地。

8. 金寨县晓天地区金多金属矿整装勘查区(Ⅲ-5)

通过实施整装勘查,全面提高区内地质工作程度,在面上调查评价和综合分析研究工作的基础上,总结区域成矿规律,优选成矿有利地区,以寻找"东溪、南关岭"式火山热液型金矿、"隆兴"式次火山岩型金矿、"戴家河"式浅成火山-次火山热液充填交代型金矿为重点,力争找金取得突破。同时兼顾寻找斑岩型金、铜矿床和韧性剪切带型金矿床。

主要工作内容:1∶2.5万高精度磁测640km²。

主攻矿种:金。

资金来源:省勘查基金。

预期成果:提交金矿10~20t,提供可进一步工作的普查矿产地5~8处,预期提交矿产地2~4处。

9. 皖南天井山地区金矿整装勘查区(Ⅲ-6)

系统收集分析区内各类成果资料,根据区域成矿规律和成矿地质条件,以天井山、小贺等金矿床成矿模式为指导,以构造蚀变岩型金矿为主攻方向,通过地质测量、物化探等工作,选择工作靶区,并以钻探等手段开展验证工作,以期在皖南金矿勘查有新的突破。

主要工作内容:1∶2.5万高精度磁测571km²。

主攻矿种:金。

资金来源:省勘查基金。

预期成果:力争3~5年取得重大突破,提交金矿20~50t。

10. 沙坪沟钼银铅锌多金属矿整装勘查区(Ⅲ-7)

通过实施整装勘查,全面提高区内地质工作程度,在面上调查评价和综合分析研究工作的基础上,总结区域成矿规律,优选找矿有利地区,以寻找"沙坪沟"式钼矿、"汞洞冲式"铅锌矿、"银水寺"式铅锌矿等为重点,兼顾其他类型的金及多金属矿,通过择优勘查和重点勘查,实施必要的勘查工程,提供可进一步工作的普查矿产地5~8处,预期提交大—中型矿产地3~5处。

主要工作内容:1∶2.5万高精度磁测1470km²。

主攻矿种:钼、铅锌。

资金来源:省部联合。

预期成果:提交钼矿资源量$(50\sim80)\times10^4$t(333及以上),铅锌矿资源量$(50\sim80)\times10^4$t(333及以上),金矿资源量10t(333+334)。

11. 庐枞整装勘查区（Ⅲ-8）

以填平补齐的方式在庐枞地区开展1∶5万重力调查和1∶2.5万高精度磁测工作。在此基础上，开展庐枞地区物探编图与综合研究，圈定各类物探异常，提取深部直接找矿或间接找矿信息。结合区内地质及物探推断成果，进一步深化对区内地质构造的认识，建立庐枞地区深部地质构造格架，进行隐伏矿床综合信息预测和成矿远景评价，优选找矿靶区，开展地球物理找矿预测与找矿潜力分析。

主要工作内容：1∶2.5万高精度磁测4075km^2（其中1∶1万高精度磁测2000km^2）。

主攻矿种：铁、铜、铅锌。

资金来源：省部联合。

预期成果：

(1)安徽省庐枞地区综合物探勘查成果报告及相关附图。

(2)安徽省庐枞地区1∶5万重力及1∶2.5万高精度磁测基础图件。

(3)安徽省庐枞地区重力和磁测测点数据。

(4)提交铁矿资源量$(3\sim5)\times10^8$ t，铜矿资源量$(50\sim80)\times10^4$ t。

12. 五河及外围整装勘查区（Ⅲ-9）

系统收集勘查区以往勘查及科研成果资料，在综合分析研究的基础上，通过实施面积性物化探测量工作和综合主干剖面，以及钻探等主要手段，对荣渡-小溪集成矿区进行整装勘查，加大重点成矿预测区勘查力度，兼顾一般找矿靶区，主攻金矿，兼顾铅锌等其他金属矿种。大致查明区内控矿地质条件，建立成矿模式；以主要勘探线为主，择优其他靶区，实施深部钻探验证和对已知矿体进行追索控制，提交金及多金属矿勘查基地。

主要工作内容：五河县荣渡-小溪集1∶2.5万高精度磁测411km^2。

主攻矿种：金。

资金来源：省勘查基金。

预期成果：提交金及多金属矿勘查基底2～3处，找矿靶区5～10处。

13. 蒙城-固镇勘查区（Ⅲ-10）

开展蒙城-固镇地区1∶5万重力测量，结合1∶2.5万高精度航磁测量，更新区域物探基础资料，了解勘查区地球物理场特征，圈定综合异常；结合大比例尺综合物探剖面测量，与邻区对比进行构造研究，分析异常起因，为隐伏区深部找矿（铁、铜、金、铅锌多金属）提供物探异常信息依据。

主要工作内容：蒙城-固镇地区1∶5万高精度重力及1∶2.5万高精度磁测3442km^2。

主攻矿种：铁、金。

资金来源：省勘查基金。

预期成果：

(1)安徽1∶5万蒙城-固镇勘查区重力调查成果报告及相关附图。

(2)1∶5万蒙城-固镇勘查区分幅重力基础图件。

(3)测点重力数据。

(4)进行以铁、金（铜）矿为主的找矿靶区预测。

14. 无为-巢湖-滁州勘查区（Ⅲ-11）

在充分收集、分析研究前人1∶20万重力成果和区域地质调查的基础上，开展1∶5万重力测量，查明测区区域地球物理场分布规律和特征，圈定重力异常；开展测区地球物理综合研究，推断隐伏地质构造、岩体、火山岩等分布。研究区内金、铜、铁矿床与地球物理场的关系。圈定找矿靶区，开展地球物理找矿预测,进行找矿潜力分析。

主要工作内容:1∶5万高精度重力8301km^2,滁州地区1∶2.5万高精度磁测、重力测量。

主攻矿种:金、铜、铁。

资金来源:中国地质调查局。

预期成果:

(1)安徽1∶5万无为-巢湖-滁州勘查区重力调查成果报告及相关附图。

(2)1∶5万无为-巢湖-滁州勘查区分幅重力基础图件。

(3)测点重力数据。

(4)进行以金、铜(铁)矿为主的找矿靶区预测。

15. 马鞍山凹山铁矿整装勘查区(Ⅳ-1)

系统收集分析区内以往各类勘查及研究成果资料,根据已知矿床成矿地质条件分析和成矿模式,结合地质、物化探综合信息,在盆地中部进一步寻找凹山式、桃村式铁矿;北部寻找铜井式石英脉型铜金矿、斑岩型铜矿;在南部寻找白象山式铁矿、龙王山组与象山群不整合面侵入式玢岩铁矿等。

重点部署已知矿床边深部向山南-大甸塘、杨巷-坝头铁矿勘查工作主要采用钻探手段对已知矿体进行追索;对伏贤外围铁矿、铜山-桐子山铜金矿、范塘铁铜矿、竹园铁矿等成矿远景区,主要采用物化探、钻探等工作深入开展验证工作。

主要工作内容:1∶1万高精度磁测104km^2。

主攻矿种:铁、铜、金。

资金来源:省勘查基金。

预期成果:预期提交铁矿资源量$(2\sim3)\times10^8$t,铜金属量12×10^4t,金金属量5t。

16. 霍邱铁矿深部整装勘查区(Ⅳ-2)

系统收集查区以往勘查及科研成果资料,在含铁岩系对比和控矿构造研究的基础上,开展铁矿成矿预测和成矿规律研究,建立该地区地层与构造的综合控矿模式;通过实施面积性高精度物探测量工作和综合方法物探主干剖面测量,应用2.5D正反演拟合方法,结合地质特征研究,开展中深部找矿预测,并运用钻探等主要手段,对整个铁矿田进行整装勘查,争取中深部找矿的重大突破,新增一批勘查后备基地,探明一批资源储量。

主要工作内容:1∶2.5万高精度磁测2757km^2,如果实施了1∶2.5万航磁测量,则调整为1∶1万高精度地面磁测100km^2。

主攻矿种:铁。

资金来源:省勘查基金。

预期成果:预期新增铁矿资源量$(5\sim10)\times10^8$t,新发现矿产地10个。

17. 铜陵舒家店地区铜矿整装勘查区(Ⅳ-3)

通过对铜陵县舒家店至瑶山一带斑岩铜(金)矿勘查,基本查明该区域斑岩铜(金)矿地质特征和矿床(体)赋存空间,探求333类资源量。

主要工作内容:铜陵地区1∶1万高精度地面磁测108km^2。

主攻矿种:铜、金。

资金来源:省勘查基金。

预期成果:提交333类铜资源量$(50\sim80)\times10^4$t,金20t以上。

18. 怀宁月山-总铺钼多金属矿整装勘查区(Ⅳ-4)

通过实施整装勘查,开展区域矿产资源调查评价和立体地质填图,进行基础地质问题科技攻关,开展深部找矿技术和物化探综合研究,为找矿突破提供方法技术支撑。

对有较大资源潜力的地区进行重点勘查,对成矿有利靶区择优验证,在月山朱冲地区中深部找矿取得重大突破的基础上争取新的重大成果。

主要工作内容:1:2.5万高精度地面磁测992km²。其中安庆地区为1:1万高精度磁测、重力测量。

主攻矿种:铁、铜。

主攻矿床类型:矽卡岩型(东马鞍山式)、层控热液叠加改造型、斑岩型及黄山岭式铅锌矿等矿床类型。

资金来源:省勘查基金。

预期成果:新增资源量:铁矿1×10^8t,铜矿30×10^4t。

19. 三铺岩体与外围整装勘查区(Ⅳ-5)

对杨桥孜铁铜金矿普查区内刘楼村矿段、小任家矿段、枣孤堆矿段、王河崖矿段、杨桥孜矿段和三铺外围铁铜金矿普查区内三铺-大任家矿段已发现的矿体进行追踪和控制,加强成矿规律研究,大致查明重点普查区内地质、构造情况,大致查明矿体分布和矿石质量特征。继续在已知矿体外围和其他找矿靶区开展异常查证与找矿工作,提交333+334类资源量。

主要工作内容:1:1万高精度磁测。

主攻矿种:金、铜、铁。

资金来源:省勘查基金。

预期成果:预期提交矿产地2～3处,333+334类资源量:金资源量5～10t,铁矿石1000×10^4t,铜资源量10×10^4t。

第十章 数据库建设

第一节 重力基础数据库

一、基础数据库更新

(一) 基础数据库维护

安徽省重力基础数据库为1∶20万重力数据库。1∶20万重力数据库重力资料,是安徽省区域重力上交的资料,该资料按照"五统一"要求归算,为国家"八五网系",地改半径166.7km。本项目开展时由中国地质调查局发展研究中心重新下发至省级项目。

(二) 更新补充新的数据

安徽省1∶20万重力数据库在省域西北部和中西部与河南省交界处有连续空白区,大别山南麓桐城-潜山地区由于种种原因也长期处于空白区状态,本次工作中课题组对此资料通过收集其他工业部门资料以及彻底收集整理长期库存的资料进行了补充完善,覆盖了安徽省全部陆域面积(图10-1、图10-2)。

安徽省各重要成矿区带开展过大量的中大比例尺重力勘查工作,积累了丰富的综合物化探资料。在省项目领导小组和安徽省勘查技术院的大力支持下,项目组经过努力,收集了大部分重要成矿区带上的重力原始成果,主要见表10-1。并通过省资料中心,收集了其他测区的重力成果图件、进行了矢量化。主要见表10-2。

这些成果为利用重力资料开展资源潜力评价奠定了良好的基础。

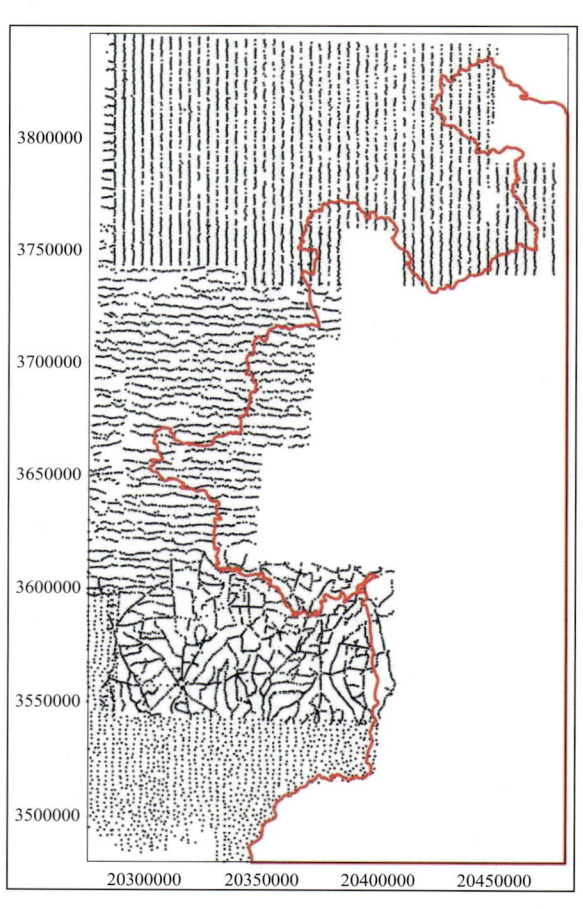

图10-1 安徽省重力基础数据库更新补充范围图
(皖西北地区)

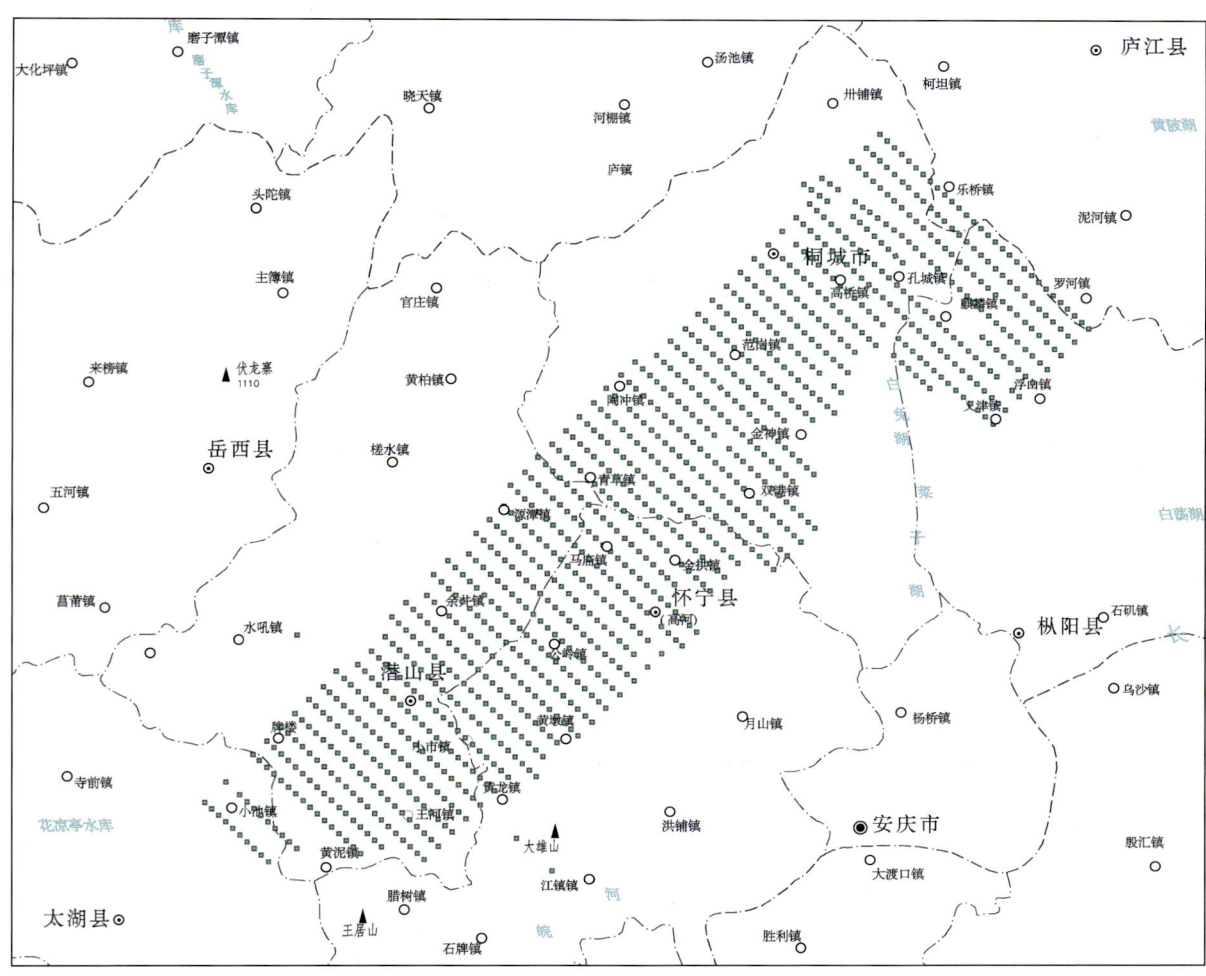

图 10-2 安徽省重力基础数据库更新补充范围图（潜山桐城区域）

表 10-1 收集成矿区带上的重力原始成果一览表

工区名称	工作单位	完成时间	工作比例尺	布伽异常总精度	成果名称
庐江杨山洼—牛头山	地矿部一物	1978	1∶0.5 万	0.063	庐江杨山洼-牛头山
庐江盘石岭	地矿部一物	1979	1∶0.5 万	0.061	庐江盘石岭
庐江砖桥	地矿部一物	1979	1∶0.5 万	0.068	庐江砖桥
庐江汪家院	地矿部一物	1981	1∶1 万	0.083	庐江汪家院
江苏六合九头山	地矿部一物	1981	1∶2 万	0.064	江苏六合九头山
江苏六合冶山	地矿部一物	1981	1∶1 万	0.0609	江苏六合冶山
罗河	地矿部一物	1978	1∶2 万	0.097	罗河
江苏六合—安徽天长	地矿部一物	1981	1∶5 万	0.242	江苏六合-安徽天长重力普查工作成果报告
庐枞	地矿部一物	1981	1∶5 万	0.15	庐枞
枞阳—怀宁	地矿部一物	1985	1∶5 万	0.226	枞阳-怀宁
铜陵	地矿部一物	1986	1∶5 万	0.213	铜陵

续表 10-1

工区名称	工作单位	完成时间	工作比例尺	布伽异常总精度	成果名称
铜陵兴隆镇	地矿部一物	1988	1:1万	0.086	铜陵兴隆镇
无为	地矿部一物	1991	1:10万		无为
贵池	地矿部一物	1990	1:5万	0.17	贵池
淮北前常-徐楼地区	地矿部一物	2008	1:5万	0.2	内部资料
蚌埠	地矿部一物	2009	1:5万	0.05	内部资料

表 10-2 重力成果矢量化工作一览表

档案号	图件名称	比例尺
2290	安徽省霍邱县马店—周集地区地质物探综合平面图	1:1万
4597	安徽省砀山—萧县地区区域重力测量工作报告	1:10万
5637	安徽省繁昌地区布格重力异常平面图	1:5万
5756	安徽省繁昌地区(三山街横山桥马坝)布格重力异常图	1:2.5万
2290	安徽省霍邱布格重力异常等值线图	1:5万
5526	安徽省马鞍山—芜湖地区布格重力异常图	1:10万
5343	安徽省马鞍山地区重磁组合异常图及典型剖面图	1:2000~1:5000
3448	安徽省桐城-潜山布格剖面平面图	1:10万
3448	安徽省枞阳杨树湾布格重力异常剖面平面图	1:5万
3448	安徽省桐城-吕亭布格重力异常剖面平面图	1:5万
4334	黄口及豫东地区布格重力异常平面图	1:10万
5343	马鞍山布格重力异常剖面平面图	1:1万
5343	马鞍山布格重力异常剖面平面图	1:2.5万

二、预测工作区成果数据库建设

预测工作区重力成果,需建库的成果图件主要包括重力工作程度图、重力推断地质构造图、重力各种参数图件、重力异常分布图等规定图件,建库流程如下。

首先创建属性表,通过 Access 软件,按照《全国矿产资源潜力评价重力资料应用技术要求》中的有关规定,建立属性结构,录入提取的二级要素内容,构成属性库;然后通过 MapGIS 软件的属性库管理中的导入功能,将其导为 *.wb 文件,再通过连接属性功能完成属性库与图形库的连接,关键字段要唯一。

预测工作区重力工作程度数据库图名:预测工作区重力工作程度图。包含的图层有预测工作区重力工作程度图.wp(区文件)、.wl(线文件)、.wt(点文件),工作程度图例.wp、.wl、.wt,地理整饰.wp、.wl、.wt。其中工作程度属性表挂接在预测工作区重力工作程度图.wp 图层上。属性表名称:×××预测工作区重力工作程度图属性表。

预测工作区重力推断地质构造图数据库图名:预测工作区重力推断地质构造图。包含的图层有重力推断岩体.wp(区文件)、.wl(线文件)、.wt(点文件),重力推断断裂.wl、.wt,重力推断盆地.wp、.wl、wt,重力推断地层(结晶基底).wp、.wl、.wt,重力推断构造.wl,重力推断地质构造图图例.wp、.wl、.wt,地理整饰.wp、.wl、.wt。其推断岩体、盆地、地层属性表分别为重力在航磁推断岩浆岩体、盆地、地层.wp 图层上,推断构造单元、火山构造属性表挂接在重力推断构造单元、火山构造.wl 图层上。属性表名称分别为重力推断岩浆岩体属性表、重力推断盆地属性表、重力推断断裂构造属性表、重力推断地层属性表、重力推断火山构造属性表、重力推断构造单元属性表。

三、全省成果数据库建设

全省重力成果图件,需建库的成果图件主要包括重力工作程度图、重力推断地质构造图、重力各种参数图件、重力异常分布图等规定图件,建库流程如下。

首先创建属性表,通过 Access 软件,按照《全国矿产资源潜力评价重力资料应用技术要求》中的有关规定,建立属性结构,录入提取的二级要素内容,构成属性库;然后通过 MapGIS 软件的属性库管理中的导入功能,将其导为 *.wb 文件,再通过连接属性功能完成属性库与图形库的连接,关键字段要唯一。

安徽省重力工作程度数据库图名:安徽省重力工作程度图。包含的图层有安徽省重力工作程度图.wp(区文件)、.wl(线文件)、.wt(点文件),工作程度图例.wp、.wl、.wt,地理整饰.wp、.wl、.wt。其中工作程度属性表挂接在安徽省重力工作程度图.wp 图层上。属性表名称:安徽省重力工作程度图属性表。

安徽省重力推断地质构造图数据库图名:安徽省重力推断地质构造图。包含的图层有重力推断岩体.wp(区文件)、.wl(线文件)、.wt(点文件),重力推断断裂.wl、.wt,重力推断盆地.wp、.wl、.wt,重力推断地层(结晶基底).wp、.wl、.wt,重力推断火山构造、构造单元.wl,重力推断地质构造图图例.wp、.wl、.wt,地理整饰.wp、.wl、.wt。其推断岩体、盆地、地层属性表分别为重力在航磁推断岩浆岩体、盆地、地层.wp 图层上,推断构造单元、火山构造属性表挂接在重力推断构造单元、火山构造.wl 图层上。属性表名称分别为重力推断岩浆岩体属性表、重力推断盆地属性表、重力推断断裂构造属性表、重力推断地层属性表、重力推断火山构造属性表、重力推断构造单元属性表。

第二节　磁法数据库建设

一、基础数据库维护

(一)基础数据库维护

安徽省航磁基础数据库为1:5万~1:20万航磁数据库。该数据库数据分为两种格式:一种是由航遥中心下发的全省网格数据(2km×2km);另一种是各飞行区块的剖面数据。全省下发的剖面数据见表10-3。

(二)更新补充新的数据

除了原地质矿产部相关单位外,其他工业部门在安徽省同样开展了大量的航空磁测工作,本项目对其文字和成果图件进行了系统的收集（无法收集数据资料），并进行了相应的矢量化、数字化和建库工作，见表10-4。

表10-3 全省下发的剖面数据一览表

测区名称	工作年代（年）	工作比例尺	精度（nT）	资料来源
豫东皖北地区	1966	1∶2.5万～1∶5万	30	地质部航空物探大队901队
蒙城地区	1974	1∶5万	8.2	国家计委地质局航测队903队
微山湖地区	1974	1∶2.5万～1∶5万	3.5	国家计委地质局航空物探大队904队
大别山A	1976	1∶10万	19.6	国家计委地质局航空物探大队904队
大别山B	1976	1∶5万	19.6	国家计委地质局航空物探大队904队
霍邱地区	1977	1∶5万	6.9	地质总局航空物探大队905队
河淮平原	1979	1∶20万	2.96	地质部航空物探大队909队
江苏中部	1984	1∶20万	0.25	地质矿产部遥感中心
铜陵	1984	1∶5万	3.6	地质矿产部遥感中心
下扬子	1985	1∶100万	2.93	冶金部航空大队
蚌埠五河地区	1987	1∶5万	4.2	地矿部物化所
安庆—贵池	1988	1∶5万～1∶10万	5.5	地矿部物化所
江西瑞昌—安徽东至	1988	1∶5万	1.36	地质矿产部遥感中心
芜湖—宣城	1988	1∶5万	2.55	地矿部物化所
祁门地区	1989	1∶5万～1∶10万	1.9	地质矿产部遥感中心
宁国—广德	1989	1∶5万	1.6	地质矿产部遥感中心
滁州—庐江	1990	1∶5万	2	地矿部物化所
金寨—岳西	1991	1∶5万	2.4	地质矿产部遥感中心

表10-4 矢量化工作量一览表

测区名称	工作年代（年）	工作比例尺	质量评价	资料来源
铜陵—芜湖	1972	1∶2.5万	13.6	冶金部航空大队
徐州—蚌埠	1975	1∶2.5万～1∶5万	19.2	冶金部航空大队
嘉山—曹县地区	1981	1∶2.5万～1∶5万	9	冶金部航空大队
安庆—铜陵	1982	1∶2.5万	7	冶金部航空大队
下扬子	1985	1∶100万	2.93	冶金部航空大队
庐江—贵池	1992	1∶2.5万	3.33	冶金部航空大队

另外，安徽省尚联合浙江省航磁队，对安徽皖南山区开展了1：5万航磁测量，填补了该区中大比例尺航磁资料空白，使得安徽省除华北陆块以外的区域全部为1：5万及更大比例尺资料所覆盖。

为满足潜力评价资料需求，项目组另外收集了"江苏六合－盱眙"等3个区块的资料，参见表10－5。

表10－5　收集的省外资料一览表

测区名称	工作年代（年）	工作比例尺	质量评价	资料来源
江苏六合—盱眙	1978	1：5万	5	地矿部航空大队
皖南地区	1985	1：5万	8.7	安徽省地矿局332地质队
泗县—栏杆	1987	1：2.5万	1.1	地质矿产部遥感中心
江苏苏南	1992	1：5万	1.88	地质矿产部遥感中心

上述资料极大地丰富了安徽省航磁数据库，为本项目及今后的勘查找矿工作打下了坚实的基础。

安徽省各重要成矿区带开展过大量的中大比例尺地面磁法勘查工作，积累了丰富的综合物化探资料。在省项目领导小组和安徽省勘查技术院的大力支持下，项目组经过努力，收集了大部分重要成矿区带上的地面磁测原始成果，见表10－6。并通过省资料中心，收集了其他测区的磁法成果图件、进行了矢量化，见表10－7。

表10－6　地面磁法工作成果一览表

工区名称	工作单位	完成时间（年）
罗河	地矿部一物	1978
铜陵兴隆镇	地矿部一物	1988
淮北前常—徐楼地区	地矿部一物	2008
仁和集	安徽省勘查技术院	2008
徐村	安徽省勘查技术院	2009
桂花冲（姚家陵东）	安徽省勘查技术院	2009
蚂蚁山	安徽省勘查技术院	2008
蚌埠临淮关	安徽省勘查技术院	2008
徐楼北	安徽省勘查技术院	2008
徐楼北翟桥	安徽省勘查技术院	2008
杨桥孜	安徽省勘查技术院	2008
柳孜	安徽省勘查技术院	2008
火神庙	安徽省勘查技术院	2008
百善	安徽省勘查技术院	2008
赵集	安徽省勘查技术院	2008
邢庄	安徽省勘查技术院	2008
邱圩子	安徽省勘查技术院	2008
铁佛寺	安徽省勘查技术院	2008
刘楼村	安徽省勘查技术院	2008
前常	安徽省勘查技术院	2008
小任家	安徽省勘查技术院	2008
黄寅冲	安徽省勘查技术院	2009

表 10-7　收集并数字化的地面磁测工作成果一览表

图件名称	数量
安徽省霍邱县何店子测区 Za 平面图	一套
安徽省霍邱县吴集详查区垂直磁测平面图 1:1 万	一套
安徽省霍邱县周油坊详查区垂直磁测平面图 1:万	一套
安徽省霍邱县马店—周集地区地质物探综合平面图 1:5 万	一套
安徽省霍邱县霍邱铁矿重新集矿床 ΔZ 磁异常等值线平面图	一套
安徽省凤阳县东鲁山铁矿磁法 ΔZ 平面图 1:1 万	一套
繁昌 1:5 万磁法 ΔZ 平面图	一套
繁昌 1:2.5 万（三山街 横山桥 马坝）地磁 ΔZ 异常图	一套
霍邱吴家面坊-冀台子 1:1 万磁法 ΔZ 平面图	一套
霍邱周集东部地区 1:1 万磁法 ΔZ 平面图	一套
霍邱 1:5 万磁法 ΔZ 平面图	一套
马鞍山地区 1:2000～1:5000 重磁组合异常图及典型剖面图(71 组)	一套
马鞍山地区垂直磁力异常剖面平面图(15 幅) 1:1 万～1:2.5 万	一套

这些数据与成果为利用磁测资料开展资源潜力评价奠定了良好的基础。

二、预测工作区成果数据库建设

磁测成果图件包括航（地）磁工作程度图、航磁推断地质构造图、航（地）磁各种参数图件、航（地）磁异常分布图和预测工作区磁性矿产分布图等图件，建库流程如下。

首先创建属性表，通过 Access 软件，按照《全国矿产资源潜力评价磁测资料应用技术要求》中的有关规定，建立属性结构，录入提取的二级要素内容，构成属性库；然后通过 MapGIS 软件的属性库管理中的导入功能，将其导为 *.wb 文件，再通过连接属性功能完成属性库与图形库的连接，关键字段要唯一。

预测工作区航（地）磁工作程度数据库图名：预测工作区航（地）磁工作程度图。包含的图层有预测工作区航（地）磁工作程度图.wp(区文件)、.wl(线文件)、.wt(点文件)，工作程度图例.wp、.wl、.wt，地理整饰.wp、.wl、.wt。其中工作程度属性表挂接在预测工作区航（地）磁工作程度图.wp 图层上。属性表名称：×××预测工作区航（地）磁工作程度图属性表。

预测工作区航磁推断地质构造图数据库图名：预测工作区航磁推断地质构造图。包含的图层有航磁推断岩体.wp(区文件)、.wl(线文件)、.wt(点文件)，航磁推断断裂.wl、.wt，航磁推断盆地.wp、.wl、.wt，航磁推断地层.wp、.wl、.wt，航磁推断火山机构.wl，航磁推断地质构造图图例.wp、.wl、.wt，地理整饰.wp、.wl、.wt。其推断岩体、盆地、地层属性表分别挂接在航磁推断岩浆岩体、盆地、地层.wp 图层上，推断火山机构属性表挂接在航磁推断火山机构.wl 图层上。属性表名称分别为航磁推断岩浆岩体属性表、航磁推断盆地属性表、航磁推断断裂构造属性表、航磁推断地层属性表、航磁推断火山机构属性表。

三、省级成果数据库建设

磁测成果图件包括航(地)磁工作程度图、航磁推断地质构造图、航(地)磁各种参数图件、航(地)磁异常分布图和预测工作区磁性矿产分布图等图件,建库流程如下。

首先创建属性表,通过 Access 软件,按照《全国矿产资源潜力评价磁测资料应用技术要求》中的有关规定,建立属性结构,录入提取的二级要素内容,构成属性库;然后通过 MapGIS 软件的属性库管理中的导入功能,将其导为 *.wb 文件,再通过连接属性功能完成属性库与图形库的连接,关键字段要唯一。

安徽省航(地)磁工作程度数据库图名:安徽省航(地)磁工作程度图。包含的图层有安徽省航(地)磁工作程度图.wp(区文件)、.wl(线文件)、.wt(点文件),工作程度图例.wp、.wl、.wt,地理整饰.wp、.wl、.wt。其中工作程度属性表挂接在安徽省航(地)磁工作程度图.wp 图层上。属性表名称:×××安徽省航(地)磁工作程度图属性表。

安徽省航磁推断地质构造图数据库图名:安徽省航磁推断地质构造图。包含的图层有航磁推断岩体.wp(区文件)、.wl(线文件)、.wt(点文件),航磁推断断裂.wl、.wt,航磁推断盆地.wp、.wl、.wt,航磁推断地层.wp、.wl、.wt,航磁推断火山机构.wl,航磁推断地质构造图图例.wp、.wl、.wt,地理整饰.wp、.wl、.wt。其推断岩体、盆地、地层属性表分别挂接在航磁推断岩浆岩体、盆地、地层.wp 图层上,推断火山机构属性表挂接在航磁推断火山机构.wl 图层上。属性表名称分别为航磁推断岩浆岩体属性表、航磁推断盆地属性表、航磁推断断裂构造属性表、航磁推断地层属性表、航磁推断火山机构属性表。

第十一章 结束语

第一节 结 论

通过本次利用重力、磁测资料开展全省铁、铜、铅锌、金、钨、锑、磷、稀土、锰、锡、钼、银、硫铁矿、萤石、菱镁矿、重晶石矿资源潜力评价实践认为：本项目技术路线正确，方法技术比较成熟，编图建库效果较好。利用重力、磁力方法所确定的预测要素，在本次铁、铜、铅锌、金、钨、锑、磷、稀土、锰、锡、钼、银、硫铁矿、萤石、菱镁矿、重晶石矿产预测，尤其是磁性矿产特别是铁矿定位定量预测中发挥了重要的作用，达到了预期目标。

（1）严格按照《重力资料解释应用技术要求》《全国矿产资源潜力评价磁测资料应用技术要求》，全面收集整理了重力、航磁、地磁及与此相关的地质、矿产、典型矿床和综合研究等方面的资料，并进行了系统的整理、矢量化和数字化工作。

（2）全面完成了安徽省重力、磁测数据库的维护扩充。重力数据库在全省1∶20万基础数据库维护的基础上，分别对1∶20万～1∶10万～1∶5万～1∶2万～1∶1万重力成果进行了全面扩充。安徽省重力基础数据库为1∶20万重力数据库，原在省域西北部和中西部与河南省交界处有连续空白区，本次工作中，项目组通过收集其他工业部门资料进行了补充完善，并进一步补充完善了大别山南麓桐城潜山地区1∶10万重力数据，建立了相应的数据库。至此，安徽省1∶20万重力数据库已经覆盖了省域全部陆域面积。

磁测数据库在全省1∶20万～1∶5万基础数据库维护的基础上，分别对1∶5万～1∶2.5万航磁成果和1∶5万～1∶2万～1∶1万～1∶5000地面磁测成果进行了全面扩充。按照《全国矿产资源潜力评价磁测资料应用技术要求》，数据库维护工作的内容包括两项：一是对全国组下发的航磁数据进行维护，剔出其中的不合格数据；二是充分收集补充省域内其他工业部门、单位航磁资料以及地磁资料。

上述资料，极大地丰富了安徽省重力、航磁数据库，为全省17个矿种资源潜力评价提供了保障，也为安徽省的基础地质研究和矿产勘查奠定了坚实的基础。

（3）按照"一图一库一说明书"的原则，完成省级、成矿带、预测工作区及典型矿床区4个层次的图件数据库建设。主要完成全省及省内7个Ⅲ级成矿带和22个铁矿预测工作区、74个金、铜、铅锌、钨、锑、磷、稀土预测工作区、32个锰、钼、萤石、硫铁、重晶石、银、锡、菱镁矿预测工作区的相关重力、磁测基础图件、参数图件数据库建设；构建了重力、磁测工作程度，重力、磁测推断解释和典型矿床三级剖析图等成果系列图件数据库，并编写了相应的编图技术说明书。

（4）重力、磁测资料解释研究成果在省级矿产资源潜力评价工作中得到了充分的应用。

①省级基础研究课题与物探课题对双方的资料和解释成果经过充分研讨，在全省构造单元划分、隐伏岩体、构造体系、变质基底等一系列重大问题上尊重物探解释成果，基本达成共识，最终的成果相互支撑，相得益彰，丰富了安徽省的地学成果资料库。

②省级预测工作区范围的确定及边界的厘定充分消化和吸收了地球物理场，特别是重磁场的特点

及其反映的地质构造特征,其边界一般与重磁推断的二级以上断裂大致保持一致,其范围一般包含了综合物探特别是重磁资料揭示的重要控矿地质要素和矿致异常。

③在诸矿种资源量估算与评价中,部分铁矿资源量是由重力资料通过 2.5D 定量计算而来的,同时地质体积法对所有矿种的资源量计算,其所涉及的最小预测工作区的范围;与岩浆岩有关的矿床的接触边界、下延深度;与结晶基底有关的沉积变质矿产的分布、厚度、产状以及其他与断裂构造有关矿产的就位、倾向、延伸和下延深度等参数均由物探定量(含半定量)计算所得。

④在全省、预测工作区重磁资料解释推断的基础上,结合剖面定量计算成果,对部分与矿产预测紧密相关的控矿要素进行了深入的讨论与研究,如庐枞火山岩盆地的性质、厚度、埋深及找矿方向,铜陵一带前印支面的埋深及其对铜矿勘查部署的作用,沿江隆起带的深部地质结构,皖西北地区鞍山式铁矿的找矿前景等。

⑤总结出的利用重磁组合异常直接判别铁矿异常、金、铜、铅锌、钨、锑、磷、稀土、锰、锡、钼、银、硫、萤石、菱镁矿、重晶石矿的控矿要素评价解释方法,为分析全省航磁异常的找矿意义提供了重要依据,发挥了不可替代的作用。

⑥分别建立了玢岩型、矽卡岩型、斑岩型、沉积型、沉积变质型等不同成因类型矿产资源量重磁预测方法,为矿产资源量估算提供了物探计算方法。

⑦探讨了安徽省不同大地构造单元基底结构特征及其演化、郯庐断裂带南延、长江断裂带、大别推覆体等一系列重大地质问题,给出了重磁方面的重要证据。

⑧重力、磁测资料解释研究成果均为背景组、成矿规律组、矿产预测组所引用,发挥了应有的作用。

(5)对全省铁铜等 17 种主要矿种的资源量进行了预测,由于资料丰富齐全,质量可靠,方法正确,故预测的资源量可信度较高,预测成果表明安徽省各矿种仍有较大的资源潜力。

(6)取得了明显的找矿效果。

在资源量预测工作中,项目组对许多异常进行了重新分析解释,由于采用了新方法新技术,其解释结果有了新的找矿突破。利用重磁资料,成功预测了泥河南部铁矿并经钻探验证,正确预测了罗河铁矿下部有更大的隐伏铁矿,新增资源量较原提交的储量翻番,目前已经得到钻探证实。另外,重力资料在安徽省陶老铁矿和泗县金刚石矿的发现中均发挥了重要作用。

(7)充分利用潜力评价重力、磁测研究成果阐明的重点找矿区带,对全省重点找矿区带重力、磁测调查工作做了科学部署。

(8)从工作实践中总结出了一套完整的资源潜力评价重力、磁测资料应用工作流程(图 11-1)。

总之,在本项目实施过程中,组织有力,技术路线正确,方法技术比较成熟,编图建库效果较好,提交资料齐全;利用磁测方法所确定的预测要素选取合理,在铁矿定位定量预测以及金、铜、铅锌、钨、锑、磷、稀土、锰、锡、钼、银、硫、萤石、菱镁矿、重晶石矿产资源潜力评价中发挥了重要的作用,预测资源量可信度高,为下一步的找矿工作部署提供了依据,达到了设计书中的预期目标。

第二节 存在的问题

本研究成果尚存在如下不足:

(1)由于资料的精度原因,部分矿床在论述与异常关系时相对简单,有待进一步完善。

(2)根据重力场、磁场特征并结合地质资料,对层控型矿产资源量估算方法做了初步尝试,其实际应用效果有待实践检验。

(3)由于资料的精度原因,安徽省铁矿资源量定量预测中使用了 3 种方法:对具有地磁或高精度航磁的矿致异常的资源量计算多采用 2.5D 磁法体积法,少量航磁异常采用了定量类比法,皖西北地区太和等 4 个航磁资料精度较差的预测工作区采用了"磁异常"规模整体类比法。从方法原理角度来说,

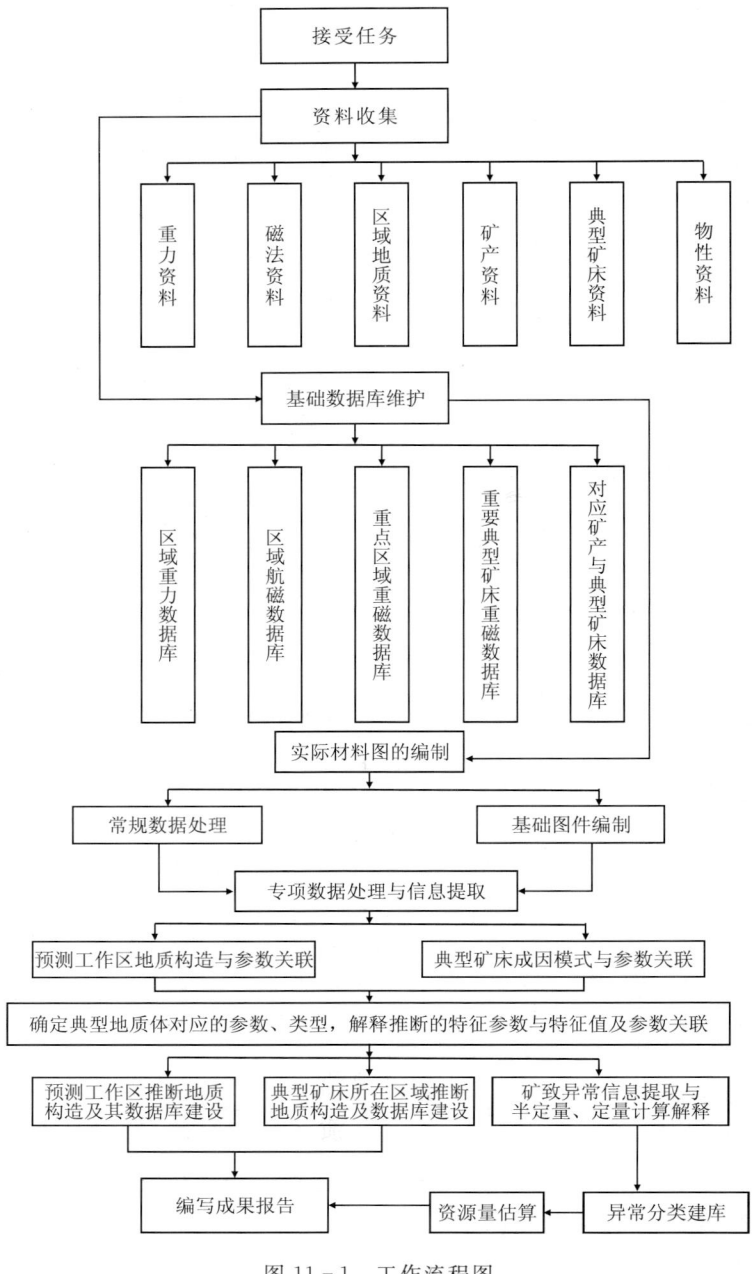

图 11-1 工作流程图

2.5D磁法体积法结果较为可靠,定量类比次之,整体估算方法其可靠性完全取决于原始大区编图时的正常场选择的合理性,因而精度最低,例如:正阳关和阜南预测工作区,编图时造成规模巨大的异常,致使其估算的资源量分别高达 45×10^8 t 和 47×10^8 t,令人较难接受;但是,该区近年来所获得的一系列找矿突破(阜南陶老、蒙城西贾庄)分明又是令人鼓舞的。所以在讨论省级资源量时,亳州、太和等区整体估算的资源量主要具有规划参考意义。

(4)在矽卡岩型铁矿和热液型铁矿资源量计算中,部分异常由于资料精度和区域强干扰作用,其异常的正常场取值十分困难,导致资源量计算很大,虽然计算采用的是 2.5D 法,但其精度类别仍归于334-3中。这些异常主要有皖 C1-1976-262(矽卡岩型 8.5967×10^8 t)、皖 C1-1976-265(热液充填型 11.2424×10^8 t)。从成矿类型角度出发,这一结果甚至是不可能的,但由于磁异常本身的规模较大,成矿部位十分有利,安徽省针对这些地区的铁矿勘查仍在加紧部署中,姑且按照矿致异常对待。

(5)矿产资源潜力评价中的重力、磁测资料研究难度极大,要想在一两年的时间之内将遍及全省的所有矿种、预测工作区内的所有控矿要素都进行定量计算,进而得出定性和定量乃至地质上合理的解释结果是极其困难的。本课题依托省级项目组的支持、省内地质专家和全国项目组专家的具体指导,在定性解释和地质解释的合理性方面下了一番功夫,但由于地质资料条件的限制,定量计算工作目前尚无法全面展开。

第三节 建 议

一、加快物化探基础资料的数据更新

安徽省金属矿大规模勘查已进行了数十年,以后找矿难度越来越大,其一:地表矿大多已被发现,进一步的找矿目标是深部隐伏矿;其二:地表条件较好的区块勘探研究程度已经很高,只有中高山区和厚覆盖区尚低,一些地区金属矿勘探还未取得突破性进展。因此,要充分认识物化探方法在今后找矿中的重要地位,增大物化探工作投入量无疑是必要的。

由于现有的物化探基础资料大多来源于20世纪80年代以前,由于受当时的技术条件限制,测量和分析精度偏低,工作比例尺偏小,虽然在找矿中发挥了重要作用,但已不能满足新时期寻找隐伏矿、深部矿的要求,急需利用现今的高精度技术,完成物化探基础资料的数据更新。

二、加强物探异常查证工作

实践证明,加强物探异常查证是寻找金属矿床快速有效的途径,建议对项目提出的重要异常进行必要的地面查证,优先布置大比例尺的高精度重力、高精度地磁、土壤地球化学面积测量,近一步缩小靶区范围。在重点异常区适量用可控源电磁测深(CSAMT)和复电阻率(CR)等方法进行剖面测量或面积性测量,对局部异常进行综合评价,达到为钻探定位的目的,择优布置钻探验证。

对尚未完成中大比例尺综合物化探工作的预测工作区,有计划、分步骤地安排1:5万综合物化探调查。1:5万综合物化探调查不但在1:5万区调、地质立体填图中能发挥重要作用,而且在直接发现矿致异常方面效果良好,加上现今的物探测量精度、化探分析精度已提高到新的级次,工作效率也大幅度提高,其直接找矿的优势将更为突出。有计划地布置重点预测工作区带的以高精度重力为主的1:5万综合物化探调查或地质立体填图,可以相信将会起到事半功倍的效果。

三、优化深部隐伏矿找矿勘查技术系列

经过60年持续不断地勘探开发,安徽省找矿难度越来越大,除大型含磁性矿床可用重磁法直接寻找外,其余矿床大多处于间接找矿范畴,如接触交代型铜多金属矿床,单纯应用哪一种物化探方法,一般都很难取得定性效果,也不可能完全依靠成本高昂的钻探解决问题。目前常用的重、磁、电、化勘查方法,大多经过了实践的检验,如利用重力研究构造格架、利用重磁圈定岩体、利用电法确定深部构造产状和寻找矿化体,效果一般较好。即使高分辨率地震目前在寻找金属矿中处于探索阶段,但也是有益的尝试。绝不能因某种方法在一个地区效果不佳而全盘否定,因物探方法的适用性、多解性决定了认识的多重性,科学发展观要允许认识上的反复。必须通过试验和实践,认真总结经验教训,探索和优化一套寻找深部隐伏矿最有效的综合勘查系列,将安徽省资源潜力评价工作推向一个新的阶段。

四、加强火山岩地区的研究工作

火山岩地区是安徽省重要找矿地带。近几年来,安徽省围绕火山岩盆地的勘查找矿取得巨大进展,例如:著名的泥河大型铁矿的发现,安庆铜矿北部深部找矿的重大进展,南陵姚家岭大型铅锌、金矿的突破,都是围绕着火山岩盆地展开的。安徽省分布着众多的火山岩盆地,但找矿难度越来越大,磁法工作对圈定岩浆岩效果虽然较好,但在确定火山岩厚度及判定区分火山岩与岩体、矿体、蚀变带等方面仍存在着较大的难度。一些在计算机理论模型上相对成功的异常分离方法,理想化条件过于死板苛刻,在火山岩地区实用中常导致较大误差,尤其在火山岩沉积厚度较大的情况下更是如此。故对火山岩分布区仍需要针对具体情况开展有针对性的研究,除异常分离方法及矿体信息提取方法外,还应适当布置适量的探测深度大的电法测量,以提高包括火山岩厚度、盆地基底性质、构造格架、侵入岩规模及岩性、成矿规律等问题的研究程度。在这里,方法性的试验研究要占有相当重要的位置,这就要求对大比例尺的区块面积物探资料无论是从数据采集上及资料处理上都要投入更多的工作量,充分发挥探测深度大的方法技术的优势和综合技术的优势,逐渐探索一条建立再勘探研究工作。

第四节　体　会

安徽省矿产资源潜力评价工作已经进行了6年,从全省矿产资源潜力评价工作过程和取得的初步成果分析,项目最重要的工作基础是对前人成果的消化吸收、重新认识与再解释,如此一来,系统地资料收集与消化是该项工作的重中之重,忽视了这一点,就不可能做好潜力评价。这里面有以下几点特别重要:

(1)前人所做的大量查证工作有些直接就是结论,不掌握这些资料而进行解释无异于闭门造车且劳民伤财。

(2)针对一些重要异常(如某些重要矿床的异常)解释,前人有时是以工作专项的形式进行的,占有资料多,研究时间长、程度高,而本项目时间紧,内容繁多,所有工作都从头再来时间不允许,勉强为之的直接后果就是连低水平重复也达不到。

(3)前人的工程验证成果是我们研究的新起点,要取得新的成果与突破就必须站在巨人的肩膀上。

(4)物探资料解释研究成果在省级矿产资源潜力评价工作中得到了充分的应用,发挥了重要的作用。

主要参考文献

安徽省地质矿产局.安徽省区域地质志[M].北京:地质出版社,1982.

常印佛,刘湘培,吴言昌.长江中下游铜铁成矿带[M].北京:地质出版社,1988.

陈红瑾,陈衍景,张静,等.安徽省金寨县沙坪沟钼矿含矿岩体锆石 U-Pb 年龄和 Hf 同位素特征及其地质意义[J].岩石学报,2013,29(1):131-145.

邓江洪,杨晓勇,池月余,等.庐枞盆地中生代岩浆岩岩石地球化学特征及大地构造环境[J].矿床地质,2010(S1):1083-1084.

《地面磁测资料解释推断手册》编写组.地面磁测资料解释推断手册[M].北京:地质出版社,1979.

杜建国,常丹燕.长江中下游成矿带深部铁矿找矿的思考[J].地质学报,2011,85(5):687-698.

杜建国,马晓红.长江中下游成矿带陆相火山岩型铁矿成矿规律[J].安徽地质,2011,21(2):131-137.

杜森官,杜建国,许卫,等.安徽省黄山、铜陵一带五通群的地层时代与划分对比[J].地层学杂志,2016,40(2):151-161.

范正国,黄旭钊,熊盛青,等.磁测资料应用技术要求[M].北京:地质出版社,2010.

管志宁.地磁场与磁力勘探[M].北京:地质出版社,2005.

侯明金,Mercier Jacques,Vergely Pierre,等.郯庐断裂带的两大发展阶段——广义的逆冲推覆断裂带和狭义的平移断裂带[J].中国地质,2006,33(6):1267-1275.

侯明金,王永敏,Jacques mercier Pierre-VERGELY.郯庐断裂带(安徽部分)动力学演化及其构造意义[J].地质通报,2003,22(2):105-112.

侯明金,朱光,Mercier Jacques,等.郯庐断裂带(安徽段)及邻区的动力学分析与区域构造演化[J].地质科学,2007,42(2):362-381.

江来利,吴维平,储东如,等.大别山北部碰撞后伸展-逆冲推覆构造[J].科学通报,2003,48(14):1557-1563.

江来利,吴维平,储东如.大别造山带东段扬子陆块和华北陆块间缝合带的位置[J].地球科学,2005,30(3):264-274.

兰学毅,周存亭,汤正江,等.利用重力资料识别火山机构——以庐枞盆地为例[J].安徽地质,2012(3):161-167.

兰学毅,周存亭,王建伟,等.安徽省重力异常特征分区与地质构造单元划分[J].安徽地质,2012(1):1-8.

兰学毅,周存亭,张宝松.皖南花岗岩重磁场特征及其圈定方法[J].资源调查与环境,2012,33(3):158-162.

李建设,楼金伟,吴礼彬,等.安徽庐枞陆相火山岩型铁矿综合信息标志研究[J].矿床地质,2012(S1):855-856.

李建设,吴礼彬,金世恒.蚌埠隆起区金矿控矿条件及找矿信息标志研究[J].安徽地质,2002,12(1):49-55.

刘春,李建设,何德峰,等.安徽省铁矿资源分布特征、供需分析及开发布局建议[J].安徽地质,2012(3):229-235.

刘士毅,孙文珂,孙焕振,等.我国物探化探找矿思路与经验初析[J].物探与化探,2004,28(1):1-9.

刘士毅,颜廷杰.在工作程度高的地区如何筛选矿致磁异常[J].物探与化探,2008,31(1):1-7.

刘雪.安徽东至兆吉口铅锌矿床岩浆岩及断裂构造研究[D].合肥:合肥工业大学,2015.

刘彦,吕庆田,严加永,等.庐枞矿集区结构特征重磁研究及其成矿指示[J].岩石学报,2012,28(10):3125-3138.

陆三明,李建设,赵丽丽,等.庐枞矿集区龙桥式铁矿床含矿层位地球化学特征及找矿意义[J].岩石学报,2010,26(9):2577-2586.

陆三明,李建设,周宇章,等.安徽庐江-枞阳矿集区区域成矿规律与找矿潜力[J].矿床地质,2012(S1):21-22.

陆三明,楼金伟,李茂章,等.安徽省霍邱铁矿区及外围铁矿成矿规律及潜力研究[J].安徽地质,2014(2):94-98.

吕庆田,史大年,汤井田,等.长江中下游成矿带及典型矿集区深部结构探测——SinoProbe-03年度进展综述[J].地球学报,2011,32(3):257-268.

邱宏,范裕.安徽庐枞盆地侵入岩岩石学和地球化学特征[J].矿物学报,2013(S2):37-38.

任志,周涛发,袁峰,等.安徽沙坪沟钼矿区中酸性侵入岩期次研究——年代学及岩石化学约束[J].岩石学报,2014,30(4):1097-1116.

宋玉龙,袁峰,周涛发,等.安徽铜陵冬瓜山矿床深部斑岩型矿化的成岩成矿时代研究[J].矿床地质,2012(S1):601-602.

孙文珂,黄崇轲,丁鹏飞,等.重点成矿区带的区域构造和成矿构造文集[M].北京:地质出版社,2001.

孙文珂,乔计花,许德树,等.重力勘查资料解释手册[M].北京:地质出版社,1900.

汤诚,周涛发,袁峰,等.安徽省庐江县沙溪铜矿床地质特征及形成时代[J].矿物学报,2011(S1):91-92.

汤诚.安徽省沙溪斑岩铜矿矿床地质特征与控岩控矿构造研究[D].合肥:合肥工业大学,2012.

汤加富,李怀坤,娄清.郯庐断裂南段研究进展与断裂性质讨论[J].地质通报,2003,22(6):426-436.

汤家富,陆三明,李建设,等.安徽庐枞火山岩盆地与邻区基底构造变形、形成演化及其对矿床分布的控制[J].岩石学报,2010,26(9):2587-2597.

汤井田,周聪,任政勇,等.安徽铜陵矿集区大地电磁数据三维反演及其构造格局[J].地质学报,2014,88(4):598-611.

万秋,杜建国,许卫,等.铜陵地区深部岩浆作用与成矿[J].矿床地质,2012(S1):351-352.

万秋,杜建国.铜陵深部成矿与找矿方向探讨[J].西北地质,2015(2):205-215.

王建伟,李仁和,胡开勇,等.安徽省区域岩石物性基本特征[J].安徽地质,2010,20(2):112-116.

魏波.安徽省蚌埠地区金铅锌多金属矿成矿作用及矿床成因研究[D].北京:中国地质大学(北京),2011.

吴礼彬,陈芳,柳丙全,等.安徽省庐江县罗河式铁矿床地质特征与成矿模式[J].合肥工业大学学报(自然科学版),2011,31(6):899-904.

吴礼彬,杜建国,许卫,等.安徽省铁矿矿产预测类型特征及找矿方向[J].矿床地质,2010,29(S1):109-110.

吴明安,侯明金,赵文广.安徽省庐枞地区成矿规律及找矿方向[J].资源调查与环境,2007,28(4):269-277.

徐善修,汤正江,兰学毅,等.安徽省沿江地区重要矿种典型矿床综合物化探异常模式[M].北京:地质出版社,2013.

徐晓春,范子良,何俊,等.安徽铜陵狮子山矿田铜金多金属矿床的成矿模式[J].岩石学报,2014,30(4):

1054-1074.

许卫,丁希国,吴礼彬,等.安徽铜陵隆起北缘的成矿作用特征及找矿潜力[J].安徽地质,2011,21(2):138-142.

许卫,童劲松.郯庐断裂皖中段的韧性活动特征[J].安徽地质,1999(1):37-41.

严加永,吕庆田,吴明安,等.安徽沙溪铜矿区域重磁三维反演与找矿启示[J].地质学报,2014,88(4):507-518.

杨小男,徐兆文.铜陵狮子山矿田早白垩世岩浆热液活动与成矿研究[J].矿物学报,2013(S2):70-71.

姚孝德,杜建国,许卫,等.安徽省铜陵矿集区区域成矿模式[J].合肥工业大学学报(自然科学版),2012,35(7):965-976.

袁峰,周涛发,范裕,等.庐枞盆地中生代火山岩的起源、演化及形成背景[J].岩石学报,2008,24(8):1691-1702.

曾华霖.重力场与重力勘探[M].北京:地质出版社,2005.

张怀东,王波华,郝越进,等.安徽沙坪沟斑岩型钼矿床地质特征及综合找矿信息[J].矿床地质,2012,31(1):41-51.

张明华,乔计花,黄金明,等.重磁电数据处理解释软件RGIS[M].北京:地质出版社,2011.

张明华,乔计花,刘宽厚,等.重力资料解释应用技术要求[M].北京:地质出版社,2010.

赵先超,吴礼彬,陈静静,等.安徽蚌埠地区金矿成矿条件及成因机制[J].矿物学报,2013(S2):883-884.

周涛发,范裕,袁峰,等.安徽庐枞(庐江-枞阳)盆地火山岩的年代学及其意义[J].中国科学(D辑:地球科学),2008(11):1342-1353.

周涛发,范裕,袁峰,等.庐枞盆地侵入岩的时空格架及其对成矿的制约[J].岩石学报,2010,26(9):2694-2714.

周涛发,范裕,袁峰.长江中下游成矿带成岩成矿作用研究进展[J].岩石学报,2008,24(8):1665-1678.